Management Communication
Idea, Skill and Practice (2nd Edition)

管理沟通
理念、技能与实践（第二版）

裴芸　董华涛　主编

北京大学出版社
PEKING UNIVERSITY PRESS

图书在版编目(CIP)数据

管理沟通：理念、技能与实践/裴芸，董华涛主编.—2版.—北京：北京大学出版社，2024.8
ISBN 978-7-301-34909-0

Ⅰ.①管⋯　Ⅱ.①裴⋯②董⋯　Ⅲ.①管理学—高等职业教育—教材　Ⅳ.①C93

中国国家版本馆CIP数据核字(2024)第054787号

书　　　名	管理沟通——理念、技能与实践（第二版）
	GUANLI GOUTONG——LINIAN、JINENG YU SHIJIAN(DI-ER BAN)
著作责任者	裴　芸　董华涛　主编
责 任 编 辑	李沁珂　李　娟
标 准 书 号	ISBN 978-7-301-34909-0
出 版 发 行	北京大学出版社
地　　　址	北京市海淀区成府路205号　100871
网　　　址	http://www.pup.cn
微信公众号	北京大学经管书苑(pupembook)
电 子 邮 箱	编辑部 em@pup.cn　　总编室 zpup@pup.cn
电　　　话	邮购部 010-62752015　发行部 010-62750672　编辑部 010-62752926
印 刷 者	河北文福旺印刷有限公司
经 销 者	新华书店
	787毫米×1092毫米　16开本　23.75印张　534千字
	2013年4月第1版
	2024年8月第2版　2024年8月第1次印刷
定　　　价	58.00元

未经许可，不得以任何方式复制或抄袭本书之部分或全部内容。
版权所有，侵权必究
举报电话：010-62752024　电子邮箱：fd@pup.cn
图书如有印装质量问题，请与出版部联系，电话：010-62756370

第二版前言

本书第一版于 2013 年 4 月出版,至今已过去超过 10 年了。本书的内容适合高职学生,案例资源丰富,编写体例新颖,受到同行和学生的好评。但是,在使用过程中,我们也发现了一些需要修正的问题,同时,随着时代的快速发展,管理模式、沟通方式也发生了相应的变化,此外,随着网络的普及,电子商务在经济生活中的作用越来越凸显,且数字化资源在教材中的应用已经非常普遍,基于上述原因,我们对本书做了如下修订:

一是在保留第一版基本布局和原有特色的基础上,以模块组织教材内容,采用项目任务式结构,进一步梳理原有教材体系的章节,采用明确项目任务、分析项目内容、解析相关知识的形式,更有助于现代高职学生能力的提升。

二是注重挖掘课程思政教育的融入点,在项目任务中加强德育渗透的教学设计与实践,新增了思政目标,融入了习近平新时代中国特色社会主义思想,尤其是党的二十大精神,这样既能帮助学生通过自己的学习、思考、实践习得知识,也能帮助他们获得正确的思想观念和价值观,遵从道德规范,让思政工作的传统优势同管理沟通的知识深度融合,实现优质思政教育引领教学实践,全方位、立体化、精准式触达学生。

三是增加了一些专业岗位的任务分析和案例,使场景更加真实、案例更加典型、内涵更加丰富,并对全书的内容进行了严格推敲,修正了不妥之处,使逻辑更为合理、内容更为精简、语言更为规范。

四是为适应学生的多样化需求及网络时代的要求,在每项任务后设置思考题、任务分析小专栏,帮助学生更好地理解相关知识,并切实有效地将所掌握的知识转化为解决问题的能力。

本书由裴芸、董华涛作为主编，李磊、顾晶作为副主编，陈晓娟、檀璐、王伟亮作为编写组成员。修订分工如下：裴芸修订项目一、项目二、项目三；顾晶修订项目四，并增加了任务七的内容；李磊修订项目五、项目六；董华涛修订项目七、项目八并更新了项目九的内容；陈晓娟修订项目十中的任务一、任务二、任务三、任务四，并增加了项目十一中任务六的内容，同时参与了项目二中任务一部分内容的修订；王伟亮修订项目十中的任务五、任务六；檀璐修订项目十一中的任务一、任务二、任务三、任务四、任务五，并增加了任务七的内容。

本书既可作为高职高专相关专业学生的教材，又可作为从业人员及其他相关人员提高管理沟通技能的学习参考资料。

本书在编写和修订的过程中，参考了有关专家、学者及同仁的研究成果及网络上的相关资料，对这些成果和资料的作者表示感谢。另外，由于时间及水平所限，疏漏之处在所难免，敬请各位专家、学者批评指正。

编　者

2024 年 8 月

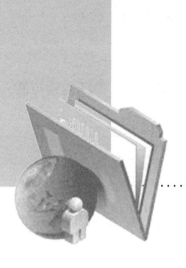

目　录

第一篇　管理与沟通的理念

项目一　明确管理的核心是沟通 ………………………………………… 3
　　任务一　认识管理 …………………………………………………… 4
　　任务二　理解管理的职能 …………………………………………… 7
　　任务三　辨别管理者的角色 ………………………………………… 10
　　任务四　认识沟通 …………………………………………………… 14
　　任务五　识别沟通的类型 …………………………………………… 23
　　任务六　区分管理与沟通 …………………………………………… 29

项目二　理解管理沟通 ……………………………………………………… 34
　　任务一　认识管理沟通 ……………………………………………… 35
　　任务二　分析管理沟通的环境因素 ………………………………… 43
　　任务三　营造管理沟通氛围 ………………………………………… 49

项目三　选择管理沟通策略 ………………………………………………… 55
　　任务一　建立管理沟通的策略框架 ………………………………… 55
　　任务二　明确沟通主体角色 ………………………………………… 59
　　任务三　确定管理沟通目标 ………………………………………… 68
　　任务四　选择管理沟通策略 ………………………………………… 69
　　任务五　组织和管理沟通信息 ……………………………………… 73
　　任务六　分析沟通客体角色 ………………………………………… 81
　　任务七　实施以客体为导向的沟通 ………………………………… 88

第二篇　管理沟通技能

项目四　掌握语言沟通技巧 ………………………………………………………… 99
　　任务一　提高口头沟通能力 ……………………………………………………… 101
　　任务二　修炼演讲能力 …………………………………………………………… 105
　　任务三　进行有效的交谈 ………………………………………………………… 112
　　任务四　应对求职面试 …………………………………………………………… 115
　　任务五　分析书面沟通的作用 …………………………………………………… 122
　　任务六　学会写求职信 …………………………………………………………… 127
　　任务七　认识电子沟通 …………………………………………………………… 130

项目五　识别非语言沟通 ……………………………………………………………… 137
　　任务一　了解非语言沟通 ………………………………………………………… 138
　　任务二　领会语言沟通与非语言沟通的关系 …………………………………… 143
　　任务三　了解非语言沟通的表现方式 …………………………………………… 145
　　任务四　掌握非语言沟通技巧 …………………………………………………… 160

项目六　学会倾听 ……………………………………………………………………… 164
　　任务一　感受倾听过程 …………………………………………………………… 165
　　任务二　克服倾听障碍 …………………………………………………………… 170
　　任务三　掌握有效倾听的技巧 …………………………………………………… 178

项目七　实现有效的团队沟通 ………………………………………………………… 191
　　任务一　认识团队与团队沟通 …………………………………………………… 192
　　任务二　掌握团队决策方法 ……………………………………………………… 203
　　任务三　学会团队决策沟通 ……………………………………………………… 210

项目八　理解跨文化沟通 ……………………………………………………………… 214
　　任务一　认识跨文化沟通 ………………………………………………………… 215
　　任务二　识别东西方文化差异 …………………………………………………… 217
　　任务三　学习跨文化沟通技巧 …………………………………………………… 222

项目九　提升网络沟通水平 …………………………………………………………… 233
　　任务一　认识网络和网络沟通 …………………………………………………… 234
　　任务二　分析网络沟通的利弊 …………………………………………………… 238
　　任务三　认识新兴网络沟通媒介 ………………………………………………… 242

第三篇　组织沟通实践

项目十　与员工"相知" 251
　　任务一　识别管理者的管理风格 252
　　任务二　选择和"管理者"沟通的策略 258
　　任务三　把握与同事沟通的原则 266
　　任务四　明确自己的沟通风格 276
　　任务五　了解员工的需求 281
　　任务六　选择与员工的沟通策略 286

项目十一　与组织"融合" 294
　　任务一　激励沟通 295
　　任务二　建设团队 304
　　任务三　管理冲突 315
　　任务四　建立谈判思维 326
　　任务五　进行会议沟通 334
　　任务六　应对突发事件沟通 344
　　任务七　掌握客户服务沟通技巧 354

参考文献 365

第一篇

管理与沟通的理念

管理就是沟通、沟通、再沟通。

——通用电气公司前总裁杰克·韦尔奇

项目一　明确管理的核心是沟通
项目二　理解管理沟通
项目三　选择管理沟通策略

项目一 明确管理的核心是沟通

知识目标

1. 了解管理的内涵与核心。
2. 知晓管理职能与沟通之间的联系以及管理者的工作所包括的内容。
3. 了解沟通的定义及其类型。
4. 了解沟通的障碍及其克服方式。
5. 知晓管理与沟通的区别和联系。

能力目标

1. 能够明确管理者在工作中履行哪些职能。
2. 能够辨别出实际工作环境中管理者扮演的各种管理角色。
3. 能够分析出沟通不畅或沟通失效的症结在哪里。

思政目标

1. 领悟中国传统文化中的管理智慧,增强民族自信和文化自信。
2. 恪守职业道德、培养职业操守。
3. 了解国情、时政,加深对社会主义制度优越性的认识。
4. 建立人类命运共同体的意识,培养社会责任感和使命感。

引例

中国长城被评为世界遗产保护管理示范案例

2021年7月23日,联合国教科文组织第44届世界遗产大会审议通过长城保护状况报告,中国长城被世界遗产委员会评为世界遗产保护管理示范案例。

世界遗产委员会在决议中高度评价中国政府在长城保护方面采取的积极、有效措施,使遗产的突出普遍价值得到了妥善保护;同时赞赏中国政府推进长城国家文化公园建设,颁布实施《长城保护总体规划》,以及在公众传播推介、遗产地能力建设、专项保护立法、现代科技应用、国际交流合作、缓解旅游压力等方面做出的努力和取得的成效。此次大会共对255项世界遗产保护状况报告进行了审议,但仅有三项荣获保护管理示范案例,中国长城是唯一一项文化遗产项目,另外两项分别是科特迪瓦的自然遗产塔伊国家公园和科莫埃国家公园。决议称,长城保护管理实践为各国开展巨型线性文化遗产和系列遗产保护贡献了卓有成效的"中国经验"和"中国智慧"。

资料来源：改编自《中国长城获评世界遗产保护管理示范案例》，http://www.xinhuanet.com/2021-07/23/c_1127689001.htm（访问日期：2023年3月22日）。

长城凝聚了中华民族的爱国情怀，已经成为中华民族的代表性符号和中华文明的重要象征，因此，保护长城是文化遗产保护领域重要且极具挑战性的任务。长城是中国乃至世界上修建时间最长、工程量最大的一项古代防御工程，它体现出我国古代人民的坚强意志和高度智慧，试想：规模如此巨大的建筑工程，几十万人共同劳动，谁来指挥每一个人干什么？谁来保证在工地上有足够的石料和工具？我们在感叹"中国经验"和"中国智慧"的同时，也深刻认识到长城的修建是一项纷繁复杂的管理工程，需要多方协调、整体配合、共同努力，需要有明确的规则来分工与协作才能完成，这些都需要管理、沟通和协调。

任务一　认识管理

工作任务：辨析管理是什么

李叶和王斌是大学本科同学，学的都是管理科学与工程。毕业后，李叶去了深圳一家有名的外资公司从事管理工作，而王斌却被学校免试推荐为本校的硕士研究生。一晃三年过去了，王斌又以优异的成绩考入北京某名牌大学攻读管理科学与工程的博士学位。李叶则在当上部门经理后来到该校攻读MBA（工商管理硕士）。

王斌在办理报到手续时与李叶不期而遇。老同学相见自然免不了要"促膝长谈"，因此两人约定晚上"一醉方休"。酒足饭饱之余，两人便闲聊起来，由于志趣相投，不一会儿，他们就聊起了"什么是管理"的话题。

王斌非常谦虚地问："李兄，我虽然读了许多有关管理的著作，但对于什么是管理却还是一知半解，管理学家西蒙说'管理就是决策'，而有的管理学家却说'管理是协调他人的活动'，如此等等，真是众说纷纭。你是从事管理工作的，那你认为到底什么是管理呢？"李叶思索了一会儿，说道："你读的书比我多，思考问题也比我深。对于什么是管理，过去我从来没有认真想过，不过从我工作的经验来看，管理其实就是管人，人管好了，什么都好。""那么依你看，善于交际的、会拍'马屁'的人就是最好的管理者了吗？"王斌追问道。"那也不能这么说，"李叶忙回答道，"虽然管人非常重要，但管理也不仅仅是管人，正如你所说的，管理者还必须做决策、组织和协调各部门的工作，等等。""你说得对，管理不仅要管人，还要做计划、定目标、选人才、做决策、组织实施和控制，等等。那么，也就是说，做计划、定目标、选人才、做决策、组织实施和控制等活动就是管理啦？"王斌继续提出疑问。

资料来源：作者根据公开资料整理。

思考：

李叶和王斌二人关于管理的认识，一个主要来自管理实践，一个主要来自管理理论，他们认知中的管理有何不同？

任务分析

管理可谓当今时代的热词之一,如果在网络上搜索"管理"两个字,检索到的结果有数千万条,而且涉及社会的方方面面。学校管理、公司管理、工程管理……管理已然成为解决社会宏观、微观诸多问题不可或缺的利器。可以说,只要涉及人的共同活动就有管理,大到国家,小到公司、家庭,都存在管理问题。管理活动无处不在,但从科学的角度给管理下定义,则是仁者见仁,智者见智。

知识解析

一、管理的由来

管理,顾名思义,有管有理,管人理事。"管"有管辖、负责、照管、约束之意,"理"有整治、协调、治理之意;"管"和"理"合起来就是约束、治理的过程。

"科学管理之父"弗雷德里克·泰勒(Frederick Taylor)认为:"管理就是确切地知道你要别人干什么,并指导他们用最好的办法去干。""管理理论之父"亨利·法约尔(Henri Fayol)认为,管理就是实施计划、组织、指挥、协调和控制。诺贝尔经济学奖得主赫伯特·西蒙(Herbert Simon)对管理的定义是:"管理就是决策。""现代管理之父"彼得·德鲁克(Peter Drucker)认为,管理是一种以绩效、责任为基础的专业职能。

借鉴现有的定义,我们从系统论的角度给管理下一个定义:管理是管理者在特定的环境和条件下,以人为中心,对组织所拥有的资源进行有效的计划、组织、领导和控制,以达成既定组织目标的过程。

小阅读:管理的有效性

彼得·德鲁克提出,管理的有效性包括效果与效率两个部分。效果意味着决定的组织目标是否正确(做正确的事),侧重于强调活动的结果是正确的。效果既包括经济效益,也包括社会效益。效率是指达成组织目标所用资源的多少,即系统在单位时间内投入和产出的比率(正确地做事),侧重于强调活动的方式是正确的。投入多、产出少,则效率低;反之,则效率高。从这个意义上讲,管理就是调动人的积极性以便正确地做正确的事的一门学问(见图 1-1)。

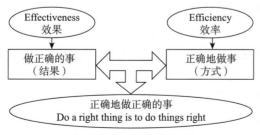

图 1-1　效果与效率的关系

资料来源:作者根据公开资料整理。

知识链接:中国传统文化中的管理智慧

以人为本的理念。管理者的一项重要任务就是调动管理对象的积极性,使其积极行动起来,为了达成某一目标而努力奋斗。中国传统文化非常重视以人为本的理念,注重满足管理对象个人的合理需求。只有充分考虑管理对象的利益诉求,才能使其自觉自愿地接受管理。很多人毕生不断努力奋斗,不单是为了维护国家的利益,同时也是为了实现个人的理想。为了调动管理对象的积极性,国家一方面要重视物质的激励和满足其个人的合理物质需求,所谓"天下熙熙皆为利来,天下攘攘皆为利往""军无财,士不来;军无赏,士不往",管理者应正确看待实现理想与满足物质需求之间的关系;另一方面也要重视精神激励,古代对于立大功者,除了物质奖励,往往还会给予其一定的荣誉。现代管理者也应该具有这种以人为本、以管理对象为本的理念,如果一切只从管理者的角度出发,结果可能会事与愿违。

资料来源:改编自《中国传统文化中的管理智慧》,http://www.rmlt.com.cn/2017/1121/503726.shtml
(访问日期:2023年3月22日)。

二、管理的内涵

对于所有的组织,管理都是绝对必要的。无论组织规模是大是小,组织类型是营利性的还是非营利性的,也无论在组织中的哪个领域——制造、营销、人力资源、财务、研究开发等,或组织中的哪个层次——高层、中层、基层,组织都有其特定的目标,都存在对资源的获取、开发和利用,以及有效的计划、组织、领导和控制,也就是都存在管理问题。所以说,管理是组织的普遍需要。

 知识链接:组织的定义

这里提到的组织,是指由众多的个体、群体以有层次的、富有成效的方式将相互依赖的因素(包括态度、动机、组织结构、作用方式、目标、直觉等)组合起来以达成非个体所能胜任的工作目标的系统,其本质是一个由两人以上的群体构成的协作系统。

资料来源:作者根据公开资料整理。

上述管理的定义中包含了管理的载体、管理的对象、管理的职能、管理的使命以及管理的本质,我们分别进行讨论。

管理的载体 组织管理总是存在于组织中的,管理不能脱离组织而单独存在。脱离组织的管理就失去了管理的意义和内容。正如一位超市经理决定超市今天补货的数量、品种,则属于管理决策;而他决定今天在超市为自己购买什么物品则不属于管理的范畴,因为其思想和活动已经脱离了超市这个组织。

管理的对象 管理的对象是组织内外一切可协调的资源,即人、财、物、信息等,具体包括原材料、人力、资本、土地、厂房、机器设备、顾客、信息等。

管理的职能 通常包括计划、组织、领导和控制四项基本职能。

管理的使命　目标是所有管理活动的起点,也是管理活动追求的结果,更是管理工作成效的考核标准和依据。如果你没有任何特定的目标,那么你可以选择任何道路,但是如果你打算到达特定的地点,那么你就要计划到达那里的最佳路径。组织的存在是为了达成某些特定的目标,所以就必须有人清晰地定义组织的这些目标和达成目标的手段,这就是管理的使命。

管理的本质　管理的本质是为了达成组织目标而有意识、有目的地对资源开展的一系列相互关联的活动或其过程。

资料来源:作者根据公开资料整理。

思考·讨论·分析

请结合管理的定义,分组讨论各国政府在新冠肺炎疫情防控中的管理举措,并进行比较分析。

任务二　理解管理的职能

❀ 工作任务:分析电力人一天的工作

8:00:班前会,进行人员分工,交代安全措施、注意事项,检查个人工作器具等。各施工队准备开始作业。

9:00:发展建设部工作人员先去现场协调县城515线路草市街和公园路分线线路的换线改造施工事项。随后,审核施工项目部制订的草市街和公园路线路改造施工和切改方案,并校核各项工程材料计划,审批协调工程物资材料的出入库。

10:00:安全稽查队的两位工作人员到草市街组立钢杆和开关配线的工作现场进行安全检查。

12:59:调控班值班员监盘发现35千伏忠邓一线速断跳闸,重合不成。

13:00:相关人员接调控班值班员令,35千伏忠邓一线速断跳闸。此时雷雨交加,组织输电班工作人员在瓢泼大雨中艰难行走,顺线路沿铁塔逐一进行故障巡检……

13:30:电力人匆忙而简单的午饭时段。

14:00:发展建设部组织工作负责人现场确认停电施工任务,对施工内容以及危险点进行现场排查。密切关注天气变化,做好在特殊天气条件下施工的预案。

14:40:变电运维班工作人员向运检部主任汇报,35千伏邓油坊变电站电缆沟进水。生产副经理带队,联合变电检修班、变电运维班一起出发到35千伏邓油坊变电站开展排涝抢险防汛工作……

15:40:基层工作人员在青龙村为村民抢修电力,恢复送电。

17:00:10千伏邓邓515线遭雷击断线,在运检部工作人员的组织下抢修工作又一次紧张而安全有序地展开了……

19:00:晚饭时间到了,泡面配榨菜,抢修人员抽时间吃顿简餐。抽水机还在突突地响着,现场工作依旧在紧张地开展着……

21:00：入夜了，一束又一束光依然照在抢修人员的工作器具上，抢修工作还在继续进行，35千伏邓油坊变电站排涝抢险防汛工作此刻也在紧锣密鼓地有序开展……雨一直在下……

资料来源：改编自《电力人的一天》，https://m.thepaper.cn/newsDetail_forward_8068184（访问日期：2023年3月22日）。

思考：

分析一下这一天中电力人有哪些工作要做。

任务分析

管理是人们进行的一项实践活动。管理者在不同的管理工作中，往往会采用具有某些类似特点的程序、实施具有某些共性内容的管理行为。通过对管理活动的总结归纳，可以对其进行相应的分析和讨论。

知识解析

一、管理的职能

通过分析以上工作任务可以看出，管理者的工作内容的确不简单，通常包括计划、组织、领导和控制四项基本职能，如图1-2所示。

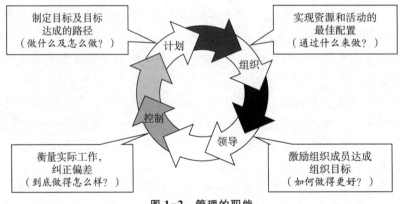

图1-2 管理的职能

计划职能包含设定目标、制定整体战略以达成这些目标，以及制订计划和协调活动的过程。

组织职能是指安排工作以达成组织目标的职能，包括：决定组织要完成的任务是什么，谁去完成这些任务，这些任务怎么分类组合，谁向谁报告，各种决策应在哪一级制定，等等。

每个组织都是由人组成的，管理的任务是指导和协调组织中的人，这就是领导职能。当管理者激励下属、影响工作中的个体和团队、选择最有效的沟通渠道，或者解决组织成员之间的冲突时，他就是在履行领导职能。

管理者要履行的最后一项基本职能是控制职能。在设定了目标及制订了计划（计划职能),经过了组织结构的安排(组织职能),雇用了人员、对他们进行了培训和采取了激励措施(领导职能)之后,还需要评估任务是否在按计划进行。为了保证任务按照既定的计划进行,管理者必须监控组织的绩效,必须将实际的绩效与预先设定的目标进行比较,如果发现了任何显著的偏差,管理者的任务就是使组织回到正确的轨道上来。这种监控、比较和纠正活动就是控制职能的含义。

管理的实际情况并不像上述管理职能那么简单,现实中不存在简单的、界限清晰的、纯粹的计划、组织、领导和控制的起点与终点。管理者在实际工作中,通常会发现自己同时在做着一些计划、组织、领导和控制工作,而且这些管理工作并非都严格遵循上述顺序进行,所以组织的有效运作是通过管理系统来实现的,它表现为一系列的管理职能,且这些职能是按一定程序循环着的动态过程。

二、管理者的技能

管理者的职能是变化和复杂的,因此,管理者需要特定的技能来履行其职能。

(1) 概念性技能。概念性技能是指纵观全局,认清为什么要做某事的能力,也就是洞察组织与环境相互影响之复杂性的能力。具体地说,概念性技能包括理解事物的相互关系从而找出关键影响因素的能力、确定和协调各方面关系的能力以及权衡不同方案的优劣和内在风险的能力等,主要表现为创新与变革的能力、系统分析和解决问题的能力、驾驭全局的能力。

(2) 技术性技能。技术性技能是指利用某一专业领域内有关的工作程序、技术和知识来完成组织任务的能力。技术性技能主要是涉及"物"(过程或有形的物体)的工作,如工程师、会计、技术员等的工作中所包含的技能。技术性技能强调内行领导。

(3) 人际关系技能。人际关系技能是指与处理人事关系有关的技能,即理解、激励他人并与他人共事的能力。人际关系这项技能,对于高、中、基层管理者有效地开展管理工作都是非常重要的,因为各层次的管理者都必须在与身边的同事进行有效沟通的基础上相互合作,共同达成组织的目标。

这些技能对于不同层次的管理者的相对重要性是不同的(见图 1-3)。对于高层管理者而言,最重要的是概念性技能;基层管理者最接近现场,因此技术性技能格外重要;而人际关系技能对不同层次的管理者的重要程度区别不明显,相较于基层管理者,该项技能对高层管理者来说更为重要一些。

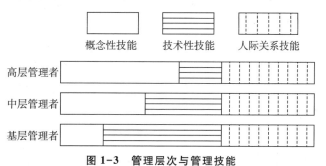

图 1-3 管理层次与管理技能

互动话题：中国抗击新冠肺炎疫情的艰难历程

2020年6月7日上午，国务院新闻办发布《抗击新冠肺炎疫情的中国行动》白皮书。白皮书记录了中国抗击疫情的艰辛历程，并将此历程分为五个阶段。

第一阶段：迅即应对突发疫情（2019年12月27日至2020年1月19日）。湖北省武汉市监测发现不明原因肺炎病例，中国第一时间报告疫情，迅速采取行动，开展病因学和流行病学调查。

第二阶段：初步遏制疫情蔓延势头（2020年1月20日至2020年2月20日）。全国新增确诊病例快速增加，防控形势异常严峻。中国采取阻断病毒传播的关键一招，坚决果断关闭离汉离鄂通道，武汉保卫战、湖北保卫战全面打响。

第三阶段：本土新增病例数逐步下降至个位数（2020年2月21日至2020年3月17日）。中共中央作出统筹疫情防控和经济社会发展、有序复工复产重大决策。

第四阶段：取得武汉保卫战、湖北保卫战决定性成果（2020年3月18日至2020年4月28日）。以武汉市为主战场的全国本土疫情传播基本阻断，离汉离鄂通道管控措施解除，武汉市在院新冠肺炎患者清零。

第五阶段：全国疫情防控进入常态化（2020年4月29日以来）。境内疫情总体呈零星散发状态，局部地区出现散发病例引起的聚集性疫情，境外输入病例基本得到控制。

资料来源：改编自《〈抗击新冠肺炎疫情的中国行动〉白皮书》，http://politics.people.com.cn/n1/2020/0607/c1001-31737896.html（访问日期：2023年3月22日）。

问题：

结合中国抗击新冠肺炎疫情的案例，从管理职能的角度分析中国政府的疫情防控措施。

任务三　辨别管理者的角色

工作任务：辨别管理者的角色

张玲是一家造纸厂的厂长，该造纸厂正面临一项指控：厂里排出的污水污染了邻近的河流，因此张玲必须到当地的污水管理局去为该厂申辩。王军是该厂的技术工程部经理，他负责自己所在部门的工作和协调销售部门的计划。李刚负责厂里的生产管理工作，他刚接到通知，前一天向该厂提供包装纸板箱的那家供应厂商遭遇了火灾，至少在一个月内无法供货。而该厂包装车间的员工们想知道，他们现在应该怎样开展工作。李刚称自己会解决这个问题。罗兰负责文字处理和办公室的工作，她得知部门的职工为争夺一张办公桌刚发生了一场纠纷（因为那张办公桌离打印机最远，办公环境最安静）。

资料来源：作者根据公开资料整理。

思考：

在这家造纸厂里，张玲、王军、李刚、罗兰分别扮演了什么管理角色？

任务分析

一项调查表明,因管理者不能认清自己的角色所导致的角色错位、缺位与模糊,致使公司中八成的管理者超过一半的工作"毫无价值",给公司造成了极大的"管理浪费"。管理学家马斯洛说:"要让一位管理者成功地履行管理责任,其前提条件是他必须清楚地意识到这是他的职责。"

小阅读:巴黎城外的瑞士人像

17—18世纪,瑞士人很穷,当地男人们唯一的生活来源就是到邻国法国当雇佣兵。法国人雇用瑞士人打仗,当侵略者到来时,法国人却都逃跑了,只留下瑞士人与侵略者决战到底,结果瑞士人把侵略者赶走了,捍卫了法国人的家园。因此,法国人在巴黎为瑞士人树立雕像表示感谢。问及瑞士人时,他们却认为这没有什么了不起:"别人花钱雇我们,不就是为了打仗吗?法国人逃跑是对的,但我们不能跑,因为我们应该坚守阵地,绝不退缩,这是职业道德。"

资料来源:作者根据公开资料整理。

无论你从事何种工作、属于何种职业,无论你是公司的高层管理者还是中层业务经理,无论你是一个工作多年的老干部还是刚刚参加工作的新员工,"负责任、忠诚而敬业"应该永远是你在工作中遵从的重要原则。在个人与公司生存和发展的过程中,每个人的责任只有在角色认知十分清晰的情况下,才能被成功地履行。

知识解析

一、管理者

管理者是指从事管理活动、实施管理行为、履行管理职能、对达成组织目标承担责任的人。在中国,我们习惯于用"领导""老板"这样的词来称呼管理者。当今社会是一个高度分工的社会,政府、公司、中介机构以及各类营利性和非营利性组织高度发展、高度组织化。各式各样的组织都需要管理者去履行责任。如在一个组织中,会有人力资源部、财务部、生产部等各个部门的经理,他们有着各自的专业特长,但都在做着管理性质的工作。而管理者的形象也不是刻板、固定的,会有面貌各异、性格多样的管理者处于各行各业中。

二、管理层级

管理工作性质的差异更多地体现在层级上,而不是部门业务上。按照组织中的层级,可以将管理者划分为决策层(高层)、执行层(中层)和作业层(基层)。管理者的角色定位和职责如表1-1所示。

表 1-1 管理者的角色定位和职责

层级	目标	职责
决策层（高层）	保证总目标与环境的协调	制定全局标准（愿景设计、生存空间）
执行层（中层）	保证组织成为一个畅通的主体	随机权变协调（上下、内外）
作业层（基层）	保证战略与战术的实施	操作性激励（工作按时完成）

决策层，即高层管理者是一个组织中最高领导层的组成人员，拥有人事、资金等资源的控制权，负责组织的长远发展计划、战略目标和重大政策的制定；执行层，即中层管理者是一个组织中层机构的负责人员，是高层管理者决策的执行者；作业层，即基层管理者是指处于一个组织中业务第一线的管理者，负责现场作业的指挥和监督。

不同层级的管理者在各项管理职能上花费的时间不同。越往高层走，管理者在计划、组织和控制职能上所花费的时间越多；而到了基层，管理者更多的时候是在从事领导工作，如表 1-2 所示。

表 1-2 不同层级的管理者每种职能的时间分布

层级	计划	组织	领导	控制
决策层（高层）	28%	36%	22%	14%
执行层（中层）	18%	33%	36%	13%
作业层（基层）	15%	24%	51%	10%

那么，管理者具体需要做什么？说起这个问题，可能不少读者会下意识地想到"运筹帷幄，决胜千里"。然而，当我们观察身边的管理者时，却又会发现上至国家领导人，下至大学院系级的领导、公司的中层干部、农村的乡镇干部，好像多数管理者都很忙碌，经常需要出席活动、参加会议、处理冲突、拍板决策，或者是外出调研，天天坐在办公室里的管理者并不多。

三、管理者的角色与沟通

管理者真正做了什么？20 世纪 60 年代，美国麻省理工学院斯隆管理学院博士生亨利·明茨伯格（Henry Mintzberg）基于实地观察的思考，提出：和人们对于管理者的直觉想象不同，管理者的工作并不是井然有序的，而是经常被意外的事情打断。他们在组织中扮演着十种角色，这十种角色又可以进一步归纳为人际关系、信息传递和决策制定三大方面（见表 1-3）。

尽管这十种角色是基于对高层管理者工作的考察总结出的，但对于中、基层管理者来讲也同样适用，不过他们在各类角色上所花费的时间和精力存在较大的差异。

明茨伯格论述的角色分类揭示了管理沟通的重要意义。有人把这十种角色的功能综合为愿景设计者、激励者和推动者三个方面。管理者作为愿景设计者，必须要把自己设定的愿景转化为下属共同的愿景,这就要求管理者有高超的沟通技巧;而管理者的愿景要能够对下属产生激励,其必要条件是下属的目标能够与管理者的愿景兼容,让愿景产生内在激励效应,这就进一步强化了沟通在管理中的作用;管理者通过大量的沟通活动,促使下属朝设定的愿景奋斗,推动组织工作绩效的提高,这就发挥了推动者的作用。综上,管理者要完成愿景设计者、激励者和推动者三个角色的任务,有效的沟通技能是必要条件。

表1-3 管理者的十种角色

角色	描述	特征性活动
人际关系方面		
1. 挂名首脑	象征性的首脑,必须履行许多法律性的或社会性的例行义务	迎接来访者,签署法律文件
2. 领导者	负责激励和动员下属,负责人员配备、培训和交往	实际上参与有下属参加的全部活动
3. 联络者	维护自行发展起来的外部接触和联系网络,向人们表示感谢和提供信息	发送感谢信,从事外部委员会工作,参与其他有外部人员参加的活动
信息传递方面		
4. 监听者	寻求和获取各种特定的信息(其中许多是即时的),以便透彻地了解组织与环境	阅读期刊和报告,以私人接触作为组织内部和外部信息的神经中枢
5. 传播者	将从外部人员和下属那里获得的信息传递给组织的其他成员——有些是关于事实的信息,有些是解释和综合组织内有影响的人物的各种价值观点	举行信息交流会,用打电话的方式传达信息
6. 发言人	向外界发布有关组织的计划、政策、行动结果等信息,作为组织所在产业方面的专家	召开董事会,向媒体发布信息
决策制定方面		
7. 企业家	寻求组织和环境中的机会,制订"改进方案"以发起变革,监督这些方案的执行	制定战略,检查会议决策执行情况,开发新项目
8. 混乱驾驭者	当组织面临重大的、意外的动乱时,负责采取补救行动	制定战略,检查陷入混乱和危急的情况
9. 资源分配者	负责分配组织的各种资源——事实上是批准所有重要的组织决策	调度、询问、授权,参与涉及预算的各种活动和安排下属的工作
10. 谈判者	在主要的谈判中作为组织的代表	参与和工会进行的合同谈判

思考·讨论·分析

选取你在学校或工作场所所经历的某种情况,辨析你所看到的管理角色。

任务四 认识沟通

◎ 工作任务：了解"山川异域，风月同天"式沟通

2020年年初，"山川异域，风月同天"这句日本捐赠防疫物资上印制的诗文在中国社交媒体上被刷屏，与日本社会各界在中国抗疫关键时刻给予的种种支持一样，被中国民众铭记在心。

后来，新冠肺炎疫情在日本持续扩散，中国政府和社会各界向日方捐赠了大量口罩等防疫物资。"春暖雁北归，捎带心意越洋飞，羁绊衣带水。"充满诗意和善意的讯息同样出现在中方的援日物资上，犹如对"山川异域，风月同天"的隔空应和。

资料来源：改编自《还记得"山川异域，风月同天"吗？这里有一份打动人心的应和》，https://news.cctv.com/2020/04/30/ARTIMuEtuxASDhxd82jJy6Fy200430.shtml（访问日期：2023年3月22日）。

思考：

1. 请说出"山川异域，风月同天"的出处。
2. 上述案例中，中方和日方之间的互动算不算沟通？如果算，是有效的沟通吗？

◎ 任务分析

2020年，在全中国上下团结一心抗击新冠肺炎疫情时，世界上也有很多国家向中国伸出了援助之手，让原本捉襟见肘的物资得到了补充。而当疫情在世界各地扩散，许多国家面临着疫情肆虐的局面时，即便自己仍处于困难之中，中国还是向许多国家捐助医疗防护物资，并且派出专家组赴疫情严重的国家帮助当地防疫抗疫。这就是中国作为一个大国的担当，也是中国对人类命运共同体最好的诠释。

"山川异域，风月同天"，如今，人类社会早已成为你中有我、我中有你的命运共同体。在这个全球化的时代，国家间的交流与合作越来越频繁，人们越来越包容不同的价值观、行为方式和交流方式，人与人之间沟通与交流的复杂性和多样性也越来越明显。沟通虽然是日常生活中常见的事，但其效率和效果却有很大差异。

 知识解析

一、沟通的定义

沟通是指意义的传递和理解，这一定义强调的是意义的传递。如果信息或想法没有被传递到，则意味着沟通没有发生。比如，说话者没有听众，或者写作者没有读者，这些行为就都不能构成沟通。不过，要使沟通成功，意义不仅要得到传递，还需要被理解。如果写给某人的一封信使用的是对方未掌握的语言，那么信件内容不经翻译就无法构成沟通。完美的沟通（如果存在的话），应是经过传递之后被信息接收者感知到的信息与信息发送者发出的信息完全一致。

需要注意的是,良好的沟通常常被错误地解释为沟通双方达成协议,而不是准确理解信息的含义。如果有人与我们的意见不同,很多人就认为此人未能完全领会我们的意思,换句话说,很多人认为良好的沟通是使别人接受自己的观点。但是,对方可以非常清楚地领会你的意思,却不见得同意你的看法。如果一场争论持续了相当长的时间,旁观者往往就会断言这是由于缺乏沟通导致的,然而详尽的调查常常表明,此时争论双方正进行着大量的有效沟通,每个人都充分理解了对方的观点和见解,问题在于人们把有效的沟通与达成一致的意见混为一谈了。

小阅读:沟通≠同意

一些到日本去谈判的美国商务代表团常碰到这样尴尬的情况:直到他们要打道回府,才知道贸易业务遇到了阻碍,且没有达成协议的希望。因为在谈判时,就价格的确定,双方并没有达成统一意见。谈判要告一段落时,美方在价格上稍微做了点让步,这时,日方的回答是"嘿"(日语中"是"的意思)。谈判结束后,美方如释重负地准备打道回府,但结果其实并非如他们所愿,因为日本人说"嘿",意味着"是,我理解你的意思(但我并不一定认同你的意见)"。

资料来源:作者根据公开资料整理。

二、沟通的过程

沟通发生之前,必须存在一个意图,我们称之为要被传递的信息,它在信息源(信息发送者)与信息接收者之间传递。信息首先被转化为信号形式(编码),然后通过媒介(通道)传递至信息接收者,由信息接收者将收到的信号转译回来(解码)。这样,信息的意义就从一个人传递给了另一个人。

图1-4描述了沟通的过程,它包括七个部分:信息源(信息发送者)、编码、信息、媒介(通道)、信息接收者、解码以及反馈。

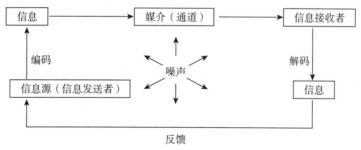

图1-4 沟通的过程

此外,整个沟通过程易受到噪声的影响。这里的噪声指的是给信息的传递、接收或反馈造成干扰的因素。典型的噪声包括难以辨认的字迹、电话中的静电干扰、信息接收者的疏忽大意以及由生产现场的设备或同事造成的背景噪声。可以说,所有对理解造成干扰的因素都是噪声。

互动游戏:沟通画图

游戏规则:
1. 事先准备两幅图贴在写字板或黑板上。
2. 每两人一组,面对面坐好。
3. 面对写字板或黑板的同学用语言描述其中的一幅图,另一位同学根据描述绘画。
4. 画第一幅图的时候,面对写字板或黑板的同学不能回答问题,不能使用手势比画。
5. 画第二幅图的时候,面对写字板或黑板的同学可以回答问题,但是不能使用手势比画。

分别统计每次画对的小组个数,然后分组讨论沟通失败的原因、成功的经验,并总结沟通的障碍是什么。

三、沟通的障碍

虽然沟通是管理者的一项重要工作内容,时时刻刻都在发生,但并不是所有的沟通都是成功的、有效的,这是因为噪声可能会对沟通过程中的每一个环节产生干扰,造成信息丢失或被曲解,使信息传递无法发挥应有的作用。

(一)沟通的障碍

1. 过滤

过滤指故意操纵信息,使信息显得对信息接收者更有利。比如,管理者告诉上司的信息都是上司想听到的,那么这位管理者就是在过滤信息。这种现象在组织中是否经常出现?答案是肯定的。当沿着组织层级向上传递信息时,为避免高层人员信息超载,信息发送者需要对信息加以浓缩和综合。而浓缩信息的过程受到信息发送者个人兴趣和对信息重要性的判断的影响,因此也就造成了信息沟通中的过滤现象。表1-4列举了一些实例。

表1-4 过滤的实例

管理者	接收到的信息
董事长 ↑	管理和工资结构是非常出色的,福利和工作环境是好的,而且会更好
副董事长 ↑	我们非常喜欢这种工资结构,希望新的福利计划和工作环境将会改善,我们对公司的管理工作非常满意
总经理 ↑	工资还不错,福利和工作环境还可以,明年还会进一步改善
主管 ↑	工资还不错,福利和工作环境勉强可以接受,我们希望能够更好一些
员工	我们认为工作环境不好,工作任务不明确,保险计划很糟糕,但我们对竞争性的工资结构还算满意,并认为公司有能力解决这些问题

过滤的程度与组织结构的层级数目和组织文化两个因素有关。第一,在组织中,纵向层级越多,过滤的可能性就越大。若组织较少依赖刻板的层级安排,代之以更强调协作、合作的工作安排,那信息过滤的可能性就会减小。第二,组织文化对信息过滤行为会产生很大的影响。组织文化通过奖励系统或鼓励或抑制这类过滤行为。奖励越注重形式和外在表现,管理者就越会有意识地按照对方的偏好来调整和改变信息。

2. 选择性知觉

选择性知觉是指人们根据自己的兴趣、经验和态度而有选择地去解释所看到或所听到的信息。在沟通过程中,信息接收者会根据自己的需要、动机、经验、背景及其他个人特质有选择地去看或去听所传递的信息。解码时,信息接收者还会把自己的兴趣和期望融入信息之中。

小阅读:查尔斯大街的故事

有一次,三个朋友(一位医生、一位商人和一位艺术家)一同沿着一条繁华的街道行走,他们要去神父家吃晚饭。到了神父家以后,神父的小女儿请艺术家讲个故事。

"今天,我沿街而行,"艺术家说,"看见在天空的映衬下,整座城市就像一个猩红色的巨大穹庐。看着看着,穹庐底部透出一缕光线。接着,一缕又一缕,仿佛晚风正在吹拂着星星点点的蓟花之焰。终于,满街通明,猩红色的穹庐消失了。那时我多么想画下这一切啊,真想让那些认为我们的城市并不美丽的人看看。"

小姑娘想了一会儿,然后转向商人,请他也讲个故事。

于是,商人讲道:"我也可以讲一个大街上发生的故事。我一路走来,恰好听到两个小男孩在谈论他们长大后要做的事。一个小男孩说他想摆一个卖冰激凌的小摊,并且要在两条街道交汇且紧挨地铁的入口处摆放。'这样,两条街道的人都可以来买我的冰激凌,那些乘坐地铁的人也会买。'这个小男孩具有成为一位好商人的潜质,因为他意识到了经营位置的重要性,而且在无人告知的情况下选择了街道上做生意的最佳地点。我毫不怀疑他长大以后会成为一位非常成功的商人。"

医生所讲述的故事是关于药店橱窗的。

"这个橱窗从上到下摆满了各种治疗消化不良的药品的瓶子,同时橱窗里还列着一长串清单,上面写满了如果不及时治疗可能发生的、听起来可怕的后果。我看见男男女女停留在橱窗前,知道他们正在考虑这些药对他们是否有效。但我明白他们真正需要的并不是某种药,而是两种根本不可能用花里胡哨的瓶子装起来的'药'——新鲜空气与睡眠。但是我却没有办法一一告诉他们。"

"这个药店是在查尔斯大街上吗?"小姑娘问道。医生点了点头。

"你说的街道是在哪里呢?"她问商人。"查尔斯大街。"商人回答说。

"我说的也是那儿。"艺术家说。

这三个人在同一时间走过同一条街道,看到的应该也是同样的事物,但是,他们眼中的街道却是各不相同的。艺术家眼中的街道是美丽的,线条、形状和色彩在此共同构成了一幅图画。商人眼中的街道是一个与地点、位置、生意场所有关的地方,在那里,机会只为那些眼光锐利、能够捕捉到它的人而存在。医生眼中的街道是那些不懂得调理自己的身体而造成自身不适的人聚集的地方。猩红色的天空同样停留在另外两个人的视野中,但他们却没有注意到。每个人似乎都没有注意到那些对于他人来说很平常的事物,在同样的环境中,他们的注意力却停留在不同的事物上。

资料来源:改编自《查尔斯大街的故事——关于注意以及知觉的选择性》,http://www.wzright.com/psychological-counseling/2635.html(访问日期:2023 年 3 月 22 日)。

3. 情绪

在接收信息时,信息接收者的情绪也会影响到他对信息的解读。不同的情绪感受会使个体对同一信息的理解截然不同。任何极端的情绪,如狂喜或抑郁,都可能阻碍有效沟通的实现。这种状态常常使我们无法进行客观而理性的思维活动,而代之以情绪化的判断。因此,最好避免在出现极端情绪的时候做决策,因为此时我们无法理性地思考问题。

小阅读:男孩与钉子的故事

有一个坏脾气的男孩,他父亲给了他一袋钉子,并且告诉他,每当他发脾气的时候就钉一根钉子在自家后院的围栏上。第一天,这个男孩钉下了 37 根钉子。但慢慢地,他每天钉的钉子变少了,因为他发现控制自己的脾气要比钉钉子容易。终于有一天,这个男孩不再轻易失去耐性、乱发脾气了。他把这件事情告诉了父亲。父亲又说:"从现在开始,每当你能控制自己脾气的时候,就拔出一根钉子。"时间一天天过去了,最后男孩告诉父亲,他终于把所有的钉子都拔出去了。父亲拉着他的手来到后院,对他说:"你做得很好,我的好孩子,但是看看那些围栏上的洞,它们将永远无法恢复到从前的样子。你生气的时候说的话就像这些钉子一样在别人心中留下了疤痕。如果你拿刀子捅了别人一刀,不管你说了多少次对不起,那个伤口都将永远存在。话语的伤痛就像真实的伤痛一样令人难以承受。"

资料来源:作者根据公开资料整理。

4. 信息超载

当一个人不能及时处理他所接收到的所有信息时,信息超载现象就产生了。现在的社会就处于信息大爆炸的时代,随着互联网的高速发展及快速普及,整个社会已经成为信息社会,每天都会产生大量的信息。这种趋势随着时间的推移并没有减弱,而是快速发展。每个人都成为信息的发布者,每个人都是一个自媒体,每天接收着海量信息。当一个人所得到的信息超出了他能整理和使用的容量时,会出现什么情况呢?他会倾向于筛选、轻视、忽略或遗忘某些信息,或者干脆放弃进一步处理的努力,权当信息超载问题已经得到了解决。不论何种情况,结果都是信息缺失和沟通效果受到影响。

5. 防卫

当人们感到自己正受到威胁时,他们通常会以一种防卫的方式做出反应,这降低了双方相互理解的可能性。这种防卫表现在对对方的言语攻击、讽刺挖苦、评头论足以及怀疑等行为上。当一方将另一方的意思理解为具有威胁性时,他就经常会以有碍有效沟通的方式做出反应。

小阅读:以友善的态度开始沟通

美国前总统威尔逊说:"如果你握紧拳头来找我,我一定会用同样的方式对待你!"但是,如果换一种方式进行沟通,比如,"我们一起商量一下,看看到底是谁的问题",很快你就会发现,原来彼此的分歧并不是很大,换句话说,只要相互理解、相互忍耐,一切问题都可以解决。

小洛克菲勒对威尔逊的这句话感触颇深。1915年,他还是科罗拉多州的一个小人物,却经历了美国工业史上流血最多的一次罢工。这次暴力罢工事件从1913年开始,持续了两年。事件源于煤矿工人要求加薪,在洛克菲勒家族拒绝他们的要求之后,他们便毁坏了工厂设施。州政府不得不动用军警进行镇压,很多煤矿工人死于冲突,工厂里充满了仇恨。而小洛克菲勒的使命是让他们重新回到工作岗位上安心生产。他没有坐在办公室里空想对付工人的方法,而是花大量时间去找工人及其家属谈心、了解情况。之后,他向这些工人发表了一场演讲。这次演讲很成功,获得了很多工人的认同,大家一致认为他表现得很友善。后来,工人们慢慢放下了仇恨,同意放弃暴力罢工,与管理层坐下来好好谈判。

资料来源:作者根据公开资料整理。

6. 语言

同样的词汇,对不同的人来说,含义是不一样的。年龄、教育和文化背景是最明显的三个因素,它们影响着一个人的语言风格以及他对词汇的界定。信息发送者常常认为自己所用的词汇和短语在接收该信息的人心中也有同样的含义,这显然是错误的假设,常会造成沟通障碍。了解每个人使用同一语言时含义可能发生的变化,有助于减少沟通障碍。

小阅读:信息时代带来的沟通改变

日常生活中,大家可能或多或少会发现,与人沟通,尤其是与年轻人沟通,时不时会感觉到自己有些"过时"了。也许你就是年轻一代中的一员,那么你也可能遇到过对方一脸茫然,"听不懂"你讲话的时候。新词汇伴随着新事物、新现象的出现或热门事件的广泛传播而出现,类似"细思极恐""十动然拒""累觉不爱""不明觉厉"等听起来像成语然而并不是的词语,你都懂它们是什么意思吗?

即便是大家耳熟能详的词语,其含义在新时代也可能发生了变化。比如"安利"原来是名词,代表安利公司、安利事业。但是现在经常有人会说"安利你一个好产品""这个电视剧我一定要安利给你"——这里"安利"的词性就变成了动词,意思是把自己认为好的东西锲而不舍地推荐给别人。锲而不舍强调了安利的精神,而安利这个词也变成了众人皆知的一个词。

这种新造词、新趋势不仅出现在中国，同时也被外国媒体、词典所关注：2013年，"Dama（大妈）"一词出现在《华尔街日报》上；"Tuhao（土豪）"一词出现在英国广播公司（BBC）的节目中；"No zuo no die（没事找事）""You can you up（你行你上）"这样的中国式英语也被收录进美国在线俚语词典中。

因此，当年轻人的谈话内容和所关注的信息都被你不认识的新词"刷屏"，或被赋予了新含义的旧词"霸屏"时，你是否跟得上时代？你还能跟现在的小伙伴们好好沟通吗？

新的时代，无论是沟通的对象还是沟通的方式、场景、内容，都与之前有了非常大的差异。

资料来源：改编自《信息时代带来的沟通改变》，https://www.jianshu.com/p/0e69431caa57（访问日期：2023年3月22日）。

7. 民族文化

人际沟通在世界各地并不是以相同的方式进行的。文化差异会影响到管理者对沟通方式的选择。这些差异若没有得到很好的认识和认真的考虑，就极有可能成为有效沟通的障碍。例如，一位美国教师在中国家庭中当家教，按照中国文化，孩子们很热情地请老师休息一下吃些水果时，美国教师的理解却是，自己是不是看起来很老，显得力不从心了。

 知识链接：信息沟通中的文化差异

中国	西方
• 要点反映在其他话题中	• 直接提到要点
• 以一种微妙的方式，通过暗示提及要求和所考虑的问题	• 坦率地讨论要求和所考虑的问题
• 赞扬群体	• 表扬个人，即使是在公共场合
• 说促进和谐的话和人们爱听的话	• 准确说出想说的事情
• 未说出的话也很重要	• 所说的话很重要
• 不说"不"，换个话题或给出很模糊的答案	• 说"不"
• 最重要的最后表达	• 最重要的最先表达
• 首先是关系——在讨论正事前先谈私事	• 先谈正事，这比私事更重要
• 综合各种意见，努力达成一致，以包括各种想法	• 使差异分化，使各种观点尽可能有差别，让最优的意见胜出
• 人与意见是不可分的，不与长者或位置较高的人抵触，不因不赞同某人的观点而冒犯他	• 人与意见是可分的，可以与任何人理论，所采纳的应是最好的想法
• 沉默并不表示赞同	• 沉默意味着赞同

资料来源：改编自张玉利主编，《管理学》（第二版），天津：南开大学出版社，2004年。

四、沟通障碍的克服

对于这些沟通障碍,管理者应该如何克服它们?以下的建议将使你的沟通更有效。

(一)运用反馈

很多沟通的问题是由误解或理解不准确而直接造成的。如果管理者在沟通过程中运用了反馈,则会减少这些问题的产生。

这里的反馈可以是语言的,也可以是非语言的。当管理者问信息接收者:"你明白我的话了吗?"所得到的答复就代表着反馈,但反馈不仅仅包括是或否的回答。为了核实信息是否按原有意图被接收,管理者可以询问信息接收者有关该信息的一系列问题,但最好的办法是让他们用自己的话复述信息。如果管理者听到的复述正如本意,则可以进一步提高信息接收者理解该信息的精确性。反馈还包括比直接提问和对信息进行概括更精细的方法——综合评论,这种方法可以使管理者了解信息接收者对信息的反应。

当然,反馈不必一定以语言的方式表达,行动比语言更为明确。比如,销售主管要求所有下属必须提交上月的销售报告,当有人未能按时提交该报告时,管理者就得到了反馈,这一反馈表明:销售主管对自己的指令可能阐述得不够清楚。同理,当你面对一群人进行演讲时,你总会观察他们的表情及其他非语言线索以了解他们是否在接收你所传达的信息。

(二)简化语言

由于语言可能成为沟通障碍,因此管理者应该谨慎选择措辞,并注意表达的逻辑,使发送的信息清楚明确,易于信息接收者理解。管理者不仅需要简化语言,还要考虑到信息所指向的听众,以使所用的语言适合信息接收者。记住,有效的沟通不仅需要信息被接收,而且需要信息被理解。通过简化语言并注意使用听众易接受的语言方式可以提升信息理解效果。比如,医院的管理者在沟通时应尽量使用清晰易懂的词汇,并且在向医务人员和向办公室工作人员传递信息时所用的语言应有所不同。在所有人都理解其含义的群体内使用行话会使沟通十分便利,但在该群体之外使用行话则会造成诸多问题。

(三)积极倾听

在别人说话时,我们是听众。但很多情况下,我们并没有在倾听。倾听是对信息进行积极主动的搜寻,而单纯地听则是被动的。在倾听时,信息接收者和信息发送者双方都在思考。

我们中的不少人并不是好听众,为什么?因为做到倾听很困难,只有当个体有主动性时,倾听才会取得令人满意的效果。事实上,积极倾听是指不带有先入为主的判断或解释,对信息完整意义的接收,因此要求听众全神贯注。一般而言,人们说话的速度是每分钟 120—200 字,而倾听的速度可以达到每分钟 400 字以上。二者之间的差值显然留给了大脑充足的时间,使其有机会神游四方。

小阅读：华为人人必备的技能

在华为，为了避免"听错"的现象，公司要求员工掌握一项基本的工作技能——学会倾听。

通常情况下，华为的员工在倾听管理者安排任务时，都会按照备好纸笔、认真倾听、最终确认这三个步骤进行。

在管理者布置任务时，员工当时可能记得清清楚楚，可是正式开始工作时，又遗忘了部分细节。这时，若再去向管理者确认又担心给对方留下自己工作不够严谨的印象，同时也会打扰管理者的工作。所以，华为的员工们会事先准备好纸笔，用来记录管理者的重要指示。

从华为员工的笔记本上我们可以看到他们经常使用的关键词或任务记录单，上面记录着布置的任务重点。任务记录单看似简单，但如果不能认真倾听、把握管理者的真实意图和话题重点，填写工作就会流于形式。因此，华为的员工很注重倾听过程，不仅会在任务记录单上标注关键词，偶尔还会记录管理者当时的情绪。

资料来源：改编自《华为沟通之道及沟通三原则》，http://www.bjhengjia.net/fabu/News/2020528132 35.html（访问日期：2023 年 3 月 22 日）。

提升积极倾听的效果可采取的一种办法是与信息发送者共情，也就是让自己站在信息发送者的立场上。不同的信息发送者在态度、兴趣、需求和期望方面各有不同，因此共情使信息接收者更易于理解信息的真正内涵。一个共情的听众，并不急于对信息做出判断，而是先认真聆听他人所说的话。这使得信息接收者不至于因为过早不成熟的判断或解释而使听到的信息失真，从而提高了自己理解所沟通的信息完整含义的能力。积极倾听者可能表现出的具体行为如图 1-5 所示。

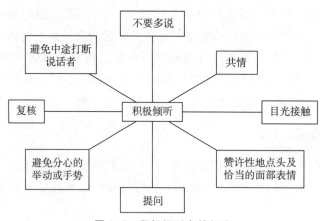

图 1-5 积极倾听者的行为

（四）控制情绪

如果认为管理者总是以完全理性化的方式进行沟通，那就太天真了。我们知道，情绪能使信息的传递严重受阻或失真。当管理者对某件事十分失望时，很可能会对所接收的信息产生误解,并在表述自己的信息时不够清晰和准确。那么,管理者应该如何行事呢?最简单的办法是暂停进一步的沟通直至恢复平静。

(五)注意非语言提示

俗话说,行动胜于语言。因此,克服沟通障碍很重要的一点是注意自己的行动,确保它们和语言相匹配并起到强化语言的作用。能够有效沟通的管理者十分注意自己非语言形式的沟通,保证它们也同样传达了他所期望传达的信息。

思考·讨论·分析

分组讨论以下关于沟通的描述,并发表本组的观点和看法。

1. 沟通就是让别人接受自己的观点。
2. 沟通就是我们每天要做的事情,人人都会。
3. 沟通就是信息的上传下达。

任务五 识别沟通的类型

工作任务:解决 ERA 的烦恼

ERA 是国内一家日资公司中的日籍雇员,在制造部门担任经理。他一来中国,就决定对制造部门进行改造。ERA 发现生产现场的数据很难及时反馈上来,于是打算从生产报表开始改造。他借鉴日本母公司的生产报表,设计了一份非常完美的生产报表,从报表中可以看出生产中的每个细节。每天早上,由所有生产数据汇总的生产报表都会被及时地放在 ERA 的桌子上。ERA 很高兴,认为自己拿到了生产现场的第一手数据。但没过几天,制造部门出现了一次大的质量事故,但生产报表上根本就没有反映出来,ERA 这才知道,生产报表上的数据都是随意填写上去的。为了这件事情,ERA 多次找工人开会强调认真填写生产报表的重要性。每次开完会后的几天确实能够产生一定的效果,但过不了几天又会回到原来的状态,ERA 怎么也想不通其中的原因。

资料来源:作者根据公开资料整理。

思考:

ERA 的烦恼应如何解决?有哪些沟通方式?

任务分析

ERA 的烦恼是很多公司经理的普遍烦恼。现场的操作工人很难理解 ERA 的目的,因为数据分析距离他们太遥远了。大多数工人只知道好好干活,拿工资养家糊口。不同的人所站的高度不一样,单纯地强调、开会,效果是不明显的。在沟通中,不要简单地认为所有人都和自己有相同的认识和看法,对待不同的人要采取不同的方式,要用别人听得懂的"语言"与其沟通。那么,有哪些沟通方式呢?

 知识解析

沟通的种类

（一）根据沟通所采用的媒介的不同，可将其分为语言沟通和非语言沟通

1. 语言沟通

语言沟通是指以语词符号为载体实现的沟通。主要包括口头沟通、书面沟通和电子沟通等。电子沟通又称 E-沟通，是以计算机技术与电子通信技术组合而产生的信息交流技术为基础的沟通。它是随着电子信息技术的兴起而发展起来的一种沟通形式，包括传真、闭路电视、计算机网络、电子邮件、微信等。

2. 非语言沟通

非语言沟通是不经由语言表达的沟通。包括身体语言沟通、副语言沟通、物体的操纵等。

身体语言沟通是通过动态、无声的目光、表情、手势语言等身体运动或者静态无声的身体动作姿势、空间距离及服饰仪态等形式实现沟通的一种形式。

副语言沟通是通过非语词的声音，如重音、声调的变化、哭笑、停顿来实现的。心理学家称这种非语词的声音信号为副语言。

物体的操纵是人们通过对物体的运用、环境的布置等手段进行的非语言沟通。下面是一个很自然地利用手头之物表明一个非语言的观点的例子：一位车间主任在和工长讲话时，心不在焉地拾起一小块碎砖。他刚一离开，工长就命令全体员工加班半小时，打扫车间卫生。实际上，车间主任并未提到任何关于打扫卫生的字眼。

语言沟通和非语言沟通的形式如图 1-6 所示。

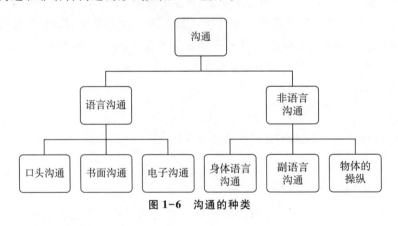

图 1-6 沟通的种类

知识链接：常见的身体语言

头部：点头表示赞成或同意，顿首用来强调说话的力度，头部上扬表示惊奇或对某一事情突然明了，摇头是否定的信号，摆头表示怀疑，低头含有被压迫或屈从的意味，抬头

是一种有意的动作。

肩部:肩部下垂向后,表明平静且灵敏;肩部上提向前表明焦虑、惊慌;耸肩表示不知道、无所谓或无可奈何;轻拍肩部表示亲切或庆贺。

手:竖起大拇指表示赞美,手掌往前摊表示拒绝,紧握拳头表示力量,张开双臂表示欢迎,高举双臂表示胜利,双手在胸前交叉抱住表示自信和进取。

资料来源:作者根据公开资料整理。

小阅读:独特的沟通方式——声调的妙用

有一次,一位著名的意大利悲剧影星应邀参加一个欢迎外宾的宴会。席间,许多客人请他表演一段悲剧,于是他用意大利语念了一段"台词"。尽管客人们听不懂他"台词"的内容,然而,他那动情的声调和表情显得十分凄凉悲怆,不由使人流下同情的泪水。可一个意大利人却忍俊不禁,跑出宴会厅大笑不止。原来,这位悲剧影星念的根本不是什么台词,而是宴席桌上的菜单。

资料来源:作者根据公开资料整理。

思考·讨论·分析

手语是语言沟通还是非语言沟通?

任何口头沟通都包含非语言信息,"问题不在于你说了什么,而在于你是怎么说的"。人们既会对所说的内容做出反应,也会对说话的方式做出反应,这就是他们之间所进行的沟通。

(二)根据沟通者的数目不同,可将其分为自我沟通、人际沟通和群体沟通

1. 自我沟通

自我沟通中,信息的发送者和接收者往往是同一个人,比如通过各种方式进行的自我肯定、自我反省等。

小阅读:自我沟通,保持良好心境

早年间有位英国哲人,他单身时和几个朋友一起住在一间只有七八平方米的小平房里,每天却总是乐呵呵的。别人问他:"那么多人挤在一起,还有什么值得开心的呢?"他说:"朋友们住在一起,随时可以交流思想、交流感情,难道不是值得高兴的事吗?"

过了一段时间,他的朋友们都成了家,先后搬了出去,屋里只剩下他一个人,但他每天仍非常快乐。又有人问:"一个人孤孤单单的,有什么好高兴的呢?"他说:"我有这么大的空间,还有那么多的书可以看,悠然闲适,怎不令人高兴?"

数年后,他的经济状况好了起来,便搬进了楼房,住在一楼,仍是每天乐呵呵的。有人说:"住一楼烦都不够烦的呢!"他却说:"一楼进门就是家,还可以在空地上养花、种草。这多有乐趣呀!"

又过了一年,这位哲人把一楼让给了一位家里有一个偏瘫老人的邻居,自己则搬到了顶楼。人们又问:"先生,住顶楼有哪些好处?"他说:"好处多了!每天上下楼几次,有利于身体健康;看书、写文章光线也好;没有人在楼上干扰,白天黑夜都很安静。"

正如古希腊哲学家柏拉图所说:"决定一个人心情的,不在于环境,而在于心境。"这位哲人能够做到不论在何种环境中都乐观积极,保持良好的心境,这就是积极的自我沟通的结果。心里想的是什么,看到的就是什么,这就是自我信息的传递。同时,正确的、积极的认识和信息的摄入又会通过自我反馈促进良好心境的形成,最终形成自我沟通和良好心境的良性循环。

资料来源:作者根据公开资料整理。

2. 人际沟通

人际沟通是指两个人之间的信息交流过程,其最大的特点是有意义的互动性,即人际沟通必须是两个人之间的,有信息的发送者及接收者,同时又有传播信息的媒介,并且双方能达成理解上的一致。

3. 群体沟通

群体沟通又叫小组沟通或者团队沟通,是指三个及以上的个体之间进行的沟通。个体和群体之间以及群体和群体之间的一对多、多对多的正式或非正式沟通,比如会议、演讲、谈判等都属于群体沟通。

📖 小阅读:群体沟通的作用

早期,有两位管理学家对某男式服装生产公司进行了关于群体沟通作用的调查。调查背景如下:为了解决以往改革时工人反应强烈并产生敌对情绪等问题,该公司决定进行工艺流程改造和工艺重组,特采取了三种不同的沟通策略。

第一种,与第一组工人进行沟通,向其解释将要进行的改革的内容、意义、必要性等,然后待其反馈。

第二种,告诉第二组工人现存的各种问题,然后进行讨论并得出解决办法,最后派代表制定新的标准和流程。

第三种,要求第三组工人中的每个人都参与讨论并设定、实施新标准和流程,要求团队合作。

结果表明,第一组工人的任务最简单,但是生产效率没有任何提高,并且对改革的敌对态度明显,40天内有17%的工人离职;第二组工人在14天内恢复到原来的生产水平,后来生产效率进一步提高,无人离职;第三组工人则在第二天就达到原来的生产水平,且生产效率在一个月内提高了17%,对公司的忠诚度也很高,无人离职。

可见,群体沟通对管理而言有很重要的作用,员工的信息共享、参与程度和工作绩效等都会因充分、有效的群体沟通而得到改善。

资料来源:作者根据公开资料整理。

（三）根据沟通途径的不同，可将其分为正式沟通和非正式沟通

1. 正式沟通

正式沟通是指按照规定的指挥链或者作为工作的一部分而进行的沟通，任何发生于组织中既定工作场合的沟通，都可称为正式沟通。

 知识链接：指挥链、组织结构及沟通信息的流向

1. 指挥链

指挥链是指从组织高层延伸到基层的一条持续的职权线，它界定了谁向谁汇报工作，帮助员工回答"我遇到问题时向谁请示"，或者"我对谁负责"这类问题。

2. 组织结构

组织结构是表明组织各部分排列顺序、空间位置、聚散状态、联系方式以及各要素之间相互关系的一种模式，是整个管理系统的"框架"。

组织职权层级可划分为决策层、管理层、执行层和操作层，如图1-7所示。

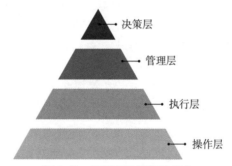

图1-7 组织职权层级的划分

3. 沟通信息的流向

管理机构中，从最高一级到最低一级应该建立关系明确的职权等级序列，这既是权力执行的线路，也是信息传递的渠道。一般情况下不要轻易地违反它。但在特殊情况下，为了克服由于统一指挥而产生的信息传递延误，由"管理理论之父"法国企业家亨利·法约尔设计出一种"跳板"，也叫"法约尔桥"（Fayol bridge）。

根据法约尔桥，沟通信息的流向可分为下行沟通、上行沟通、横向沟通和斜向沟通，如图1-8所示。

图1-8 法约尔桥

下行沟通

任何一种信息从管理者流向下属的沟通,都可称为下行沟通。下行沟通常用于通知、命令、协调和评估下属。当管理者将目标和任务分派给下属时,就运用了下行沟通。管理者也常用下行沟通来向下属提供职务说明,通知组织的政策和规定,指出需要注意的问题。尽管下行沟通带有命令性和权威性,有利于增强合作意识,有助于管理者的决策和控制,但是其沟通速度一般较慢,且容易被曲解和贻误。

上行沟通

管理者依靠下属获取的信息、有关工作的进展和出现的问题等通常需要上报给他们的上司甚至高层管理者。上行沟通就是信息从下属流向管理者的沟通,它使管理者能了解下属对其工作、同事和整个组织的看法。管理者也能依靠上行沟通获得关于改进工作的意见。如下属提交的工作绩效报告、合理化建议、员工意见调查表、投诉程序、上下级讨论和非正式的"牢骚会"等都是一些上行沟通的例子。在"牢骚会"上,下属有机会提出问题,与他们的上司甚至高层管理者一起讨论。但是这种方式也非常容易造成信息失真。

组织中使用上行沟通方式的程度与该组织的文化有关。如果管理者能够创造一个相互信任、相互尊重以及参与式决策和向下属授权的氛围,则组织中会产生许多上行沟通,因为下属会在决策过程中提出许多意见。在一个高度刻板、专制的环境中,上行沟通仍然会产生,但是沟通风格和内容会受到很大限制。

横向沟通

在任何层级中发生的同一水平层级的人员之间的交流,都属于横向沟通,或称平行沟通。在当今市场动荡多变的环境中,为了节省时间和促进协调,组织常需要进行横向沟通。例如,跨职能团队就急需通过这种沟通方式形成互动。横向沟通的主要目的是谋求相互之间的理解和工作中的配合,因此,它通常带有协商性。下属通过加强横向沟通,可以有效地增进相互之间的了解,克服本位主义。不过,要是下属不向管理者汇报他们所做出的决策或采取的行动,则会产生冲突。

斜向沟通

斜向沟通是发生在同时跨工作部门和组织权力层级的员工之间的沟通。当一个总部的财务主管直接与地区的销售经理进行沟通时,斜向沟通就产生了,因为沟通双方不仅属于组织中不同的部门,而且在级别上也有很大差异。从效率和速度上看,斜向沟通是有益的。电子邮件的普及更促进了斜向沟通。现在许多组织中,一个员工可以通过电子邮件与其他员工进行沟通,不论他们的工作部门和组织层级是否相同。然而,与横向沟通一样,要是下属不向他们的管理者汇报,斜向沟通也有可能造成各种问题。

资料来源:作者根据公开资料整理。

2. 非正式沟通

非正式沟通指不按组织的层级结构规定进行的沟通,员工间聚餐、闲谈、微信聊天、打球等都属于非正式沟通。未经管理层批准并不意味着非正式沟通不存在。员工之间建立朋友关系后,相互之间会经常进行沟通。

小阅读：新冠肺炎疫情"吹哨人"

2019年12月30日下午,李文亮医生在大学同学微信群里发布了一段"华南水果海鲜市场确诊了7例SARS"的文字,虽然表述不甚准确,但并不影响人们对于此次疫情的基本判断,李文亮医生因此被称为新冠肺炎疫情"吹哨人"。

资料来源:改编自《抗疫英雄事迹简短精选六篇》,http://www.lizhigushi.com/lizhixiaogushi/a21434.html(访问日期:2023年3月22日)。

互动话题:扁鹊见蔡桓公

春秋战国时期,有一位著名的医生叫扁鹊,有一天,名医扁鹊去拜见蔡桓公。

扁鹊在蔡桓公身边站了一会儿,说:"大王,据我看来,您皮肤上有点小毛病。要是不治,恐怕会向体内发展。"蔡桓公说:"我的身体很好,什么病也没有。"扁鹊走后,蔡桓公对身边的人说:"这些做医生的,总喜欢给没有病的人治病。医治没有病的人,才容易显示自己医术高明!"

过了十来天,扁鹊又来拜见蔡桓公,说道:"您的病已经发展到皮肉之间了,要是不治还会加深。"蔡桓公听了很不高兴,没有理睬他。扁鹊就又退了出去。

十来天后,扁鹊再一次来拜见蔡桓公,并对他说:"您的病已经发展到肠胃里了,再不治肯定会更加严重。"蔡桓公听了非常不高兴。扁鹊连忙退了出去。

又过了十来天,扁鹊老远望见蔡桓公,只看了几眼,就掉头跑了。蔡桓公觉得奇怪,派人去问他:"扁鹊,你这次见了大王,为什么一声不响,就悄悄地跑掉了?"扁鹊解释道:"皮肤病用热水烫敷就能治好;发展到皮肉之间,用扎针的方法可以治好;即使发展到肠胃里,服几剂汤药也还能治好;一旦深入骨髓,就只能等死,医生再也无能为力了。现在大王的病已经深入骨髓,所以我不再请求给他医治!"

五六天之后,蔡桓公浑身疼痛,于是派人去请扁鹊给他治病。扁鹊早知道蔡桓公要来请他,几天前就跑到秦国去了。不久之后,蔡桓公就病死了。

资料来源:改编自《〈扁鹊见蔡桓公〉原文及翻译》,http://wyw.5156edu.com/html/z2062m7238j1360.html(访问日期:2023年3月22日)。

问题:
1. 从语言沟通的角度,分析扁鹊与蔡桓公之间的沟通存在的问题。
2. 从非语言沟通的角度,分析扁鹊与蔡桓公之间沟通失败的原因。

任务六 区分管理与沟通

工作任务:分析管理与沟通的关系

研发部的梁经理才进公司不到一年,就颇受主管赞赏,不管是专业能力还是管理绩效,都获得了大家的肯定。在他的缜密规划之下,研发部一些延宕已久的项目,都在积极推行当中。

部门主管李副总发现,梁经理到研发部以来,几乎每天都在加班。他经常第二天来看到梁经理电子邮件的发送时间是前一天晚上十点多,后来甚至又看到他当天早上七点多发送的另一封邮件。梁经理总是研发部下班最晚而上班最早到的。但是,即使在工作量最大的时候,其他同事似乎也都是准时下班,很少有人留下来跟着他加班。平常也难得见到梁经理和他的下属或是同级主管进行沟通。

李副总对梁经理怎么和其他同事、下属沟通工作感到好奇,于是开始观察他的沟通方式。原来,梁经理是以电子邮件的形式向下属交代工作内容的。除非有当面沟通的必要,否则,他的下属也都是以电子邮件的形式回复工作进度及提出问题,很少找他当面报告或讨论。梁经理对其他同事也是如此,电子邮件似乎被他当作和同事们合作的最佳沟通工具。

但是,最近大家似乎开始对梁经理这样的沟通方式颇有微词。李副总发觉,梁经理所在的部门逐渐失去了向心力,除了不配合加班,还只执行交办的工作,不太主动提出规划或问题。而其他各级主管,也不会像梁经理刚到研发部时那样主动到他房间里交流,大家见了面,只是客气地点个头。开会时的讨论,也都是公事公办。

李副总在楼梯间碰到另一个部门的陈经理,便趁机以闲聊的方式问及此事,陈经理称梁经理工作相当认真,可能对工作以外的事就没有多花心思。李副总也就没再多问。

这天,李副总刚好经过梁经理办公室,听到他在打电话,讨论的内容似乎和陈经理的业务有关。他到陈经理的办公室,刚好陈经理也在打电话。李副总听到了谈话内容,确定是两位经理在交谈。之后,他找到陈经理,问他是怎么一回事。明明两位经理的办公室就在隔壁,为什么不直接走过去当面沟通,而是用电话交谈呢?

陈经理笑答,这通电话是梁经理打来的,梁经理似乎比较希望通过电话讨论工作,而不是当面沟通。陈经理曾试着要在梁经理办公室当面沟通,但梁经理不是用最短的时间结束谈话,就是眼睛还一直盯着计算机屏幕,让他不得不赶紧离开。陈经理说,几次以后,他也宁愿用电话的方式沟通,免得让别人觉得自己过于热情。

了解到这些情况后,李副总找梁经理聊了聊。梁经理觉得,效率应该是最需要追寻的目标,所以他希望用最节省时间的方式沟通,以达到工作要求。李副总以过来人的经验告诉梁经理,工作效率固然重要,但良好的沟通绝对会让工作的进展顺畅许多。

资料来源:作者根据公开资料整理。

思考:
分析梁经理的沟通方式,并说明你认为管理与沟通有什么关系。

任务分析

很多管理者都忽视了沟通的重要性,而是一味地强调工作效率。实际上,面对面沟通所花费的些许时间成本,绝对能让沟通的顺畅程度大为提高。

沟通看似是小事情，实则意义重大！沟通顺畅，工作效率自然就会提高；忽视沟通，工作效率势必下降。

 知识解析

一、管理需要沟通

了解管理职能为我们评价组织如何运作，甚至它们为什么不能有效运作提供了基础，但是如果没有沟通在管理职能中发挥作用，管理将仍是非常抽象的。如果我们希望组织有效运作，就必须进行沟通；否则，目标就无法达成。

（一）沟通是管理者履行各项管理职能的主要途径和手段

沟通传递着组织的发展方向、期望、过程、产物和态度。管理各项职能的履行离不开沟通，管理的计划职能既需要有计划前的信息采集、计划中的信息交流和讨论，也需要有计划后的阐述和分解落实，这其实也正是沟通的过程。当计划改变时，沟通也会发挥很大的作用。在这种情况下，管理者必须摒弃原有的观念，接受与先前不同的信息，而不是固守其脑海中已有的信息。由于组织中的不同成员有着不同的思维方式和期望，他们可能会对管理者所发送的信息有不同的感受。而管理的领导职能要求管理者确定公司目标并通过沟通去激励员工达成目标。控制职能没有信息的传递和反馈就失去了其真实依据和实施途径，等等。总之，要想履行好管理的各项职能，就必须进行沟通。

（二）管理过程离不开沟通

管理者从某一灵感开始，构思出一个方案，最终建立起行动的整个框架。沟通贯穿整个管理实践的全过程。管理的过程即资源组合的过程，而该过程必须借助于各种资源信息和组合方式的大量且复杂的交流、反馈。没有这些信息的交流、反馈，即沟通的发生、实现，管理过程就会中断或残缺，甚至失去控制。

二、管理的核心是沟通

管理以人为本，要管好人离不开沟通；管理以事为基，要做好事同样离不开沟通。要获得好结果，任何一个环节的沟通都举足轻重、不可马虎，因此，管理离不开沟通，沟通是管理的核心。

 小阅读：小圆桌与大长桌

美国一家公司的总经理非常重视员工之间的相互沟通与交流，他曾有过一项"创举"，即把公司餐厅里四人用的小圆桌全部换成长方形的大长桌。这是一项重大的改变，因为用小圆桌时，总是那四个互相熟悉的人坐在一起用餐，而改用大长桌后情形就不同了，一些彼此陌生的人也有机会坐在一起闲谈了。如此一来，研究部的职员就能遇到来自其他部门的销售人员或者生产制造工程师,他们在相互接触中,可以交换意见,获取各自所需的信息,还可以互相启发,碰撞出"思想的火花",公司的经营因此得到了很大改善。

资料来源:作者根据公开资料整理。

三、管理与沟通的关系

(一)管理与沟通的联系

管理和沟通有着密切的联系。二者是存在大量共性的人类行为过程。其一,绝大部分管理行为过程,都属于沟通行为过程。沟通是管理的实质和核心内容,也是管理得以实施的主要手段、方法和工具。如管理中的计划职能必须以信息收集、整理和分析作为基础,而收集和处理信息的过程就是沟通的过程。其二,如果把沟通行为过程由人类社会大背景缩小到组织内外部这一相对较小的背景范围来考察,从组织行为学的角度看,大量的沟通行为过程必然与组织的管理相关或重叠,大部分沟通行为过程都属于管理行为过程。

(二)管理与沟通的区别

1. 管理与沟通的侧重点不同

管理和沟通毕竟是两个不同的概念。管理比较侧重于人和人、人和物等多种公司资源的组合过程,强调的是管理者、管理对象和全部过程。而沟通则比较侧重于管理活动中必不可少的信息交流行为过程,是管理活动中最重要的一部分。

2. 管理与沟通的目的不同

虽然管理和沟通都是组织中重要的社会行为,但两者的目的并不完全相同。管理的目的是要公司实现产出最大化,而沟通的目的则是互相理解,但理解并非一定能达成共识,没有达成共识从效果上讲有时并不一定能实现产出最大化。当然,两者都以充分利用组织资源、争取最大产出为基本目标和初衷。

3. 管理与沟通的内涵不同

从管理的定义中我们可以看到,管理的内涵包含了管理的载体、对象、职能、使命以及本质;而沟通的内涵则包括:第一,沟通首先是意义的传递。第二,要使沟通成功,意义不仅需要被传递,还需要被理解。第三,良好的沟通应是信息接收者准确理解信息的含义。从现代公司管理的角度来讲,管理的对象包括物流、人流、信息流、资金流等,而沟通主要以信息流的正确处理为主要内容。

4. 管理与沟通针对的范围不同

管理主要针对组织来定义,而沟通则主要是针对整个人类社会来定义的。也就是说,只要有人的地方,就必然存在沟通行为,与存不存在组织没有必然联系。在组织内需要沟通,不在组织内也需要沟通。而管理必须以组织的存在为前提和对象才能成立及实施。可以说,沟通针对的范围更大、更广阔,这也是管理和沟通的重要区别。

知识链接:中国传统文化中的管理智慧

1. 博学之,审问之,慎思之,明辨之,笃行之。——《礼记·中庸》

释义:博学,学习要广泛涉猎;审问,有针对性地提问请教;慎思,学会周全地思考;明辨,形成清晰的判断力;笃行,用习得的知识和思想指导实践。

2. 不患人之不己知,患不知人也。——《论语》

释义:不要担心别人不了解自己,应该担心的是自己不了解别人。

资料来源:作者根据公开资料整理。

 项目小结

1. 管理是管理者在特定的环境和条件下,以人为中心,对组织所拥有的资源进行有效的计划、组织、领导和控制,以达成既定组织目标的过程。这个定义中包含了管理的载体(组织)、管理的对象(拥有的资源)、管理的职能(计划、组织、领导和控制)、管理的使命(目标)以及管理的本质(过程)。

2. 不同层级的管理者在各项管理职能上花费的时间不同。越往高层走,管理者在计划、组织和控制职能上所花费的时间越多;而到了基层,管理者更多的时候是在从事领导工作。管理者在组织中扮演着十种角色,这十种角色又可以进一步归纳为人际关系、信息传递和决策制定三大方面。

3. 沟通是指意义的传递和理解。沟通过程包括信息源(信息发送者)、编码、信息、媒介(通道)、信息接收者、解码以及反馈七个部分。

4. 造成有效沟通的障碍有过滤、选择性知觉、情绪、信息超载、防卫、语言、民族文化等,可通过运用反馈、简化语言、积极倾听、控制情绪、注意非语言提示等方式来克服沟通障碍。

5. 根据沟通所采用的媒介不同,可将其分为语言沟通和非语言沟通;根据沟通者的数目不同,可将其分为自我沟通、人际沟通和群体沟通;根据沟通途径的不同,可将其分为正式沟通和非正式沟通。组织中的沟通可以是向下的、向上的、横向的或斜向的。

6. 管理需要沟通。沟通是管理者履行各项管理职能的主要途径和手段。管理的核心是沟通。管理和沟通有着密切的联系,它们是两种存在大量共性的人类行为过程。但是两者又有着明显的不同,可以从侧重点、目的、内涵以及针对的范围等方面加以区分。

项目二　理解管理沟通

知识目标

1. 了解管理沟通的内在含义及其常见模式。
2. 了解正式沟通和非正式沟通的网络。
3. 知晓影响管理沟通的环境因素。
4. 了解管理沟通与组织氛围的关系。

能力目标

1. 能够分析总结出管理沟通失效的症结。
2. 能够灵活运用管理沟通的各种网络类型。
3. 能够学会运用沟通的各种模式，营造沟通的鼓励性氛围。

思政目标

1. 领会中国传统文化中的哲学思维。
2. 了解并认同中国本土管理方式，坚定道路自信、制度自信。
3. 加深对社会主义核心价值观的理解。
4. 培养开拓创新、勇于奉献的精神。

引例

斯坦利·沙赫特实验

美国心理学家斯坦利·沙赫特曾经做过一个实验：他以每小时15美元的酬金聘人待在一个小房间里，这个小房间与世隔绝，没有报纸，没有电话，不能写信，其他人也不能进入。

实验结果是：一个人在小房间里只待了两个小时就出来了，另一个人则待了八天。那个待了八天的人出来以后说："如果让我在里面再多待一分钟，我就要发疯了。"

资料来源：作者根据公开资料整理。

斯坦利·沙赫特的这个实验告诉我们：每个人都必须与他人交往、沟通，不可能孤立地存在。一项调查表明：我们每个人除了睡眠，清醒时间中的70%都在沟通，而管理者则至少有80%的清醒时间花在与他人的口头沟通上。因此，管理者需要掌握有效的沟通技巧。当然，这并不是说仅拥有好的沟通技巧就能成为成功的管理者，但是我们可以说，低效的沟通技巧会使管理者陷入无穷的问题与困境之中。既然管理沟通是如此重要,那么,到底什么是管理沟通呢?

任务一　认识管理沟通

工作任务:分析王杰沟通失败的原因

王杰是和老板一起创业的技术骨干,最早的时候,他和老板像兄弟一样一起吃饭、一起通宵加班干活,所以,即使王杰不善言辞,老板对他的所作所为也了如指掌,对他十分器重。随着公司的壮大,管理层级和管理流程逐渐完善起来,老板的工作重心转移到了公司战略方面,王杰则依然埋头于技术项目之中。公司在继续成长,但王杰却感到工作氛围不如以前,得到的回报也不如以前,因此,从心理上对老板产生了更强的疏离感,而老板也觉得王杰这个人有技术人员孤僻的毛病。开始时,老板考虑到王杰在技术上做出的贡献,想提拔他,但一时也不知道将他放在什么位置合适。过了好长一段时间,在一次聚会上,王杰喝醉了酒,对着老板发泄了他的不满,老板很不高兴,就听之任之了。

王杰先是不和老板沟通,后来用喝醉酒的方式发泄情绪,这是非常糟糕的沟通方式。最终,王杰很郁闷地离开了正日益发展的公司。

资料来源:改编自《沟通,工作和生活的绿色通道》,http://bbs.chinaunix.net/thread-381437-1-1.html(访问日期:2023年3月22日)。

思考:

你觉得王杰的沟通方式如何?

任务分析

在管理实践中,类似情况时有发生。哈佛大学曾对500名被解雇的男女职工做过调查,证实因人际沟通不良而导致工作不称职者占到82%;普林斯顿大学在分析10 000份人事档案时亦发现,"智慧""专业技术""经验"只占成功因素的25%,其余的75%则取决于良好的沟通。那么,如何进行良好的管理沟通呢?

知识解析

一、管理沟通的定义

我们把沟通主体出于某一目的,运用一定的策略和手段,将某一信息(或意思)传递给沟通客体或对象,以期取得沟通客体相应的反应和反馈的整个过程称为管理沟通。管理沟通解决的是现实管理活动中发生的组织与组织之间、人与组织之间、人与人之间的沟通问题。

相较于一般的沟通,管理沟通具有以下几个方面的特征。

（一）管理沟通是为了达成既定的管理目标

管理沟通不同于人们平常的"聊天""打招呼"，它是管理目标导向的，也就是管理者希望通过沟通解决管理工作中的现实问题，如为了推进公司改革，组织一场会议传达改革精神；为了激励下属，安排一次面谈；为了建立公司的良好形象，召开一次新闻发布会。但是，我们走路时遇到一个熟人问声好，或者因为很长时间没有遇到了，见面交流一下工作近况，则不能算作管理沟通，最多只能称为人际沟通，因为这样的沟通的出发点并不是解决管理问题。

小阅读：巧妙沟通留人才

A 对 B 说："我要离开这家公司，我恨这家公司！"

B 建议道："我举双手赞成你报复这家公司，一定要给它点颜色看看。不过你现在离开，还不是最好的时机。"

A 问："为什么？"

B 说："如果你现在走，公司的损失并不大。你应该趁着还在公司，拼命为自己拉一些客户，成为公司独当一面的人物，然后带着这些客户突然离开，公司才会遭受重大损失，处于非常被动的局面。"

A 觉得 B 说得非常在理，于是努力工作。如他所愿，经过半年多的努力，他有了许多忠实的客户。

再见面时 B 对 A 说："现在是离开的时机了，要赶快行动哦！"

A 淡然笑道："老总跟我长谈过，准备升我做总经理助理，所以我暂时没有离开的打算。"

其实这也是 B 的初衷。

资料来源：作者根据公开资料整理。

（二）管理沟通是沟通双方的相互行为

所谓沟通双方的相互行为，是指沟通主体不但要把信息传递给对方，还需要了解对方的反应，确认信息传递出去之后的效果。如果信息传递出去后并没有达到预期的效果，就说明此次沟通失败了，需要再次进行沟通。这与我们平时听演唱会、看电视不一样，因为那样的沟通是单向的，而不是双向的。

（三）管理沟通需要有效的中介渠道

沟通首先要有"沟"，无"沟"不"通"，这个"沟"就是指中介渠道。管理者为了实现信息的互通，必须建设好流程通道，此外还需要设计好信息传递的载体，确定是口头沟通还是书面沟通，是正式沟通还是非正式沟通，等等。

（四）管理沟通需要设计有效的策略

管理沟通是一个复杂的过程，原因在于：

（1）沟通内容的复杂性。沟通内容包括信息沟通和情感、思想、观点及态度的交流，内在地表现为人际关系。

（2）沟通心理的复杂性。沟通主体和沟通客体之间需要考虑对方的动机和目的，以及如何改变对方的行为。

（3）理解沟通信息的复杂性。由于语言文字含义的复杂性、沟通心理的复杂性，对沟通信息的理解也具有复杂性，有可能出现信息失真，尤其是沟通双方在见解与爱好、背景与经历、政治与意识形态等方面的差异性，更加剧了信息理解的复杂性。正因为如此，才需要沟通双方（尤其是沟通主体）制定沟通策略，以获得有效的沟通结果。

📖 小阅读：从火神山医院的建造看管理沟通的复杂性

武汉火神山医院是什么？是一项只用了十天十夜就竣工的大工程，是新冠肺炎患者生的希望，更是医疗历史上的一个奇迹！1 000余张床位，34 000平方米的建筑面积，竟然被7 000余名建设者只用了十天时间就正式建成。这是火神山速度，更是奇迹般的中国速度！

再来回顾一下这场与时间"赛跑"的比赛。新冠肺炎疫情突如其来，人命关天，十万火急。党中央周密部署、精心安排，迅速成立由60多人组成的应急项目团队，在五小时内就拿出设计方案并组织开工。除夕夜当晚，清除地面障碍；第二天，正式开工；第三天，第一间样板房建成……第五天，双层病房初具规模；第六天，300多个箱式板房骨架安装完成；第九天，全面展开医疗配套设备安装……这背后多个部门和组织的高效率协调与配合简直令人震惊！

一位参与建造火神山医院的监理人员称自己的手机里至少有100个工作群，每天接打电话上百通，每天回到宿舍嗓子都像要冒烟似的，可见这是工程量多么巨大的一项协调调度工作。而最高峰时，工地上有7 000多名工人，800多台挖掘机、推土机等设备同时作业。除此之外，建筑工地需要用电，需要信号通信，需要互联网办公设备，需要大量医护人员，等等，无法想象建造这样一座医院的背后需要动员和协调的社会资源达到了什么样的体量。

世界卫生组织总干事谭德塞这样评价："中方行动速度之快、规模之大，世所罕见，展现出中国速度、中国规模、中国效率，我们对此表示高度赞赏。""火神山速度"的背后，是中国共产党团结带领各族人民战胜新冠肺炎疫情的坚强意志。

资料来源：作者根据公开资料整理。

国外媒体评价火神山医院是一项"史诗级"的工程，为什么是史诗级的？就是因为在每个环节上不但要快、要沟通到位、要争分夺秒，还要精准、无缝衔接，只有这样才能一秒钟都不耽误,这其中就反映了管理沟通的复杂性。

二、管理沟通的要素

管理沟通过程是沟通主体(信息发送者)向沟通客体(信息接收者)传递信息并获得对方反馈的过程,这个过程可用图 2-1 表示。

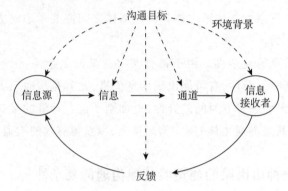

图 2-1 管理沟通过程

管理沟通过程是信息源、信息接收者、沟通目标、环境背景、信息、通道和反馈七大基本要素的系统整合。

(1) 信息源:分析是谁发起的沟通。

(2) 信息接收者:在沟通过程中,光有准确的信息是不够的,只有当信息被信息接收者准确理解并做出与信息发送者期望相符的反应时才算成功。因此,信息接收者的反应是最关键的,这也是管理沟通和其他类型沟通的本质区别。

(3) 沟通目标:分析整个沟通过程所要解决的最终问题且贯穿管理沟通全过程。

(4) 环境背景:分析沟通的内部环境(包括文化、历史和竞争状况等)、外部环境(包括潜在顾客、代理机构状况、当地的或国家的有关媒体等)。

(5) 信息:分析有多少信息需要沟通,会产生什么问题,谁是信息的受益者,如何组织信息才具有最强的说服力。

(6) 通道:口头、书面、电子邮件、会议、传真、录像和记者招待会等。

(7) 反馈:沟通是一个过程,而不是一个简单的行为或目标。由于信息接收者不同,有的人对信息是支持的,有的人则是漠不关心的,还有的人是反对的,因此,在沟通过程中要尽可能地考虑可能出现的各种结果,并给予反馈。

团队练习:沙漠求生

假设你是一名飞行员,你驾驶的飞机在飞越沙漠上空时突然出现故障,这时你和机上的乘客必须跳伞。跳伞时只能携带 15 样物品,你们必须为生存做出一些抉择。

这 15 样物品分别是:手电筒、迫降区的地图、每人一升水、降落伞(红白相间)、每人一副太阳镜、指南针(罗盘)、手枪和六发子弹、一本名为《沙漠里能吃的动物》的书、塑料雨衣、每人一件外套、一升伏特加酒、急救箱、大砍刀、一瓶盐片(1 000片)、化妆镜。

实施

1. 小组由四位或八位成员组成。

2. 每个小组依次按照管理沟通的要素进行分析,将15样物品按重要性排序,得出小组的意见,沟通时间为20分钟。

3. 每个小组派一名代表宣布讨论结果并说明原因。

4. 分析讨论结果,教师给出建议。

三、管理沟通的功能

管理沟通的五种主要功能分别是:控制、激励、情绪表达、创新、信息传递。

(1) 控制:沟通可以控制下属的行为。下属必须遵守组织中的权力等级和正式的指导方针,比如,如果他们想与上级交流工作方面的困难,就需要按照流程申请,并遵守公司的政策制度等。也就是说,通过正式沟通可以实现这种控制功能。另外,非正式沟通也可以控制下属的行为,比如,当组织中的某个人工作十分勤奋,使其他人相形见绌时,其他人会通过非正式沟通的方式控制自己的行为。

(2) 激励:沟通是管理者激励下属,实现领导职能的基本途径。一方面,管理者可以通过沟通的方式来了解下属的需求。为了激励下属,管理者需要和下属一起设立目标,并指导他们如何正确履行职责。另一方面,管理者可以通过让下属谈自己的看法、建议,最大限度地满足下属自我实现的需求以实现有效沟通,同时为了对下属进行有效的业绩评估,管理者需要对其工作做出反馈,并解释评估的依据,从而激发下属的工作积极性和创造性。

(3) 情绪表达:对下属来说,组织就是主要的社交场所,因工作而结成的关系会在许多方面影响下属的工作表现。下属通过组织内的沟通来表达自己的挫折感和满足感。因此,沟通提供了一种释放情感的情绪表达机制,并满足了下属的社交需要。

(4) 创新:沟通是组织创新的重要来源。有效的沟通能使管理者发现问题并获得宝贵建议,下属的参与是组织创新的巨大动力。在沟通过程中,沟通主体与客体相互启发、相互讨论、共同思考,往往能激发出新的创意。

(5) 信息传递:沟通的最后一个功能与决策角色有关,它为个体和群体提供了决策所需要的信息,使决策者能够确定并评估各种备选方案。

这五种功能并无主次之分。要使组织运行良好,就需要在一定程度上控制下属、激励下属、提供情绪表达的手段,激发创意并做出决策。可以认为,组织中的每一次沟通都实现了这五种功能中的一种或几种。

四、组织管理沟通的网络

组织管理沟通信息的纵向和横向流动集合而成的各种形态,称为沟通网络,如图2-2所示。

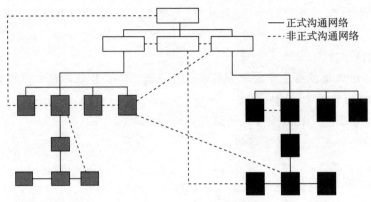

图 2-2 组织中的沟通网络

(一) 正式沟通的网络类型

在正式组织环境中,信息沟通网络的形态可以表现为以下五种,如图 2-3 所示。

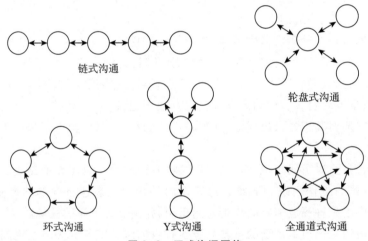

图 2-3 正式沟通网络

(1) 链式沟通。又称为直线型沟通,是指若干沟通参与者(从最初的信息发送者到最终的信息接收者)环环相扣,形成犹如链条的沟通网络形态。这种形式的沟通信息是按照组织的层级设置纵向传递的,属于控制型结构,它代表信息在一个等级层次之中逐渐传递,信息可自上而下也可自下而上进行传递。在这种沟通网络中,沟通信息经过层层传递、筛选,容易失真,严格按直线职权关系和指挥链系统在各级主管间进行的信息传递就是链式沟通。各个信息传递者所接收的信息差异很大,平均满意程度有较大差异。在管理中,如果某一组织系统过于庞大,则需要实行分权授权管理,那么,链式沟通就是一种行之有效的方法。

(2) 环式沟通。此形态可以看成是链式形态的一个封闭控制结构,组织的所有成员不分彼此地依次联络和传递信息。每个人都可以同时与左右两侧的人沟通信息,不存在信息沟通中的领导者或中心人物,大家地位平等,因此组织的集中化程度和管理者的可预测程度比较低,畅通渠道不多,组织中的成员具有较高的满意度,组织士气高昂,但信息沟通的速度和准确度都难以保证。如果需要在组织中创造出高昂的士气来达成组织目标,环式沟通是一种行之有效的方法。

(3) Y式沟通。这是一个纵向沟通网络,其中只有一个成员位于沟通网络的中心,成为沟通的媒介,更成为网络中拥有信息而具有权威感和满足感的人。这种网络的集中化程度高,解决问题的速度快;组织中的管理者可预测程度较高;但是除中心人员外,组织成员的平均满意程度较低,易导致信息被曲解或失真,影响组织中成员的士气,阻碍组织提高工作效率。此网络适用于管理者的工作任务十分繁重,需要有人协助进行信息筛选和提供决策依据,既想要节省时间同时又要对组织实行有效的控制的情形。

(4) 轮盘式沟通。这属于控制型网络,这种网络只有一个成员是各种信息的汇集点与传递中心,信息由中心人物向四周多线传递,其他成员之间没有相互交流关系。在组织中,大体相当于一个主管领导直接管理几个部门的权威控制系统。这种沟通网络集中化程度高,解决问题的速度快,管理者的可预测程度高,控制力强,但沟通的渠道很少,组织成员的满意程度低,士气低落。管理者在成为信息交流和控制中心的同时可能面临着信息超载的负担。轮盘式网络是加强组织控制、争时间、抢速度的一种有效方法,这种网络适用于组织接受任务,需要严密控制,同时又要争取时间和速度的情形。

(5) 全通道式沟通。这是一个开放式的沟通网络系统。所有成员之间都能进行相互不受限制的信息沟通与交流,彼此了解。此网络中组织的集中化程度及管理者的可预测程度均较低。由于沟通渠道很多,组织成员的平均满意程度高且差异小,所以士气高昂,成员可以直接、自由而充分地发表意见,有利于集思广益,合作氛围浓厚。此网络适合于解决复杂问题、培养组织合作精神、提高士气,但由于沟通渠道太多也容易造成混乱、费时、工作效率低等问题。

作为一位管理者,你会选用哪种沟通网络,取决于你的沟通目标。沟通网络的效果,可以从速度、准确性、管理者的角色和成员的满意度等方面进行比较,没有一种网络在任何情形下都是最好的。如果你关注成员满意度,则全通道式沟通最佳;如果你认为有一位强有力的管理者很重要,那么,轮盘式沟通会更好;如果准确性对你来说最为重要,则链式沟通和轮盘式沟通更好。

小阅读:特别的转型方式

美国西南部一家大型公用事业公司业绩不振,公司总裁采取了一种非常特殊的手段应对这一问题。他让公司的中层主管上报那些最具影响力的人。"不要管职称和岗位,哪些人对本公司的运转有较大影响?"他想知道,公司若想把决策贯彻下去,需要得到哪些支持。经过一个星期的深思熟虑,中层主管们上报了一份耐人寻味的名单,上面列举的言论领袖包括工程师、应收账款员、货运卡车司机、秘书,甚至还有一名清洁工。

这位总裁随后召集这150名中层主管及所有的言论领袖开了一次会。他交给大家一份议程和计划,并说道:"这是我们在财务上应有的表现,这是我们的生产效率应达到的水平",展示了所有的目标和面临的挑战后,他总结道:"我本来打算问中层主管们该怎样做,可是他们告诉我诸位才是使公司运转顺利的灵魂人物,所以我邀请各位一起参与。我需要在场各位的协助。我应当采用什么样的激励计划和奖励方案,才能使大家齐心协力地做这件事呢?"这些言论领袖回到各自的工作岗位后都在猜测:"为什么他会问我?""自己的工作还保不保得住?""提了意见后会不会秋后算账?"一些言论领袖经过认真思考后,交出的答案不仅令人感到惊奇而且实施效果也很好。在总裁的推动和言论领袖及全体员工的配合下,计划终于取得了成功。中层主管和言论领袖们不禁对这种反应感到震惊,并认为自己早该这样做了。经过这次转型后,该公司开始步入正轨,业绩保持持续增长。

资料来源:作者根据公开资料整理。

思考:

辨析该公司选用了哪些沟通网络去迅速扭转局面。

(二)非正式沟通的网络类型

信息的传播不仅通过正式沟通网络进行,还通过非正式沟通网络进行。

美国心理学家基思·戴维斯(Keith Davis)曾对一家皮革制品公司的 67 名管理者进行调查研究,发现非正式沟通网络有四种形式,如图 2-4 所示。

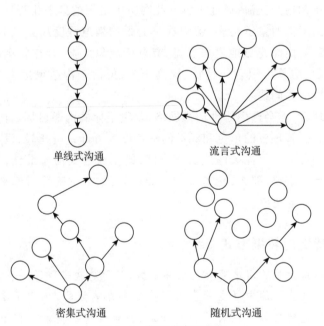

图 2-4 非正式沟通网络

(1)单线式沟通。由非正式组织成员中的前一个人将小道消息传递给后一个人,后一个人再传递给另外一人。

(2)流言式沟通。有一个信息发送者,但同时有多个信息接收者。

(3)密集式沟通。一个人同时将信息传递给其他两三个人,这两三个人再分别对相同的信息接收者进行信息传递,结果一传十,十传百,最后所有的成员都得知了这个信息。

(4)随机式沟通。按随机的方式传播小道消息。

思考·讨论·分析

请完成表2-1,对五种正式沟通网络的沟通效果进行评价。

表2-1 如何评价正式沟通网络

评价标准	链式沟通	环式沟通	Y式沟通	轮盘式沟通	全通道式沟通
速度					
准确性					
领导者的产生					
成员的满意度					

任务二 分析管理沟通的环境因素

工作任务:辨别影响沟通的因素

一次,总经理宋文超交代给综合办公室的王主任一项任务:买草、买土、对厂区的一片荒地进行绿化。过了很久,事情却迟迟没有办成,宋总心里不免恼火:"交代下去的事情,怎么这么难办?"王主任回答:"一是过了种草的季节,二是花费太大。"宋总不满地说:"我是领导,我要求做的事情,自然有我的道理。"王主任也振振有词:"我是具体办事的,该不该做、能不能做心里自然有数。"一时之间两人都怨气冲天,关系陷入僵局。

资料来源:改编自邹中棠,《要成功先沟通 史上最强沟通术》,北京:机械工业出版社,2010年。

思考:

影响管理沟通的环境因素有哪些?

任务分析

显然,这是宋总与王主任之间的内部沟通出现了问题。我们知道,沟通活动所依存的环境内容非常丰富。如果以一家公司或一个组织的边界来界定,边界内部的环境称为内环境,发生在组织内环境中的沟通称为内部沟通;边界外部的环境称为外环境,发生在边界内部与外部之间的沟通称为外部沟通。

知识辨析

一、内部沟通环境的要素

组织内部沟通环境的要素包括有形和无形两个方面,有形环境如组织内部结构和组织有形资源(包括技术环境、物质环境和人力资源等);无形环境如组织文化和组织无形资源(包括价值观、思维方式和经营理念等)。具体地,组织内部的沟通环境可以从组织结构、组织文化和技术环境三个方面来考察。

(一)组织结构

组织结构是表明组织各部分排列顺序、空间位置、聚散状态、联系方式以及各要素之间相互关系的一种模式,是整个管理系统的"框架"。它是为达成组织战略目标而采取的一种分工协作体系。组织内部结构反映了组织成员的权力关系、信息沟通渠道和业务流程等,它在本质上反映的是组织内部人与人之间的关系和联结方式。为了更好地解决好权力关系,保证信息沟通的顺畅和业务流程的优化,就需要采取有效的沟通技巧。可以说组织结构为管理沟通设定了必须遵守的规范和程序。

小阅读:不同组织结构中的管理沟通

直线型组织的管理沟通

在直线型组织中,存在着明确的正式沟通路线,所有人都明确组织关系与职责。其弱点是一旦组织的规模扩大并变得更为复杂,管理者就没有足够的时间、过硬的技能和有效的方法进行管理沟通并提高管理效率。

矩阵型组织的管理沟通

矩阵型组织采用双重指令系统去运作复杂的项目或进行产品开发。它要求项目领导和部门领导要对共同管理的资源的使用做出调配,并使任务、目标的认识实现一致。因此,矩阵型组织对管理沟通提出了更高的要求。

资料来源:作者根据公开资料整理。

知识链接:组织结构的类型

1. 直线型组织结构

直线型组织是最早也最简单的一种组织形式。它的特点是公司各级行政单位从上到下实行垂直领导,下属部门只接受一个上级的指令,各级行政负责人对所属单位的一切问题负责。厂部不另设职能机构(可设职能人员协助行政负责人工作),一切管理职能基本上都由行政负责人自己执行。直线型组织结构如图2-5所示。

直线型组织结构的优点是结构比较简单,责任分明,命令统一;缺点是要求行政负责人通晓多种知识和技能,亲自处理各种业务。在业务比较复杂、公司规模比较大的情况下,把所有管理职能都集中到行政负责人一人身上,显然是不现实的。因此,直线型组织只适用于规模较小、生产技术比较简单的公司,对生产技术比较高端、经营管理比较复杂的公司并不适宜。

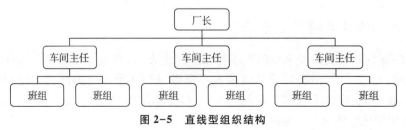

图2-5 直线型组织结构

2. 矩阵型组织结构

在组织结构上,把既有按职能划分的垂直领导系统,又有按产品(项目)划分的横向领导关系的结构,称为矩阵型组织结构。

矩阵型组织是为了改进直线型组织横向联系差、缺乏弹性的缺点而形成的一种组织形式。它的特点表现在会围绕某项专门任务成立跨职能部门的专门机构上,例如组成一个专门的产品(项目)小组去从事新产品的开发工作,在研究、设计、试验、制造等各个不同阶段,由有关部门派人参加,力图做到条块结合,以协调有关部门的活动,保证任务的完成。矩阵型组织结构如图2-6所示。

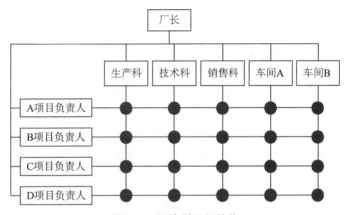

图2-6 矩阵型组织结构

矩阵型组织结构的优点是:机动、灵活,可随项目的开发或结束进行组织或解散。由于这种组织结构是根据项目来定的,任务清楚,目标明确,各方面有专长的人都有备而来,因此效率较高。矩阵型组织结构的缺点是:第一,项目负责人的责任大于权力,因为参加项目的人员来自不同部门,隶属关系仍在原部门,只是为"会战"而来,所以项目负责人对他们难以进行管理,没有足够的激励措施与惩治手段,这种人员上的双重管理是矩阵型组织结构的先天缺陷;第二,由于项目组成人员来自各个职能部门,在任务完成以后仍要回到原部门,因此容易产生临时观念,对工作有一定影响。

矩阵型组织结构适用于一些重大项目。公司可以用这种组织结构来完成涉及面广的、临时性的、复杂的重大工程项目或管理改革任务。它也特别适用于以开发与实验为主的单位,例如科研单位,尤其是应用型研究单位等。

资料来源:作者根据公开资料整理。

(二) 组织文化

组织文化是组织内部全体员工共同遵守的行为规范、思维方式、意识形态、风俗习惯等,其本质是组织内部的价值观。由于每个组织及其子组织都有自身的文化或子文化,因此也需要结合不同组织内部文化环境的特点选择相应的沟通策略。

组织的文化环境造就了管理沟通的基本氛围。一方面,组织文化的建设和推广离不开管理沟通与全员培训;另一方面,管理沟通的开展又与开明、积极向上的组织文化息息相关。要想提升沟通的效果,就需要建立组织成员都能进行学习与沟通的组织文化。

(三)技术环境

在技术环境(这里仅指狭义的生产管理工具和技术手段)方面,近年来,伴随着信息技术的发展,管理沟通、信息交换和开展工作的方式从根本上得到了改变,管理沟通和信息交换已经不再受制于空间和时间。

> **小阅读:公司和消费者互动与沟通的平台和方式的改变**
>
> 彼得·德鲁克在《管理未来》一书中写道:"互惠将成为国际经济整合的核心原则。这一趋势目前已经难以逆转了,无论你喜欢与否(我就不喜欢)。"由此可见,互动与沟通成为国际合作中的事实和必然的选择。
>
> 从消费者的角度看,得益于技术,人们获得资讯和了解世界的方式越来越多,因为互联网、电视、手机、平板电脑、云技术等,人们阅读以及创新的方式已经发生了很大的改变,这些改变一定会令人与世界的沟通变得更多元、更丰富以及更复杂。有些公司主动创新,拥抱变化,欣赏并利用这些变化,通过互动与沟通,让自己的影响力大大提高。
>
> 而对于公司来说,今天的消费者通常会自主选择"想要什么""什么时候需要"。比如,在互联网出现之前,消费者想看电视节目,需要接受电视台的安排,按照电视台规定的时间看特定的电视节目。但是现在消费者无论在任何地方、任何时间,都可以观看电视节目,他们也可以随时与朋友交流节目内容,不受任何的限制。因此,公司需要改变自己的角色,主动和消费者互动,找到消费者的真实诉求,了解什么方式是消费者习惯的、渴望的,了解如何设计一个平台,才能与消费者沟通,让消费者参与互动,形成社会化的网络。
>
> 全民参与成为这个时代的特征,让大家联结在一起,一切都以全新的面貌呈现出来,技术让一切皆有可能,也让人们拥有新感受和新机会,这些新感受和新机会又会进一步推动技术的创新。
>
> 资料来源:作者根据公开资料整理。

从组织内部沟通环境的角度来讲,对上述三个方面的考察,可以帮助我们采取有针对性的沟通策略。从管理沟通的角度来讲,由于沟通对象是非常明确的个体,而个体存在的直接环境是组织,因此,在内部沟通技能上,重点在于决定不同组织环境及文化环境下的沟通策略。

二、内部沟通环境的障碍

> **小阅读:不同的理解**
>
> 一位足球教练为了向队员们说明喝酒对身体的危害,准备在一次例会上向全体队员

做一个演示来说明这个问题。

演示是这样的:有两个透明的烧杯,里面分别盛满了清水和烧酒。随后教练夹起了一条事先准备好的蚯蚓,先把它放到清水里,蚯蚓在里面灵活地扭动起来。队员们不明白教练的用意,都聚精会神地看着。然后教练又把这条蚯蚓从清水里夹出来放到了盛满烧酒的杯子里,结果可想而知,可怜的蚯蚓扭动了几下后就瘫软下来,一动不动了。

此时队员们都很诧异地看着教练,教练问道:"我做这个演示的目的就是要告诉大家一个道理,有谁知道的话可以说一说。"沉默了一会儿后,一位队员举起了手,大声地说道:"教练的目的就是要告诉大家一个既深刻又简单的道理,蚯蚓在清水里充满生气而在烧酒里却死掉了,说明烧酒能杀虫。所以呢,要多喝酒,这样的话身体里就不会长虫了。"教练一听这话,真是哭笑不得。其实,他的本意是想劝队员们不要酗酒,因为酒对有机体的伤害是很大的,不利于他们的身体健康。然而他最终却得到了这样一个让人啼笑皆非的结果。

资料来源:作者根据公开资料整理。

其实,在工作和生活中,这种现象并不少见。由于人们思维方式的不同,基于同样的事物可能会得出不同的结论,而固守己方的结论,就可能造成沟通不畅。很多时候沟通不畅并不是因为双方本来有什么恩怨,而是由双方的思维方式不同、价值观不同、行为方式不同所造成的。当组织中存在大量沟通不畅的情况时,就有可能形成个人恩怨。

要探寻有效的内部沟通技能,首先要分析常见的内部沟通障碍。一般来讲,内部沟通环境中的障碍包括主观障碍、客观障碍和沟通方式障碍三个方面。

(一) 主观障碍

主观障碍来自以下六个方面:

(1) 个人的性格、气质、态度、情绪、见解等的差别,使信息在沟通过程中受个人主观心理因素的制约;

(2) 信息沟通过程中,如果双方在经验水平和知识结构上差距过大,也会产生沟通障碍;

(3) 信息往往是按组织系统的层级传递的,而按层级传递同一条信息时,沟通双方往往会受到记忆、思维能力、价值观等的影响,从而降低信息沟通的效率;

(4) 对信息的不同态度,使有些下属和管理者往往会忽视看似对自己不重要的信息,不关心组织目标、管理决策等方面的信息,而只重视和关心与其物质利益有关的信息,从而使沟通产生障碍;

(5) 管理者和下属之间的相互不信任,主要是由于管理者考虑不周,伤害了下属的自尊心,或决策错误所造成的,而相互不信任则会影响沟通的顺利进行;

(6) 下属的畏惧感也会造成沟通障碍,这主要是由管理者管理严格、咄咄逼人和下属本身的素质所决定的。

对于主观障碍影响管理沟通质量的现象,表2-2提出了四个方面的识别建议。

表 2-2　如何识别主观障碍问题

识别主观障碍问题	建议思路
员工能畅所欲言吗	当你和员工交谈时,他们能畅所欲言。他们知道自己的意见能起作用,也会受到重视
你常与员工联系吗	经常受到关注的员工能及时得知有关部门和全公司重大情况的信息
你与员工有深层次的思想交流吗	交流使员工积极承担责任而不只是听从指挥。除非管理者想方设法和员工们交流思想,否则员工们能做的只是服从命令。员工们如果感觉不到自己和公司心意相通,就不会竭尽全力
你知道员工需要什么吗	当你知道员工们需要什么时,正是你和他们有了联系时。只有公司和员工相互了解,才能实现高质量发展、提供优质服务和获得丰厚的利润。员工才是质量、服务和利润的推动力

(二) 客观障碍

客观障碍主要包括以下两个方面:

(1) 信息的发送者和接收者如果空间距离太远、接触机会太少,就可能会造成沟通障碍。社会文化背景不同、种族不同而形成的社会距离也会影响信息沟通的效率。

(2) 组织机构过于庞大,中间层级太多,信息从最高决策层传递到基层单位,中间过程易使信息失真,而且还会浪费时间,影响其时效性。这是由组织机构不完善所造成的障碍。

(三) 沟通方式障碍

沟通方式障碍可以概括为以下两个方面:

(1) 沟通方式选择不当,原则、方法使用不灵活所造成的障碍。沟通的形态和网络多种多样,且各有其优缺点。如果不根据组织目标及其实现策略来选择,不灵活运用有关原则、方法,沟通就不可能顺畅进行。在管理工作实践中,信息的沟通往往与沟通障碍同时出现。管理者的任务就在于正视这些障碍,采取一切可能的方法消除这些障碍,为有效的信息沟通创造条件。

(2) 语言系统所造成的障碍。语言是沟通的工具,人们是以语言、文字等语词符号为载体,通过沟通渠道来传递信息的。如果语言使用不当就会造成沟通障碍,这主要表现在三个方面:一是误解。这是由信息发送者在提供信息时表达不清楚,或者由信息接收者接收失误所造成的。二是歪曲。这是由于对语言符号的记忆模糊所导致的信息失真。三是信息表达方式不当。信息发送者表达能力不佳、词不达意、口齿不清、条理混乱,就会使接收者难以理解发送者的真实意图,从而使信息失真,影响沟通的进行。

小阅读:哈雷彗星的故事

据说,美军曾经历过这样一次命令传递。

营长对值班军官:明晚 8 点左右,在这个地区将可能看到哈雷彗星,这种彗星每隔 76

年才能看见一次。命令所有士兵身着野战服在操场上集合,我将向他们解释这一罕见的现象。如果下雨的话,就在礼堂集合,我将为他们播放一部有关哈雷彗星的影片。

值班军官对连长:根据营长的命令,明晚8点,哈雷彗星将在操场上空出现。如果下雨的话,就让士兵们穿着野战服列队前往礼堂,这一罕见的现象将在那里出现。

连长对排长:根据营长的命令,明晚8点,非凡的哈雷彗星将身穿野战服在礼堂出现。如果操场上下雨,营长将下达另一个命令,该命令每隔76年才会出现一次。

排长对班长:明晚8点,营长将带着哈雷彗星在礼堂出现,这是每隔76年才会有的事。如果下雨的话,营长将命令哈雷彗星穿上野战服到操场上去。

班长对士兵:在明晚8点下雨的时候,著名的76岁的哈雷彗星将军将在营长的陪同下身着野战服,开着他那辆彗星牌汽车,经过操场前往礼堂。

资料来源:改编自《命运是这样传递的》,https://www.jianshu.com/p/1ac7db749976(访问日期:2023年3月22日)。

三、外部沟通环境的要素

组织的外部沟通环境分为两个层次:微观环境和宏观环境。外部环境的变化会影响组织内部的文化氛围和管理沟通形式。外部环境的最大特点是其不确定性,不确定性包括两个变量,即环境的复杂性和变化性。随着组织所面临的外部环境复杂程度的提高,组织会设置更多的职位和部门来加强对外的联系与沟通,同时配备更多的管理者来协调组织内外部的工作。

思考·讨论·分析
1. 请结合实际说明,组织能否控制和管理沟通环境?怎样控制和管理沟通环境?
2. 谈谈互联网发展对管理沟通的影响。

任务三　营造管理沟通氛围

◎ 工作任务:辨识沟通方式的异同

沟通方式1

1. 老板走进办公室对我说:"今天必须加班,你有问题吗?"
我:"没有。"
老板:"一会儿来我办公室汇报工作。"
我:"好的。"
2. 老板走进办公室对我说:"今天必须加班,你有问题吗?"
我:"我手头的活儿已经做完了。"
"让你加班就加班。"老板转身离开,留下一脸不情愿的我。

沟通方式2

老板走进办公室对我说:"今天下午突然来了一笔订单,你今天晚上有安排吗?"
我:"今晚约了人吃饭。"

老板:"恐怕你得推推了,有问题吗?"

我:"没问题,工作排第一嘛!"

资料来源:作者根据公开资料整理。

思考:

上述两种沟通方式,哪种是防御性沟通,哪种是鼓励性沟通?

任务分析

管理者每天都在进行沟通,良好的沟通在很大程度上影响着管理的成功。而管理者对有效沟通的理解不同及其沟通能力的不同可能使他们的行为产生很大的差异。

知识解析

一、防御性沟通与鼓励性沟通模式

防御性沟通实际上是一种不完全的沟通方式,在无效管理中常会出现,表现为谨慎和退缩,具体有两种反应:一种是沉默以自保,一种是反攻以证明自己正确。这两种反应都会影响沟通的效果。

鼓励性沟通的前提是尊重,这种沟通方式中双方都应主动将自己的情况说出来。在管理实践中,这种沟通方式最有利于信息的传递,双方不会因个人恩怨而影响工作,是管理者应该学习的管理技能之一。

虽然员工可以自由地把一个特定的沟通行为视为防御性的或鼓励性的,但二者并非界限分明的。在一种沟通模式下,当其他许多沟通行为明显地表现为另一种沟通模式时,将难以分清沟通模式究竟属于哪一种。表2-3归纳了沟通的各种模式,这些模式会产生鼓励性沟通或者防御性沟通。

表2-3 防御性沟通与鼓励性沟通模式

防御性	鼓励性
评价性 "这项工程已经比计划时间延迟了,你准备在什么时候赶上?" "你把整个顺序都搞乱了,我不知道怎样重新组合。"	描述性 "这项工程现在进行得怎么样了?"(说话的语气可以含有指责/评价的意思,而不是不了解信息的询问语气) "我们需要重新排序,你认为用什么方式效率更高?"
控制性 "按这种方式做!" "我说什么就是什么,我是这里的老板!"	问题导向 "我们的目的是什么?" "我们怎样可以做得更好?"
中立性 "如果你原来的计划做好一点,现在应该已经准备好了。" "快点,我得走了。"	理解性 "我明白你的工作负担已经很重了,看看我们怎样一起来解决这一问题。"

(续表)

防御性	鼓励性
战略性 "我已经和你的上司谈论过你的这个请求了,明天早上你就会知道答案。" "你认为明天早上9点开始会不会太晚了?"	**自发性** "你的上司正在考虑你的建议,看它是否有利于达成我们的目标。" "我希望每个人都能参加明天早上8点开始的关于具体预算方案的会议,请大家尽量参加。"
优越感 "明天是提交报告的最后期限,请保证不要拖延。" "你还没有发现问题吗?"	**平等性** "我们正等着那份报告,你有没有什么问题?" "看起来我们这里有问题,我们可以采取什么措施?"
确定性 "我经历过最难克服的障碍,我知道将会是什么情况。" "这是我们一直采用的方法。"	**临时性** "我虽然经历过许多事,但我仍然不可能知道每件事。" "你也许有许多新的想法,让我知道你是怎么想的。"

二、防御性氛围与鼓励性氛围

组织氛围是在员工之间的不断交流和互动中逐渐形成的,并且会对员工的各方面都产生一定的影响。组织氛围是所有沟通的基础,参与者会有意识或无意识地认识到在一个组织内占主导地位的沟通氛围。组织氛围是在某种环境中员工对一些事件、活动和程序以及那些可能会受到奖励、支持和期望的行为的认识。

根据著名研究者杰克·吉布(Jack Gibb)所说,沟通氛围是一个从防御性到鼓励性的连续体,鼓励性氛围将促进开放,而防御性氛围将限制沟通过程(见图2-7)。

图2-7 沟通氛围连续体

在防御性氛围下,人们变得谨慎和退缩,因为信息发送者使信息接收者感受到了威胁。在这种环境下,信息接收者会摆出反攻的姿态,致力于证实自己是正确的,因此防御性的信息接收者很少能听清信息并且常常会歪曲信息发送者的意图和动机。防御性氛围会削弱人们的精力,因为在遇到威胁的情况下,个体会为了自保而退缩,而人们会致力于发现环境中来自各个方面的危险因素以及不为人知的危机:语言、手势、声调的细微差异、偶然的评论或者物理上的距离。由于一直处于这样的环境中,人们认为无法避免他们所意识到的危险,防御性氛围就形成了。在这种氛围下,威胁被认为是不可避免的,它们甚至来源于最不可能的方面。

在沟通氛围连续体的末端,与防御性氛围相对的是鼓励性氛围,鼓励性氛围使人们能够广泛地进行沟通。人们在陈述自己的观点时(本质上来说,是在表现自己)时感到非常安全,确信自己是有价值的,并会被当作独立个体来对待。在鼓励性氛围下,人们能够去尝试新的事物、提出问题或讨论一些不确定的事件。他们在犯错误后,会觉得自己能够从错误中吸取教训并有所提高。鼓励性氛围有助于在组织内部释放能量,因为人们不必像在防御性氛围下那样,为了保护自己不受内部的威胁而耗费过多的精力。

鼓励性氛围可以来源于任何一个参与者,尽管有些人可以比其他人施加更多的影响。首先,鼓励性氛围主要取决于为工作安排定基调的管理者。其次,鼓励性氛围取决于组织成员对自己的语言模式将会对他人产生何种影响的认知。最后,高层管理者能够影响整个组织的沟通氛围。

防御性氛围与鼓励性氛围构成了一个连续体,而并非是二者取一或完全对立。一个组织可能会在很大程度上属于鼓励性氛围,或者说防御性程度较低,也就是说更接近于连续体的中间位置。然而,沟通氛围在一定程度上取决于组织内部成员的意识,意识通常包含所认知的事物,因此,组织内的成员有时会觉得将自己的感受用语言表达出来是一件十分困难的事。

三、营造沟通氛围的一些做法

(一)每周一次的公司范围内的沟通

让员工了解公司这一周的销售情况、重要交易、经营业绩和重大事项,尤其是那些振奋人心的合约、业绩、人物和事件,能在很大程度上鼓舞和激励员工,激发大家的荣誉感和归属感。

建议由总经理办公室或者总裁办公室以总经理或总裁的名义下发通知。如果是规模较大的公司,可以通过局域网或电子邮件的形式进行传达;如果是规模较小的公司,则可以在每周的例会上就上述问题进行传达。

早在20年前,迪士尼公司就开始召开公司范围内的员工协调会议,每月举行一次,公司管理者和员工一起开诚布公地讨论彼此关心的问题,甚至是一些很尖锐的问题,高层管理者对员工提出的问题必须马上做出解答。员工协调会议是标准的双向意见沟通系统,虽然有些复杂,但是却可以在短时间内增进高层管理者与员工的沟通,解决一些棘手的问题,提升高层管理者的威信,并大大提高管理的透明度和员工的满意度,但对管理者来说是一个巨大的挑战。

(二)每周一次的上下级沟通

每周一次的上下级沟通不仅可以及时发现工作中存在的问题,而且可以增进双方的感情和关系。沟通并非"独角戏",而是"交际舞",需要双方密切配合。良好的沟通一方面要求管理者能够循循善诱,让员工敞开心扉,畅谈工作中和思想上的问题及建议;另一方面要求管理者能够开诚布公、畅所欲言。

很多跨国公司都非常重视公司内部上下级之间的沟通。在摩托罗拉公司,每个季度第一个月的1日至21日,中层管理者都要与自己的下属进行一次关于职业发展的对话,并提出类似于"你在过去三个月里受到尊重了吗"之类的六个问题。这种对话是一对一和随时随地进行的。摩托罗拉公司的管理者还为下属们预备了11条开放式表达意见和抱怨的途径,其中包括总经理信箱、内刊、局域网、热线电话等。

(三)"导师"制度

对于新员工来说,熟悉公司的各项制度、掌握工作方法和认同公司文化的速度,主要取决于老员工对新员工的接纳程度。

我们建议对新员工采取"导师"制度,由一名老员工带一名新员工。这样做一方面可以使新员工尽快地熟悉岗位职责和技能要求;另一方面也是对老员工的一种工作激励,因为从心理学的角度来说,人都有帮助别人的愿望和要求,让老员工做新员工的"导师",反映了公司对老员工的重视和尊重,让老员工在心理上产生一种满足感和荣誉感。

(四)让员工制订弹性的工作计划

传统目标管理的办法是自上而下进行的,优点是可以对公司目标进行层层分解,并将其落实到部门和岗位;缺点是缺乏灵活性,因为目标是相对固定的,当外界环境的变化导致目标不可行或者无法达成时,会引起考核者与被考核者的矛盾。

为了解决这样的矛盾,管理者要充分授权,给予员工更大的权利和自主空间,可以让员工制订弹性的工作计划,自己来安排达成目标的时间和方式,并可以在一定程度上进行目标调整,从而充分调动员工的积极性,激发员工的工作热情和创造性。

📖 小阅读:携程扩大弹性工作制

新冠肺炎疫情之下,中国最大的OTA(在线旅游平台)携程在全公司范围内推行了弹性工作制。2022年2月14日,携程宣布,自3月1日起,每周三、周五,公司各事业部、职能部门可根据实际管理需求,实行或逐步实行1—2天的混合工作制度。

携程2021年试验混合工作制度的数据显示,该制度对绩效并无消极影响,且获得六成员工的强烈支持,员工的离职率下降了1/3。

资料来源:改编自《携程扩大弹性办公制,影响几何?》,https://www.caixin.com/2022-02-14/101841750.html(访问日期:2023年3月22日)。

(五)建立员工兴趣小组

可以由公司组建各种兴趣小组或俱乐部,比如书画小组、棋牌小组、文艺小组等,并组织大家定期举办活动,公司给予一定的经费支持。这样的兴趣小组能很好地增进各部门员工之间的交流,提高组织的和谐度和凝聚力。

丰田公司为了增进员工之间的交流,就成立了各种形式的兴趣小组。员工可以根据自己的兴趣选择参加不同的团体聚会。通过参加这些聚会,员工既开展了社交活动,又有了互相交流的机会。为了这种聚会的开展,公司建造了体育馆、集会大厅、会议室、小房间等设施,供员工自由使用。公司对聚会不插手,也不限制。员工用个人的会费成立这种团体,领导者是互选的,并且采取轮换制。所以每个人都有一次当领导者来"施展拳脚"的机会。这些聚会有一个共同的特点,就是被当作员工相互之间沟通交流、自我启发、有效地利用业余时间、与不同岗位的员工进行合作的机会。

(六)组织大家进行休闲娱乐活动

公司可定期举行各种比赛,如篮球赛、排球赛、乒乓球赛等,不要以为只有大公司可以举办这样的活动,小公司也可以在周末举办这样的比赛,或者跟自己的客户一同举办,这样不仅可以提高员工之间的交流与合作,还可以增进与客户的感情。

另外,由部门组织的郊游、聚餐,不仅可以增进沟通,激发员工士气,提高员工满意度,而且可以培养团队精神,塑造团队文化。所以公司应该有一定的预算,鼓励员工结伴出行。

思考·讨论·分析

1. 观察你的大学班级中的沟通氛围。确定其中反映出的防御性沟通或鼓励性沟通模式。把你的评价与同班其他同学的评价进行比较。

2. 具体描述你近期与他人发生的一次争执。确定双方争吵中使争执升级的话语,然后确定这些话语反映了防御性沟通中的哪些要素。

项目小结

1. 相较于一般的沟通,管理沟通有以下几个方面的特征:管理沟通是为了达成既定的管理目标;是沟通双方的相互行为;需要有效的中介渠道;需要设计有效的策略。管理沟通的过程是信息源、信息接收者、沟通目标、环境背景、信息、通道和反馈七大基本要素的系统整合。

2. 管理沟通的五种主要功能分别是:控制、激励、情绪表达、创新、信息传递。组织管理沟通信息的纵向和横向流动集合而成的各种形态,称为沟通网络。在正式组织环境中,信息沟通网络的形态可以表现为五种:链式沟通、环式沟通、Y式沟通、轮盘式沟通、全通道式沟通。非正式沟通网络有四种形式:单线式沟通、流言式沟通、密集式沟通、随机式沟通。

3. 影响管理沟通的环境因素主要有内部和外部两大方面。其中,组织内部沟通环境的要素包括有形和无形两个方面:有形环境如组织内部结构和组织有形资源(包括技术环境、物质环境和人力资源等),无形环境如组织文化和组织无形资源(包括价值观、思维方式和经营理念等)。组织的外部沟通环境分为两个层次:微观环境和宏观环境。

4. 良好的沟通在很大程度上影响着管理的成功。沟通氛围是一个从防御性到鼓励性的连续体,鼓励性氛围将促进开放,而防御性氛围将限制沟通过程。通过沟通的不同模式,会产生鼓励性沟通或者防御性沟通。

项目三　选择管理沟通策略

知识目标

1. 识别管理沟通的主体、客体和对象。
2. 掌握识别管理沟通对象的方法。
3. 掌握选择管理沟通信息策略的方法。

能力目标

1. 学会分析管理沟通的主体和客体。
2. 能够对沟通的信息进行合理组织。
3. 学会以客体为导向的沟通方式。

思政目标

1. 领会中国古代兵法中的策略智慧。
2. 培养爱岗敬业、开拓创新的职业品格并形成行为习惯。
3. 提升学生的沟通能力，培养其同理心。

引 例

两个 70%

第一个 70% 是指，公司管理者实际上将 70% 的时间用在沟通上。开会、谈判、谈话、做报告是最常见的沟通形式，对外的各种拜访、约见也是沟通的表现形式，管理者大约将 70% 的时间花在此类沟通上。

第二个 70% 是指，公司中 70% 的问题是由沟通障碍引发的，无论是工作效率低还是执行力差、领导力不强等，归根结底都与沟通有关。

资料来源：作者根据公开资料整理。

由此可见，在公司管理中，有效地进行管理沟通至关重要。那么，怎样有效地进行管理沟通，如何选择合适的管理沟通策略呢？

任务一　建立管理沟通的策略框架

工作任务：检核有效的管理沟通

要想知道是否进行了有效的管理沟通，可通过下列有效管理沟通的检核项目进行初步检验：

- 你是否已经掌握并组织好沟通过程中所有相关的信息?
- 你是否已了解或掌握了有关个体和组织的背景资料及环境状况?
- 你是否明确了要达成和能达成的目标?
- 你是否清楚沟通客体的需要?
- 你是否清晰、生动和有说服力地表达了你的观点?
- 你是否选择了正确的沟通渠道?

资料来源:作者根据公开资料整理。

思考:
请根据以上检核项目列出有效的管理沟通的策略框架。

任务分析

有效的管理沟通策略是指企业或公司管理者在对影响管理沟通的几个方面的因素进行分析后,为了克服管理沟通中的障碍,必须使用的某些技术和方法,但克服某些典型障碍的具体策略还要根据实际情况进行分析。管理沟通中的每个环节、每个阶段都存在干扰因素,因此必须用有效的管理沟通策略来解决沟通中存在的问题,从而促使有效的沟通顺利实现。

知识辨析

管理者要实现有效的沟通,就应该从管理沟通的要素入手,系统全面地考虑管理沟通的策略。管理沟通的策略框架如图3-1所示。

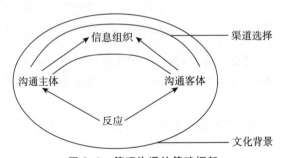

图3-1 管理沟通的策略框架

一、沟通主体分析

沟通主体分析是指分析沟通者自身如何明确沟通目标,在目标的引导下,结合自身的身份地位、意愿、专业知识、外表形象和价值取向,选择相应的沟通策略。关键在于明确三个问题:第一,我是谁?第二,我处于什么位置?第三,我能给沟通客体带来什么?只有明确了这三点,沟通主体才能不断提高自身的沟通意识和沟通技能。

📖 **小阅读：大铁杆与小钥匙的功夫交流**

有一把坚实的大锁挂在铁门上，一根铁杆费了九牛二虎之力还是无法将它撬开。这时钥匙来了，它瘦小的身子钻进锁孔，只轻轻一转，那大锁就"啪"的一声打开了。铁杆奇怪地问："为什么我费了那么大力气也打不开，而你却轻而易举地就把它打开了呢？"钥匙说："因为我最了解它的心。"

资料来源：改编自《读故事悟道理之〈大铁杆与小钥匙的功夫交流〉》，https://www.jianshu.com/p/e8857102db4a(访问日期：2023年3月22日)。

二、沟通客体分析

沟通客体分析包括四个基本问题：第一，他们是谁？第二，他们了解什么？第三，他们感觉如何？第四，如何激发他们？这四个问题归结到一点，就是要明确沟通客体需要什么，然后尽量给予他们。在弄清楚这四个问题之后，沟通主体就可以采用相应的策略去实现与沟通客体的有效沟通。

📖 **小阅读：篱笆墙上的木牌**

法国知名女高音演唱家玛·迪梅普莱有一个漂亮的私人园林。每到星期天，总会有人到她的园林采花、捡蘑菇，有人甚至架起户外帐篷，在草坪上露营野炊，弄得园林一片狼藉。

她的大管家曾让人在园林四周围上篱笆墙，并竖起"私人园林禁止进入"的木牌，但均于事无补，园林仍然持续遭踩踏、毁坏。因此，大管家只能向她请示报告。

迪梅普莱听了大管家的报告后，让他制作了一些大型立牌放在每个街口，上面显眼地注明：假如在园林中被蜈蚣咬伤，最近的医院距此15千米，开车约30分钟就可抵达。

此后，再也没有人闯进她的园林了。

资料来源：作者根据公开资料整理。

三、信息组织分析

信息组织分析是管理沟通过程的第三个重要环节，成功的沟通主体在每次进行信息沟通之前，都会思考如何完善信息沟通的结构。因此，信息策略制定的关键在于解决好怎样强调信息、如何组织信息这两个问题。

四、渠道选择

沟通渠道的选择是指对信息传播媒介的选择，包括书面、口头、传真、电子邮件、语音信箱、电话、电话会议、电子公告板、新闻小组等，这里简单讨论不同渠道与选择的影响因素。

1. 书面、口头或电子沟通渠道

一般在沟通的信息需要记录和保存、处理大量细节问题、采用精确的用词或让沟通客体更迅速地接收信息时,会采用书面沟通的方式;而口头沟通一般在需要更为丰富的表达效果,且在严格与持久性方面的要求较少、无须永久记录时采用;电子沟通则在要求快捷传递或者传递的信息量大时采用。

2. 正式或非正式沟通渠道

正式沟通一般适用于法律问题的谈判或关键要点和事实的表达,具有精确、内敛、技术性与逻辑性强、内容集中、有条理、信息量大、概括性强、果断、着重于行动、重点突出、力度大等特点。非正式沟通适用于获取新观念和新知识的场合,具有迅速、交互性强、直接反馈、有创造力、开放、流动性强、较灵活等特点,包括电子邮件、口头通知、口头交流(面对面交流、语音信箱)等方式。

3. 个人或非个人沟通渠道

个人沟通适用于个人关系的构建、获知他人的反应、获取隐私或机密的信息等情况。具体形式有当面交流、电话沟通、传真和电子邮件等。非个人沟通则适用于形象和关系的构建,包括主要媒体、氛围和活动。主要媒体包括报刊媒体、广播媒体、展示媒体等。氛围是特别设计的环境,能建立并加强目标受众的正倾向。活动是安排好的事件,向目标受众传达信息。

五、文化背景

每一种沟通策略的制定,都要受到国家、地区、行业、组织、性别、人种、工作团体之间不同文化内涵的影响,上面讨论过的沟通主体、沟通客体、信息组织和渠道选择无一例外。

从主体策略看,文化的不同可能会影响沟通主体的沟通目标、沟通形式和可信度。如在团队观念强的组织中,沟通主体往往倾向于咨询性沟通策略,而在个人观念强的组织中,沟通主体可能更倾向于指导性沟通策略;独裁者喜欢指导性沟通策略,而民主观念强的人则喜欢以咨询性策略进行沟通。

从客体策略看,文化因素会影响沟通客体的策略选择。文化取向中对地位、权威和组织形象的不同期望,可能会对主要客体的选择产生不同影响。同样,不同的文化也会影响不同激励方式的有效性,如有些文化强调物质财富与"关系",而另一些则注重工作关系、挑战性因素和个人地位;文化中团队关系和团队形象的相对重要性决定了个人关系和可信度的变化。

从信息策略看,文化差异会影响信息结构的选择,如喜好节奏缓慢、仪式感强的谈判方式的文化大多倾向于间接切入主题;喜好节奏快、效率高的谈判方式的文化则倾向于开门见山。

从渠道策略看,文化也可以影响沟通渠道的选择,如注重个人信用的文化倾向于选择口头沟通和协议,而注重事实和效率的文化则倾向于选择书面沟通和协议。

📖 **小阅读:小米的创新沟通机制**

小米强调适度管理,公司没有考勤制度、没有KPI(关键绩效指标)考核制度,一切以客户满意度为标准,把客户放在第一位。这种管理制度的创新使员工获得尊重的需求得到了满足,而这又推动了公司与员工之间的双向沟通。

在沟通过程中,信息发送者与信息接收者不断变换位置,且信息发送者是用协商讨论、寻求意见和建议的方式面对信息接收者,员工的信息发出以后能够及时被公司管理者接收并获得反馈意见,使员工产生平等感和归属感,增强自信和责任感,有助于公司与员工之间建立和谐关系。在工作团队中,来自组织的尊重使员工的个性得到充分展现,每个人都成为愿意沟通的人,他们的专业技能也得到了最大限度的发挥,他们不仅成为沟通中的主动者,而且展现出了领导力。从沟通渠道来看,去KPI的管理制度,在管理者同员工之间建立了互相信任的沟通机制,增强了双方之间的信任关系。员工获得尊重需求的满足,提高了他们表达自己想法的积极愿望,有利于公司收集到有关未来发展的建议,加强公司各层级的沟通交流。

资料来源:作者根据公开资料整理。

六、反应

在管理沟通的策略中,反应是最为重要的一环。反应就是在管理沟通的过程中,信息接收者向信息发送者做出回应的行为。反应可以帮助信息发送者了解自己发出的信息是否被正确地理解,是否达到了预期的效果,也可以及时纠正沟通中产生的误解或不准确的信息,提高管理沟通的效果和效率。

任务二 明确沟通主体角色

◉ **工作任务:分析塞尔玛的心路历程**

在美国,一位叫塞尔玛的女士内心正愁云密布,生活对她而言已是一种煎熬……

她随丈夫从军,但没想到,部队驻扎在沙漠地带,住的是铁皮房,与周围的印第安人、墨西哥人语言不通;气温很高,即便在仙人掌的阴影下仍高达51摄氏度;更糟的是,后来她丈夫奉命远征,只留下她孤身一人,因此她整天愁眉不展、度日如年。

无奈之下,她只得写信给父母,希望自己能早日回家。久盼的回信终于到了,但拆开一看,她大失所望,父母既没有安慰她,也没有叫她赶快回家,信封里只有薄薄的一张信纸,上面仅短短几行字:两个人从监狱的铁窗往外看,一个看到的是地上的泥土,另一个看到的是天上的星星。她一开始非常失望,还有几分生气,怎么父母回复她的是这样一封信?!尽管如此,那几行字还是引起了她的兴趣,因为那毕竟是远在故乡的父母对女儿的一份叮嘱,她反复看,反复琢磨,终于有一天,一道像闪电一样的光从她脑海中掠过。这道光仿佛把她眼前的黑暗完全照亮了,她惊喜异常,每天紧皱的眉头也一下子舒展开来,她终于发现了自己的问题所在:过去总是习惯性地低头看,结果只看到地上的泥土,但为什么不抬头看看呢？抬头看看，就能看到天上的星星！我们的生活中一定不只有泥土，一定也会有星星！既然这样，自己为什么不抬头去寻找星星，去欣赏星星，去享受灿烂的美好星空呢？

她这么想着，也真的就开始这么做了。

她开始主动和印第安人、墨西哥人交朋友，结果让她十分惊喜，因为她发现他们都十分好客、热情，慢慢地，她与他们都成了朋友，她还收到了许多珍贵的陶器和纺织品礼物；她也开始研究沙漠里的仙人掌，一边研究，一边做笔记，没想到仙人掌是那样的千姿百态，那样使人沉醉着迷；她还欣赏沙漠的日出日落，感受沙漠中的海市蜃楼，享受着新生活给她带来的一切。

慢慢地，她真的找到了星星，真的感受到了星空的灿烂。她发现生活中的一切都变了，她每天都仿佛沐浴在春光、欢笑之中。

后来，她回到家，根据自己这一段真实的经历写了一本书，引起了很大的轰动。

资料来源：改编自《塞尔玛的故事》，https://www.jianshu.com/p/8c8f54c5a832（访问日期：2023年3月22日）。

思考：
是什么使塞尔玛发生了这么大的改变？

任务分析

沙漠没有改变，印第安人也没有改变，但是塞尔玛的观念改变了，心态改变了，一念之差，让她把原先认为恶劣的境况变为一生中最有意义的冒险。思维和态度决定人生的高度，这是一个亘古不变的人生命题。以色列智者所罗门说：他的心怎样思量，他的为人就是怎样。一个玻璃杯装了半杯水，积极的人说玻璃杯是半满的，而消极的人则说玻璃杯是半空的。还有学者说：成功人士始终用最积极的思考方式，积极主动地认识自我，用最乐观的精神、最辉煌的经验支配和控制自己的人生。

知识辨析

如前所述，作为管理沟通的主体，管理者只有明确三个问题，才能不断提高沟通效率和沟通效果，这三个问题是：我是谁？我处于什么位置？我能给沟通客体带来什么？

一、我是谁

（一）何谓自我认知

沟通主体分析"我是谁"的过程，就是自我认知的过程。"自我"首先指一个具备一定能力、性格、特征、本性等属性的个体，强调个体看得见、摸得着的物质身体。广义上的"自我"除了个体的躯体，还包括个体的心理活动、生理活动及其占有的利益，如个人的事业、成就、名誉、地位、财产、权利等；狭义的"自我"，仅指个体对自身心理活动的认识与控制。

美国心理学之父威廉·詹姆斯(William James)把"我"分为主体的"我"(I)和客体的"我"(Me),自我认知就是主体的"我"对客体的"我"的意识,即人类个体对自身或部分相关事物的察觉与认知。比如,一个人对自己身高、外貌等生理状况的了解,对自己能力、性格、思想、感情、需要、欲望、动机等心理状况的认识,以及对自己的行为表现、自己与他人相处的融洽程度、自己在他人眼中的地位的理解等。

自我认知是人际关系和社会互动的基础。自我认知可以激发人的自尊心、自信心以及荣誉感,有助于个体自觉认识他人,认识人际关系,增强自我控制和自我调节,改善沟通效果。

小阅读:爱因斯坦的拒绝

一代巨匠爱因斯坦曾收到以色列当局的一封信,信中极尽赞美之词,诚挚地邀请他担任以色列总统一职。爱因斯坦作为犹太人,倘若能够当上犹太国家的总统,在一般人看来,简直是三生有幸、光宗耀祖的好事。但出乎所有人意料的是,爱因斯坦婉言谢绝了这份邀请。他说:"我一生都在同客观物质打交道,既缺乏天生的才智,也缺乏经验来处理行政事务以及公正地对待别人。所以,我不适合如此高官重任。"

我们虽不必强求自己同爱因斯坦一样睿智,但却可以从他身上学到认识自己的那份清醒。

资料来源:作者根据公开资料整理。

(二)如何进行自我认知

1. 认识到自己是世界上独一无二的

世界上找不到两片相同的树叶,更不可能找到两个相同的人,我们是世界上最珍贵的自己。

2. 找出谁是你的"重要他人"

我们每个人身上或多或少都有其他人的影子,这很普遍。这些对我们很重要的人,在心理学上被称为"重要他人"。

小阅读:朱莉娅的痛苦

朱莉娅小时候的日子很不好过,母亲酗酒,喝醉了经常打骂她,清醒后又痛哭流涕,扇打自己,请求她的原谅,并保证不会再犯。朱莉娅知道母亲独自抚养自己生活压力太大,因此并不恨她,但发誓以后不做像母亲那样的人。

从16岁开始,朱莉娅就离开家独自生活,后来也结婚生子了。随着烦心事的增加,慢慢地,朱莉娅发现喝点酒有助于调节紧绷的神经。有一天,孩子们打打闹闹地,烤箱里的鸡又烤焦了,丈夫和她吵了几句便夺门而出。朱莉娅气得双手发抖,发疯似的冲向酒柜,拿起一瓶酒,"咕咚咕咚"地喝了大半瓶。孩子们吓坏了,最小的孩子跑过来试图安慰她。她大叫着甩开孩子的手,他摔在地板上,身体磕出了血。朱莉娅的酒一下子醒了,看着孩子们惊恐的表情,她仿佛回到了童年。她发现自己和母亲当年一样暴躁,难以控制自己的情绪。为什么历史会重演?为什么努力避免的事还是发生了?朱莉娅痛苦极了。

资料来源:作者根据公开资料整理。

"重要他人"可能是与我们相处时间很长的人,如父母;可能是对我们而言很重要的人,如老师;也可能是我们所崇拜的人,如明星;还可能是我们的伙伴、亲友。我们常说一个孩子像他的父亲,除了基因上的外貌相似,还指他们举手投足甚至性格上的相似。人是社会中的人,人的成长是社会化的过程,在社会化的过程中趋同是一种本能。被选择趋同的对象往往是对自己而言很重要的人,父母或其他抚养者是首选。这种细微的学习有时就像拷贝,在适当的时候不经意间就显现出来了。朱莉娅小时候发誓长大后不做母亲那样的人,但等她面临和母亲相似的压力时,她所熟悉的应对方式(虽然曾经被抑制)还是暴露了出来。

家庭外也会有人被选为趋同的对象,如果出现这样一个或若干个被个体强烈认同的他人,会在很大程度上修正父母对自身的影响。

想知道你身上有哪些烙印吗?我们可以通过游戏得知。

 互动游戏:认识我自己

准备一张白纸,中间位置写上"我",以此为圆心画一个圈,大小视需要而定。这就是你的自我影响轮。在圆圈上标出各点,写上你记得的曾影响过你的所有人,如父亲、母亲、老师、朋友,甚至是书本或电视节目里的人物。然后写出每个人的三个特征,接着用粗细不等的"——"(代表正向影响)和"～～"(代表负向影响)符号连接各人物和"我",线段的粗细表示影响程度。最后,思考一下"我"的特征。有什么发现吗?

3. 通过内省和交往,走进自己的盲点区

具体地说,了解自己有两条途径:内省和交往。

内省法,又称自我观察法,即个体通过直接观察自己的内心活动来认识和评价自我。内省法通常有两种形式:一是对自己正在进行的心理活动、心理状态进行观察和分析;二是对已有的心理经验进行回忆与反思。

通过交往,可以了解别人眼中的自己,对照自己眼中的自己,从而修正某些自我观念,交往越深、交往范围越大,获得的自我信息就越多、越全面;通过交往,可以审视自己的思想、言行,挖掘更深层的内容,了解自己的潜能。这样,隐藏窗口和未知窗口就会越来越小,盲点区也就小了,对自己的了解也就加深了。不过,走进盲点区时要摘下有色眼镜,即诸如"我挺优秀的,他们这么看我是因为他们误解我了""我确实很笨,他们是在安慰我吧"之类的想法,切不可带有成见。被称为"乔哈里视窗"的理论,将人际沟通信息划分为四个区:公开区、盲点区、隐藏区和未知区,如图3-2所示。

项目三 选择管理沟通策略

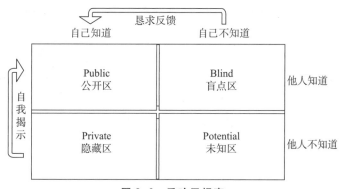

图 3-2 乔哈里视窗

4. 接纳自己

如果你不能接纳自己,那么别人也很难接纳你。因为别人的关注反而让你放大了自己的短处,从而更加退缩。久而久之,别人会因为你的退缩而误以为你不喜欢他们,因此都会疏远你。

📖 **小阅读:怎样才能接纳自己?**

要有一个好的心态 拥有好的心态,才能肯定自己,接纳自己的平凡,接纳自己的个性,接纳自己与他人的差距,因为有差距才会有动力。

树立正确的三观 只有树立正确的世界观、人生观、价值观,才能确定人生的方向。人不能独立于社会之外,只有经得起时间的沉淀,经受住生活的磨炼,才能生存下去。

根据自己的实情,量体裁衣,量力而行 按照自己的能力,根据自身条件,有多大力,担多重的活,否则,担得太轻,你会自责,担得太重,你会压抑难受。

倾听内心的声音并接受它,而不是通过与他人比较,去接纳自己。无意义地比较会迷失自己,让自己活得更累。虽然人都有作为社会人的共性,但更有作为自然人的个性,摆正自己的心态,才能成就更好的自己。

资料来源:作者根据公开资料整理。

5. 学会调节自己的情绪

人在生存和发展中,情绪总是伴随和影响着自己的思维及行为。因此,如何控制和把握自己的情绪,是每个人都应该关心的重要问题。

📖 **小阅读:自我调节改善负面情绪的五种方法**

自我暗示 暗示作为一种心理疗法,可稳定情绪,改善心理、生理状态和行为。当遇到烦恼时,学会暗示自己"一切都会过去""破财免灾""知足常乐"等。这样心情就会轻松,头脑就会冷静。

小事糊涂 在实际生活中,许多人往往不能控制自己的情绪,遇到不顺心的事,要么借酒消愁,吸烟解闷,要么以牙还牙,破罐破摔,更有甚者还会轻生厌世,这些都是一些错误的做法。小事糊涂既能使非原则性的矛盾悄然化解,也可以使紧张的人际关系变得缓和一些。

疏泄释放 心中有忧愁、委屈、烦恼时,可向同事、朋友倾诉,或大声哭泣,或一吐为快,以求得到劝解与帮助,切不可闷在心里,积聚成一颗迟早要爆炸的"定时炸弹"。

精神转移 愤怒或忧伤时,头脑中会产生强烈的兴奋感,此时不妨去做一些平时感兴趣的事,如看电影、散步、玩游戏或打球等,寻找一些"新颖的刺激",让新的兴奋感冲淡或抵消原有的不良情绪。

自嘲自解 面对不良情绪,应学会自嘲自解,如自嘲自己的愚昧、无知、缺陷,甚至狼狈。这样不仅不会贬低自己,反而能舒缓情绪,缓解自己的精神压力。

资料来源:作者根据公开资料整理。

6. 自我激励

自我激励就是树立目标,并排除干扰,努力去达成目标。人不可能是完美的,无论是伟人还是常人都一样有自己的缺点和不足,但不同的是,伟人勇于面对这些缺点和不足。人不完美的一面是永远存在的,要生存和发展,就必须每天进行自我激励,从而克服自身的缺点和不足。

小阅读:贝多芬自励人格的心理分析

从心理学上讲,贝多芬之所以能在极度困苦的状况下,一再创作出辉煌的音乐篇章,与他的自励人格有极大的关系。自励人格的突出特点是能很快将生活中的压力转化为自我激励的动力,并在不断地奋斗中获得精神上的满足。拥有自励人格的人还很善于升华个人的精神痛苦,他们会把每一次的挫折都当成个人成长的契机,从而磨炼自己的意志。

贝多芬的可贵之处在于每每在生活失意时,他都会在音乐创作中寻求内心的平静。例如,贝多芬因失恋而谱写出《致爱丽丝》,因向往自由而谱写出《第三交响曲》(《英雄交响曲》),因失聪而谱写出《第九交响曲》。他的音乐作品既饱含了对人生的深刻感悟,又充满了无限激情。他的名言是"我要扼住命运的咽喉"。他用一生的努力向世人证明他有这个能力。

资料来源:改编自《名人成才之贝多芬:苦难的成长经历》,https://www.sohu.com/a/118795650_490087(访问日期:2023年3月22日)。

7. 建立自信

自信心是影响事情成功的重要因素。自信是一种力量,无论身处顺境还是逆境,都应该微笑着、平静地面对人生,有了自信,生活便有了希望。"天生我材必有用",哪怕命运之神一次次地捉弄我们,只要拥有自信,拥有一颗自强不息、积极向上的心,成功迟早会属于我们。当然,自信也要有分寸,否则,过分自信就会变成狂妄自大、目中无人,必然会导致失败。

小阅读:小泽征尔的故事

小泽征尔是世界著名的音乐指挥家。一次他去欧洲参加指挥大赛,决赛时,他被安排在最后出场。评委交给小泽征尔一张乐谱,他稍做准备便全神贯注地指挥起来。突然,他发现乐曲中出现了一些不和谐的音符,开始时他以为是演奏出错了,就指挥乐队停下来重奏,但重奏后仍觉得不自然,因此他认为乐谱确实有问题。可是,在场的作曲家和评委会中的权威人士都声称乐谱不会有问题,是他的错觉。面对几百名国际音乐界权威,他不免对自己的判断产生了怀疑。但是,他考虑再三,还是坚信自己的判断是正确的。于是,他大声说:"不!一定是乐谱错了!"他的话音刚落,评委席上的那些评委立即站起来,向他报以热烈的掌声,祝贺他大赛夺魁。

原来,这是评委们精心设计的一个"圈套",以试探指挥家们在发现错误而权威人士并不承认的情况下,是否能够坚持自己的判断。因为只有具备这种素质的人,才能真正称得上是世界一流的音乐指挥家。在参赛的三名选手中,只有小泽征尔相信自己而不附和权威们的意见,从而摘得了这次世界音乐指挥大赛的桂冠。

资料来源:作者根据公开资料编写。

二、我处于什么位置

分析"我处于什么位置"的过程就是自我定位的过程。自我定位与自我认知密切相关。自我认知的目的在于通过外部环境与自省来了解自身;而自我定位的目的在于根据外部情况,结合自我认知分析,确定对外反馈的态度基础。

自我定位需要进行自我背景测试。沟通主体进行自我背景测试的内容包括:在组织中的地位、可获得的资源、组织传统和价值观、人际关系网络、领导者的利益和偏见、沟通渠道、竞争者的经营现状、文化环境,等等。在进行自我定位时,沟通主体可参考表3-1所示的测试框架。

表3-1 沟通主体自我背景测试框架

- 我的目标符合社会伦理、道德规范吗?
- 在现有的内部竞争环境下,这些目标是否具有合理性?
- 我就这个问题做指导性或咨询性沟通的可信度如何?
- 是否有足够的资源(人、财、物、知识、信息)与条件(主观条件与客观条件)?
- 我的目标能否得到那些我所希望的合作者的支持?
- 我的现实目标是否会与其他同等重要或更重要的目标产生冲突?
- 目标达成的后果如何?能否保证我与组织得到比现在更好的结果?

三、我能给沟通客体带来什么

分析"我能给沟通客体带来什么"的过程就是了解沟通主体在沟通客体心目中的可信度的过程。

所谓可信度，就是沟通主体让对方感觉到自己是值得信任的，自己的想法、建议或者观点是可接受的。沟通主体的可信度分析就是沟通主体在制定策略时分析沟通客体对自己的看法，从沟通客体的需求角度对自己在对方心目中的可信度进行规划的过程。沟通主体的可信度是影响沟通主体与沟通客体的沟通方式的重要因素。

沟通主体自身的可信度分为初始可信度和后天可信度。

初始可信度是指在沟通发生之前沟通客体对沟通主体的看法。作为沟通策略的一部分，沟通主体可能需要向沟通客体强调或提醒他们注意自己的初始可信度。对那些拥有很高可信度的场合，沟通主体应该把它当作"可信度银行账户"。假如人们对沟通主体推崇备至，那么即使沟通主体的决策或建议不受欢迎，或者不能完全与沟通客体的预期一致，他们仍可能对沟通主体充满信任。但是，应该意识到的一点是，就像使用银行账户取款后会减少余额一样，"支取"沟通主体的初始可信度也会降低其可信度水平。因此，沟通主体必须通过良好的意愿和专业的知识来不断提高自身在"可信度银行账户"中的储蓄水平。

后天可信度是指沟通主体在与沟通客体沟通之后，沟通客体对沟通主体形成的看法。即使沟通客体事先对沟通主体毫无了解，沟通主体的好主意或有说服力的写作和演说技巧等也可能有助于其获得后天可信度。因此，沟通主体获得后天可信度的最根本办法就是在整个沟通过程中表现出色。

根据社会心理学家约翰·费伦奇（John French）、伯特伦·雷文（Bertram Raven）和约翰·科特（John Kotter）的观点，影响沟通主体可信度的因素包括沟通主体的身份地位，沟通主体的良好意愿，沟通主体的素质、知识和能力，沟通主体的外在形象，以及沟通主体和沟通客体的共同价值（见表3-2）。

表3-2 影响沟通主体可信度的因素

因素	建立基础	对初始可信度的强调	对后天可信度的加强
身份地位	等级权力	强调你的头衔或地位	将你与地位很高的某人联系起来（如共同署名或进行介绍）
良好意愿	个人关系、长期记录	涉及关系或长期记录 承认利益上的冲突，做出合理的评估	通过指出沟通客体的利益来确立良好意愿
素质、知识和能力	知识和能力	利用经历和简历	将自己与沟通客体认为是专家的人联系起来，或引用他人的话语
外在形象	吸引力，使沟通客体产生了解你的愿望	强调沟通客体认为有吸引力的特质	通过认同沟通客体的利益来建立你的形象，运用沟通客体认为活泼的非语言表达方式及语言
共同价值	道德标准	在沟通开始时就建立共同点和相似点	将信息与共同价值结合起来

沟通主体在分析身份地位因素时要明确自身的等级权力,有时为了增强沟通效果或达到沟通目的,可以强调头衔与地位,以提升自身的可信度;沟通主体的良好意愿状况,可根据个人关系或长期记录来获得沟通客体的信赖;沟通主体自身的素质、知识和能力,特别是知识和能力,是形成沟通主体可信度的内在要求;沟通主体的外在形象是产生吸引力的外在因素,当沟通主体有良好的外在形象时,能在一定程度上增强对沟通客体的吸引力;沟通主体和沟通客体的共同价值包括道德观、行为标准等,是双方建立良好的人际关系和进行持续沟通的内在因素,如果沟通双方在沟通开始时就建立共同点和相似点,将信息和共同价值联系起来,就可以迅速提升沟通主体的可信度。

自我沟通技能测试

评价标准

非常不同意/非常不符合(1分)　　不同意/不符合(2分)

比较不同意/比较不符合(3分)　　比较同意/比较符合(4分)

同意/符合(5分)　　　　　　　　非常同意/非常符合(6分)

测试问题

1. 我经常与他人交流以获取关于自己优缺点的信息,为的是进行自我提升。

2. 当别人给我提反对意见时,我不会感到生气或沮丧。

3. 我非常乐意向他人开放自我,与他人分享我的感受。

4. 我很清楚自己在收集信息和做决定时的个人风格。

5. 在与他人建立关系时,我很清楚自己的人际需要。

6. 在处理不明确或不确定的问题时,我有较好的直觉。

7. 我有一套指导和约束自己行为的个人准则及原则。

8. 无论遇到好事还是坏事,我总能很好地对这些事负责。

9. 在没有弄清楚原因之前,我极少会生气、沮丧或者焦虑。

10. 我清楚自己与他人交往时最可能出现冲突和摩擦的原因。

11. 我至少有一个能够与我共享信息、分享情感的亲密朋友。

12. 只有当我自己认为做某件事有价值时,我才会要求别人那样去做。

13. 我会较全面地分析做某件事可能给自己和他人带来的后果,之后再做决定。

14. 我每周都会安排只属于自己的时间和空间去思考问题。

15. 我定期或不定期地与知心朋友就一些问题交流看法。

16. 每次沟通时,我总是听主要的看法和事实。

17. 我总是把注意力集中在主题上并领悟说话者所表达的思想。

18. 在倾听的同时,我努力深入地思考说话者所说内容的逻辑。

19. 即使我认为我所听到的内容有错误,仍能耐着性子继续听下去。

20. 我在评论、回答或不同意他人观点之前,总是尽量做到用心思考。

自我评价

将你的得分与三个标准进行比较:①比较你的得分与最大可能得分(120分)。②比较你的得分与班里其他同学的得分。③比较你的得分与由 500 名管理学院和商学院学生组成的标准群体的得分。

在与标准群体比较时,如果你的得分为:

100 分或更高,则你位于沟通技能最高的 1/4 群体中,具有优秀的沟通技能;

92—99 分,则你位于沟通技能次高的 1/4 群体中,具有良好的沟通技能;

85—91 分,则你的沟通技能较好,但有较多地方需要提高;

84 分或更低,则你需要严格地训练自己以提升沟通技能。

选择得分最低的六项,作为本部分技能学习提高的重点。

任务三 确定管理沟通目标

工作任务:评价日本公司拒绝录用标准

日本的一些大公司在招聘人员的面试中,会通过说话能力考核标准来确定七种拒绝录用的人:

声音轻如蚊子者;

没有抑扬顿挫者;

交谈时,不得要领者;

面试时,不能干脆利落回答问题者;

说起话来嗡嗡叫,毫无生机者;

说话不知所云者;

说话缺乏气势,使人为之不耐烦者。

分组讨论:

1. 为什么日本的大公司特别制定了"说话能力考核标准"?
2. 为什么这些公司会拒绝录用这七种人?

任务分析

著名管理学家彼得·德鲁克在他的《卓有成效的管理者》一书中就曾指出,工作沟通的根本就是目标沟通。在这个过程中,沟通起到了必不可少的作用,无论是目标的制定,还是目标的执行以及目标的检查,都需要双方通过沟通的形式达成。没有沟通或者沟通不畅,双方无法在关键环节达成共识,会导致管理者想的和下属做的是两码事,双方无法形成合力。

知识解析

沟通主体策略是指沟通主体为了达成某一目标,通过对自身特点、素质、身份、地位等的分析,采取的相应策略。

进行管理沟通时要有明确的目标。这种目标分为三个层次,即总体目标、行动目标和沟通目标。总体目标指沟通主体期望达成的最根本的结果;行动目标指沟通主体达成总体目标具体的、可度量的、有时限的步骤;沟通目标则指沟通主体就沟通客体会对书面、口头沟通做出何种反应的期望。表 3-3 给出了沟通目标的一些实例。

表 3-3　沟通目标实例

总体目标	行动目标	沟通目标
沟通各部门工作情况	每隔一段时间报告×次	这次演讲后我的老板将了解我这个部门本月的绩效
加强客户基础	每隔一段时间与×位客户签订合同	读完此信客户将签订合同
建立良好的财务基础	保持年债务与资产比率不超过×	读完这封电子邮件后会计将为我的报告提供确切信息,这份报告的结果是董事会将同意我的建议
增加雇用的女员工数量	在某日之前雇用×名女员工	通过这次会议我们将构思一项策略以达成这一目标;通过这次演讲,至少有×名女性将报名参加我们公司的面试
保持市场份额	在某日之前达到×数量	通过这一备忘录,我的老板将同意我的市场计划;通过这次演讲,销售代表们将了解我们产品的发展

 互动话题:确定沟通目标

为了实现研究开发部门、制造部门和市场部门的有机协调,某公司总经理要求这三个部门的负责人每月召开一次例会,共同讨论如何高效协调研究开发、生产制造、市场三个职能。

问题:
作为总经理,你的总体目标、行动目标与沟通目标分别是什么?

任务四　选择管理沟通策略

工作任务:如何确定沟通策略

你是一家专门为航天工业提供零部件的生产公司的总经理,李明义是销售分公司经理,他直接向你负责。很长一段时期以来,李明义所领导的分公司总是达不到计划的要求,销售人员人均收入水平低于公司平均水平,而且李明义每月的报告总是迟交。在收到年度中期报告后,你决定找他谈一谈,并约定了具体时间。但当你准时到达李明义办公室时,却发现他不在。他的助手告诉你,李明义手下销售部的一位负责人刚刚突然过来拜访,抱怨一些新员工上班迟到、中间休息时间太长。李明义马上与那位负责人一起到销售部,对销售人员进行了一番"精神"训话,激励他们勿忘业绩目标。当他回来时,你已经足足等了 15 分钟。

公司还有一位叫白露的管理人员,刚从国内某知名大学管理学院获得 MBA 学位,最近加入了你的公司,任职于财务部门,负责财务计划小组内的工作。她是在他人的力荐下以及凭借亮眼的学历背景进入公司的。虽然白露来的时间并不长，但同事们已发现她在提升个人声誉方面似乎有点不择手段。近来，你听到越来越多有关白露的议论，比如，她行为傲慢，爱自我推销，公开批评小组内其他成员的工作。当你第一次与她就小组业绩进行交谈时，她否认了小组中存在问题。她宣称自己正通过提高小组工作标准来对小组业绩产生正面影响。听到来自同事的一系列抱怨后，你决定再次安排时间与她谈谈。

资料来源：作者根据公开资料整理。

思考：
1. 你与李明义沟通的目标是什么？准备采取哪种策略？
2. 你与白露再次沟通的目标是什么？准备采取哪种策略？

任务分析

在沟通前要先对沟通的内容有正确、清晰的理解，理解沟通要解决什么问题、达到什么目的。例如，一位管理者因为业务的进展需要与老板沟通，那他在推开老板办公室的门之前，就必须明确自己的目的，是仅仅汇报业务的进展，还是讨论业务未来的发展；是为了显示自己的功劳，还是为了推卸责任；是简单地汇报，还是寻求新的指示；是给老板报喜，还是报忧；是为了申请更多的资源做准备，还是直接提出要求；是沟通业务本身，还是借此机会谈论其他问题……所有的这些思考，都需要在真正开始沟通之前进行。对管理者来说也是一样，当管理者准备和下属讨论一个问题时，是为了让下属不要再犯错误，还是通过沟通对下属的工作方法和思路进行指导，让下属形成清晰的思路……每次沟通的时候，都要有明确的目标。

目标确定后，选择策略去达成目标同样也很重要，我们有时会听到别人说："这个人很有策略"，就是说这个人有很多可供执行的方案，当一个方案行不通时，能够及时应变；如果我们说那个人没有策略，意思是他缺乏变通，因为他只有一个方案，只能一条道走到黑。

小阅读：上兵伐谋，出奇制胜

孙子十分重视谋略在战争中的关键作用，认为"兵者，诡道也"，意思是说兵不厌诈，要极尽诱敌、惑敌之能事。所以说，"上兵伐谋，其次伐交，其次伐兵，其下攻城"。只要战略正确，即使情势一时于己不利，也终将能够出奇制胜、化险为夷。诸葛亮就是一位具有大智慧的谋略家，未出茅庐便知天下三分，通过一番隆中对策，使得当时惶惶如丧家之犬的刘皇叔茅塞顿开，尤其是赤壁之战前的一番筹划，最终奠定了鼎足三分的局面。

而具体到战术层面，中国的兵家就很讲究"出奇制胜"。可以说，中国谋略的关键在于一个"奇"字，用兵要奇正结合。孙子说："战事不过奇正，奇正之变，不可胜穷也"；老子也说："以正治国，以奇用兵"，"奇"字典型地反映了炎黄子孙重计谋的特点。"兵以诈立"是奇，出敌意外是奇，变幻莫测是奇，将计就计也是奇。当然，在实际作战中，"奇兵"

要建立在合情合理的预测的基础上,不可一味出奇,否则就会很容易被敌人识破和利用。所以,正兵与奇兵要结合起来,它们之间相辅相成,互相转化。

在中国古代的军事斗争实践中,不乏利用诡诈之术瞒天过海、出奇制胜的战例。大家经常听到的如"声东击西""围魏救赵"之类的成语,便是出自这样的典故。例如韩信当年就使用"明修栈道,暗度陈仓"之计,迷惑了项羽在西川布下的耳目,终于兵出蜀道,与楚霸王争锋,揭开了楚汉相争的序幕;战国之时孙庞斗智,孙膑在佯装撤退以诱敌深入时,故意施行"减灶增兵"之计,使得在后面穷追不舍的庞涓误以为齐国军心涣散、兵士逃亡,结果骄纵起来,轻率冒进,导致在马陵道被齐军全歼。这些都达到了"出奇制胜"的效果。

资料来源:作者根据公开资料整理。

知识解析

为了达成沟通目标,沟通主体在沟通过程中,可根据自己对沟通内容的掌控程度、沟通客体的参与程度,采取不同的沟通策略,主要有告知、说服、征询和参与四种(见图3-3)。

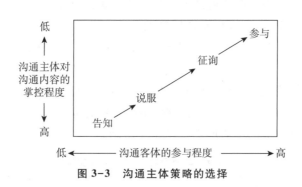

图 3-3　沟通主体策略的选择

一、告知策略

当沟通主体完全掌握着必要的权威和信息时,可以采用"告知"的形式。告知策略一般适用于沟通主体在权威或信息掌握程度上处于完全控制地位的状况。在此类策略中,沟通主体仅仅需要进行指导或解释。沟通主体向沟通客体叙述或解说信息或者传达要求,希望对方理解自己所传达的信息或接受自己所提出的要求。比如,老板需要下属知道或明白应完成的规定任务,但不需要他们发表意见。

二、说服策略

当沟通主体掌握着一定的信息,但沟通客体却握有最后的决策权时,适合采用"说服"的形式。说服策略一般适用于沟通主体在权威或信息掌握程度方面处于主导地位,但沟通客体有最终决定权的状况。沟通主体只向沟通客体阐明做或不做的利弊,以供对方参考,目的在于让其根据自己的建议采取行动。比如,销售人员向客户推销产品时,或技术部门主管向预算委员会提出增加研究经费的建议时，对方可以接受也可以不接受，最终的决策权在对方手中。

三、征询策略

当沟通主体与沟通客体试图就某一行动步骤达成共识时，应采用"征询"的形式。征询策略一般适用于沟通主体希望就计划执行的情况得到沟通客体的认同，或者沟通主体希望双方通过商议来共同达到某个目的的状况。沟通主体以协商的态度与沟通客体进行沟通，希望对方能够给出相应的想法，但是在某种程度上仍是由沟通主体控制互动局面。比如，沟通主体希望说服同事支持他向高层管理者提出某个建议。

四、参与策略

当沟通主体的观点同时也代表众多沟通客体的观点时，可以采用"参与"的形式。参与策略一般适用于沟通主体作为合作的一方，与沟通客体共同就某一方面的问题进行探讨，为达成一致而共同工作的状况。参与策略具有最大限度的合作性。沟通主体可能刚开始并没有形成最后的决议，需要通过与沟通客体共同讨论去找到解决问题的办法。比如，采用头脑风暴法，让沟通客体就某个创新性的问题提出新的见解。

在上述四种策略中，告知策略和说服策略统称为指导性策略，征询策略和参与策略统称为咨询性策略。一般来说，当管理者认为沟通的目的在于通过为下属或他人提供建议、信息或制定标准来帮助他们提高工作技巧时，可采用指导性策略；当管理者认为沟通的目的在于帮助下属或他人认识到他们的思想感情和个性问题时，则更适合采用咨询性策略。总之，指导性策略重在能力，而咨询性策略重在态度。

不同的沟通目标对应的沟通形式如表3-4所示。

表3-4 沟通目标与沟通形式实例

沟通目标	沟通形式
通过阅读这一备忘录，员工们将了解公司现有的福利项目 这次汇报后我的老板将了解我这个部门本月的绩效	告知：在这种情形下，你是在指导或解释；你想让沟通客体了解或理解且不需要他们的意见
读完这封信后，我的客户将签署附在信中的合同 通过这次汇报，委员会将同意我的预算建议	说服：在这种情形下，你是在劝说；你想让沟通客体做点什么且需要他们的参与
读完这份调查表后，员工们将通过回答调查表中的问题来做出反应 这场答疑会的目的是让员工们表达出他们对新政策的疑惑，并得到对这些疑惑的解答	征询：在这种情形下，你是在协商；你需要同沟通客体交换意见，你既需要了解他们的看法，又需要对互动有所控制
通过阅读这一电子邮件提要，小组成员将共同参加会议并准备就会议的核心问题提出他们的想法 通过这场头脑风暴会议，小组成员将找到这一问题的解决方法	参与：在这种情形下，你是在合作；你和沟通客体为达成一致而共同工作

小阅读：沟通策略的选择

昌华公司的李总考虑到近来业务繁忙，希望全体员工暂时放弃相关的休假计划。他在考虑如何向员工提出这个要求，并让他们乐于接受。

如果你是李总，你会选择什么样的沟通策略？为什么？

李总可以采用以下的方式向员工提出他的要求：

1. 直接下达文件，通知员工近期不能休假。
2. 召开员工大会，说明目前工作的紧急性和加班工作的报酬待遇，最后提出暂时取消休假的安排。
3. 召集各部门的负责人开会，一方面说明自己的意愿，另一方面也征求各负责人的意见，以决定是否实施取消休假的计划。

资料来源：作者根据公开资料整理。

思考·讨论·分析

这三种方式分别属于什么样的沟通策略？将会造成什么影响？

任务五　组织和管理沟通信息

工作任务：分析沟通信息的获得

你知道现在著名的"观光电梯"的创意是怎么来的吗？据说是这样的：

美国的摩天大厦因为游客的增多而出现了令人困扰的拥堵问题，为了解决这个问题，工程师决定再安装一部电梯。工程师和建筑师做好了一切勘查准备，在进行穿凿作业前，工程师与每天在这里工作的清洁工攀谈起来。

清洁工："你们要把各楼层的地板都凿开？"

工程师："是啊！不然没办法安装。"

清洁工："那大厦岂不是要停业好久？"

工程师："是啊！但是没有别的办法。如果再不多安装一部电梯，情况会比这更糟。"

清洁工不以为然地说："要是我，就把新电梯安装在大厦外！"

就这样，这个"不以为然"的草根智慧，成就了"观光电梯"的盛况。

不过是闲聊，有心者却在几分钟内获取了新的想法，极大地帮助了自己的工作。

资料来源：作者根据公开资料整理。

思考：

有心者是怎样进行有效沟通的？

任务分析

优秀的沟通主体从来都是带着思考与别人沟通的。要时刻做个有心人，尽可能获取更多信息，尽可能多展开联想，以期沟通的效应最大化。沟通主体在每次沟通之前，可能会收集很多素材和信息,这些素材和信息中有好的有坏的,有完整的有零碎的,有论据性的有结论性的……如何组织好这些信息是沟通主体制定沟通策略的关键。

 知识解析

优秀的沟通主体在进行管理沟通前,要思考如何合理组织沟通信息,以达到沟通的预期效果。沟通信息的组织包括确定目标、明确观点、组织信息内容和逻辑结构三个方面。

一、沟通信息的组织

(一)确定目标

每个沟通主体在沟通之前都必须要有一个明确的目标。正如在许多实际管理工作中管理者的管理行为总会预设一个目标一样,沟通目标可以是解决某一个问题,也可以是使管理者的建议被采纳,还可以是赢得下属(同事或上司)的尊重。比如,对于指导性策略,沟通主体的目标往往是要求沟通客体接受沟通主体的观点或产生所预期的行为或结果;对于咨询性策略,沟通主体的目标则可能是为了获取某种信息、得出某个结论或者得到对方的支持。因此,指导性策略下的目标确定较为简单,因为这种沟通具有较强的确定性,但咨询性策略事先对结果甚至对过程都没有很大的把握,尽管总体目标是确定的(为了找到解决某一问题的对策或者是征询意见),但在具体的行动目标和沟通目标上,往往要随着沟通的进行做适当的调整。

为此,在管理沟通目标的确定上,要注意以下三个方面的策略:

1. 要明确沟通的主导目标

主导目标属于刚性目标。当你面对复杂的管理环境时,应该列举出你希望达成的全部目标,然后界定好其中一两个你认为最重要的目标;接着,考虑对方的目标以及他们可能做出的反应。在主导目标的规范下,通过对对方目标的分析和整理,将自己的目标与对方的目标整合,确定最终的行动目标和沟通目标。

在整合过程中,应考虑以下几点:
- 哪个目标是最紧迫的?
- 哪些目标是兼容的、相互统一的?
- 哪些目标是与你的主导目标紧密相关,是你必须达成的?
- 哪些目标是你可以授权由他人达成,而不需要在当次沟通中就达成的?

2. 要注意适度灵活原则

对行动目标和沟通目标的确定要兼顾刚性和弹性,如果沟通主体预先确定的目标刚性过强,就会出现"自我中心主义"的现象,阻碍沟通主体获得自己所需要的信息或展望更为广阔的未来,从而形成概念壁垒。因此,沟通主体在沟通前要分析可能出现的各种结果,尽可能地了解各种背景材料。一个好的沟通主体应该知道何时要坚持自己的主导目标,何时又应该适当地增加目标弹性。

3. 要界定好总体目标、战略、策略和任务之间的关系

总体目标是沟通的中心思想,是必须要达成的。沟通主体不能把这个目标与战略、策略和任务混淆起来。

> 📖 **小阅读:理清目标、战略、策略和任务之间的关系**
>
> 如果你是市场营销部门的经理,你与本部门的下属进行沟通,可以这样理清目标、战略、策略和任务之间的关系:
>
> **目标**
> 提高产品销量,这是你真正的现实沟通目标。
>
> **战略**
> 让下属意识到,这次沟通的战略意图是为了获得更强的持续性和更好的发展前景。
>
> **策略**
> 获取部门发展的新出路。比如,通过群策群力的方式,让大家来讨论如何提高广告预算、如何获得更多的公司资源投入等问题。
>
> **任务**
> 明确总体沟通目标规范下的一系列辅助目标和具体沟通目标。比如,向高层领导提出预算建议;通过沟通让下属考虑雇用更多的销售代表去开发有潜力的渠道;在公司计划会议上提出建议;开发广告和公关计划。
>
> 资料来源:作者根据公开资料整理。

(二) 明确观点

沟通中最困难的问题就是说服你的反对方赞成你的观点。为了明确观点,沟通主体要把自己的观点融入行动中,因此要注意以下几个提出观点的基本要求:

- 明确自己的立场,并分析反对方的立场;
- 明确自己在评价某种状态或提出建议时所希望达成的愿景;
- 提供可靠的信息;
- 提供不同的(常常是冲突的)价值观和利益;
- 参考其他观察者和参与者的意见;
- 要着眼于事实、价值、意见,不能采取中立的态度。

📜 **互动话题**

机械行业某公司的生产部门主管 A 和技术改造部门主管 B 在一次公司例会上就技术改造的投入策略展开了争论:A 认为,公司的当务之急是降低成本,而不是在效益不好的情况下加大技术改造的力度,否则就是"找死";而 B 认为,如果公司现在再不加大技术改造的力度,必将会阻碍资本扩张、延迟新技术的采用,无疑是在"等死"。于是,对于公

司是否需要在技术改造上投入更多资金，A与B出现了分歧。

问题：
A与B应采取什么策略去说服对方呢？

（三）组织信息内容和逻辑结构

信息内容的组织有两个基本原则：一是信息的有效强调原则，就是用最简单的语言阐释你的目标，让他人理解并能与你沟通；二是客体导向原则，"沟通是指你被理解为什么而不是你说了什么"，即要求沟通主体根据不同的沟通客体修正沟通的信息表达方式和内容的结构安排。

在信息结构的安排上，要注意内容、论证和结构的统一。具体来说，就是要通过对信息的论证分析，提出具有说服力的论据（如事实和数据、共同知识、普遍认同的例子和权威观点等），并对信息结构进行合理安排。

小阅读：就休假问题采用不同方式与各方进行沟通

假设你将在一个较忙的时期休假，在休假之前，你要向领导请示，并向同事和下属交代一些工作。那么，在不同的对象面前，你可能会采用以下不同的方式进行沟通。

对领导： 我已经与同事们交接好了工作，而且在休假后，我可以投入更多的时间和精力，以保持最佳的工作状态。

对同事： 为了这个假期，工作计划和日程我已经重新安排好了，感谢你们在我休假期间对我工作的帮助。

对下属： 经过反复考虑，我个人认为我在这个时候休假是比较合适的，且其他人也有相似的看法，希望你们按原定计划开展好工作。

资料来源：改编自魏江、严进等编著，《管理沟通——成功管理的基石》，北京：机械工业出版社，2006年。

另外，为了强调信息而进行的逻辑结构安排也有助于沟通目标的达成。

根据记忆曲线，信息的开头和结尾部分最易被沟通客体记住，因此在信息的组织上，可以采用以下两种策略：

1. 开头策略

在开头就阐述重点，即直接切入主题。若采用这种策略，沟通主体需要将最后的结论放在开头。这种策略有三个优点：一是有助于增进沟通客体对全部信息的掌握，人们一开始就了解结论，有助于其理解全部的内容。二是以沟通客体为导向，直接切入主题，强调了分析的结果或最终的做法，使得整个沟通面向沟通客体，而不是以沟通主体为中心。三是有利于节省时间，由于直接切入主题的结构能使信息更快、更容易被接受，因此在商务场合中应尽可能多地采用。这种策略主要适用于以下场合：对于无主观情感成分的不敏感信息的处理；对于对沟通客体具有正面影响的敏感内容的处理；在沟通客体更为关注结论时对敏感信息的处理；沟通主体可信度特别高时对敏感信息的处理。

2. 结尾策略

在结尾说明重点,即间接切入主题。该策略指在记忆曲线末端才给出结论,即先进行各类论证后以结论或总结收尾。这种策略的优点在于:循序渐进,以理服人;缓和因观点不同而可能引发的冲突;逐步转变沟通客体的态度,步步推进,达到"推销"自己的观点和主张的目的。这种策略可以在以下情况下采用:信息中含有敏感内容(含主观情感成分);信息内容对沟通客体有负面影响;沟通客体很注重分析过程;沟通主体的可信度较低。

📖 小阅读:上司沟通方式的选择

小李将设计好的营销策划书交给张总看,等待张总的意见反馈,张总看后觉得不可行。以下是张总可能采用的两种沟通方法:

直接切入法 "你设计的策划书不可行。第一,成本太高;第二,时间安排得不合理;第三,没能突出公司的产品特色……"

间接切入法 "从你的策划书可以看出你做了许多工作,但是你的策划书:第一,成本太高;第二,时间安排得不合理;第三,没能突出公司的产品特色……所以我认为你设计的策划书不可行。"

资料来源:作者根据公开资料整理。

二、沟通信息组织的原则

(一) 全面对称

1. 所传递的信息是完全的

沟通中之所以会出现不完全的信息,是因为信息发送者和信息接收者之间存在背景、观点、需要、经历、态度、地位以及心理上的差别,信息发送者如果没有向信息接收者发送完全的信息,那么信息接收者就不能完全理解信息发送者所发出信息的含义,就会引发信息失真或信息不对称。

在沟通过程中需要注意三个问题:

(1) 沟通中是否提供了全部的必要信息。必要信息是指要向沟通客体提供5W1H,即谁(Who)、什么时候(When)、做什么(What)、为什么这样做(Why)、在哪里(Where)和如何做(How)六个方面的信息。在提供必要信息的同时,沟通主体还要分析所提供信息的精确性,如分析数据是否充足、信息解释是否正确、关键因素是什么等。

(2) 沟通中是否回答了询问的全部问题。信息的完全性要求沟通主体回答全部问题,以诚实、真诚取信于人。

(3) 沟通中是否在需要时提供了额外信息。也就是,是否根据沟通客体的要求,结合沟通的具体策略向沟通客体提供了原来信息中不具有的信息或补充了不完全信息。

2. 所传递的信息是精确对称的

沟通信息的精确性要求沟通主体根据沟通环境和沟通客体的不同,采取相应的语言表达方式,并利用准确的数据资料,让沟通客体精确领会全部信息。

(1) 沟通信息不精确的主要原因。沟通信息不精确通常是由沟通双方传递和接收信息的不对称造成的。许多研究认为沟通过程中的信息在传递和接收过程中基本不改变或不偏离原意,是有效沟通的基本要求。①沟通双方在语言和文化上的不对称也会造成沟通信息不精确。来自不同国家或地区的沟通者,由于语言含义的不对称而导致沟通信息出现偏差的事例比比皆是。比如,从语言方面看,中文的语意比较含蓄,英文则比较直白;从文化方面看,中国人重情义,而美国人则讲规则、讲效率。随着信息技术的不断发展,信息传播的精确性(包括信息的清晰度和准确性)有了很大的提高。未来的商业决策和竞争优势将极大地依赖于这种现代沟通手段的精确性。②信息发送者提供的原始数据的可靠性与信息接收者所理解的数据可靠性之间的不对称也是造成沟通信息不精确的重要原因。如果原始数据随意或不真实,无论后期运用多么精确的公式、图表,多么复杂先进的运算工具,结果都是徒劳的。

(2) 沟通主体保持沟通信息精确性的方法主要有以下几种:①采用正确的语言层次,根据沟通客体和沟通场合的不同,选择相应的沟通信息编码方式。沟通的语言层次可以分为正式语言、非正式语言和非规范语言。以书面沟通为例,正式语言一般出现在学术论文、法律文件、政府文件中;非正式语言更多地出现在商业活动中,如外贸函电、一般信件等;非规范语言在书面沟通中则一般不出现,但在口头沟通中出现得较多,如口语化的语言等。②注意信息内容的正确性,检查图表、事实和语言是否被正确使用。例如在市场分析报告、学术论文中,要标明每一项数据的来源,并采用正确的表述方式进行信息编码。③采用能为信息接收者接受的写作方式。同样是严格规范的学术性文章,在同行之间进行交流时,可用专业的术语表达,但在与非专业沟通客体交流时,就要避免太过学术的表达,要把语言转化为沟通客体可以接受的语言,但要保证语言风格仍然是逻辑严密的。

(二) 简明清晰

所谓简明,就是在沟通时要用尽可能少的语言提高沟通的效率。沟通信息的简明,既能节约双方的时间,又表现出对对方的尊重。沟通主体要善于从沟通客体的角度去思考信息的组织方式,要考虑沟通客体在花时间听取你所提供的信息后所能获得的实际效用,尊重他人的时间。

为做到语言简明,可以从以下三个方面入手:
- 避免冗长乏味的语言表达;
- 避免不必要的重复;
- 组织的信息中只包括相关的有用信息。

清晰原则要求沟通者认真准备沟通的信息,包括清晰的思考和清晰的表达两个方面。贯彻清晰原则要求:选择精确、具体、熟悉的词语,避免深奥、晦涩的语言;构筑有效的语句和段落,包括长度、统一度、内在逻辑关系、重点四个要素。长度要求一个句子不能太长;统一度就是一个句子只能表达一个意思;强调内在逻辑关系,就是要运用演绎推理和归纳等语言学技巧,增强语言的说服力;强调重点,就是既要在组织信息时突出重点,也要在表达时突出重点。

小阅读:如此沟通

上司:上次交代你的事情办得怎么样了?
员工:还没有办好,我前几天感冒发烧了。
上司:什么?你还没有去那家公司见刘总?
员工:我没去,但我后来托小李去办了。
上司:结果怎么样呢?
员工:刘总刚好有事外出了。
上司:那就是说,他也没有见到刘总?
员工:不,后来我强撑病体去见了刘总。
上司:那快说呀,结果如何?
员工:他还是不愿接受我们的交易条件。
上司:啊?
员工:但是……
上司:出去!

资料来源:作者根据公开资料整理。

(三) 具体生动

具体生动强调语言的详尽、灵动、活泼。在沟通过程中,应该运用准确且灵活的语言风格,而不要用模糊的、呆板的说法。在具体的沟通信息组织上,可以运用以下几种方式:

- 用具体的事实和数据、图表,并运用对比的方法增强语言的感染力,如今年的销售额比去年同期有大幅度的增长,去年同期为300万元,今年为358万元,增长近20%。
- 强调句子中的动词,或突出关键词,这样会给人以明确、简洁的感觉,如"少壮不努力,老大徒伤悲"。
- 选择活泼的、有想象力的词语,如海尔的张瑞敏提出的"有了思路才有出路,没有思路只有死路""人才,人才,人人是才"。
- 通过类比的方式,突出说明的主题,给人留下深刻的印象。比如,向外国友人介绍"《梁山伯与祝英台》是中国文化的经典"时,可以这么说:"这就是'东方的罗密欧与朱丽叶',《罗密欧与朱丽叶》在你们的文化中是怎样的主题,又是怎样的经典,我们的《梁山伯与祝英台》在我们的文化中也是如此。"

(四)注重礼节

注重礼节包括两方面的含义:一方面要求沟通主体在传递信息时,考虑沟通客体的情感因素,做到真诚、有礼貌;另一方面要求沟通主体在信息内容的组织上,能站在沟通客体的立场上来传递信息,做到周到、有素养。

小阅读:儒家学说的管理沟通思想

- "礼治"的思想:儒家学说以"仁"为最高境界,要达到这一境界,就必须用礼来规范人们的言行,即所谓"克己复礼为仁"。要找准自己的定位,明确自己在各种关系中的角色。不同的职位待人处世的方法也有所不同。在为人处世的过程中要重视礼节,礼节不但可以反映出个人的修养,还能使沟通更加富有成效。

- "中庸"的思想:中就是正,庸就是融合。中庸讲的就是求同存异,要尊重他人与自己不同的意见和想法,兼容并蓄,建立和谐的人际关系,寻求双赢的结果。

资料来源:作者根据公开资料整理。

注重礼节,首先要求沟通主体不但要意识到沟通客体的观点和期望,还应考虑沟通客体的感受。沟通主体应做到以下几点:真诚、机智、全面周到、感人;以尊重人的语气表达沟通的信息;选择非歧视性的表达方式;尤其是在对待下属时,要坚持平等、信任的原则;从信息接收者的角度去准备每一次沟通的信息,设法站在沟通客体的立场上去思考问题,充分关注沟通客体的背景和需要,尽可能向沟通客体提供全面系统的信息,也即以全面周到的理念去传递信息。为此,我们提出以下三方面的建议:

1. 理念上要着重于"你"而不是"我"或"我们"

这是要求沟通主体站在沟通客体的立场上去考虑问题,但在表达时,有时用"我们"可以表现出客体导向,用"你"则会显示出排斥情绪。因此,在思想上永远是"你",而言行上则是"我们"。要恰当地处理和运用好"你""我"的关系。

2. 关注并告知沟通客体的兴趣和利益

这是着重于"你"的最本质的特征,语言是表面的,而利益是内在的。

3. 运用肯定的、令人愉悦的陈述方式

要学会肯定对方,善于从对方的语言中提炼出正确的思想,肯定对方是对对方的尊重,不要显示自己高人一等,不要好为人师。同时,一定要根据不同的沟通客体选择合适的陈述方式。

思考·讨论·分析

1. 为什么在沟通中会出现不完全信息?(提示:背景、观点、态度、地位、经历等方面的差距)

2. 请结合身边的案例或你听说的事件,谈谈如何在信息沟通中找到有用的信息。

任务六 分析沟通客体角色

⊙ 工作任务：明确沟通对象

小李是一家知名广告公司的财务经理助理。一天，他的老板让他起草一份关于客户新推出的一款产品的市场营销策划书。为了顺利完成任务，小李对他要服务和沟通的对象进行了深入分析。

资料来源：作者根据公开资料整理。

思考：

你认为谁是他的沟通客体？

⊙)) 任务分析

沟通客体即沟通对象。在上述工作任务中，这份市场营销策划书的主要接收者是客户公司的执行部门，因为其是有权决定是否采用小李的策划书的决策者。之后是次要接收者，也就是客户公司的市场营销人员，他们能够给出很多专业建议，这在一定程度上也会影响策划书的效果。其他的沟通客体还包括广告策划人员、文案写作者以及发布广告的新闻媒体，这些主体会在方案获得批准后负责细节的落实。在小李的策划书交给客户公司之前，还必须首先得到其上司的批准，所以他的上司既是最初的沟通客体，又是中间的联络人。可见，对沟通客体进行分析，首先就要解决"他们是谁"的问题。

知识解析

一、沟通客体是谁

对沟通客体的特点进行分析，首先要解决"沟通客体是谁"的问题。分析这个问题的目的在于明确"以谁为中心进行沟通"。要明确这一问题，具体可以从两个方面入手。

（一）哪些人属于沟通客体的范畴

在很多沟通场合中，沟通主体可能同时面对或考虑多个不同的沟通客体。当沟通客体超过一人时，就应当根据其中对沟通目标影响最大的人或团体来调整沟通内容。一般来说，沟通中的沟通客体包括六类：

第一类是最初的对象。他们最先收到信息，有时沟通中涉及的相关文件报告就是这些最初的对象要求沟通主体提供的。

第二类是守门人，即沟通主体和最终的沟通客体之间的"桥梁受众"，他们有权阻止将沟通主体的信息传递给其他对象，因此他们也有权决定沟通主体的信息能否传递给主要对象。有时，让沟通主体起草相关文件报告的就是守门人；守门人有时属于公司高层，有时来自公司外部。对守门人进行分析的关键在于确定是否必须通过他们来传达信息。

如果是,则应分析他们是否会因为某些理由而改变信息或封锁信息。

第三类是主要沟通客体,又称直接沟通客体,即那些直接从沟通主体那里获得口头或书面信息的人或团体。他们可以决定是否接受沟通主体的提议,是否按照沟通主体的提议行动。各种信息只有传递给主要沟通客体才能达到预期的目的。

第四类是次要沟通客体,又称间接沟通客体,即那些间接的,或通过道听途说获取信息,或受到信息波及的人或团体。他们可能会对沟通主体的提议发表意见,或在沟通主体的提议得到批准后负责具体实施。

第五类是意见领袖,即沟通客体中有强大影响力的、非正式团体中的人。他们可能没有权力阻止信息的传递,但他们可能因为拥有政治、社会地位和经济实力而对沟通主体信息内容的实施产生巨大影响。

第六类是关键决策者,即最后且可能是最重要的,可以影响整个沟通结果的关键人物。如果这一关键决策者存在,则要依据其判断标准调整信息内容。

要说明的是,上面的六类沟通客体中的某几类可以由一个人充当,如负责人常常既是最初的对象又是守门人;有时最初的对象既是主要沟通客体,又是次要沟通客体,即沟通事件的执行者。

(二) 怎样了解沟通客体

一旦确定了沟通客体的范畴,就应仔细地对其进行分析。有时可以借助于市场调研或其他已有的数据,但大多数情况下,对沟通客体的分析是相当客观的,即要站在他们的立场上,想象自己是他们中的一员,然后再向所信任的人征询意见。

- 对沟通客体做个体分析。可以对沟通客体成员逐一进行分析,考虑他们的教育层次、专业背景、年龄、性别以及兴趣爱好等,了解他们的意见、喜好、期望和态度各是什么。
- 对沟通客体做整体分析。通过分组的方式对沟通客体进行框架式分析,如沟通客体的群体特征是什么?立场如何?他们的共同规范、传统、标准准则与价值观怎样?

📖 小阅读:销售部的员工手册

下文摘录于某公司销售部的员工手册。

(1) 客户做出拒绝的决定有三种原因:一是拒绝销售人员;二是客户本身有问题;三是对公司或者公司产品没有信心。对客户来说,拒绝或许只是一种习惯性的做法;而对于公司来说,或许只有遭遇客户的拒绝,才能了解客户的真实想法,有利于此后达成交易。

(2) 如何处理这种拒绝,要从分析中国人的个性入手,客户个性中的优缺点都是达成交易的关键。

(3) 中国人的记性奇好,所以对客户的承诺一定要兑现,否则,成交机会永远不会青睐你。

(4) 中国人注重外表,所以销售人员给客户的第一印象很重要。

(5) 中国人喜欢谈交情,所以你也要和你的客户谈交情。

(6) 中国人习惯于看脸色,所以你要注意察言观色。

(7) 中国人好面子,所以你要给足客户面子。

（8）中国人不轻易相信别人，但是对于已经相信的人却往往深信不疑，所以作为销售人员，最重要的是获得客户的信任。

（9）中国人不爱"马上"，怕做第一，知而不行，所以你要在合适的时机帮你的客户做决定。

（10）中国人不习惯主动赞美别人，但喜欢被赞美，所以你要学会赞美别人。

以上十条准则或许并不完全适合所有的客户，但至少传递了这样的信息：了解客户的心理是销售成功的前提。这或许可以算是与客户沟通的技巧所在。

资料来源：作者根据公开资料整理。

二、他们了解什么

通过上述分析可以明确沟通客体的类型，应进一步分析的是，在特定的沟通过程中，沟通客体已经了解，但仍需了解的是什么。其中，特别需要解决以下三个问题。

（一）沟通客体对背景资料的了解情况

即分析有多少背景资料是沟通客体需要了解的；对沟通的主题他们已经了解了多少，有多少专业术语是他们能够理解的。若沟通客体对了解背景资料的需求较低，则不需要在无谓的背景资料介绍上花费太多时间；若沟通客体对了解背景资料的需求较高，则应该准确地定义陌生的术语和行话，将新的信息和他们已经掌握的信息结合起来，并给出非常清晰的阐释。

📖 小阅读：未战庙算，知己知彼

中国古代的军队作战前，要在庙堂举行谋划会议，即"庙算"。庙算的目的不仅在于准确地分析敌情，还在于如实地了解己方的战斗力和其他主客观条件，做到成竹在胸，未战而先胜。中国古语所说的"运筹帷幄之中，决胜千里之外"，所强调的就是庙算的作用。

庙算的目的，是要做到知己知彼。只有知己知彼，才能百战不殆，才能在决策的时候立于不败之地。管理决策和军事决策一样，需要了解自身实力地位、掌握市场动态、分析竞争对手策略，在这些信息俱已齐备的基础上，才有可能做出正确的决策。无论是指挥千军万马的统帅，还是掌管现代公司的管理者，他们到底要掌握哪些情报，才算是"知己知彼"呢？

孙子认为，兵家的制胜之道分为"五事""七计"。"五事"即道、天、地、将、法。"七计"即主孰有道、将孰有能、天地孰得、法令孰行、兵众孰强、士卒孰练、赏罚孰明。也就是说，决定军事组织效能的首先是政治背景，既要做到人心所向，又要具备完整的战略方针；然后要看将帅是否具有智、信、仁、勇、严等素质；此外，还取决于环境、条件、天时、地利；另外，军法制度、职责划分等方面也不能忽视。己方的情报还算好获取，敌方的有关情报如何获取呢？孙子认为，可以通过"直接观察敌情""通过小规模部队和敌人直接较量""派遣间谍进行侦察"等方法获取情报，从而稳操胜券。

资料来源：作者根据公开资料整理。

（二）沟通客体对新信息的需求

即分析对于沟通的主题，沟通客体需要了解什么新的信息；他们还需要多少细节和例证。对于对新信息需求高的沟通客体，应向其提供足够的例证、统计资料、数据及其他材料。对于对新信息需求低的沟通客体（如有的沟通客体倾向于依赖专家意见，把做出判断的权力交给沟通主体），则应主要向其提供决策的建议。概括而言，沟通主体应考虑沟通客体实际需要什么信息，而不要只考虑能为他们提供什么信息。

（三）沟通客体的期望和偏好

即分析在沟通风格和渠道方面，沟通客体更偏向于哪一种。在分析沟通风格时，要了解沟通客体在文化、组织和个人的风格上是否有偏好，如是正式还是非正式、是直接还是委婉、是互动性还是非互动性交流形式。在分析渠道时，则要了解沟通客体在渠道选择上的偏好，如是书面还是口头、是纸质报告还是电子邮件、是小组讨论还是个人交谈。

> **小阅读：老板的习惯**
>
> 某公司董事长有一个习惯，即轻易不接受下属直接口头汇报工作，而要求其用书面的方式提交报告。董事长审阅递交的报告后，认为有必要找下属面谈的，再另外约一个时间；不需要亲自面谈的，就转交相关部门的经办人去办理。该董事长的体会是，只有这样，工作时间才是自己的。如果你的上司是这样的管理风格，显然，书面沟通才是有效的沟通渠道；而且，从其管理风格看，他的时间管理意识很强，因此，即使在提交书面报告时，你也应该"长话短说"，简明扼要地表述自己的想法，以尽可能少的笔墨让上司对你的建议感兴趣。
>
> 资料来源：改编自张炳达、陈婧、杨慧编著，《商务与管理沟通》，上海：上海财经大学出版社，2010年。

三、他们感觉如何

分析沟通客体的感觉，就是要掌握其是如何想的。为了解在与沟通客体的沟通过程中可能产生的情感反应，需要解决以下问题。

（一）沟通客体对你的信息感兴趣的程度如何

沟通主体必须分析沟通客体对沟通主题及结果的关注程度，或者他们认真阅读或聆听信息的可能性大小，为自己制定沟通策略提供依据。对沟通客体来说，沟通的信息如果会对他们的财务状况、组织地位、价值体系、人生目标产生较大影响，他们就会对信息有较大的兴趣。对这些问题，沟通客体可能会出现三种意见倾向：正面、负面、中立。

当沟通客体表现出正面或中立的意见倾向时，沟通主体只需强调信息中的利益部分以加强他们的信念。

当沟通客体表现出负面意见时，可以运用以下技巧：

- 将预期的反对意见在开始时就提出来,并做出反应,如列出反对意见并加以驳斥,这要比沟通客体自己提出反对意见更有说服力。
- 先列出沟通客体可能同意的几个观点。若他们赞成其中的两三个,那么他们接受沟通主体整体思想的可能性就比较大。
- 首先令他们承认问题确实存在,然后解决该问题。

(二) 你所要求的行动对沟通客体来说是否容易做到

即考虑你预期的行动对沟通客体来说完成的难易程度如何,他们是否会感到过于耗时、过于复杂或过于艰难。若你估计所要求的行动对沟通客体来说比较困难,则一定要强调你所希望的行动会对沟通客体带来的价值;若过于困难,则要采取下述对策:

- 将行动细化为更小的要求,积跬步以致千里。
- 尽可能简化步骤,如设计便于填写的问题列表。
- 提供可供遵循的程序清单和问题检核单。

四、激发沟通客体的兴趣

激发沟通客体的兴趣可以通过三种方式实现。

(一) 以明确的利益激发沟通客体

上述对沟通客体背景的分析,最直接的动机是明确沟通客体的利益期望,即"什么能打动他",然后努力达到这种利益期望。沟通客体的利益期望包括他们在接受你的产品、服务和信息后,或者根据你的建议进行相关的活动过程中所能得到的好处和收益。

总体来说,沟通客体的利益有两类。第一类是具体好处,即强调某一事物的价值或重要性(但不要夸张,否则会适得其反)。第二类是事业发展和完成任务过程中的利益。包括:向沟通客体展示你所表达的信息对于他们目前的工作有所裨益;任务本身的驱动,如沟通客体往往会更乐于接受具有挑战性的任务或者双方共同应对艰巨的任务;对个人事业的发展或声望有帮助,如表明你所沟通的内容将有效地帮助他们得到组织或上级的重视,有利于他们获得声誉和建立交际网络。

小阅读:兴趣电商

随着互联网时代的发展,电商快速兴起,并从传统的依靠图文内容来推荐商品,升级到通过短视频、直播带货来推荐商品。在众多电商平台当中,抖音电商在较短的时间内就取得了较快的发展。

抖音电商成功的关键在于,平台内容让消费者对其中的商品产生了兴趣,从而产生了购买行为。也是在此基础上,抖音电商提出了"兴趣电商"这一新概念。

兴趣电商这一概念是抖音电商总裁康泽宇在2021年4月8日的首届抖音电商生态大会上提出的。根据抖音的官方解释,兴趣电商的定义为:一种基于人们对美好生活的向往,满足用户潜在购物兴趣,提升消费者生活品质的电商。

通俗来讲,抖音所提出的兴趣电商主要强调对用户潜在需求的发掘,通过成熟领先的推荐技术,高效匹配供需双方以达成交易。

抖音电商庞大而良好的内容生态、众多优质的创作者,以及多元化的用户群体和较为成熟的兴趣分发技术,都在无形之中助力抖音电商把"兴趣电商"的生意做好、做大,同时帮助更多商家摆脱困境,完成旧有业务模式升级,实现销售额增长。当前,已经有越来越多的品牌开始把抖音电商作为增长的首要渠道和新品首发渠道,投入大量的资金和资源进行深度运营。抖音电商已经成为当下主流品牌不能缺席的阵地。

资料来源:改编自《"兴趣电商"——抖音电商新概念,推出四大平台解决方案助力电商行业发展》,https://www.pingwest.com/w/242041(访问日期:2023 年 3 月 22 日);《2021 抖音电商年度数据报告》,https://www.yymiao.cn/zl/data/87351.html(访问日期:2023 年 3 月 22 日)。

通过明确利益激发沟通客体,就是解决"什么能打动他们"的问题。为了更好地通过明确并传递沟通客体利益激发他们的兴趣,必须注意两点:①要明确沟通客体的利益;②传递恰当的信息给沟通客体以利益。对于不同的沟通客体以及他们所期望的不同的利益,要采取不同的措施,如有的利益是直接的,因此沟通主体比较容易识别,沟通时能够明白地告知;有的利益是只可意会而不可言传的,这种情况下,沟通主体就需要去深入了解和发掘。

深入发掘沟通客体期望的利益可以使用下面的技巧:
- 了解能激发沟通客体需求动机的感受、恐惧和欲望;
- 找出自己产品的客观性能或即将推行的政策对沟通客体的影响;
- 说明沟通客体怎样利用所介绍的产品和政策才能满足他们自身的需求。

(二) 通过可信度激发沟通客体

沟通客体对主题的涉及和关注程度越低,沟通主体就越应该以可信度为驱动因素。具体策略有:

1. 通过确立"共同价值观"的可信度激发沟通客体

以"共同价值观"的可信度驱动,就是构建与沟通客体的"共同出发点"。如果一开始就能和沟通客体达成一致,在以后的沟通中就更容易改变他们的观点。从共同点出发,即使讨论的是完全不相关的话题,也能增强你在沟通主题上的说服力。

 互动话题:小王的反应

小王刚刚工作不久就被其上司派去拜访客户老李。他到老李的办公室时,对方显得十分激动,热情地招呼他坐下,并兴致勃勃地告诉他:"我告诉你,我女儿考上大学了!"

这时小王可能会做出两种反应。

反应一:小王只是点了点头,接着就问:"您看下个月的货要订多少呢?"没想到老李马上变了脸色,有些不耐烦地说:"货还多着呢,下个月不订了。"小王又问:"那以后呢?"老李干脆说:"以后也别来了。"

反应二:小王立刻表现出十分高兴的样子并马上说道:"恭喜您,真的值得祝贺!要知道,考上大学十分不容易,我们今天应该给您的女儿庆贺一下!"老李十分高兴,于是招呼小王和全家人一起到饭店吃饭。在饭桌上,小王乘机提出公司增加了一些产品品种,明天是否将每个产品都发一件样品过来时,老李十分高兴地答应了。

资料来源:作者根据公开资料整理。

思考:
为什么两种反应结果大相径庭?

2. 以传递良好意愿与"互惠"技巧激发沟通客体

遵循"投桃报李、礼尚往来"的原则,通过给予对方利益而得到己方利益,通过己方的让步换取对方的让步。

3. 运用地位可信度与惩罚技巧激发沟通客体

地位可信度的一种极端驱动方式就是恐吓与惩罚,如斥责、减薪、降职乃至解雇。但这种方式只有在你能确保对方顺从且确信能消除不良行为时才能奏效。

(三) 通过信息结构激发沟通客体

通过信息结构激发沟通客体,即利用信息内容的开场白、主体和结尾等结构的合理安排来激发沟通客体。

(1) 通过开场白激发沟通客体,就是在开头就吸引沟通客体的注意力,如一开始就告知沟通客体可能得到的利益;先列举存在的问题,采用"提出问题—解决问题"的模式;先讨论并明确话题和沟通客体之间的关系,激发沟通客体的兴趣。

(2) 通过主体激发沟通客体,就是通过适当的内容安排在沟通过程中增强说服力,找出自己产品的客观性能或即将推行的政策对沟通客体的影响。具体技巧有:

- "灌输"技巧,即通过先列举系列反对意见再立即加以驳斥的方式,或直接向沟通客体"灌输"自己对可能引发的反对意见不予认可的态度;
- "循序渐进"技巧,即将行动细化为可能的最低要求,然后逐步提高要求,获得更优的结果;
- "开门见山"技巧,即先提出一个过分的且极可能遭到拒绝的要求,然后再提出一个较适度的要求,从而使后者更可能被接受;
- "双向"技巧,即将沟通客体可能提出的反对意见和自己注重的观点加以比较进行阐述,并表现得更为中立与合情合理。

(3) 通过结尾激发沟通客体,就是通过简化沟通客体对目标的达成步骤以激发兴趣。如列出便于填写的问题表或易于遵循的检核清单,或列出下一步骤或下一行动的具体内容。

小阅读:保险业务员的切入点

在一部电影中,张曼玉扮演的一位保险业务员,专门负责推销儿童保险业务。有一次,她好不容易见到目标客户后,对方却直接拒绝推销,并给了她一枚硬币,说是给她回家的路费。当时她很生气,在扭头要走的一瞬间,她突然注意到客户的办公室墙上挂了一幅小孩的头像,于是她对着头像深鞠一躬说:"对不起,我帮不了你了。"客户大为惊讶,忙问原因。原来这个客户最爱护他的儿子,所以把儿子的照片挂在办公室天天看。张曼玉所扮演的业务员就是抓住了这一点,促成了她的第一单生意。

说明:沟通的切入点很重要,需要我们收集足够多的信息,找准对方关心的点,消除其抗拒心理,从而调动对方参与的积极性,提高成功沟通的概率。

资料来源:改编自王凤英,《一朵花也代表春天》,《就业与保障》,2010年第10期,第50页。

任务七 实施以客体为导向的沟通

工作任务:学会换位思考

闻名于世的励志成功大师拿破仑·希尔某一年需要聘请一位秘书,于是在几家报刊上刊登了招聘广告,结果应聘的信件如雪花般飞来。

但这些信件的内容大多如出一辙,比如第一句话几乎都喜欢这样开头:"我看到您在报纸上刊登的招聘秘书的广告,我希望可以应聘这个职位。我今年××岁,毕业于××大学,如果能有幸被您选中,一定努力工作。"

拿破仑·希尔对此很失望,正琢磨着是否要放弃这次招聘时,一封信令他眼前一亮,认定秘书人选非来信人莫属。她的信是这样写的:

敬启者,您好!您所刊登的广告一定会引来成百上千封求职信,而我相信您的工作一定特别繁忙,根本没有足够的时间认真阅读每一封信。因此,您只需拨打这个电话,我很乐意过来帮助您整理信件,以节省您宝贵的时间。

此致

敬礼!

×××

×年×月×日

资料来源:作者根据公开资料整理。

思考:

这位应聘秘书者为什么能够获得成功?

任务分析

"知己知彼"是沟通的原则。学会换位思考就能够帮助我们通过转换立场来发现新问题、寻求新答案,克服自我中心主义或先入为主的种种主观偏见,打破旧的思维框架或心理定式,以超越自我的态度客观公允地审视和认识自我的实际情况以及与客体的真实关系。我们只有学会换位思考,设身处地为他人着想,才能与他人在情感上建立联系,增进彼此之间的理解。

 知识解析

一、以客体为导向的沟通的内涵

以客体为导向的沟通是指在沟通的全过程中,沟通目标、策略、形式都必须以客体为导向,它是在分析客体的背景、兴趣、偏好、态度和目的的基础上来确定相应的沟通策略,从而与客体进行有效沟通的一种方式。以客体为导向的沟通考虑的是"他"而不是"我",这是与以主体为导向的沟通的根本区别。

以客体为导向的沟通强调两点:

(1) 沟通主体在与沟通客体沟通之前,要尽可能多地收集关于沟通客体的翔实资料,以充分了解他们。这种资料主要是关于两个方面的:一是沟通客体的背景资料,如家庭情况、收入结构、技能特长、身份地位以及文化背景等。收集此类资料,可以帮助沟通主体了解沟通客体所处的环境,从而制定合适的沟通策略。二是影响沟通客体思维的一些因素,如心理特征、个性、气质、以往的决策模式等。收集此类资料,可以使沟通主体了解沟通客体思考问题的方式。

(2) 通过对以上两类资料的分析,沟通主体要能够模拟沟通客体的思维方式,并思考沟通客体在其所处的环境中所面临的问题及其态度、反应等,据此预先设计相应的对策,做到"知己知彼,百战不殆"。

小阅读:和别人的眼睛看向同一个方向

某天清早,一位作者准备去出版社和编辑聊聊新书出版的事。但他下了公交车后却不知道该怎么走,只好打电话向编辑求助:"怎么才能到你们那里呢?"

编辑轻松地说:"您下公交车后,向东走,在第一个路口右转,再走500米,马路西边就是了。"

作者一边在心里迅速盘算着"上北下南",一边在电话里小声嘟囔,一头雾水。

编辑感觉到了他的迷茫,马上换了个说法。

"下了公交车,您迎着太阳,顺着马路一直往前走。走到第一个有红绿灯的地方,顺着马路往右转,看见麦当劳,再往前走一点,看到出版社的大牌子,就到了。"

作者听罢,胸有成竹地出发了。

你也给别人指过路吗?你是否考虑过对方是开车还是步行?你知道对方的方向感是靠什么来确定的吗?

如果你站在大厦20层的窗口指挥,想让马路对面、立交桥那头的一个开车的人进入你所在的这栋大厦的停车场。在你眼里那么一小段距离,他该如何"翻山越岭"才能到达呢?

只有和别人的眼睛看向同一个方向,你才能和他分享同样的风景。

资料来源:改编自《站在别人的立场上说话》,https://www.hrloo.com/rz/13431282.html(访问日期:2023年3月22日)。

二、以客体为导向的沟通的意义

(一) 是有效沟通的基础

沟通双方存在分歧是沟通产生的主要原因。导致这种分歧产生的原因无外乎两种:一是沟通双方的信息不对称,二是沟通双方存在认知上的差距。解决信息不对称这一问题比较简单,沟通主体只要及时向沟通客体提供充足的信息,并保持沟通渠道的畅通即可。而解决沟通双方认知上的差距问题,就比较复杂了。认知上的差距会导致沟通双方对同一决策或问题产生不同的看法,使沟通内容不能被正确理解,这样自然就无法进行有效的沟通。

小阅读:站在对方的立场上看待他人

一次,柏拉图对老师苏格拉底说:"东格拉底这人很不怎么样!"苏格拉底问:"这话怎么讲?"柏拉图说:"他老是挑剔你的学说,并且不喜欢你的扁鼻子。"苏格拉底笑了笑,缓缓地说:"可我倒觉得,他这人很不错。"

柏拉图问:"你怎么会这样认为呢?"苏格拉底说:"他对他的母亲很孝顺,每天都照顾得非常周到;他对他的老师十分尊敬,从来没有做出对老师不恭敬的行为;他对朋友们很真诚,常常当面指出对方的缺点,并帮助他们改正;他对孩子们很友善,经常和他们在一起做游戏;他对穷人富有同情心和怜悯心,有一次,我亲眼看见他摸出身上最后一个铜板,丢进了乞丐的帽子里……"

"但是,他对你却不那么尊敬啊!"柏拉图说。

"孩子,问题就在这里,"苏格拉底站起身来,慈爱地拍着柏拉图的肩膀说:"一个人如果站在自己的立场上去看待别人,常常会把人看错。所以,我看人,从来不看他对我如何,而看他对别人如何。"

资料来源:改编自《小故事:要站在对方的立场上看人》,https://www.meipian.cn/1p3rgj1l(访问日期:2023年3月22日)。

(二) 为思考创造性沟通策略提供广阔空间

高超的沟通技巧是解决很多沟通问题必不可少的条件。然而,高超的技巧往往没有定势可循,很多时候都需要沟通主体在领悟一些沟通原理的基础上,根据具体情况,发挥自身的想象力,去思考、制定一些富有创造性的策略。思考范围与最后得到的最佳策略的满意程度往往是成正比的,思考范围越大,思路就越广,得到更满意的结果的可能性就越大。以客体为导向的沟通将思考范围扩大到沟通客体和沟通主体之间,为沟通主体思考创造性的沟通策略提供了更为广阔的思维空间。

小阅读：马歇尔的沟通策略

在"马歇尔计划"(又称欧洲复兴计划)刚开始制订时,大多数美国人对这个第二次世界大战以后促使欧洲复兴的计划都表示支持。然而马歇尔本人却很担心锱铢必较的国会是否会同意拿出那么多钱去支援欧洲。

有一天,马歇尔接到通知,国会拨款委员会将举行听证会,研讨马歇尔计划。为了使该计划能顺利获得批准,国会的两位专家一起通宵达旦地工作,起草了关于马歇尔计划的发言稿。他们搜集了全部事实材料,提出了一切必需的要求,并列举了令人信服的理由,配之以大量具有权威性的具体细节作为论据,说明这一计划可使欧洲免于浩劫,同时又对美国有利。然后,他们兴冲冲地带着自己的苦干成果到马歇尔那里,把他们精心准备的发言稿交给了他。马歇尔看了一遍后,沉吟不语,后来,他往椅背上一靠,说:"我不想带这篇稿子去了。"两位专家大吃一惊,以为是自己的稿子不符合马歇尔的要求。马歇尔似乎看透了他们的心思,说:"别误会,我认为讲稿写得很好。可是你们想,听证会想要听的是什么,是我对这个计划的看法,而不是你们两位的看法。要是我去那里念这篇发言稿,他们就会知道是你们写的。所以我觉得不带发言稿去会更好些,到时我会先让他们向我提问,不管他们提出什么样的问题,我都会灵活运用这篇发言稿里的论点,这样不辜负你们的努力,也会让他们满意,因为委员会真正想知道的,是我本人是否了解这个计划。"

后来的事实证明,马歇尔的分析是正确的,计划终于获得国会拨款委员会的支持,从而也就有了资金上的保证。

资料来源:改编自《站在对方的立场说话做事,你真的会吗?》,https://www.sohu.com/a/128117490_636165(访问日期:2023年3月22日)。

(三) 提高沟通效率

沟通不仅要追求效果,还要讲究效率。人们总是期望能在达成沟通目标的基础上取得最好的沟通效果。比如,在经理心情不好或很忙的时候,送去计划书以期得到他具体深入的建议,结果可能只会得到其寥寥数语的点评;但是,如果在充分了解了经理的个性、工作规律、思维方式等因素之后,选择他空闲或心情好的时候送去,得到的帮助就会大得多。

知识链接:己所不欲,勿施于人

"己所不欲,勿施于人"出自《论语》,是人们耳熟能详的经典妙句之一,亦是儒家文化精华之所在,意思就是自己不喜欢的,也不要强加给别人。"己所不欲,勿施于人"蕴含着换位思考、与人为善的思想,即设身处地为他人着想,想他人所想,理解至上。能够站在对方的立场上考虑问题,充分了解别人的处境和各种制约因素,之后再来进行沟通,沟通效果就会更好。

资料来源:作者根据公开资料整理。

三、沟通客体分析策略

沟通客体分析策略,是指根据沟通客体的需求和利益期望组织沟通信息、调整沟通方式的有关技巧。

在实际沟通中,沟通主体往往关注自己的价值取向,而忽略了对方的关注点、背景、经历、地位、知识结构等,结果会导致在沟通过程中把自己的观点强加给别人,或者沟通主体希望传递的信息与沟通客体理解的信息出现偏差等问题的出现,最后影响了沟通效果。成功的管理沟通的本质在于,沟通主体能够站在对方的立场上思考问题,根据沟通客体的需要和特点组织信息、传递信息,实现以沟通客体为导向的沟通。

以客体为导向的沟通最根本的前提是要了解沟通客体是谁,分析他们的特点,了解他们的动机,学会和他们接触。

(一) 沟通客体类型分析

根据沟通客体心理需求、信息处理方式、性格、个体气质、沟通风格等的不同,可以将其分为不同的类型。例如,根据心理需求的不同,可以将沟通客体分为成就需要型、交往需要型和权力需要型三类;根据信息处理方式的不同,可以将沟通客体分为思考型、感觉型、直觉型和知觉型四类;根据个体气质的不同,可以将沟通客体分为分析型、规划型、实干型和同情型四类。

(二) 心理需求和沟通策略

针对不同类型的沟通客体,在沟通过程中,应采取不同的策略。以下将对不同分类法下的个体特点及相应的策略进行分析,其中重点讨论不同类型个体的管理风格下的沟通策略。

不同的个体由于心理需求的不同可分为成就需要型、交往需要型和权力需要型三类。承认不同个体的心理需求特点,在沟通时朝着满足他人心理需求的目标努力,既有助于问题的解决,又有助于建立良好的人际关系,以实现有效的管理沟通。

1. 成就需要型

成就需要型的人通常为自己建立具体的、可以衡量的目标或标准,并且在工作中朝着目标努力,直到达成目标。他们总想做得更好,或是比自己过去做得更好,或是比其他人做得更好,或是要超出现行的标准。

【沟通策略】

要充分认同这类人对自己工作的责任感,沟通过程中不要输出"你们要认真负责,要把事情做好"之类的信息,而应给予他们大量的反馈信息,要对他们表示肯定,如告诉他们"你们的工作做得很好"。对这类人来说,面对下一次挑战他们不会退缩,他们的满足感来自已经达成的目标。

2. 交往需要型

交往需要型的人,更看重友情和真诚的工作关系,令他们感到愉快的是能有一种和谐的、既有付出又有收获的、轻松的工作氛围。交往的需要会驱使他们写很多封邮件,打很多通电话,花费很多时间与同事沟通。

【沟通策略】

以交朋友的姿态和语气与他们交流,设法与他们建立良好的人际关系。在理念上应该始终坚持平等相待的原则。在具体沟通过程中,可以先询问他们的家庭情况、生活情况(如聊聊周末的计划安排),了解他们的兴趣爱好,甚至可以在参加活动的过程中以轻松的氛围与他们交流看法和感受。

3. 权力需要型

权力需要型的人,热衷于对工作负责,具有很强的权力欲望。他们瞄准权力,以便自己能够事事做主,决定自己和他人的命运。他们渴望一种权威以作为其权力的象征。他们行事果断,而且在大多数的交流场合都能够影响他人。

【沟通策略】

应采用咨询和建议的方式,尽量不要以命令和指导的方式与他们交流。要认同他们在工作中的职责,在沟通时要对他们的职责给予肯定。在倾听过程中,对于对方的影响力要特别表现出兴趣。

(三)信息处理方式和沟通策略

根据不同个体在捕捉和处理信息上的方式的不同,可以将其分为思考型、感觉型、直觉型和知觉型(或理智型)四类。大多数人会偏好这四类中的某一类,如果需要,有时也会运用其他方式,但总体来说,一个人只会有一种偏向性的捕捉、处理信息的风格。以下通过对不同类型的分析以寻求沟通的策略。

1. 思考型

思考型的人思路非常清晰,富有逻辑。他们逻辑清晰,有条理,善于分析和领会事物的本质,也善于运用事实和数据进行系统的分析和研究。

【沟通策略】

当我们与思考型的人沟通时,首先,应为他们提供机会,让他们概括地描述自己想要表达的内容。要虚心,以谦虚的态度,以及在理论和逻辑思维方面寻求帮助的态度与他们沟通。其次,给予他们充分的信息,使其通过逻辑推理得出结论。最后,不要掺杂任何个人情感,而要客观地对待事物,并保持始终如一。

2. 感觉型

感觉型的人基于其个人的价值观和判断能力来对待事物,而不是在充分权衡利弊的基础上对问题表示赞成或反对。他们温和、开朗、善交际,能与人友好交往。他们在团队中善于处理公共关系、商谈事情、做出决策。

【沟通策略】

与感觉型的人沟通时,要明确表达自己的价值观,使他们能够了解你。在沟通信息的组织上要突出对他们的支持,要让他们感觉到你是支持他们的,而不要让他感觉到有威胁。

3. 直觉型

直觉型的人具有丰富的想象力,并且能够提供具有创造性的想法。他们凭直觉、预感和可能性做事,对他们的第一感觉有很强的自信心。他们善于做长期计划、进行创造性的写作。

【沟通策略】

与直觉型的人沟通时,要充分利用和发挥他们的想象力,不要轻易给他们问题的答案;否则,他们会觉得没有体现自己的价值。同时,不要轻易否定或批驳他们的观点,要告诉他们你的想法、观察和最终的目的,让他们的创造性思维帮助你达到目的。

4. 知觉型(或理智型)

知觉型(或理智型)的人是实事求是的。他们精力充沛、乐于实践,他们善于行动而不善于言辞。他们处理问题当机立断,他们善于发起一个活动,签订协议,调解纠纷,将理想转化为行动。

【沟通策略】

与知觉型的人沟通时,不要对事物添加太多的细节和幻想的结论,而要清晰地表达,抓住要点,在实践中获得结果。

(四) 个体气质和沟通策略

根据不同个体的个体气质和沟通策略的不同,可以将其分为分析型、规划型、实干型和同情型四类。

1. 分析型

分析型的人的创造性思维是非常有价值的。他们对待事物严肃认真,不断战胜自我,常常为了工作将其他事情抛在脑后,工作是他们生命中很重要的一部分。他们擅长推理,善用逻辑思维,独自工作时取得的成效更佳。

【沟通策略】

与分析型的人沟通时,只需要告诉他们你想要的,并且给予他们机会展开计划,给予他们评价的标准,而不要提供太多细节或是做出其他事情干扰他们。当需要建设性意见时,可以与他们沟通以询问他们的建议。

2. 规划型

规划型的人守信用、认真、忠诚、负责任,他们稳重、谨慎、实际,给人以安全感,不善于变化。他们善于做具体的工作,在有计划和有组织的条件下工作效果更好。

【沟通策略】

与规划型的人沟通时,首先,沟通的主要目的在于告诉他们行为的规则、组织形式等。平时要为他们提供有组织的训练,在沟通过程中要让他们理解并相信他们的工作系统和组织是可以得到保证的,使他们能够按规则和标准做事。其次,要为他们提供完成任务的详细资料,对他们的贡献和努力要予以充分肯定。对待他们要充分信任,不要怀疑他们。最后,如果事情发生了变化,要耐心、细致地向他们解释,以免他们抵制变化。

3. 实干型

实干型的人善于从事技术性的、循序渐进的工作。他们勇于实践,适应性强,善于调解纠纷。他们的工作富有成效,具有一种自发的推动力和活力,并热衷于追求刺激。他们开朗、宽容、灵活且善于处理变化。

【沟通策略】

与实干型的人沟通时,应给予他们循序渐进的训练,帮助他们进行自我调节,并加强时间管理,给予他们大量自由和多样化的工作,帮助他们从机械的工作中走出来。应帮助他们提高工作技巧,树立危机意识,要乐于与他们为伴。

4. 同情型

同情型的人善于帮助、支持和鼓励他人。他们性情温和、善于交流,并创造和谐的工作环境。

【沟通策略】

与同情型的人沟通时,应给予他们指导和鼓励,使他们认识到自己的重要性,赞赏自己的贡献。如果必须给予他们否定的反馈,则要谨慎,不要让他们感觉到是对他们的攻击。要给予他们自主权和学习机会,不要让细节成为负担。

在上面四类人中,实干型和规划型的人较多,占70%—80%;分析型和同情型的人占20%—30%。但不管属于何种气质类型,人本身并没有好坏之分,只是以各自的方式展现各自的价值。一个成功的管理者就是要通过不同的沟通技巧,调动每一位下属的工作积极性,使他们积极配合,把问题解决好。

小阅读:比尔·盖茨"霸饮"咖啡

在美国南达科他州沃特敦镇,有一家寂寂无闻的咖啡馆,某天突然迎来了贵宾——计算机大亨比尔·盖茨和美国广播公司知名主播汤姆·布罗考。两人点了咖啡,谈论了一番后就离开了。在场的服务人员个个兴奋不已,竟然忘了两人并未结账。

虽然这家咖啡馆的老板娘康妮对此并不在意,可消息还是不胫而走。数日后,从《华盛顿邮报》到英国的科技杂志 The Register 都竞相刊登世界头号富翁和新闻界权威饮霸王咖啡的消息。

由于事件不断发酵,咖啡馆很快接到比尔·盖茨办公室的电话,询问比尔·盖茨先生是否确实欠了账款。老板娘康妮受宠若惊,连称两人喝的咖啡每杯只需3美元,就算是咖啡馆请客了。

不过,从事传媒工作的布罗考则更了解事态的严重性,他当机立断送来两张20美元的钞票,并附上一张便条,指出未结账就离开咖啡馆的事会令他们被外界诟病,因此其中一张20美元的钞票是买咖啡的,而另一张则是向康妮表达歉意的。

其实事发当天,比尔·盖茨到咖啡馆是接受布罗考的采访,讨论比尔·盖茨基金会捐款 2.5 亿美元为美国乡村购买计算机的善事。

资料来源:作者根据公开资料整理。

思考·讨论·分析

1. 案例中的沟通主体是谁?其有什么特点?
2. 沟通客体是谁?其有什么特点?
3. 如何评价案例中的沟通行为?

■ 项目小结

1. 可以从沟通主体、沟通客体、信息组织、渠道选择和文化背景等方面建立管理沟通的策略框架。

2. 作为管理沟通的主体,关键在于明确三个问题:第一,我是谁?第二,我处于什么位置?第三,我能给沟通客体带来什么?只有明确了这三个问题,才能不断提高沟通主体的沟通意识和沟通技能。

3. 沟通客体分析包括四个基本问题:第一,他们是谁?第二,他们了解什么?第三,他们感觉如何?第四,如何激发他们?

4. 沟通信息的组织包括确定目标、明确观点、组织信息内容和逻辑结构三个方面。

5. 沟通信息组织的原则包括全面对称、简明清晰、具体生动和注重礼节四个方面。

6. 激发沟通客体的兴趣可以通过以下三种方式实现:(1)以明确的利益激发沟通客体;(2)通过可信度激发沟通客体;(3)通过信息结构激发沟通客体。

7. 以客体为导向的沟通的意义有以下几点:(1)是有效沟通的基础;(2)为思考创造性沟通策略提供广阔空间;(3)提高沟通效率。

8. 根据沟通客体心理需求、信息处理方式、性格、个体气质、沟通风格等的不同,可以将其分为不同的类型;针对不同类型的人,在沟通过程中应采取不同的策略。

第二篇

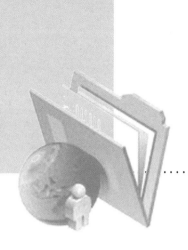

管理沟通技能

假如人际沟通能力也是同糖或咖啡一样的商品,我愿意付出比太阳底下任何东西都高昂的价格来购买这种能力。

——标准石油公司创始人约翰·洛克菲勒

项目四　掌握语言沟通技巧
项目五　识别非语言沟通
项目六　学会倾听
项目七　实现有效的团队沟通
项目八　理解跨文化沟通
项目九　提升网络沟通水平

项目四　掌握语言沟通技巧

知识目标

1. 了解口头沟通的基本方法。
2. 了解演讲时应注意的事项。
3. 掌握求职面试时的技巧。
4. 掌握有效地进行交谈的技巧。
5. 了解电子沟通的定义、特点及类型。

能力目标

1. 掌握有效口头沟通的技巧。
2. 学会如何演讲。
3. 明确面试的技巧要点。
4. 正确使用电子沟通方式。

思政目标

1. 感受汉语言魅力,深化热爱祖国语言的感情,增强文化自信。
2. 根植家国情怀,增强民族自豪感,弘扬爱国精神。
3. 培养良好的沟通能力和心理素质,具备时代需要的人际交往能力。

引 例

触龙说赵太后

以下是左师触龙说服赵太后同意长安君做人质的精彩对话。

左师:老臣我腿脚有毛病,行动不便,很久没有向您请安了,但又担心太后玉体欠安,所以很想来看望太后。

太后:我现在只能以车代步。

左师:每天的饮食没有减少吧?

太后:只是喝些粥而已。

左师:老臣我近来食欲不佳,靠每天走上三四里路来增加食欲,使身体舒适一些。

太后:我做不到啊。

左老委婉谦辞,太后怒气渐消。

左师:老臣我的小儿子舒祺不成材。而我已经老了,心里很疼爱他,希望他能当上王宫的侍卫,所以我特冒死罪来向您求告。

太后:好说!他多大年纪?

左师:15岁了,虽然年纪还小,但我很想在自己死前把儿子的事托付给您。

太后:男人也爱自己的儿子吗?

左师:比妇人还疼爱。

太后笑道:不,还是妇人更疼爱孩子。

左师:我以为您对您的女儿燕后的爱胜过对长安君的爱。

太后:你说错了!我对燕后的爱远远赶不上对长安君的。

左师:父母疼爱子女就要为子女作长远打算。您在把燕后嫁出去的时候,紧跟在她后面哭泣,心里惦念着她,为她远嫁于外而伤心。她走后,您不是不想念,可在祭祀的时候,还是祝愿她不要被送回来,这岂不是替燕后作长远打算,希望她有子孙能在燕国相继为王吗?

太后:是这样的。

触龙从自己疼爱小儿子说起,引导太后谈到对儿女的爱,尤其强调太后对燕后的爱,为转入正题做了巧妙的迂回和铺垫。

左师:赵国每代国君的子孙,被封为侯的,他们的后嗣还有存活的吗?

太后:没有。

左师:不仅赵国,就连其他诸侯的子孙受封的,还有存活的吗?

太后:我还没有听说过。

左师:这些人被封侯不久即遭杀身之祸,甚至殃及子孙,并非诸侯的子孙都不好,而是由于他们地位显赫却没有功勋,俸禄优厚却没有劳绩,同时又拥有大量贵重宝物。若不趁现在让长安君对国家做出贡献,一旦太后去世,他在赵国靠什么立身?老臣认为太后为长安君考虑得不够啊,所以说您对他的爱不如对燕后的爱。

太后:好!听任你让他做任何事吧!

太后终于被左师说服,为长安君备车百辆,送他到齐国做人质,因此,齐国才出兵援助赵国。

资料来源:改编自《触龙说赵太后沟通技巧(触龙说服赵太后用到的原则)》,https://www.kemaowang.org.cn/n/209291.html(访问日期:2023年3月22日)。

这个著名的历史故事让我们体验到语言沟通的魅力。语言沟通是人与人交往时最重要的事情之一,是相互了解的桥梁。可以说,一个人的语言沟通能力,可以在一定程度上反映其社会适应程度。

任务一　提高口头沟通能力

工作任务：传达管理者的意图

某公司 A、B 两位管理者的关系本来就有些紧张。正巧这时来了一个工作检查组,在陪同问题上,A 认为他们两个中的一个陪同就行了,不必两人都去。不料办公室秘书在向 B 传达 A 的意思时,却把话说成:"A 说啦,你去他就不去了。"B 听了,心想:我去他就不去,这是什么意思？最后 B 虽然勉强去了,心里却不是滋味。后来在一次会议上,A 与 B 之间长久积累下来的不快终于爆发了出来,会议不欢而散。

资料来源:作者根据公开资料整理。

思考：

如果你是秘书,你会如何传达管理者 A 的意思？

任务分析

管理离不开沟通,沟通技能是各种技能中最富有人性化的一种。在现代社会,由于经济的迅速发展,人们的交往日益频繁,口头沟通成为管理工作不可或缺的一部分,"会说话"被认为是现代人的必备能力之一。

知识解析

一、口头沟通的概念及特点

口头沟通是指借助于口头语言实现的信息交流,它是日常生活中最常采用的沟通形式之一,与书面沟通相对。座谈讨论、大会发言、演讲辩论等都属于口头沟通。口头沟通具有直接、即时、灵活的特点。

- 直接：沟通双方无须借助其他的信息渠道,而是通过自己的视觉、听觉等直接接收和感知对方发送的信息,信息发送者不仅可以通过声音语言,还可以通过语气、手势等来补充表达信息。
- 即时：沟通双方的信息发送、接收等过程是立即开展的,信息传递和反馈及时迅速,但信息一经发送,便无法收回修改。
- 灵活：口头沟通用语灵活,短句和省略成分多,语序自由。因此,口头沟通有时逻辑性不够缜密且缺乏佐证凭据,一旦发生矛盾,易导致责任划分不清。

二、影响口头沟通的因素

1. 思维

口头沟通其实就是将人们的思想借助语言表达出来的过程。因此,可以说思维是口头沟通的核心与灵魂。一般来说,一个人的思维清晰,那么他的口头表达就清楚准确;一个人的思维灵活,那么他的口头表达就新鲜独到。要提高口头沟通能力,就必须提高思维的敏捷性和灵活性。

（1）观察力。简单地说，观察力就是一个人能准确识别客观对象的能力。观察力是思维的基础。观察要和实践相结合，从实际出发，真实地反映客观现实；要把注意力有意识地集中在观察对象身上，排除外界的一切干扰；要抓住事物的本质特征，不要眉毛胡子一把抓；要把自己的生活经验、认知结构及思维活动都渗入观察过程中。

 团队练习：描述班上的一个同学

请大家用1—2分钟描述班上的一个同学，可以从该同学的容貌、衣着、神态、习惯等方面进行观察，揭示该同学的精神面貌和性格特征，然后大家说出这个同学的姓名。

（2）概括力。这里说的概括力，就是把事物的共同属性通过分析、综合、鉴别、比较归结在一起，把握事物的本质。概括力的高低决定着整个思维水平的高低。概括要以原材料为依据进行分析、综合；概括是要找出此类事物的本质特征，得出带有规律性的结论。

 团队练习：概括一段话的观点

请用一句话概括下面这段话的观点：

对人要有春风般的温暖，这是交友的真谛。在才能和智慧不相上下的人群中，你若更加热情，就能获得更多的朋友，成功便在更大程度上属于你。热情友好可用言语和微笑来表达。对人微笑，就意味着友好和信赖，礼貌亲切的言语则体现出美好的心灵。实践证明，友善的微笑加上热情的言语，是人际关系的温暖剂和融合剂。

（3）语脉。语脉的训练就是思维条理性的训练。语脉在口头沟通中，表现为说话思路的连贯性。因此，在说话前不要着急，先想好说什么，确定沟通的中心主题，再安排层次。

（4）思维灵活性的训练。人们在交往过程中，常常会遇到这样的情况：由于拘泥于某一种思维方法，而使交往陷入僵局，但若换一个角度去思考，换一种表达方式，就会豁然开朗。

小阅读：歌德和批评家让路的故事

一次，德国著名诗人歌德在公园里散步，在一条仅能让一个人通过的小道上，他遇到了一位曾经尖锐地批评过他作品的批评家。两人越走越近。批评家傲慢地说："我是从来不给蠢货让路的！""我却正好相反。"歌德说完，笑着退到了路边。

资料来源：作者根据公开资料整理。

2. 语境

语境是指能对口头沟通及其思想内容的理解产生影响的主客观因素所构成的语言环境。历史条件、社会环境、自然情景，以及沟通双方的身份、年龄、职业、经历、思想、观点、性格、心情、处境等都可视为语言环境。

（1）口头沟通要受社会环境的制约。俗话说"什么时代说什么话"，意思是，从口头沟通思想内容的选择到言语形式的采用，都要受到社会环境的制约。

知识链接："汉语盘点 2021"年度字词出炉

2021 年 12 月 20 日，国家语言资源监测与研究中心、商务印书馆、光明网、腾讯公司联合主办的"汉语盘点 2021"揭晓仪式在北京举行，"治""建党百年""疫""元宇宙"分别当选年度国内字、国内词、国际字、国际词。

截至 2021 年，"汉语盘点"活动已举办 16 届，旨在"用一个字、一个词描述当年的中国与世界"，鼓励全民用语言记录生活，描述中国视野下的社会变迁和世界万象。每年活动参与单位都在充分发挥各自的特长，不断探索活动新形式。光明网提供活动主页面，广泛征集字词和收集投票，并对活动进行持续报道。"学习强国"平台实时关注活动情况，在网站首页对活动进行推荐。微博、腾讯视频、知乎、快手、微信视频号、美篇等新媒体通过发起话题讨论和征稿大赛、搭建专题、设置活动标签页等方式，鼓励网友分享心中的年度字词。方正字库为活动提供字体支持，用经典书法书写年度字词，展现汉字之美。新华社、人民日报、光明日报、央视新闻、北京日报等众多媒体持续关注和报道活动进展。在各家媒体、机构的共同努力下，"汉语盘点 2021"活动的话题热度高涨，影响力进一步扩大，登上各平台热搜榜单。

语言文字是文化的基础要素和鲜明标志，表达、传递着一个国家文化的魅力和一个民族的凝聚力。"汉语盘点"活动将持续以美丽的汉语忠实记录中国与世界前进的脚步，彰显汉字的魅力与风采，助力国家文化软实力提升和文化强国建设。

资料来源：作者根据公开资料整理。

（2）口头沟通要受沟通场合的制约。口头沟通除受社会环境的制约外，也受沟通场合的制约。沟通场合不同，言语表达形式也应不一样，否则就不能达到沟通目的。

小阅读：记者的提问方式

有一年全国高考刚结束不久，一位记者去访问一个外语类的优秀考生。原来设想好的问题中有"你父母是否具有辅导你学习英语的能力"这一项，但是在采访中，记者看到考生的父母也陪伴在场，原先准备的问题就显得唐突且不礼貌了。于是他在采访时将问题改为"你们一家是不是常常在一起讨论和学习英语"，这样提问就显得自然多了。

资料来源：作者根据公开资料整理。

（3）口头沟通要受沟通客体的制约。口头沟通要受沟通客体的身份、年龄、职业、文化水平、性格等因素的制约，也就是我们平时所说的"对什么人，说什么话"。从沟通客体的身份来看，是长辈，就需要讲礼貌；是平辈，就应亲切自然；是晚辈，则应关心爱护。从沟通客体的知识水平及理解能力来看，对文化水平高、理解能力强的人，可言简意赅；对文化水平低、理解能力差的人，就应深入浅出，多打些比方、举些实例来说明问题。

小阅读：孔子的不同答案

有一次，孔子的学生子路问孔子："听闻了道理，是不是马上就要去做？"孔子回答：

"有父亲、哥哥在,怎么能不向他们请教就贸然行事呢?"

过了几天,冉有也向孔子问同样的问题,孔子回答说:"听到了当然要马上行动!"公西华对此十分迷惑,不明白为什么对同一个问题,孔子却有不同的回答。孔子解释说:"冉有做事畏缩、犹豫,所以我有意鼓励他办事果断一些,叫他看准了马上就去做;而子路虽勇猛过人,性子却很急躁,所以我得约束他一下,叫他凡事三思而行,征求父兄的意见。"公西华听了老师的回答,恍然大悟。

资料来源:作者根据公开资料整理。

三、有效的口头沟通

1. 语音

有研究表明,沟通中38%的含义受声音的影响,而不是语言文字本身。因此,在沟通时应注意以下几项内容。

(1)语速要适中:沟通中,讲话者的语速过快,在很短的时间内经由对方耳朵传至大脑的信息过于集中,就会使对方产生疲惫感,从而影响双方的正常交流;而语速过慢,也会使对方觉得拖沓啰唆。

(2)语调要柔和:悦耳的声音是柔和的中音并微向上升,让人感觉亲切自然。

(3)音量要适度:沟通中,声音的大小、响亮程度,以适中为宜。

(4)吐字要清晰:要让对方听清你传达的信息,切忌含糊不清。

(5)语言要流畅:语言流畅可以很好地增强讲话者的自信心,同时也容易获得对方的好感与信任,让对方相信你的能力。

2. 文字

口头沟通中所使用的文字承载了沟通的内容信息。据研究,7%的沟通有效性取决于文字。在文字使用上,要注意以下几点。

(1)有效清晰:在沟通中使用的文字一定要让对方有一个准确且唯一的理解,尽量不说让人不好理解或模糊的话。

(2)简洁恰当:沟通中用文字表态时要尽可能简明扼要,切忌啰唆。

小阅读:该来的不来

有个人请客,眼看约定的时间过了,还有一大半的客人没来。主人心里很焦急,便说:"怎么搞的,该来的客人还不来?"一些敏感的客人听到了,心想:"该来的没来,那我们是不该来的了?"于是悄悄地走了。主人一看又走掉了好几位客人,越发着急了,便说:"怎么这些不该走的客人,反倒走了呢?"剩下的客人一听,心想:"走了的是不该走的,那我们这些没走的倒是该走的了!"于是又都走了。最后只剩下一个跟主人较亲近的朋友,看到这种尴尬的场面,就劝他说:"你说话前应该先考虑一下,否则说错了,就不容易收回来了。"主人大叫冤枉,急忙解释道:"我并不是叫他们走啊!"朋友听了大为光火,说:"不是叫他们走,那就是叫我走了!"说完,就头也不回地离开了。

资料来源:作者根据公开资料整理。

知识链接：有效表达的方式

1. 先跟后带法

先跟后带法是指先附和对方的观点，然后再引导其思维发展。先跟后带法有以下三种方式。

取同：把焦点放在对方观点中与你一致的部分。

取异：把焦点放在对方观点中与你不同的部分。

全盘接受：接受对方全部的观点。

例如，A："我认为吃早餐的习惯对健康很重要，所以我每天早上都吃两个鸡蛋。"

B："鸡蛋的胆固醇含量太高，我早餐绝不吃鸡蛋。"

A若采用"取同"的方式："噢，原来你也有吃早餐的习惯，你是不是也觉得吃了早餐对一天的工作有很大的帮助？"

A若采用"取异"的方式："你觉得鸡蛋中所含的胆固醇对身体不好，当然不会把它当作早餐了，那么，你早餐吃什么？"

A若采用"全部"的方式："不单是你这么说，我以前也是这么理解的，直到去年我看到一篇科普文章，发现原来胆固醇也有好坏之分，而且鸡蛋带给我们的胆固醇好处多于坏处，有一些营养更是其他食物中很少能提供的呢！你有兴趣看看这篇文章吗？"

2. 特性/事实+好处+提问

例如，你正在接待一位顾客，他考虑购买一张新的老板桌。你可以采用以下的方式应对：

这张桌子长2米，宽1.2米（特性），你坐在后面会很神气（好处）。你每个星期在这张桌子前要开几次会？（提问）

再如：

新发型呀（事实），小李，你真漂亮（好处）。你是在哪家做的头发啊？（提问）

资料来源：作者根据公开资料整理。

思考·讨论·分析

在日常学习和生活中，你与老师、同学之间的沟通有哪些地方需要改善？

任务二 修炼演讲能力

工作任务：评价孟晚舟的演讲

尊敬的各位领导，各位朋友，晚上好！

烦劳诸位深夜在机场等候，我终于回家了！经过1 000多天的煎熬，我终于回到了祖国的怀抱。异国他乡的漫长等待充满了挣扎和煎熬，但当我走下飞机悬梯双脚落地的那一刻，家乡的温度让我心潮澎湃，难以言表。祖国，我回来了！感谢伟大的祖国和人民，感谢党和政府的关怀，感谢所有关注和关心我的人。

作为一个普通的中国公民，遭遇这样的困境，滞留异国他乡三年，我无时无刻不感受到党、祖国还有人民的关爱与温暖。习近平总书记关心我们每一位中国公民的安危，同样也把我的事情挂在心上，让我深受感动。我也感谢在这个过程中，所有相关部门对我的鼎力支持和帮助，他们坚定地维护了中国企业和中国公民的正当权益。

回首过去三年，我更加明白个人命运、企业命运和国家的命运是十指相连的，祖国是我们最坚强的后盾，只有祖国繁荣昌盛，企业才能稳健发展，人民才能幸福安康。作为一个普通的中国人，我以祖国为傲。作为一个奋斗的华为人，我以华为为傲。艰难彰显勇毅，磨砺使得玉成，所有的挫折与困难、感激与感动、坚守与担当都将化作我们前进的动力和拼搏的勇气。我们坚决拥护以习近平同志为核心的党中央，忠于自己的国家，热爱自己的事业，在政府的管理规则下努力发展好企业，为国家和社会多做贡献。

国庆即将来临，提前祝共和国生日快乐。我想说，有五星红旗的地方就有信念的灯塔，如果信念有颜色，那一定是中国红。再次感谢大家，祝愿大家国庆快乐。

资料来源：改编自《9.25 孟晚舟机场演讲视频全程 回国机场发言内容全文》，http://www.mnw.cn/news/china/2518678.html（访问日期：2023 年 3 月 22 日）。

思考：
你认为影响演讲效果的因素有哪些？

任务分析

从孟晚舟回国的演讲中，我们能体会到她发自内心的感动与感激，那浓郁深沉的爱国情感满溢在字里行间，激发着我们强烈的民族自豪感。

小阅读：人民日报评孟晚舟回国——没有任何力量能够阻挡中国前进的步伐

2021 年 9 月 25 日，中国公民孟晚舟乘坐中国政府的包机返回祖国。这是党中央坚强领导的结果，是中国政府不懈努力的结果，是全中国人民鼎力支持的结果，是中国人民的重大胜利。

今天，实现中华民族伟大复兴进入了不可逆转的历史进程。我们深知，越是接近民族复兴越不会一帆风顺，越充满风险挑战乃至惊涛骇浪。我们坚信，始终站在历史正确的一边，始终站在人类进步的一边，不畏风浪、直面挑战，风雨无阻向前进，就没有任何力量能够撼动我们伟大祖国的地位，没有任何力量能够阻挡中国前进的步伐！

资料来源：改编自《9.25 孟晚舟机场演讲视频全程 回国机场发言内容全文》，http://www.mnw.cn/news/china/2518678.html（访问日期：2023 年 3 月 22 日）。

一次成功的演讲必然是打动人心，能引起听众共鸣的。演讲在古希腊被称为"诱动术"，其含义是鼓励听众，传递演讲者的意图。演讲作为一种社会活动，在沟通中扮演着越来越重要的角色，它能通过将有声语言和身体语言有机地结合从而更充分地表达人们的思想感情。在现代社会，演讲已经演变成一种普遍的沟通方式，成为现代人必备的技能之一。

知识解析

一、演讲的概念

演讲又叫讲演或演说,是以广大听众为对象,以有声语言为主要表达手段,借助身体语言直接发表意见、抒发感情的一种表达艺术,是口头沟通的最高形式。用更简单一点的话来说,演是用体态、表情等来表演,讲是用语气、节奏等来讲话。演讲是影响他人、塑造自己的关键手段之一。

一般来说,演讲包括信息、演讲者、听众三个要素。信息是指演讲者与听众共同分享的内容,主要是言语信息;演讲者是信息的发送者(沟通主体),主要以言语传递信息,此外还借助动作、表情、姿态等非语言符号来传递信息。听众是信息的接收者(沟通客体)。

二、演讲的准备

工欲善其事,必先利其器。做一件事情,要想有好的结果,必须准备充分。演讲者在演讲前必须明确以下"5W1H",如图4-1所示。

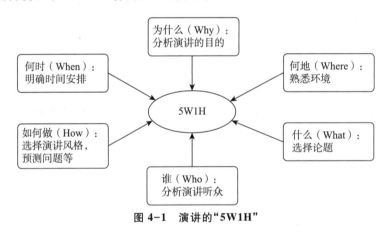

图4-1 演讲的"5W1H"

(一)演讲的目的(Why)

一般来说,演讲的目的有以下四种:

传递信息 通过演讲,传授知识或经验,让听众了解演讲者的观点和想法。

说服听众 在演讲中运用情绪感染力和逻辑感染力,让听众同意演讲者的观点。

激励听众 进一步强化听众对某一观点的认同,让听众行动起来去采取相关的措施。

娱乐听众 创造一种轻松愉悦的气氛,通过幽默诙谐的话语使听众有所收获。

明确了演讲目的,我们就可以考虑如何才能更好地达到演讲的目的。

（二）分析演讲听众（Who）

演讲归根到底是讲给人听的，因此，一定要了解听众，了解他们的特点和心理需求，切合听众心理、满足听众需要，只有这样，才有可能获得听众认同、引发听众共鸣，才能有效进行演讲，达到演讲的目的。

了解听众的构成　演讲者要对听众的构成进行分析，充分考虑听众的年龄、性别、职业、身份、文化程度等因素。如果听众是年轻人，他们的思维会更活跃、对演讲的内容会更挑剔；如果是老年人，他们的思维会更保守，对新鲜名词的接受度也会更低。如果听众是你的同事，你们之间可能是竞争关系，那你就要做好处理异议的准备；如果听众是你的上级，他们会更关注你的中心观点，那你就要注意演讲的内容要简明扼要、结构要清晰合理。

了解听众的心理　演讲者要对听众的心理进行分析，了解他们关心的是什么，他们聆听演讲的目的是什么。他们是被动聆听演讲，还是有迫切需要解决的问题。只有在演讲前掌握听众倾听演讲的目的，才能做到有的放矢。

（三）选择论题（What）

演讲者明确了演讲的目的，并对听众做了分析后，就要进行准备工作的第三步——选择论题，即准备演讲的具体内容，确定演讲的主题，根据演讲的主题收集、筛选素材。然后根据演讲的目的合理安排结构，撰写演讲稿。

（四）熟悉环境（Where）

在演讲前，演讲者要提前到达演讲的地方，熟悉会场情况，了解周围环境有没有其他因素可能会影响演讲效果，确定讲台的位置、听众的位置是如何安排的，是否有利于交流，此外还要了解话筒如何使用、场地有多大、说话声音多大合适，等等。

（五）明确时间安排（When）

演讲的时间安排主要包括两个方面的内容：一个是时间长度，一般情况下，演讲的时间最好不要超过90分钟，时间过长，会让听众过于疲惫；另一个是时间分配，要合理分配各部分的时间，避免前松后紧或前紧后松。一般情况下，演讲时间的分配是开头和结尾部分约占整个演讲时间的20%，主体部分的时间约占80%。

（六）选择演讲风格（How）

对于每个演讲者来说，其演讲风格的形成与个人的经历、经验、兴趣、价值观等因素相关，在一段时间内，演讲风格基本上是固定的。但由于演讲的性质不同，演讲风格也要有所调整。比如，在学术交流研讨会上的演讲，应该严肃对待，避免使用诙谐、幽默的风格。相反，在娱乐节目上的演讲，则宜采用轻松活泼的方式。再如，室外演讲时，激昂型的风格比较合适。同时,演讲风格也要因人而异,如声音低沉的演讲者,可尽量避免激昂型的风格而采取严谨型或幽默型的风格;声音洪亮的演讲者,则可以选择战斗型的风格。

三、演讲稿的撰写

(一)确定主题

主题要正确,不可以宣扬错误的甚至反动的思想;主题要鲜明,要明确演讲意图,有的放矢;主题要具有时代感,也就是选题要切合实际,符合自己所处的时代和自己的身份。

(二)选择材料

材料要真实,如果材料失真,哪怕只有少许的伪造,也会使其失去说服力;材料要典型,要选择最有代表性的、最能说明问题的材料;材料要新颖,能引人入胜,如果材料陈旧,演讲就无法吸引人、打动人;材料要感人,要具有很强的说服力,能够直击人心。

(三)演讲稿的结构

1. 开头

演讲的开头是演讲者与听众之间建立初步印象的关键,写好开头,能给听众留下良好的第一印象,激发听众的兴趣,因此演讲的开头要引人入胜,不落俗套。

演讲稿的开头有以下几种方式:

提问式开头 先提一个人们普遍关注或发人深省的问题,紧接着回答这个问题。例如:"我想问一下在座的诸位,哪位知道过去24小时里在中国有多少个孩子出生?""我想知道,如果我告诉您,您的计算机在买回来时已经过时了,您有何感想?"

叙事式开头 叙述一件事情,引发人们的兴趣或思考。例如:"今天,我们市又有30个孩子的父亲因公去世——这类死亡本可以避免!"

明旨式开头 直接点明主题。例如:"我今晚要给您讲述令人振奋的某多用程序,然后告诉您这种电脑程序将如何改变您的经商方式。"

2. 主体

这是演讲稿的主要内容所在,它紧承开头,围绕中心展开论述。由于这部分篇幅较长,因此要安排好内部结构,做到条理清晰,重点突出。

3. 结尾

演讲稿的结尾和开头一样,在文章中具有重要的作用。好的结尾要简洁有力,意尽言止,不拖泥带水,以下是两种可参考的结尾方式:

总结归纳式结尾 篇末概括总结全文,或以极简短的言语照应开头,使听众对整场演讲有一个清晰明确的完整印象。例如:"我就是这样一个小小的点啊,虽然微不足道,但当你、我、他,我们大家,这许许多多的点汇集在一起的时候,就形成了一条向上的、鲜活生动的线。用这条线,你不仅可以谱写出属于自己的旋律,更可以描绘出祖国最美丽的画卷,创造出最灿烂的明天!"

感召式结尾 这种结尾或提出希望,或发出号召,引导人们按照演讲提出的希望和要求去积极行动。例如:"朋友们,让我们携起手来,用我们的思想,用我们的全部再筑一道长城,一道坚不可摧的血肉长城!让我们伟大的祖国、伟大的中华民族,更加昂扬地屹立于世界民族之林!"

四、演讲的技能

(一) 口头沟通的技巧

演讲是一种以口语为主要表达方式的社会实践活动,因此,口头沟通的优劣直接关系到演讲的质量和成败。

语音 演讲者要吐字清楚,发音规范,送音有力,做到字正腔圆,流利自然。

语速 演讲时的速度要适当,根据感情的变化选择适当的语速,如表现激动、愤恨、兴奋的心情,或叙述急剧变化的情况时,可用较快的语速;表现沉重、沮丧、悲痛的心情,或叙述平静庄重的情况时,可用较慢的语速;一般的说明、交代和过渡用中等语速即可。

团队练习:体会语速对表达的影响

请大家用很慢的语速说出"3万元",再用很快的语速说出"3 000万元",判断一下哪种语速的沟通效果更好。

语调 人们在说某句话时,整个句子常有抑扬顿挫的调子,这就是语调。不同的语调是由句子的意思和演讲者的感情、态度决定的,它同声音的高低、强弱、长短、快慢都有关系。升调表示疑问、反问、号召、惊异,平直调表示庄重、严肃和一般性的说明。

停顿 停顿是演讲的灵魂。在演讲中,只有恰当的停顿,才有利于表述准确。一般来说,停顿时间的长短按顿号、逗号、分号、句号的次序递增,有时,在对上下文作特别强调时,也常常使用停顿这种方式。

(二) 身体语言表达的技巧

演讲不仅需要运用有声语言,而且还需要用到身体语言,也就是眼神、表情、手势、姿态的表达。

眼神 眼睛是心灵的窗户,演讲者要学会用眼睛说话,用眼神表达真情实感。演讲时应该有节奏、周期性地环视全场,并不断与听众的目光接触,使每个听众都感到"他是在对我演讲",从而吸引听众的注意力。

表情 演讲者在运用面部表情时,一定要考虑特定的演讲内容和演讲场合。当讲到欢快的事情,或在喜庆的场合演讲时,演讲者就应该和颜悦色、满面春风;当讲到悲痛的事情,或在悲伤的场合演讲时,演讲者就应该呈现肃穆、悲伤的表情。

手势 演讲中,手势的运用要自然、协调并与声音、表情等配合使用。运用手势的原则是简练,不要太多,否则会影响演讲的效果。

姿态 姿态是指演讲者的身体姿势,良好的演讲姿态应是演讲内容和情感的体现,只需做到自然大方,符合自己的身份、个性,让听众感到舒服即可。

小阅读:让眼神"点亮"你的演讲

一位演讲者上台之前情绪有点不稳定,但她按照预定的解决方案迅速做了调节,稳步走上讲台。她放眼全场,眼中透出自信。"作为一个女人,在生活中要扮演多重角色,但我认为检察官这个角色最重要,我要用柔弱的双肩撑起检察事业的'半边天',用忠诚书写检察官的风采。我清楚大檐帽上的国徽、双肩上的国旗那沉甸甸的分量,这将是值得我一辈子为之献身的崇高事业……"伴随着演讲的开场语,她的目光坚毅而凝重,配合着演讲内容把交流的热切希望和真心沟通的诚恳态度传达给听众,让听众感受到了她的真诚及坚毅。

资料来源:改编自《让眼神"点亮"你的演讲》,http://www.koucai.com.cn/Item/407.aspx(访问日期:2023年3月22日)。

小阅读:冯玉祥"搭鸟窝"

1938年秋,冯玉祥将军到湖南向几万人发表演讲,鼓励他们参与抗日。冯玉祥将军出场时,左手握着一株小树枝,枝丫间放着一个草编的鸟窝,鸟窝里有几个鸟蛋。场下的人都愣住了,不知道他这是要干什么。这时,冯玉祥将军开口了,他说:"大家知道,先有国家,然后才有小家,才有个人生命的保障。""我们的祖国遭到了日本帝国主义的侵略,我们想要用自己的双手保卫她,那就要站起来反抗。如果不抗日……"说到这里,他的手一松,树枝掉落了,鸟窝摔了,鸟蛋破了。

冯玉祥将军用小树枝比喻国家,用鸟窝比喻家庭,用鸟蛋比喻个人,用握着小树枝的那只手比喻捍卫国家的人,以实物展示,真实生动,增强了说服力。

资料来源:作者根据公开资料整理。

小阅读:梁实秋《记梁任公先生的一次演讲》

我记得清清楚楚,在一个风和日丽的下午,高等科楼上大教堂里坐满了听众,随后走进了一位短小精悍秃头顶宽下巴的人物,穿着肥大的长袍,步履稳健,风神潇洒,左右顾盼,光芒四射,这就是梁任公先生。

……

先生的讲演,到紧张处,便成为表演。他真是手之舞之足之蹈之,有时掩面,有时顿足,有时狂笑,有时叹息。听他讲到他最喜爱的《桃花扇》,讲到"高皇帝,在九天,不管……"那一段,他悲从中来,竟痛哭流涕而不能自已。他掏出手巾拭泪,听讲的人不知有几多也泪下沾襟了!又听他讲杜氏讲到"剑外忽传收蓟北,初闻涕泪满衣裳",先生又真是于涕泗交流之中张口大笑了。

资料来源：改编自《梁实秋〈记梁任公先生的一次演讲〉原文阅读》，http://5156edu.com/page/09-09-24/49479.html（访问日期：2023年3月22日）。

（三）控场技巧

在演讲过程中，出于各种原因，听众的情绪、注意力及场上气氛、秩序都有可能发生变化，演讲者要有效地调节和控制这些变化。

亮相得体 上场时，要充满自信，大方自然，可以先环视一下全场，然后再开始演讲，切不可忸怩作态。

处变不惊 一旦出现意外情况，如忘词或听众注意力减退等，要冷静沉着，积极应变，如可根据现场情况临时改变演讲内容，切不可紧张慌乱，不知所措。

思考·讨论·分析

开展一次演讲比赛，分组讨论演讲者需要提高哪些方面的技能。

任务三　进行有效的交谈

◉ 工作任务：了解什么是有效的交谈

小刘刚办完一项业务回到公司，就被主管马林叫到了他的办公室。

"小刘啊，今天业务办得顺利吗？"

"非常顺利，马主管，"小刘兴奋地说，"我花了很长时间向客户解释我们公司产品的性能，让他们了解到我们的产品是最适合他们使用的，并且在别家再也不会有这么合理的价钱了，因此很顺利地就把公司的机器推销出去了一百台。"

"不错，"马林赞许地说，"但是，你完全了解客户的情况吗，会不会出现反复？你知道我们部门的业绩和推销出去的产品数量密切相关，如果他们再把产品退回来，对我们士气的打击会很大，你对那家公司的情况真的完全调查清楚了吗？"

"调查清楚了呀，"小刘兴奋的表情消失了，取而代之的是失望的表情，"我是先在网上了解到他们需要供货的消息，又向朋友了解了他们公司的情况，然后才打电话到他们公司去联系的，而且我是经过您的批准才出去的呀！"

"别激动嘛，小刘，"马林讪讪地说，"我只是出于对你的关心才多问几句的。"

"关心？"小刘不满道，"您是对我不放心吧！"

资料来源：作者根据公开资料整理。

思考：

小刘和马林之间是有效的交谈吗？为什么？

◉ 任务分析

公司中的每一位管理者在经营活动中都要经常与不同的对象交谈——组织内部的

上司、同事、下属以及组织外部的客户、合作伙伴、商业机构、公众等。在不同的场合,面对不同的听众,为了达到不同的目的,管理者的交谈都应精心策划,充分准备。从某种意义上说,能够进行有效的交谈是管理者综合素质的重要体现。成功的人往往都是出色的语言表达者。人们通过交谈来表达思想感情,当你和别人交谈时,是否遇到过以下情形:对方面无表情,或者回答含糊,或者只是随声附和,并不发表意见,或者一直显得很紧张;有时你精疲力竭、不厌其烦地解释以后,对方还是一脸迷惑。那么,有效顺畅的交谈该怎么进行呢?

知识解析

一、了解交谈客体

交谈客体的需求、类型和个性都是决定交谈主体采取哪种策略的重要因素,面对不同的交谈客体,交谈主体要采取不同的交谈技巧,才能达到令人满意的效果。

如何了解交谈客体的需要呢?我们可以通过观察其"语言""行动"等来判断。比如,如果交谈客体面无表情,那很可能是不喜欢或不赞同;如果交谈客体交叉手臂于胸前,那可能表示其有所抗拒。我们要根据交谈客体的语言表达和表情、动作等来调整交谈的方式和内容。同时,我们还要了解交谈客体的性格特点,针对不同性格的人,采用不同的交谈方式。如对内向型的人,我们要以指导、说服的方式与其交谈,但措辞要谨慎,不要引起对方的反感。对于强硬型的人,我们要用确凿的事实说服他,不要与其对抗。

二、选择合适的话题

语言作为思维的外壳,是一定思想和意图的体现。通过与交谈客体交谈,交谈主体希望达成什么目标,达到什么效果,必须非常清楚。话题选择首先要寻找双方的共同点,引发交谈客体的兴趣。如果是和陌生人谈话,开始时应选择较易获得赞同或是共通性较高的话题。这也就是天气常被人们拿来当作交谈话题的缘故。还有大家都熟悉的事件、新闻等,也是共通性较高的话题。

三、注意场合

交谈的效果不仅和表达的内容有关,也与具体场合密切相连。场合不同,人们的心理和情绪也往往会随之发生变化,从而影响交谈双方的思想感情表达及对话语意义的理解。要根据场合是正式的还是非正式的,是庄重的还是喜庆的等因素来选择合适的交谈语气和形式。

四、讲究技巧

(一)表达积极期望

研究发现,人们对积极的语言反应更强烈,对措辞积极的要求进行承诺的可能性更

大。在交谈时,我们要注意以下几点:
- 避免使用否定字眼或带有否定口吻。双重否定句不如用肯定句来代替,必须使用负面词汇时,则尽量用否定意味最轻的。
- 强调交谈客体可以做而不是交谈主体不愿或不让他们做的事情。
- 把负面信息与交谈客体的某个受益点结合起来叙述。

消极表达与积极表达的对比可以参见表4-1。

表 4-1 消极表达与积极表达的对比

消极表达	积极表达
我们这次的任务失败了。	我们没有完成这次任务。
别忘了在下班前把货送到!	记住下班前把货送过去。
免费早餐仅限20元以内,超出部分请自付。	你可免费享用20元以内的早餐。
外派工作本身就是不确定的,困难会比较多。	外派工作非常有利于你的职业生涯发展,但也需要克服一些意想不到的困难。

(二)使用礼貌、友善的语言

礼貌、友善的语言对于交谈十分重要,它既表明交谈主体的修养,也暗示着交谈一方对另一方的态度。
- 用礼貌的头衔称呼上级和不熟悉的人士,如"王经理""张校长"。当不知道对方确切的职位和身份时,最礼貌的称呼是"先生""女士"。
- 当采用的语气对表达效果影响不大时,直截了当地表达比拐弯抹角更好,过于婉转会显得不负责任和虚伪。
- 不使用歧视性语言。

(三)学会处理突发事件

在交谈中,情况千变万化,会出现各种新的情况或意料之外的局面。我们需要及时根据情况,迅速调整交谈的内容和方式。
- 当出现突发事件时,要思维敏捷,及时反应,迅速摆脱被动的局面,同时要做到表情自然,不要面无表情或显露出慌张的神色。
- 如果交谈时,对方产生了不满情绪,要积极化解,用真诚的态度、友好的语气透彻地将自己的想法传递给对方。

小阅读:"睡衣女侠"一句话劝退劫匪成传奇

2012年4月11日晚8点多,温州闹市区街头,一个劫匪突然钻进一辆白色路虎车内,当时车里还有个4岁的女孩,女孩的妈妈来不及坐上驾驶座,一看这情况,吓呆了。随后,很多路人停下车,加入救孩子和抓劫匪的行动中。一位穿着睡衣的女士突然出现,拉开车门冲着劫匪喊:"你赶紧跑吧,110马上到了,把孩子放下,你跑吧,我们不抓你……"劫匪屁股挪动了一下,从打开的车门那一侧下来,放下孩子,转身就跑了。孩子妈妈赶紧把孩子拉到怀里。

事后,被人们称作"睡衣女侠"的邵芸芸说自己习武,身体很好,心里没什么害怕的。其实,当时有很多人都在劝劫匪放下刀,为什么劫匪偏偏就听她的话呢?她说:"那些当劫匪的,有一部分是实在走投无路,另一部分则是穷凶极恶的。如果可以用其他办法,就不要逼他们狗急跳墙。我觉得我给他讲的话和拉开车门的动作,是给他指了一条路。而且也许我声音比较大,又比较真诚吧,所以他就相信我了。"

资料来源:改编自《女子劝退劫匪解救母女被称睡衣女侠》,http://news.sina.com.cn/s/2012-04-18/095324290610.shtml(访问日期:2023年3月22日)。

小阅读:中国式批评

《晏子春秋》记载,齐景公喜欢打猎,并喜欢养老鹰来帮他捉兔子。有一次,负责养老鹰的烛邹不小心让一只老鹰逃走了,齐景公大怒,当即下令将烛邹推出去斩首。晏子见状,立即上前拜见齐景公,说:"烛邹有三大罪状,哪能这么轻易就杀了他呢?请让我把罪状一条条数出来之后再杀他,可以吗?"齐景公说:"可以。"晏子指着烛邹的鼻子说:"烛邹!你为大王养鸟,却让鸟逃走了,这是第一条罪状;你使得大王为了鸟而要杀人,这是第二条罪状;把你杀了,天下诸侯都会责怪大王重鸟轻士,这是第三条罪状。"齐景公听了后,对晏子说:"不杀了,我明白你的意思了。"

在这段对话里,晏子的本意当然是要救烛邹,但他深知齐景公身为一国之君是很爱护颜面的,采用这种声东击西式的批评的话语,没有伤到齐景公的面子,既救了烛邹,也纠正了齐景公的错误。

资料来源:作者根据公开资料整理。

思考·讨论·分析

如果交谈中遇到了比较敏感的问题或是自己不愿回答的问题,该如何处理?

任务四　应对求职面试

工作任务:如何面试

来自山西的宋龙龙是山西大同大学心理学专业的应届毕业生。他曾经复读过3年,参加了4次高考,希望考上梦想中的清华大学。在他看来,高考成功了人生就成功了,而且在这样的坚持中越来越偏执,并常以"不正常"来定位自己,想要通过学习心理学让自己变得"正常"。他在无意中接触到了网络,互联网巨头的创业故事激励了他,自那以后他对互联网前端的工作产生了浓厚的兴趣。这次来到天津卫视求职类电视节目《非你莫属》也是为了找寻互联网前端的工作,并坚称"其他一概不考虑"。

按照《非你莫属》的惯例,开场是宋龙龙简短的个人介绍。而在那之后,主持人又问了一遍宋龙龙想找的工作是什么,他的回答是互联网前端工程师。短暂的停顿之后,主持人问"还有吗",他回答说,或者互联网相关偏技术的工作,如网络编辑。但是后来一位公司负责人出题让他为自己的产品设计一个文案时,他很干脆地放弃了回答,同时也否定了自己网络编辑的求职意向。特别是当乐活网愿意为其提供测试部门实习生的岗位时,他追问"测试工作要写代码吗",乐活网回答"更多的是看代码",并指出日后可以转到产品开发部门工作,但他最后还是放弃了乐活网的职位。从宋龙龙给出的理由看,其专业能力与求职目标还有一定差距。同时,在节目中,宋龙龙"一再坚持"自己曾经是"有问题的""不正常的",虽然后面也强调自己现在"正常了",但他"不正常"的印象已深深印刻在大家的脑海里了。

资料来源:作者根据公开资料整理。

思考:
1. 分析宋龙龙求职失败的原因。
2. 你认为面试时应注意哪些事项?

任务分析

面试是决定求职者能否被录用的关键环节,如何在短暂的时间里更好地展示自己,获得面试官的青睐,对每一个求职者都至关重要。面试前需要做哪些准备工作?面试时需要掌握哪些技巧?如何才能做到从容不迫地应对面试官提出的问题?面试结束后还需要做什么来提高求职成功的概率?这些都是求职者需要掌握的内容。

知识解析

一、面试前的准备工作

在求职的过程中,不仅需要一些求职方面的技巧,同时也要有良好的素质、稳定的心态、合理的目标,需要求职者很好地认识自我、了解自己的专业,清楚人才市场的需求,从而从容面对求职面试。

(一)材料准备

求职者应准备用人单位需要其出示的一些材料,如毕业证书、英语等级证书等,同时还要对用人单位进行调研,了解它是一家什么样的单位、应聘的岗位需要什么条件等。

(二)心理准备

求职者要树立正确的择业观,要正确地认识自我,客观冷静地进行自我分析,清楚自己的优势与特长、劣势与不足,对自己有一个全面、客观、准确的评价。同时还要调整就业期望值,这并不是说要降低职业理想,而是说在迈出择业的第一步时,不要过于追求职业声望,不要对职位条件要求太高,不能过于讲求工作环境和物质待遇,而是应在职业理想的引导下,立足现实的社会需要,在现实可能的条件下积极就业,在实践中开拓事业,增长才干。

二、面试时的技巧

在面试时,求职者首先要注意自己的着装和仪表,穿着整洁干净,举止文明自信,同时注意在整个面试过程中都面带微笑、兴致勃勃,表现出对所求职位的兴趣。

(一)在面试中可能遇到的问题

面试因单位和岗位的不同而有很大差别,没有固定的形式、问题和答案,这里所列的只是常见的一些问题和回答的要点,仅供参考。

1. 关于个人方面的问题

(1)请介绍一下你自己。在面试前用人单位大多都看过了求职者的简历,对一些基本情况都有所了解,所以求职者在进行自我介绍时要简洁,突出自己应聘该单位的动机和具备的条件。

(2)你有什么优缺点?充分介绍自己的优点,但最好少用形容词,而用能够反映优点的事实来阐述。介绍缺点时可以从大学生普遍存在的弱点,例如缺少社会经验等方面入手。但如果有不可隐瞒的缺陷,也不应该回避。比如,如果曾经受过处分,则应如实说明,同时可以多谈一些现在的认识和后来改正的情况。

2. 关于学业、经历方面的问题

(1)你如何评价你的大学生活?大学期间是职业生涯的准备期,可以强调自己的学习、工作、生活态度及在大学期间取得的成绩,以及大学生活对自己的影响,也可以简要提一些努力不够的地方。

(2)你担任过什么职务或参加过什么活动?可以介绍一下在实习、社会调研、社团活动、勤工俭学等方面的情况以及取得的成绩。最好还能介绍一下在这些活动中取得的实际经验对今后工作的重要性,它能说明求职者是一个善于学习和总结的人。

> **小阅读:面试时的自我介绍**
>
> 面试官:你认为自己可以为公司做些什么?
>
> 求职者:大学期间,我主修国贸专业,成绩优秀。我不仅掌握理论知识,还具备实践经验,动手能力较强。我做过很多兼职和暑期实习,比如,曾经在美的公司做过兼职公关人员,为夏新手机做过推销员,还为学校社团拉过赞助。这些都使我积累了一定经验,所以我觉得若有幸能来贵公司工作,一定会为公司做出应有的贡献。
>
> 资料来源:作者根据公开资料整理。

3. 关于用人单位方面的问题

(1)你了解我们单位吗?只要求职者提前做些准备,从多种途径收集用人单位的信息,这样的问题就比较容易回答。如果答非所问或张口结舌,场面可能会很尴尬。

(2)你了解我们所招聘的岗位吗?针对这样的问题,求职者可以从岗位职责和对求职者的要求两个方面谈起。很多求职者都会在这样的问题面前手足无措,其实只要详细阅读用人单位的招聘信息就知道应如何作答了。

（3）你为什么应聘我们单位？求职者可以从该单位在行业中的地位、自己的兴趣、能力和日后的发展前景等角度回答此问题。

4. 关于职业方面的问题

（1）你找工作最看重的因素是什么？求职者可以结合正在应聘的工作，侧重于谈论兴趣、对取得事业上的成就的渴望、施展才能的可能性、未来的发展前景等方面。

（2）你认为你适合什么样的工作？求职者可以结合自己的长处或者专业背景回答，用人单位也许是结合未来的工作安排来提问的，也许只是一般性地了解求职者对自己的评价，因此求职者不要说不知道，也不要说什么都行。

（3）你如何规划你个人的职业生涯？求职者在求职前一定要对这样的问题有所准备，这并不仅仅是因为面试时可能会被问到，还因为对这个问题的思考有助于为个人树立目标。

 知识链接：常见的面试问题和参考答案

根据某管理顾问公司针对人事主管的调查，我们统计出15个人事主管最常问的问题和最喜欢的答案选项，如下文所示。

问题1：你为什么想离开目前的岗位？

A. 别的同事认为我是老板面前的红人，所以处处排挤我。

B. 调薪的结果令我十分失望，完全与我的付出不成正比。

C. 老板不愿授权，工作处处受限，束手束脚，很难做事。

D. 公司营运状况不佳，大家人心惶惶。

解答：超过一半的人事主管选择C，其次为D。选择C的人事主管表示，此选项可以显示求职者的企图心、能力强，且希望被赋予更多的职责。选择D，则是由于离职原因为个人无法改变的外在客观因素，因此，面试官也就不会对个人的能力或工作表现有太多的怀疑。

问题2：你对我们公司了解多少？

A. 贵公司在去年有长达8个月的时间都高居"股王"的宝座。

B. 贵公司连续3年被××杂志评选为"求职者最想进入的公司"第一名。

C. 不是很清楚，能否请您做些介绍？

D. 贵公司有意改变策略，加强与国外大厂的合作，自有品牌的部分则通过海外经销商来推广。

解答：人事主管选D的居多。道理很简单，面试官希望求职者对所申请的工作有真正的了解，而不仅仅是慕名而来。

问题3：你找工作时，最重要的考量因素是什么？

A. 公司的前景及产品竞争力。

B. 公司对员工职业生涯规划的重视及人性化的管理。

C. 工作的性质能否让我发挥所长,并不断成长。

D. 合理的待遇及主管的管理风格。

解答:人事主管选 C 的居多,因为公司要招聘的是工作表现好、能够真正有所贡献的人,而非纯粹慕名、求利而来的人。

问题 4:为什么我们应该录取你?

A. 因为我深信我比别人都优秀。

B. 因为我有很强的上进心,想要与贵公司共同成长。

C. 您可以由我过去的工作表现所呈现的客观数据明显地看出我全力以赴的工作态度。

D. 我在这个行业已耕耘了 8 年,丰富的人脉是我最大的资产。

解答:这道题理想的回答是 C。你如何让面试官看到你的好?单凭口才,是很难令面试官信服的,因此,从简历内容或之前的回答中,如果能以客观数字、具体量化的工作成果来辅助说明,是最理想的回答。

问题 5:请谈谈你个人的最大特色。

A. 我人缘极佳,连续 3 年担任××委员会委员。

B. 我很执着,任务如果没有一个令人满意的结果,我绝不会罢休。

C. 我非常守时,工作以来我从没有迟到过。

D. 我的个性很随和,是大家公认的好好先生(小姐)。

解答:这道题理想的回答是 B。A、C、D 项虽然都表现出求职者个性上的优点,但只有 B 的回答最能与工作相结合,而能够与工作表现相结合的优点、特质,才是面试官比较感兴趣的回答。

问题 6:你认为你在哪一方面最需要改进?

A. 时间管理。

B. 人际关系。

C. 我有点迷糊。

D. 不应该以高标准去要求下属或同事。

解答:这道题理想的回答是 D。面试官最关心的是你的缺点会不会影响工作表现。

问题 7:你的期望待遇是多少?

A. 是否可以先让我了解一下贵公司的薪资及福利制度。

B. 我希望至少要高过我目前的薪水,依我的职级每年可分配多少股票呢?

C. 我目前的月薪是 7 万元,但下个月要调薪,可能会上涨 10%,所以我希望至少要达到 8.5 万元。

D. 月薪 7.5 万元到 8.5 万元之间,不知道这是否在贵公司的预算范围内。

解答:这道题人事主管选择 A 的最多,其次是 D。A 的回答最聪明,D 则比较圆滑。

问题 8:你什么时候可以正式入职?

A. 再等一个半月,拿到上半年的分红之后。

B. 原则上我可以尽量配合,但我必须与我目前所在的公司讨论交接的日期。

C. 是否可以给我两个星期的时间考虑,并与家人讨论一下?

D. 我的好朋友下个月在美国结婚,我必须参加,是否可以等我从美国回来?

解答:人事主管一致选择B。这道题主要是面试官想借此考察一下求职者的责任感。

问题9:你有没有什么问题要问的?

A. 通常在这个职位上工作多久才有升迁的机会?

B. 目前工作上常用的设计软件包括哪些?

C. 我想不出有什么好问的。

D. 以我的职级而言,去年平均可以分配多少股票?

解答:最理想的回答是B。

问题10:请谈谈你在上一份工作中的最大贡献。

A. 因事前准备充分,使得产品在去年的秀展上大出风头。

B. 据理力争,为同事争取年度免费体检的福利。

C. 重新设计生产线,使得生产周期缩短了30%,每季出货量增加了至少35%。

D. 制作了一份长达20页的评估报告,建议公司尽快投入电子商务领域。

解答:最理想的回答是C。人事主管认为该选项最实际,效果是能看到的,其他都假大空了一点。

问题11:如果我们录用你,你认为你在这个岗位上会待多久?

A. 这个问题可能要等我工作一段时间后才能做出比较具体的回答。

B. 一份工作至少要做3年到5年,才能学习到精华的部分。

C. 这个问题蛮难回答的,可能要看当时的情形。

D. 至少2年,2年后我计划再次出国深造。

解答:这道题人事主管选择B的最多,A次之。B的回答能充分显示出求职者的稳定性,不过,这必须配合求职者的简历,看他之前的工作是否与回答具有一致性。A的回答则非常实际,有些人事主管因为欣赏求职者的坦诚也能够接受这样的回答。

问题12:除了我们公司,你还应聘了其他哪些公司?

A. 除了贵公司这样的计算机外设产品公司,我还应聘了××饮料公司、××软件设计公司及××化工公司。

B. 因为是通过人才网站投递的简历,所以有很多公司与我联络,不胜枚举。

C. 由于我只对计算机公司较感兴趣,因此除贵公司外,我还应聘了××及××公司。

D. 我不是很积极地想换工作,这半年多来陆陆续续投递了一些简历,公司名字不太记得了。

解答:最理想的回答是C。C的回答可以显示出求职者的目标明确,对于自己的下一份工作应该做什么考虑得很清楚。

问题13:你希望5年后达到什么成就?

A. 做一天和尚撞一天钟,尽人事听天命,顺其自然。

B. 依我的机灵及才干,晋升到部门经理是我的中期目标。

C. 自己独当一面开公司。

D. "全力以赴"是我的座右铭,希望能随着经验的积累,被赋予更多的职责、接受更大的挑战。

解答:最理想的回答是 D。

问题 14:如果你离开现在的岗位,你认为你的老板会有什么反应?

A. 很震惊,因为老板对我算是很信赖,我就如同他的左右手一样。

B. 还好吧,他大概心里也有数,反正公司业务现在也不多。

C. 他大概习惯了,反正他手下的人来来去去已是司空见惯。

D. 我想他一定会生气地破口大骂,因为他是一个相当情绪化的人。

解答:最理想的回答是 A。面试官想借此了解求职者和前(现)任老板的相处情况,以及求职者在老板心目中的位置如何。

问题 15:你为什么想来我们公司工作?

A. 主要是这份工作的内容很吸引我。

B. 贵公司在业界颇为出名,听说管理也很人性化。

C. 我的大学同学在贵公司会计部工作,是他建议我来应聘的。

D. 贵公司所处的行业,以及在业界的声誉、工作性质,都很吸引我。

解答:最理想的回答是 D,A 次之。

资料来源:作者根据公开资料整理。

(二) 注意事项

要沉着应对面试官的问题,有时用人单位可能并不只是想听求职者的答案,同时也在考察求职者的态度、应变能力,因此,一定要将自己的长处和优点展示出来,同时,表现出自己对应聘岗位的兴趣。另外,适当向面试官提问更能显示自己的能力,有时面试官会主动问求职者有什么问题需要提出。要注意,有的求职者愿意就"你们在我们学校招几个人""你们单位对求职者有哪些要求""什么时候给我们最终的答复"这样的问题进行提问,实际上很多用人单位在自己的招聘信息中已经对这些问题进行了详细的说明,因此,再提出这样的问题只能表示求职者对招聘信息的关注不够。实际上,可以就"如果被公司录用可能会接受的培训""工作的主要职责"等问题进行提问。

三、面试后的注意事项

面试的结束并不意味着求职过程真正的结束,仍然有很多后续工作需要落实,以增加成功应聘的可能性。求职者应在每次面试后都花些时间做笔记,回忆一下面试中都被问到了哪些问题,记下见过的所有面试官的名字,最好能够在面试结束后向他们索取名片。刚刚结束面试的记忆是最鲜活、最完整的,有助于求职者为将来类似的面试做准备,并有利于在面临选择时判断这到底是不是自己心仪的一份工作。

求职者在总结面试经验时,不要忘记给自己的表现打分,想想哪些地方自己表现得不错,而哪些地方还需要进一步改进,这样在以后准备面试时就对这些地方进行有针对性的强化训练。没有任何面试是失败的面试,因为每一次面试,无论结果如何,求职者都可以学到一些东西,有所长进。真正的失败在于不好好总结,吸取经验教训。

此外,在每一次面试结束以后,求职者还要记得尽快给面试官甚至秘书或接待人员发送感谢信,可以通过电子邮件、传真的方式,也可以采取邮寄的方式。如果求职者对自己的字迹有信心,还可以亲笔写在精致的信纸上以表示诚意。

不要小看这些细节,如果求职者真的很想要这份工作的话,就要花一定的时间和精力去做这些后续的工作。当面试官持观望态度,在几个求职者之间犹豫不决时,一封再简单不过的感谢信会将你凸显出来,让面试官觉得你就是他想要招的人才。

📖 小阅读:"没进入心仪的公司,但 HR(人事)给我介绍了别的工作"

毕业后我一直想进入互联网行业,可是我的专业跟互联网不搭边,X 市的互联网公司也极少,工作机会少得可怜。

当时我很想进入某家"大厂",于是先在招聘网站上投递了简历,HR 完全没理我;之后我又找人帮忙内推,得到的回复是我的专业不匹配,工作经验也不够。

年后我还是想试试,当时我已经学了一些线上运营课程,于是就准备了一份竞品调研报告,开始在招聘网站上蹲守 HR。HR 一上线,我立刻发去一段自我介绍,以及准备好的资料。

大概是靠真诚打动了 HR 吧! 我总算获得了一次面试机会。

面试中我很努力地表现自己,然而部门经理明确表示,他们需要更有经验的运营,而非一个新手。

一周后,我还是厚着脸皮向 HR 询问面试结果,答案正如预期中的,我还是落选了。

但 HR 觉得我是一个挺真诚、积极的人,转而说她前公司的同事也在招聘,我要是愿意去的话她可以帮忙引荐,多个机会总是好的。

但因为那家公司在外地,所以我还是拒绝了。

就这样,我得到了一个正面答复,了解到错失工作机会的真实原因,并且还有 HR 愿意主动给我介绍工作。这些让我觉得自己总归是善始善终,不算是一个失败者。

资料来源:改编自《面试后主动联系 HR,我争取到一份 offer!》,https://www.sohu.com/a/528880454_170242(访问日期:2023 年 3 月 22 日)。

思考·讨论·分析

1. 列出你认为招聘单位可能会问到的问题。
2. 讨论:如果遇到这样的问题该如何回答?

任务五　分析书面沟通的作用

◎ 工作任务:认识书面沟通的重要性

某日,本公司外派维修的售后服务工程师陈某打来电话要求工厂售后服务部门为其在安徽芜湖的维修现场发送一个配件。按规定,陈某应当书面传真配件具体的规格型号,然后售后服务部门再发货,以保证准确性。结果陈某却说自己工作了三年多,对产品和流程都很熟,还表示自己是想要节省传真费用,且客户很着急,希望能够通过电话口头报告型号。鉴于这种情况,售后服务部值班人员就相信了陈某,按陈某说的型号发去了配件。结果配件送到现场后,陈某发现型号错误,又要求重发,造成额外费用、运输费用等的增加,更重要的是影响了客户的生产进度。

事后处理此事时,陈某一口咬定自己当初报告的就是第二次发的正确型号的配件,而售后服务部值班人员则坚称陈某当初报告的就是第一次发的错误型号的配件。但是由于没有书面函件,该相信谁?最后因为双方都在明知公司规定的情况下,违反了书面沟通程序规定,造成了损失,所以都有责任,公司对他们分别进行了处理。

资料来源:作者根据公开资料整理。

思考:
本案例中发生纠纷的根本原因是什么?

任务分析

书面沟通作为一种传统的沟通方式,一直以其可靠性而为大家所采用。每一位管理者在工作中都不可避免地运用文字来进行信息沟通。正如现在的商业活动中,商务函件、协议、单据、申请报告等,都要以书面记录的方式加以确定,并成为约束双方行为的手段。"口说无凭,落笔为准"就充分说明了书面沟通在现实生活中的重要作用,而且以文字作为表达方式,是最有效的整理思路、构建严密信息逻辑的手段。

知识解析

一、书面沟通的概念与特点

书面沟通是指以书面文字为媒介,在人们之间进行信息传递与思想交流的一种沟通方式,形式主要包括文件、报告、信件、书面合同等。书面沟通在管理工作中的重要性毋庸置疑。对个人而言,书面沟通能力可以带来更多的提升机会和更高的绩效;对组织而言,有效的书面沟通有助于与客户建立良好的关系,从而树立良好的组织形象,达成组织的战略目标。书面沟通有以下几个特点:

➢ 书面沟通可以使信息发送者更加认真地思考自己想要表达的信息,仔细推敲措辞和用语,不断修改,从而使发送的信息更加条理清晰、逻辑严密。

➢ 书面沟通的记录可以长期保存,有利于信息接收者对信息进行深度加工与思考。对于比较复杂和长期的组织运作活动,书面沟通的记录可以作为实施过程的依据。如果对记录的内容有疑问,过后也可以进行复查。

➢ 书面沟通的表现形式多样,可以是文字,也可以是图表、标志等,可以通过纸质媒介传播，也可以通过电视、网络等媒介传播。同时，书面内容易于复制，便于大规模传播。

➤ 书面沟通耗时较长，并且缺乏及时的内在反馈，无法确保所发出的信息被接收，也无法确保信息接收者对信息的理解与信息发送者的本意一致，有时甚至会造成时机贻误。

➤ 书面沟通无法利用非语言沟通因素进行，如信息发送者无法通过语气、语调、身体姿态等辅助手段表达信息，可能会降低信息表达的准确度与完整性。书面沟通与口头沟通的比较见表4-2。

表4-2 书面沟通与口头沟通的比较

	书面沟通	口头沟通
优点	• 适合传达复杂的信息 • 在发送信息前可以进行细致的思考和检查，可以进行回顾 • 便于存档保管以便日后查证 • 易于复制和传播	• 适合表达感觉和感情 • 更加个性化 • 可以根据语言和非语言的反馈及时进行改正和调整
缺点	• 耗时 • 反馈有限且缓慢 • 缺乏有助于理解的非语言暗示 • 有时人们不愿意阅读书面的东西 • 无法了解自己所写的内容是否被人阅读	• 说话时较难进行快速思考 • 话一出口就很难收回 • 有时难以控制时间 • 容易带有过多的个人色彩而影响信息的可靠性

小阅读：张经理的苦恼

最近，某公司人力资源部的张经理非常苦恼。由于年龄的关系，去年该部门的员工老王退休了。为了解决编制的问题，HR从一所比较有名的高校招聘了一个专门学习人力资源管理的毕业生小李接替老王的工作。招聘之时，张经理对小李寄予厚望，认为她年轻、有思想、懂得现代化人力资源管理的理念，同时沟通能力也很好。可是，张经理渐渐发现，小李的写作能力非常差，不要说对人力资源报告的书写方法一窍不通，就连一般的便笺也写得不尽如人意。张经理几次提醒小李要好好学习一下书面沟通的相关知识和技能，但是效果并不明显，小李对这些东西好像并不感兴趣。张经理对此非常苦恼：客观来讲，小李在其他方面的能力还是很强的，口头讲解自己观点的思路也很清晰，就是写出来的东西让别人看不懂，或者是不像一份专业报告。因为这一项不足就辞退小李确实有些可惜，可张经理认为她确实没有做好自己分内的工作。

资料来源：作者根据公开资料整理。

书面沟通是管理沟通的一个重要组成部分，在一定程度上决定了管理的有效性。而现实的情况却是，书面沟通往往被大家所忽视，甚至从某种程度上来说，大部分管理者都缺乏书面沟通的能力。与其他领域的进步一样，管理的发展离不开职业化，书面沟通的能力就是其中一项基本技能，也是现代管理者必须掌握的一项技能。很多管理工作都是通过书面沟通的方式进行的。

二、书面沟通的种类

书面沟通可以根据不同的标准进行分类,如按照沟通的目的可分为通知型、说服型、指导型、记录型,按照沟通的渠道可分为纸张沟通、电子沟通,按照沟通的用途可分为通用公文、事务文书、专用文书、涉外文书等。常见的是按照书面沟通所用的文体进行划分,见表4-3。

表4-3 书面沟通的种类(按所用文体分类)

种类	举例
行政公文	命令、决定、公告、通告、通知、通报、议案、报告、请示、批复、函、意见、会议纪要等
计划类文书	工作计划、战略规划、工作方案、工作安排等
报告类文书	调查报告、经济活动分析报告、可行性研究报告、述职报告等
法律性文书	合同书、协议书、诉讼书、招标书等
新闻性文书	新闻、通讯、消息等
日常事务类文书	信函类:感谢信、慰问信、求职信、介绍信、邀请函等 条据类:请假条、留言条、收条、票据等

根据沟通渠道的不同,书面沟通可以分为纸张沟通(包括正式和非正式报告、信件、商务函件、备忘录等)、传真沟通、电子邮件沟通和电子会议系统沟通等,其中,前面两种方式以纸张为媒介,后面两种方式以机器网络为媒介,它们之间的比较如表4-4所示。

表4-4 两类书面沟通渠道的比较

纸张沟通、传真沟通	电子邮件沟通、电子会议系统沟通
参与程度低,反应慢	参与程度高,反应快
对于信息的接收情况缺乏控制	信息能立即接收到,且能自己控制
难以隐姓埋名	可以隐姓埋名
更可能受到约束	不太可能受到约束或显得保守
较为保守,若组织得好,可能更为清晰;若组织得不好,则过于死板	若组织得好,则富有创造力;反之,也可能产生极大的破坏性
要求更符合逻辑和语法规范	语言不规范,错误较多
需要更多的时间准备	比传统书面沟通花的准备时间少
不太可能与组织中的各层次接触	可能与组织中的各层次接触
缺乏非语言沟通,没有口头沟通层次那么丰富	可以使用情感符号来显示非语言性的信息传达
机密性强	可能比传统书面沟通的机密性差
传递速度慢	比传统书面沟通的传递速度快

三、书面沟通的原则

➤ 目的明确:书面沟通的主要目的包括提出问题、分析问题、给出定义、提供解释、说明情况和说服他人,因此,信息发送者必须明确自己如何展开文稿内容,需要传达什么信息,将信息传递给谁,以及希望获得怎样的结果。

➤ 思路清晰:思维能力是各种沟通技能的基础,也是书面沟通能力强弱的衡量标准。有效的书面沟通始于清晰的思路,只有在思路清晰的前提下,才能实现有效沟通。

➤ 表达准确:文稿中信息的表达应准确无误,从标点、语法、语序到句子结构均无错误。所有的语句都应能清晰地表达信息发送者的真实意图,信息接收者可以不用猜测就能领会其意图,避免双重含义或者模棱两可的表述。

➤ 换位思考:书面沟通所传递的信息必须满足信息接收者的需要,而不仅仅是信息发送者的需要。信息发送者应该始终站在信息接收者的角度,重视信息接收者想了解的内容,尊重其意愿,选择其易于接受的方式。运用换位思考的方式可以使沟通更具说服力。

小阅读:找出更好的表达方式

分别对比以下几组句子,找出更易被接受的表达方式。

➤ A:明天下午我们会把你们3月2日预订的200件羽绒服装箱发运。

B:你们订购的200件羽绒服将于明天下午装箱发运,预计在3月12日抵达贵公司。

➤ A:你的报价单……

B:你的第ZS638号报价单……

➤ A:我们很荣幸授予你3 000元最高信用额度。

B:你的交通银行信用卡有3 000元的最高信用额度。

➤ A:很遗憾,你没能通过本公司的入职考试。

B:你没能通过本公司的入职考试,感谢你对本公司的关注与支持。

资料来源:作者根据公开资料整理。

从换位思考的角度来考虑以上几组句子,你会发现,在进行书面沟通时,要注意以下几点:

➤ 褒奖时多用"你",贬抑时则尽量少用"你",这样能够保护信息接收者的自尊心,也为自己树立了良好的形象,为接下来的良好沟通打下基础。

➤ 尽量省去自己的感受,直接进入主题,避免不相关的话语。

➤ 为信息接收者提供具体的信息,以便其能够尽快意识到是哪份订单、哪批货物等。

➤ 让信息接收者时刻能够感受到自己可以得到什么,并主动参与其中,而不是表明你能为其做什么。

互动话题:恰当的语气——两封信的对比

第一封信

张丛：

我写这封信是为了昨天开会的事。我对这次和××公司进行的业务谈判进程并不了解，也根本不清楚你们的整个安排，但在会议上你却一直让我对整个进程提出意见。我也是这个谈判组的成员，希望你以后能够把相关安排事先告诉我，而不是像昨天那样，到会上再问我的意见，甚至让我通过对方公司才了解到你的一些工作进展。

孙茂

2023 年 6 月 6 日

第二封信

张丛：

你好！非常感谢你让我参加了昨天的会议。从会谈过程中我们都看得出来，你和其他团队成员做了很多谈判前的准备工作，以后你们讨论时能否也通知我，以便我能够及时得到谈判进展的最新信息？

我的邮箱地址：××@yahoo.com.cn。

孙茂

2023 年 6 月 6 日

资料来源：作者根据公开资料整理。

问题：

比较两封信的内容，你觉得它们有什么不同？沟通结果又有什么不同呢？

任务六　学会写求职信

工作任务：分析下面的求职信

某某领导：

您好！工作辛苦了！

教师是令人尊重的职业。我是学公司管理的，跟教书似乎搭不上什么关系，但将来何去何从，谁又能说得准呢？教师是人类灵魂的工程师，是培养祖国栋梁的辛勤园丁。孔子、孟子就是影响了中华儿女数千年的好老师。孔子曰："三人行，必有我师焉。"孔子都那么虚心，我们又有什么理由不向别人学习呢？这是一个知识文化更新很快的时代，不互相学习就会故步自封，就会为时代所抛弃。我们的专业课程就体现了丰富多元的特点，除了政治经济学、公司管理等专业课，还包括数学、外语等基础课。教书要教得好，也不能不多学知识，开阔视野。有许多人觉得教师这个职业太没面子，那是传统封建思想的贻害。某些教师在教书育人的过程中可能存在这样那样的问题，那是他个人的问题，而不是教师整体的错。再说，人人都不做教师，都去做赚钱的行当，下一代由谁来教育？由谁来推动社会的发展？尤其是在当今改革开放的大好形势下，我们更应当抓住机遇，抓好教育。我的父亲是一名党员,他小的时候很想读书,可是未能如愿。我想,如果很多人都甘愿为教育事业奉献青春和热血的话,这样的事情就会少一点。我有志于为祖国的教育事业奉献一切,也企盼着你们的回音。如果有意,请与××大学××系联系。有什么要求,需要什么任职资格,请来信告诉我。另外,分享给你们一个好消息,明天校运会即将开幕,我将作为系主力参赛。我的体育成绩一向很好,其他各科成绩也还过得去。

最后,祝您

工作顺利!

×××
×年×月×日

资料来源:作者根据公开资料整理。

任务分析

这封求职信层次混乱,显然是信笔涂鸦。语言的结构其实没有太大的毛病,但逻辑混乱,内容杂乱无章,透着一股对用人单位的轻蔑,这样的"才子"岂能要?

一封好的求职信是就业之门的"敲门砖"。那么,求职信到底该如何写呢?我们首先要注意求职信的格式。如果格式不正确,那么求职信的内容再好,求职者的个人素质再高,也会给用人单位留下一个基本能力不过关的印象。

 知识解析

一、求职信的结构

求职信的结构与书信基本相同,一般包括六个部分:标题、称谓、问候语、正文、结束语、署名和日期。有的求职信还会附简历等材料。

➢ 标题。求职信的标题即为"求职信",切忌画蛇添足,添加其他的修饰语。

➢ 称谓。标题下方另起一行顶格写称谓,一般的求职信可直接写"尊敬的领导",并单独占一行,后边加冒号。如果确实知道负责招聘的人员的姓名和职位,也可写"尊敬的××××"。

➢ 问候语。称谓的下一行要写"您好!",作为对对方的简单问候,也可写"工作辛苦了"等简单的话语。

➢ 正文。求职信的中心部分是正文,形式多种多样,但内容都要求说明求职信息的来源、应聘职位、个人基本情况、取得的成绩等事项。正文是求职信的主要内容,也是用人单位主要参考的依据,因此,正文的撰写要正式得体。正文一开始可以先简要介绍求职者的个人情况,如姓名、年龄、性别等。接着要直截了当地说明从何种渠道得到有关招聘信息以及写此信的目的。如"得悉贵公司正在拓展省外业务,招聘新人,且昨日又在《×××报》上读到贵公司的招聘信息,故有意应聘营业代表一职"。如果该公司近期没有招聘计划而求职者又想应聘时,可以写一封自荐信,如"久闻贵公司实力不凡,声誉卓著。

据悉贵公司欲开拓海外市场,故冒昧写信自荐,希望加入贵公司"。之后,要简要介绍自己的学历背景、经历、取得的成绩等,这是求职的关键。在这一部分要着重介绍自己应聘的有利条件,要特别突出自己的优势和"闪光点",使对方信服。特别要说明自己能胜任该职位的各种能力,如具有的专业知识、社会实践经验等,要让对方感到求职者能胜任这份工作。

➢ 结束语。结束语一般要表达两层意思:一是希望对方给予答复,并盼望能够得到面试的机会,如"希望您能为我安排一次与您见面的机会"或"盼望您的答复"或"敬候佳音"之类的词句。这一段主要是为了向用人单位再次表明求职者对这份工作的兴趣以及希望被录用的迫切心情。二是表示敬意、祝福之类的词句,如"顺祝愉快安康""深表谢意",也可用"此致""敬礼"。

➢ 署名和日期。最后,要在信的右下方署上求职者的姓名和日期,姓名前可写"求职者"几个字。日期要注意写全年月日,以显得正式。

二、写求职信的注意事项

➢ 称呼要得体。求职信的称呼与一般的书信不同,要更正式些,特别是要注意收信人的姓名和职务。因为收信人第一眼看到的就是称呼,第一印象对求职结果有重要影响。

➢ 问候要真诚。求职信的开头部分要有必不可少的问候语。如果不知道怎么写合适,至少也要写上"您好",表示对用人单位的尊重。

➢ 内容要准确。尽管撰写求职信内容的方法多种多样,但无论哪一种,都要以表述清晰、表达准确、语意顺畅为原则。

➢ "包装"要讲究。一封书面美观、外表整洁的求职信会令人感到愉快舒服。如果求职者写得一手好字,那不妨手写一封求职信,也许会成为求职的"加分项"。如果求职者的字迹一般,那就打印出来,保证干净整洁。

三、求职信的写作技巧

➢ 明确目标、摆正心态。首先要客观地确定自己的求职目标,对自己的实力有准确的定位,只有摆正了自己的位置,确定了合理的目标,求职信才能有的放矢,提高应聘的成功率。

➢ 文字通顺、条理清晰。要用简练的语言把自己的求职目标、个人条件表达出来,切忌堆砌辞藻、卖弄文采。

➢ 稳重踏实、突出特点。求职信要用平实稳重的语气来写,但也要突出自身的特点。一封求职信,如果吸引不了收信人的注意,就会毫无用处。

➢ 诚信为本、动之以情。求职信的写作态度要诚恳,内容要实事求是。同时,写求职信时,还要换位思考,揣摩收信人的心理,从而采取相应的对策。

示例:

求 职 信

尊敬的领导：

　　您好！

　　感谢您在百忙之中阅读我的简历！我是××大学××专业的毕业生，毕业之际，特前来向您自荐，希望得到您的赏识和任用。

　　大学四年转瞬即逝，我满怀希望走进社会这个更大的课堂，当今世界充满挑战，也充满了机遇，我希望能从贵公司得到一次机会、一个舞台，用我所学去服务公司、服务社会。

　　在校期间，我始终严格要求自己，并于×年×月×日光荣加入×××。学习上，我刻苦努力：在英语方面，我通过了××考试，具备了良好的听说读写能力；在计算机方面，我广泛学习计算机知识，能熟练地运用××××软件，并通过了国家计算机×级考试。

　　无论课内外，我都注重对自己实际能力的培养，将专业知识与实践相结合，积极主动地参加学校、班级组织的各项活动，如×××、×××，等等。在这些实践活动中，我不断增强自己的工作能力，为今后开展各项工作打下了坚实的基础。

　　（怀着自信，我向您推荐自己，如果有幸成为贵公司的一员，我愿从小事做起，从现在做起，尽职尽责，勤奋工作，发挥自己的专长，为公司的发展添一份力。）

　　最后，再次感谢您阅读此信，期待着您的早日答复。

　　此致

敬礼

求职者：×××
×年×月×日

思考·讨论·分析

为你的暑期兼职写一封求职信，并附上个人简历。

任务七　认识电子沟通

工作任务：认识电子沟通的是与非

　　"@所有人，现发布一个关于××××的通知，全体人员收到后，请回复。"相信这样的通知许多人都收到过。可是，宁波的孕妇王女士却因未在10分钟内回复单位微信工作群里的信息而被开除了。

　　据报道，2018年7月的一天，晚上10点23分，公司负责人在微信工作群里发布消息，要求10分钟内上报当月营业额，否则就会被辞退。王女士因已入睡未能及时回复。10分钟过后，负责人在微信工作群里通知王女士，"你已经被辞退了"。王女士因此申请法院仲裁，经过仲裁，王女士得到了1.8万元的赔偿。

　　不得不承认，即时通信软件比如微信的出现，让工作突破了时空的限制，只要有网络，你就可能随时被@到。可见，在一定程度上，即时通信软件"绑架"了职工的业余生活。但这又不能全怪即时通信技术,技术本身并没有错,错的是利用它的人,在不合适的时间让它发挥了作用。

资料来源:作者根据公开资料整理。

思考:

你觉得这位公司负责人的这种沟通方式合适吗?如果你是这家公司的负责人,你会怎么做?如果你是王女士,你当时会怎么做?

任务分析

随着时代的发展和科技的进步,人类的生活和沟通方式发生了巨大变化,以电子信息技术为基础的电子沟通形式正在逐渐取代传统的书面与口头沟通方式。人们的沟通方式有了多样的选择,那么问题来了:新技术能否使我们的沟通更加顺畅,意思表达更加清晰?网络形成了另一个社会——虚拟社会,在这个社会中,人们的沟通更加"自由",更少有顾忌,道德约束减弱了。那么,在电子沟通中我们应该注意些什么呢?

知识解析

一、电子沟通的特点

与传统的沟通模式相比,电子沟通具有以下特点:

➢ 从表现方式来看,电子沟通主要通过视频会议、内部沟通软件及组织内网等进行,它使组织内的电子化书面沟通形式多于口头沟通形式。

➢ 从信息传播速度来看,电子沟通加强了组织即时输出和即时回收信息的能力,使书面信息能以与面对面或电话式的口头信息一样的快捷速度传递。

➢ 从沟通的范围来看,电子沟通实现了远距离、跨地域的即时沟通,方便跨国公司、集团公司的沟通运作,并大大降低了成本。

➢ 从沟通的网络来看,电子沟通使员工在组织内可以跨越纵向层级工作,从而实现了在组织内全通道开放式的沟通网络,模糊了组织内的地位等级界限,对中层管理人员的地位形成了挑战。

➢ 从沟通造成的影响来看,电子沟通使员工可以在家里或其他地方工作,并使员工可以方便地与其他组织的员工交流。

➢ 从组织的传统口头沟通来看,由网络技术和视频技术结合出现的视频会议将代替传统意义上的会议,从而实现了随时随地进行跨地域空间的"口头"沟通的可能。

电子沟通为组织内部沟通、外部沟通带来了更多便捷,但是我们也注意到了电子沟通存在的一些问题,如沟通信息超负荷、信息安全遇到前所未有的挑战、传统道德观念约束力减弱等。如何应对网络发展带来的新问题,合理引导人们的电子沟通行为,也成了当今社会亟待解决的新课题。

二、常用的电子沟通的方法

(一) 互动沟通

互动沟通即在两方或多方之间进行的实时多向信息交流,可使用即时通信、视频会议等沟通工具。

1. 即时通信

即时通信(Instant Messaging)是目前互联网上最为流行的通信方式,各种各样的即时通信软件层出不穷,服务提供商也提供了越来越丰富的通信服务功能。

> **小阅读:全球用户量最大的聊天软件排名**
>
> 第一名:WhatsApp
>
> WhatsApp 发布于 2009 年智能手机刚刚起步的时候。依靠着大量针对移动端用户需求开发的功能,WhatsApp 慢慢积累着自己的用户,此后由于被 Facebook(脸书,现改名为 Meta)收购,WhatsApp 成为 Facebook 用户在 Messenger 之外的另一种选择。比起被添加越来越多功能的 Messenger,更多用户还是选择了更为纯粹的 WhatsApp,加上与苹果公司的合作,WhatsApp 坐上了世界第一聊天软件的宝座。截至 2022 年,其全球用户数超过了 20 亿。
>
> 第二名:Facebook Messenger
>
> 早期的 Facebook Messenger 尽管只有简单的即时聊天功能,但依靠着 Facebook 本身庞大的粉丝基数,该软件有着令人羡慕的用户量。最近几年,Facebook 开始将公司研究的尖端科技,如人工智能、虚拟现实、增强现实等加入 Facebook Messenger 中,让其成了一块试验田。截至 2022 年,Facebook Messenger 的月活跃用户数已经将近 30 亿。
>
> 第三名:微信
>
> 虽然比它的"前辈"QQ 小了整整 11 岁,但是微信的发展速度在全球互联网都是一个神话。10 年之内微信用户数已经超过了 10 亿。从最初的聊天功能,到如今的公众号、微信钱包、小程序等,微信在成就自己和腾讯的同时,也对中国互联网的普及起到了重要作用。
>
> 第四名:QQ
>
> 作为中国最早的网络即时通信软件之一,再加上腾讯出色的运营与推广能力,QQ 一直是中国的国民软件,也是腾讯的重要支柱。尽管在移动互联网兴起之时 QQ 的成绩有所下滑,并被"同门"微信超越,但是通过腾讯一系列使其年轻化的措施,QQ 受到了大多数 90 后和 00 后的青睐。据统计,截至 2022 年,QQ 移动终端的月活跃用户数达到了 5.69 亿。
>
> 第五名:Skype
>
> Skype 早在 2003 年就被开发出来了,并具备了视频聊天、文件传输、多人语音会议等功能,到 2010 年,其累计通话时间已经达到了 2 500 亿分钟。2013 年,微软收购 Skype 用

于替代此前失败的即时通信软件 MSN。在微软的推波助澜下，截至 2022 年，Skype 拥有了超过 6 亿注册用户，是许多大公司电话会议和视频面试的首选。

资料来源：改编自《全球用户量最多的十大聊天软件有哪些？》，https://m.cifnews.com/article/94504（访问日期：2023 年 3 月 22 日）。

2. 视频会议

视频会议是指信息发送者通过视听结合型媒介、运用可视化的数码工具与信息接收者进行远距离、"面对面"交流的沟通方式，其使得在地理位置上分散的用户如同"共处一室"，通过图形、图像、声音等多种方式交流，提高双方对信息的理解能力。

新冠肺炎疫情暴发后，很多原来面对面的授课和会议都变成了线上形式的视频会议。常用软件有 QQ、微信、腾讯会议、钉钉等，这些软件能适应不同的需求。视频会议极其方便，既保证了大家的社交距离，又提供了交流的便利，使得疫情防控期间很多工作都能够正常开展。

知识链接：视频会议软件和即时通信软件的不同之处

第一，系统功能的专业性：即时通信软件针对的用户是个人，而视频会议软件则是专门为远程会议开发的，其主要功能也是针对用户在实际会议中的应用场景设计的。

第二，资源占用的大小：即时通信软件主要用于个人通信，在音视频的压缩与编解码上还有待加强，在同时在线人数达到一个量级或者网络不好的情况下根本不能用，而视频会议软件则在音视频的压缩与编解码上做了非常好的设计，在网络不好的情况下也可以保证音频的流畅。

第三，数据信息的安全保证：即时通信软件所有的数据以及音视频文字交流完全受开发商的监控，而视频会议系统的用户能根据自己的需求选择服务，通过服务器后台对自己的系统进行管理，对公司的数据起到了非常好的保护作用。

第四，音视频和数据双流同步互通：即时通信软件更多的是即时通信，不具备音视频数据双流同步互通功能，视频会议系统则在实现多方音视频互通的基础上还可以实现数据的交互。

资料来源：作者根据公开资料整理。

（二）推式沟通

推式沟通即向需要接收信息的特定接收者发送信息或发布信息。这种沟通可以确保信息的发送，但不能确保信息送达接收者或被接收者理解。推式沟通包括传真、闭路电视、电子邮件、BBS（电子公告板）、博客与微博等。

1. 传真

传真是指用电话传输经扫描的印刷材料（文本或图像），电话线路通常与打印机或其他输出设备相连接。原始文件被传真机扫描并转换为位图文件，传真机把传输内容（文本或图像)看作单独的、确定的图像。在这种形式下,信息被作为电信号通过电话系统传输。接受传真的机器重新恢复电码图像并打印出一张传输文件的复印件。

由于科技的迅速发展,电子网络传真逐渐成为取代传真机的新一代通信工具。网络传真(Network Fax)是基于 PSTN(电话交换网)和互联网的传真存储转发方式,也称电子传真。它整合了电话网、智能网和互联网技术。原理是通过互联网将文件传送到传真服务器上,由服务器转换成传真机接收的通用图形格式后,再通过 PSTN 发送到全球各地的普通传真机上。

2. 闭路电视

闭路电视是一种图像通信系统。其信号从源点只传给预先安排好的与源点相通的特定电视机。其被广泛应用于大量不同类型的监视工作、教育、电视会议等方面。

3. 电子邮件

电子邮件,英文简称为 E-mail,标志是@,又称电子信箱,是指通过电子手段传送信件、单据、资料等信息的通信方式。通过电子邮件系统,用户可以非常快捷地与世界上任何一个角落的网络用户联系,这些电子邮件可以是文字、图像、声音等各种形式。同时,用户可以接收到大量免费的新闻、专题邮件,并实现轻松的信息搜索。电子邮件具有快速传达、不易丢失的特点。

小阅读:中国第一封电子邮件

1987 年 9 月,中国第一封电子邮件从北京市计算机应用技术研究所建成的第一个国际互联网电子邮件节点发往德国卡尔斯鲁厄大学的服务器,其原文为英文,内容如下:
Across the Great Wall we can reach every corner in the world.
(跨越长城,走向世界。)
资料来源:作者根据公开资料整理。

4. BBS

BBS,英文全称为 Bulletin Board System,翻译为中文就是"电子公告板"。BBS 最早是用来公布股市价格等信息的,而现在,BBS 主要为客户提供了一个交流意见的场所,能提供信件讨论、软件下载、在线游戏、在线聊天等多种服务。对于初识网络的新人来说,BBS 就是在网络上交流的地方,可以发布一个主题,让大家一起来探讨,也可以提出一个问题,大家一起来解决等。BBS 是一个人与人之间语言文字共享的平台,具有实时性、互动性。

5. 博客与微博

博客(Blog),又译为网络日志、部落格或部落阁等,是一种通常由个人管理、不定期发布新文章的网站。博客上的文章通常根据发布时间,以倒序方式由新到旧排列。许多博客专注于特定的话题,并能够进行评论或更新,也有一些则被作为比较私人的日记使用。一个典型的博客结合了文字、图像、其他博客或网站的链接,以及与主题相关的其他媒体。能够让读者以互动的方式留下评论意见,是许多博客的特点。大部分的博客内容以文字为主,但也有一些博客专注于艺术、摄影、视频、音乐等各种主题。

微博,即微博客(Micro Blog)的简称,是一个基于用户关系的信息分享、传播以及获取平台,用户可以通过PC(电脑)、手机等多种移动终端接入,以140字左右的文字更新信息,以文字、图片、视频等多媒体形式,实现信息的即时分享、传播互动。

小阅读:Twitter与新浪微博

最早也是最著名的微博平台是美国的Twitter(推特)。Twitter可以让用户更新不超过140个字符的消息(除中文、日文和韩文外已提高上限至280个字符),这些消息也被称作"推文"(Tweet),Twitter被形容为"互联网的短信服务"。Twitter是由杰克·多尔西(Jack Dorsey)在2006年3月与合伙人共同创办并于当年7月启动的。Twitter在全世界都非常流行,根据其发布的财报,截至2020年第三季度,Twitter的可货币化日活跃用户数已达1.87亿。

2009年8月,中国最大的门户网站新浪推出"新浪微博"内测版,成为门户网站中第一家提供微博服务的网站,目前也是中国用户数最多的微博平台,公众和名人用户众多是新浪微博的一大特色,现已基本覆盖大部分知名文体明星、公司高管、媒体人士等。

资料来源:作者根据公开资料整理。

(三) 拉式沟通

拉式沟通适用于存在大量复杂信息或有大量信息受众的情况,它要求接收者在遵守有关安全规定的前提之下自行访问相关内容。拉式沟通包括门户网站、电子在线课程等。

1. 门户网站

门户网站是指提供某类综合性互联网信息资源并提供有关信息服务的应用系统。在全球范围内,最著名的门户网站是谷歌和雅虎,而在中国,著名的门户网站有新浪、网易、搜狐、腾讯、百度、新华网、人民网、凤凰网等。

2. 电子在线课程

电子在线课程是在先进的教育思想、教学理论与学习理论指导下的基于互联网授课的课程,其学习过程具有交互性、共享性、开放性、协作性和自主性等基本特征。

思考·讨论·分析

1. 请分组总结:在网络时代,使用电子沟通需要注意哪些事项?

2. 请列出电子沟通的利弊。在现实生活中,哪些沟通情境适合电子沟通?哪些沟通情境适合面对面的交流?

项目小结

1. 口头沟通是指借助于口头语言实现的信息交流,它是日常生活中最常采用的沟通形式之一,具有直接、即时、灵活的特点。口头沟通受思维和语境的影响。口头沟通时,要注意语速适中、语调柔和、音量适度、吐字清晰、语言流畅,还要注意使用的文字有效清晰、简洁恰当。

2. 演讲是口头沟通的最高形式。演讲前,演讲者要明确"5W1H",即明确演讲的目的、分析演讲听众、选择论题、熟悉环境、明确时间安排、选择演讲风格,同时,还要撰写一篇好的演讲稿。演讲时,要注意口语表达的技巧和身体语言表达的技巧,此外还要学会一些控场技巧。

3. 面试是决定求职者能否被录用的关键环节。面试前,求职者要做好材料和心理上的准备。面试时,要沉着应对面试官的问题,展示自己的长处和优点。

4. 书面沟通作为一种传统的沟通方式,具有在发送信息前可以进行细致的思考和检查、便于存档保管以便日后查证、易于复制和传播等优点。在进行书面沟通时,我们要做到目的明确、思路清晰、表达准确、换位思考。

5. 电子沟通是以电子信息技术为基础的沟通方式,与传统沟通方式相比,更快捷、更方便,范围更广,常见的电子沟通方式有互动沟通、推式沟通、拉式沟通三种。

项目五　识别非语言沟通

知识目标

1. 了解非语言沟通的定义和特点。
2. 了解非语言沟通和语言沟通之间的关系。
3. 了解非语言沟通的表现方式和运用技巧。

能力目标

1. 运用非语言沟通表达个人意见和想法。
2. 能够通过合理使用非语言沟通，增强沟通的有效性。
3. 初步掌握非语言沟通的技巧。

思政目标

1. 养成平等、文明、诚信、友善的沟通习惯。
2. 培养学生遵守社会规范，做到诚实守信。

引例

总统的轿车

据说，当罗斯福总统的专用定制轿车被送到白宫时，造车工人们也有幸到白宫进行参观，并在参观前被简单介绍给了总统。罗斯福总统因为定制轿车的完成感到很高兴，他兴高采烈地与前来参观的人寒暄时，其中一个腼腆的造车工人就一直默默地站在一旁。时间过得很快，最后，当大家准备离开时，罗斯福总统却专门找到这个造车工人，还准确地叫出了他的名字，和他亲切握手并向他表示衷心的感谢。这个造车工人当然非常感动，并因为总统记得自己的名字而感到无比荣幸。这件事也成为关于罗斯福总统的一段佳话。

资料来源：作者根据公开资料整理。

人际沟通时，谈话的内容固然很重要，然而在谈话时注意表现出对对方的关心，也是促进情感交流的方法之一。罗斯福总统叫出这个工人名字的同时，也通过兴高采烈的表情、亲切的握手、热情的致谢打动了这个工人。这些非语言沟通传递了非常丰富的内容，正所谓"无声胜有声"。

在当今这个发展迅猛的信息社会中，人与人之间的交流和沟通并非仅仅局限于语言和文字这些单一的沟通方式,而是更多地利用非语言文字的方式来进行信息和文化之间的交流、沟通、传播,这就是非语言沟通。

任务一 了解非语言沟通

工作任务:体验非语言沟通的魅力

1. 请你分别用语言沟通和非语言沟通两种方式向你身边的同学借用手机给你的家人拨打电话。

2. 请你分别用语言沟通和非语言沟通两种方式向你身边的同学表达"我很冷""我很生气""我膝盖非常疼"。

资料来源:作者根据公开资料整理。

思考:
这两种表达方式有什么异同?

任务分析

通过工作任务你可能已经感受到口述"我很冷"和用"身体冷得直打哆嗦"这种非语言表达方式的差异,后者更能形象生动地表达"我很冷"这一状态,因此,研究非语言沟通的作用很有必要。

人们在日常生活中利用身体动作、面部表情、服饰仪态、副语言、环境沟通等来表达思想、情感、态度和意向,并且往往会发现,有时非语言沟通可以起到语言文字所不能替代的作用,一个人的手势、表情、眼神、笑声等都可以传递信息或进行情绪表达。非语言沟通是人们经常运用却往往不被注重的沟通表达方式,它比语言沟通更常见,也更富有表现力。

美国语言学家艾伯特·梅拉比安提出了著名的人际沟通公式:

沟通的总效果=语言(7%)+声音(38%)+语体(55%)

从这个公式不难看出,人与人之间的沟通只有7%是通过语言实现的,高达93%的沟通都是非语言形式的,是通过声音和语体表达出来的(见图5-1)。所以,人们不只是单纯地从你说的话里判断是非,更能从你的肢体语言、眼神、表情、语气、语调里分析出其他含义来。

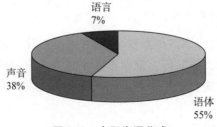

图5-1 人际沟通公式

知识解析

一、非语言沟通的特点

(一) 非语言沟通隐藏着丰富的文化内涵

一般来说,人们的大多数非语言行为是在孩童时期习得的,是由其父母和其他相关群体传授的。因此,这些行为不可避免地要受到文化环境、风俗习惯、思维方式、价值观念以及宗教信仰的影响。

小阅读:办公室位置文化

在西方国家,那些靠窗户和能欣赏风景的办公室都是特意留给地位比较高的人的,而在日本却恰好相反,"坐在窗户旁边"暗示着你已经从主要工作中被排除出来了,或者已经被晾在一边了。在德国,每间办公室是单独的、分开的,并且在紧闭的办公室门上贴着办公人员的名牌。德国人不愿在一间敞开的大办公室里工作,因为自己的谈话能被别人听到显然是一种缺乏隐私的表现。而在日本,办公室一般是集中的,公司经常会使用一间很大的、开放的并且很拥挤的办公室,包括老板在内的所有人都坐在里面,他们认为这样有助于消除那些阻碍非正式交流的隔阂。

资料来源:作者根据公开资料整理。

(二) 非语言沟通所包含的信息远远超出语言沟通所提供的信息

有关研究表明,非语言沟通所显示的含义要比语言沟通丰富得多,因为语言沟通有时会把所要表达的意思的大部分甚至绝大部分隐藏起来。所以,要了解沟通主体的深层心理,即无意识领域,单凭语言沟通是不够的,人的动作比语言更能表现出其情感和欲望。人类语言传达的意思大多数属于理性层面,这种经过理性加工表达出来的语言往往不能真实地表露一个人的真正意向,甚至还会出现"口是心非"的现象。这就表明,当一个人在说话时,他可能戴上了某种"面具",说的话可能是虚假的,而其身体语言的掩饰就不会那么有效了。正如人们常说的"不仅要听你说什么,更重要的是看你怎么说"。由此可见,非语言沟通在沟通中所表现出的真实性和可靠性要比语言沟通强得多,特别是在情感的表达、态度的显示、气质的表现等方面,非语言沟通更能显示出其独有的特性和作用。所以,在人际沟通的过程中,尤其在需要准确表达丰富的情感、增强表达效果、提供可靠的活动信息时,都必须运用准确的非语言沟通方式。

小阅读:曾国藩的识人之道

一次,李鸿章带着三个人去拜访他的老师曾国藩,希望曾国藩对这三个人做出评价,以便自己给他们分派合适的任务。不巧这个时候曾国藩出去散步了,于是他就让这三个人在门外等候,自己则到厅里等候。

曾国藩散步回来之后，李鸿章向他说明了来意，希望他能帮助自己考察一下那三个人。

曾国藩听了之后，连连摆手笑着说："已经不用考察了，站在最左边的是个忠厚老实之人，做事会谨慎小心，可以让他做一些后勤供应之类的事，他办事你大可放心；站在中间的是个两面三刀的小人；右边的那个将来必定会有大作为，是大将之才，应当重用。"

李鸿章听后十分不解，就问道："老师，您还没跟他们接触过，怎么就有这样的看法呢？您是如何知道的呢？"

曾国藩笑着说道："就在我刚才回来的时候，他们站在厅外，我走过他们的身旁，站在左边的那个人小心翼翼、目光略低，并且有些拘谨，可以看出他是一个言行谨慎、踏踏实实的人，所以适合做一些没有风险、不需要创新的后勤供应类的工作。中间的那个人一开始表现得十分恭敬，但是我刚一过去，他就立刻开始东张西望、左顾右盼、心神不宁，因此一定是个阳奉阴违的狡猾之人，万万不可重用，免得惹祸上身。右边的那个人不卑不亢、气宇轩昂、气度凛然，始终挺拔而立，可以看出是一个大将之才，将来的功绩一定不会在你我之下，因此应得到重用，日后定能助你一臂之力。"

刘铭传，就是曾国藩口中的那位大将之才，后来，他屡屡立下战功，成为淮军勇将，并且被任命为台湾第一任巡抚。

资料来源：改编自韩雪菲编著，《16种心理策略玩转人际关系》，北京：新世界出版社，2010年。

（三）非语言沟通能够影响并调控语言沟通

在沟通过程中，非语言沟通不仅起着配合、辅助和加强语言沟通的作用，而且能够影响并调控语言沟通的方向和内容。在交谈过程中，沟通主体应把目光集中在沟通客体身上，尤其是其面部，意思是"我在跟你说话"。而沟通客体也应不时地注视一下沟通主体，表示"我在听着呢"。沟通主体在快讲完时，总会抬眼望着对方，示意对方"该你讲了"。这时沟通客体会接收到这一信号，将目光移向别处，表示"我已经准备接话了"。然后，原来的沟通客体转变为沟通主体，重复刚才的一幕，谈话继续进行。如果在沟通主体喋喋不休时，沟通客体东张西望，那就表示"够了，别讲了"，这时沟通主体应及时做出调整。这种目光信号的交换伴随着整个谈话过程，调节着谈话的内容和结构。

不仅如此，非语言沟通还能验证和表达语言沟通所要传递的信息。在一些娱乐节目中，我们会看到一种大众游戏，就是表演者不可以说话，但可以通过动作或者表情来表达一个成语或一句话，让另外的参与者来猜。有时表演者表达得很传神，参与者便能准确回答；而有时表演者的表达不是很到位，参与者便会错误地理解表演者的意图从而表达出毫不相干的意思，令观众忍俊不禁。这就说明非语言沟通在表达准确时可以真实地传递信息，而这个信息传递的过程又会受到动作、表情等诸多因素的影响。

（四）非语言沟通能表明情感和态度

非语言沟通在很大程度上是无意识的，因此，它能更真实地表明人的情感和态度。你在与他人交谈后，会很清楚地记得谈话的内容，因为这些内容是经过你的思考、选择后有意识地表达出来的。但在谈话时你做了哪些动作、用过什么样的姿势却难以说清，因为它们是自然而然流露出来的,你并没有刻意地去选择在说哪些话时采用哪些姿势。我们与自己喜欢的人谈话时,会不自觉地接近他,而与自己不喜欢的人谈话时则离得远些;当反对某些意见时,我们可能会把双臂交叉放在胸前,而对某些话题感兴趣时,则会把身体向对方倾斜。面部表情、手势、形体动作等,都向他人传递了我们的情感和情绪,别人能从我们的身体语言中发现愉快、悲哀、恐惧、愤怒等情绪和是否感兴趣等态度。绝大多数人也能通过说话的速度、音调等准确地识别说话者的情绪。

二、非语言沟通的特性

(一) 普遍性

在与周围的人互动时,几乎每个人从小不知不觉地就掌握了非语言沟通的能力。据考证,这种沟通能力的获得是人类的一种本能。人类产生以后,就开始了与自然界及其他人的沟通活动,这种非语言沟通在语言符号产生之前就已经是最重要的沟通形式了。随着实践活动的丰富、社会的进步和人际交往范围的扩大,人们的非语言沟通能力也不断得到提高和发展。不过,由于各国文化的不同,这种非语言的表达方式也会有所不同,但从一般意义上来讲,与各国各民族所用的不同语言相比,非语言沟通的信息共享性会更强一些。比如,国际音乐节和舞蹈节邀请了来自不同国家的歌唱家、舞蹈家同台演出,音乐和舞蹈可以跨越语言障碍进行人与人之间的非语言沟通和交流。

(二) 民族性

不同的民族有不同的文化传统和风俗习惯,这种不同的文化传统和风俗习惯决定了其特有的非语言沟通符号。例如,我国的侗族,如果不会唱侗族大歌可能就会被人视为不正常。比较典型的人际沟通的例子是人们通过握手、拥抱和亲吻来表达自己对他人的欢迎或喜爱。在欧洲的一些国家,亲吻、贴面是一种礼节,是一种友好热情的表示,尤其是对女性而言;但中国人往往不太习惯这种方式,而更习惯于以握手的方式来表达同样的情感。

(三) 社会性

人与人之间的关系是一种社会关系。人们的年龄、性别、文化程度、伦理道德、价值取向、生活环境、宗教信仰等社会因素都会对非语言沟通产生影响。社会中的不同职业角色、不同阶层都对非语言沟通有较细微的规定,如有些年轻人喜欢用手拍对方的肩膀以示友好或表示"大家都是哥们儿",然而,假如用同样的方式向父母或长辈表达友好就显得不合适了。

(四) 审美性

非语言沟通中一些优雅的表达和端庄的体态也能体现出对美的追求。对此类行为认同的基础是人们的审美观念相一致。人们审美观念的形成与年龄、经历有着很大的关系,例如人的仪表美就是一个有争议的话题。女性梳妆打扮、抹胭脂、涂口红、戴首饰等可能是一种美的表达,但也有可能给别人传达一种过于隆重的感觉。假如沟通的参与者意见不一致,对外在美所体现的心灵美看法不同,在一定程度上也会影响人际沟通。

(五)规范性

这种规范性是指一个社会群体或一个民族受到特定文化传统的影响,长期以来对非语言沟通所产生的社会认同。每一种社会角色都有着被大家认可的行为举止准则,在运用非语言符号时,要考虑沟通客体的文化因素、民族因素、环境因素、年龄因素、心理因素、社会道德因素等。一旦忽略了某种非语言符号所特有的规范性,便会造成误解和沟通障碍。

 知识链接:诚信

诚信是中华民族的传统美德,也是中国传统道德中的一项基本规范。诚信即待人处事真诚、老实、讲信誉,言必信、行必果,一言九鼎、一诺千金。诚信二字在《说文解字》中的解释是:"诚,信也""信,诚也"。可见,诚信的本义就是诚实、诚恳、守信、有信,要守诺、践约、无欺,就是说老实话、办老实事、做老实人,反对隐瞒欺诈、反对假冒伪劣、反对弄虚作假。中国历代思想家都非常重视诚信,崇尚诚实无欺,言行相符。孔子曰:"自古皆有死,民无信不立。"孟子曰:"诚者,天之道也;思诚者,人之道也。"几千年来,"一诺千金"的佳话不绝于史,广为流传。

资料来源:作者根据公开资料整理。

(六)情境性

非语言沟通一般不能单独使用,不能脱离客观环境条件,必须与相应的语言情境相匹配。只有那些善于将非语言符号与真实环境背景联系起来的人,才能准确、恰当地运用非语言符号。

 互动话题:早点摊的老板与职员的对比

某人早上去买油条,早点摊的老板是个三四十岁的北方汉子,距离早点摊还有三米左右的距离时,老板就笑容满面地大声招呼:"来啦!"那感觉像是多年不见的老友突然重逢,让他觉得心里暖暖的。他想了半天才记起来好像自己一个月之前来过这个早点摊。现在他终于明白为什么这个早点摊生意好了。

小王是一家公司新上任的经理助理。一天早晨,小王刚上班,电话铃就响了,为了抓紧时间,他边接电话,边整理有关文件。这时,同事小李来找小王,他看见小王正忙着,就站在桌旁等着。只见小王一个电话接着一个电话,最后,小李终于等到机会与小王说话了,小王却头也不抬地问他有什么事,并且语气十分不耐烦。然而,小李正要回答时,小王又突然想到什么事,便与办公室的小张交代起了工作,完全不理会小李……无奈,小李只好悻悻地离开了……

资料来源:作者根据公开资料整理。

思考·讨论·分析

为什么早点摊的老板和职员小王给人的感觉有这么大的差异？从信息传递的方式和非语言沟通的角度进行分析。

任务二　领会语言沟通与非语言沟通的关系

工作任务：情景体验

1. 在班里找九个同学，三人一组，在宿舍、教室、模拟舞台三个场景下，借助不同道具以非语言形式表达"我们是最棒的""我们是文明大学生""我们要努力学习"三个情景，并邀请其他两组同学感受不同小组的感染力。
2. 用非语言沟通方式开展情景模拟：深夜归来。

资料来源：作者根据公开资料整理。

思考：
语言沟通与非语言沟通之间是怎样的关系？

任务分析

有学者提出，非语言沟通有三个基本用途：一是处理、操纵直接的社会情境；二是辅助语言沟通；三是代替语言沟通。由此说明，语言沟通和非语言沟通各有其作用，二者相互作用、相互影响。有时语言沟通起主要作用，有时非语言沟通起主要作用。这就要求人们必须全面认识非语言沟通与语言沟通的关系，不能顾此失彼，不能因强调语言沟通而忽视非语言沟通的作用，也不能因强调非语言沟通而忽视语言沟通的作用。事实上，在沟通过程中，非语言沟通与语言沟通常常是同时进行的。可以想象，脱离非语言沟通的配合，语言沟通往往难以达到应有的效果；同样，脱离语言沟通的语意环境，独立地理解某一非语言沟通行为的含义也是很困难的。

知识解析

非语言沟通与语言沟通的关系主要体现在以下几个方面：

一、非语言沟通能够强化语言沟通的信息

非语言沟通在许多场合都能起到强化语言沟通的信息的作用，如在表达"我们一定要达成这个目标"时，要有力地挥动拳头；在表达"我们的明天会更好"时，要提高语调，同时右手向前有力地伸展等。这些非语言沟通行为大大增强了语言的分量，展现出决策者的郑重和决心。现实生活中，我们常用手势与语言相结合的方式来强调事物的重要性、紧迫性和真实性。例如，有时为了强调某个人、某个事物和某个地点，人们会一边指着那个对象一边说"就是他""就是这个""就是这里"。人们在生气时常会提高音量，并以一

些动作来表达自己愤怒的情绪。例如,一位顾客眉头紧锁、表情严肃地向经理诉说着自己的不满,并不时地挥舞双臂表示愤怒;再如,上司拍打着桌子对下属的失职表示不满;等等。上述这些都是利用非语言沟通来强化语言沟通的信息的例子。

二、非语言沟通能够代替语言沟通的信息

非语言沟通作为一种特定的形象语言,可以产生有声语言沟通所不能达到的实际效果。许多用有声语言沟通不能传递的信息,非语言沟通却可以有效地传递。在日常工作中,人们都在自觉或不自觉地利用各种非语言沟通来代替有声语言沟通,进行信息的传递和交流。进行非语言沟通有时能够省去过多"颇费言辞"的解释而达到"只可意会,不可言传"的效果,这正像人们所说的"此时无声胜有声"。

📖 小阅读:毛主席的挥手之间

方纪的散文《挥手之间》描述了在抗日战争时期,毛泽东去重庆谈判前与延安军民告别时的场景。"机场上人群静静地站立着,千百双眼睛随着主席高大的身影移动。""人们不知道怎样表达自己的心情,只是拼命挥着手。""这时,主席也举起手来,举起他那顶深灰色盔式帽,举得很慢,很慢,像是在举一件十分沉重的东西,一点一点地,一点一点地,等举过头顶,忽然用力一挥,便在空中一动不动了。"

资料来源:作者根据公开资料整理。

"举得很慢,很慢",体现了毛泽东在革命重要关头对重大决策严肃认真的思考过程,同时,也反映了毛泽东与人民群众的密切关系和依依惜别之情。"忽然用力一挥"表现了毛泽东的英明果断和一往无前的英雄气概。毛泽东在整个告别过程中一句话也没讲,但他的手势和动作却胜过千言万语。

三、非语言沟通能够补充语言沟通的信息

非语言沟通可以在语言沟通的信息之外增加信息。以"道别"为例,在多数情况下,非语言沟通与语言沟通二者并用,互为补充。例如,如果人们相谈甚欢,在一方站起身来说"我得走了"时,对方也会起身相送,双方告别时还会增加目光的接触,表示"我们的谈话很深入或有趣,有机会我们再聊好吗"。但是,如果此前的谈话很不顺利,那双方的表情会显得很淡漠,尽管也会说"再见",但非语言沟通(如移开目光、仍然坐着不起身相送等)却可能暗示着"再也不想和你交谈了""天哪,总算结束了"等不同的含义。

四、非语言沟通能够重复语言沟通的信息

在交流过程中,人们为了使语言所表达的信息更容易被理解和接受,往往在说话的同时还伴随着与意思相同的非语言沟通行为。例如,当幼儿园老师让小朋友们上课时要专心听讲,不可以跟同桌的小朋友说话时,会朝小朋友们摆摆手,强调"千万不可以"。

五、非语言沟通能够否定语言沟通的信息

当人们对语言沟通所传递的信息表示不满或意见有分歧时,可以通过非语言沟通给予否定或拒绝。例如,某人在争吵中处于劣势,却颤抖地说道:"我怕他?笑话!"事实上,从此人颤抖的嘴唇上不难看出,他的确感到恐惧和害怕。这充分说明,当语言沟通的信息与非语言沟通的信息产生冲突时,最常被接受的是非语言沟通的信息的含义,或者说非语言沟通的信息揭露了真相。

六、非语言沟通能够验证语言沟通信息的真实性

非语言沟通所包含的信息常常是在不知不觉中反映出来的,是人们内心情感的自然流露,它所传递的信息更具真实性。正因为非语言沟通具有这个特点,其所传递的信息常常可以印证有声语言所传递信息的真实与否。在实际交流的过程中,常会出现"言行不一"的现象。准确判断一个人的真实思想和心理活动,要通过观察他的非语言沟通行为,而不只是听他的有声语言,因为有声语言往往会掩饰真实情况。例如,在日常工作中,同事之间的一个很小的助人动作,就能验证谁是你真正的朋友。再如,在商务谈判中,可以通过观察对方的言行举止,判断出对方的合作诚意和所关心的目标等。

 互动话题:手势与姿势

轻轻地、缓慢地搓手;咬铅笔头或其他物品;身体前倾或直接面对演讲者;往椅子后背靠;将手指放在嘴前;两臂在胸前交叉;点头;深深地叹气;用手指指点点;拿着东西指指点点;耸肩。

思考·讨论·分析

请做出以上手势或摆出以上姿势,并说出其在沟通时所隐含的意思。

任务三　了解非语言沟通的表现方式

工作任务:选择合适的员工

小张是某公司人力资源部的主管。他所在的公司需要招聘一名文员,要求必须是英语专业的女性。作为一家全国知名公司,招聘消息在网上发布后没多久,公司就收到了大量的求职信。

经过公司层层考核,三个实力相当的求职者被留了下来。小张让这三个人分别写一篇800字以内的作文,这样不仅可以考察她们的文字表达能力,更重要的是他要通过分析笔迹来判断谁最适合这个岗位。

A小姐:英语水平和中文表达能力都极其出色,而且由于她读过很多书,谈吐非常得体。在面试时,小张对她的印象很好,已经把她作为第一考虑人选。但仔细研究她的笔迹后小张发现,她的字非常大,棱角过于分明,经常有一些竖笔画划到下一行。而且她的

文章显露出一种不可一世的霸气。经过分析,小张认为她是个很有才气同时又很有野心的女孩,不会安心于终日做一些琐碎的日常工作。此外,由于她自信心极强,其文章字里行间反映出的傲气,让她也不可能很随和地与部门的同事相处。经理也会觉得非常难管理这样的下属。有这样字迹的女孩更适合做营销、销售等具有高度挑战性的工作。所以小张选择了放弃她。

B小姐:人长得非常漂亮,口齿伶俐,回答面试问题时反应机敏。她的英语口语非常流利。但小张在研究她的笔迹后发现,她的字非常小且粘连在一起,弱弱娇娇,没有一点儿骨架,有很强的讨好别人的谄媚之相。研究后小张强烈地感觉这是个心胸狭隘、娇滴滴、吃不了一点苦且虚荣心极强的人。

C小姐:表面上看她没有任何优势,因为她是通过英语自学考试获得英语专业本科文凭的,无法与其他人光鲜的学历背景相比较。虽然通过考试发现她的英语口语和写作能力都不错,但由于她长得非常不起眼,而且说话很少、声音很轻,面试时没给小张留下什么印象。但恰恰是她的字让小张立刻注意到了她。她的字写得娟秀、清爽、整齐,笔画很轻,通篇干干净净,字的大小非常均匀,而且笔画中适度的棱角让字体显得很有个性,但这种棱角却又没有咄咄逼人的压迫感。从她的字可以判断出她做事认真仔细,自律意识很强且乐于做日常琐碎的工作;有自己独到的见解但又不至于缺乏团队精神。

资料来源:作者根据公开资料整理。

思考:
假如你是小张,你会怎么选?

 任务分析

非语言沟通有多种表现方式,没有有声语言并不意味着没有沟通。字迹也可以成为一种非语言沟通的形式,从而传递更多、更真实和客观的信号。通过笔迹这种非语言的表现方式,同样可以做出选择。事实上,日常生活中非语言沟通的表现方式多种多样。

知识解析

一、身体动作

(一)肢体动作

肢体动作主要指四肢的动作,包括手部、头部、肩部以及腿部等。通过对肢体动作的分析,可以判断人的心理活动或心理状态。

1. 手部动作

手部动作是身体动作中最重要也最明显的部分之一。由于手部动作比较灵活,因此运用起来更加自如,许多演员、政治家和演说家通常会通过训练使自己有意识地利用一些手势来加强语气。一般来说,手势都是无意识地运用的。由于个人的习惯不同,沟通时的具体情况不同,沟通双方的情绪不同,因此手势动作也会有所不同。采用何种手势,因人、因物、因事而异。总的来说,不同的手势有不同的含义。

手指 双手插在上衣、裤子口袋里,露出两个拇指,是显示高傲态度的手势;将双臂交叉于胸前,两个拇指翘向上方,既显示防卫和敌对情绪,又显示十足的优越感,做出这种手势的人会让人感觉极难接近;若在谈话中将拇指指向他人,是嘲弄和藐视对方的信号;若伸出食指,其余的指头紧握,指着对方,表示因不满对方的所作所为而要教训对方,带有很强的威胁性;如果将双手手指架成耸立的塔形,表示有发号施令和发表意见的欲望,如果架成水平的尖塔形,则表示愿意听取别人的意见。

 互动练习:说说以下手势分别代表什么意思

手掌动作 判断一个人是否诚实,有效的途径之一就是观察他讲话时手掌的活动。一般认为,手掌张开象征着坦率、真挚和诚恳。小孩子撒谎时,往往将手掌藏在背后;成人撒谎时,往往将双手插在兜内,或双臂交叉,不露出手掌。常见的手掌语言有两种——掌心向上和掌心向下。掌心向上,摊开双手,表示真诚、坦率,不带任何威胁性;而掌心向下,则表明压抑、控制,带有强制性和支配性,容易使人产生抵触情绪。比如,当会议讨论进行得很激烈时,有人为了使大家的情绪稳定下来,会做出两手掌心向下按的动作,意思是说"大家平静下来,不要为一点儿小事争执了"。

背手 有地位的人大多有背手的习惯,当他们站立或走路时,双臂背在背后并用一只手握住另一只手,表示的往往是一种优越感和自信。不仅如此,背手还可以起到镇定作用,双臂背在身后,表现出自己的胆略。学生背书时,双手往后一背,的确能缓和紧张的情绪。但要注意的是,若双手背在身后,不是手握手,而是一只手握住另一只手的腕、肘、臂,则成为一种表示沮丧、不安并竭力进行自我控制的动作语言,暗示了当事人心绪不宁的被动状态,而且握的部位越高,沮丧的程度就越高。

搓手 感到寒冷时搓手掌,是防冷御寒。平时搓手掌,正如成语"摩拳擦掌"所形容的跃跃欲试的心态,表现出人们对某一事物急切期待的心情。运动员起跑前搓搓手掌,表示期待胜利。国外的餐厅服务员在你桌边搓搓手掌,问"先生,还要点什么?"实际上是对小费和赞赏的期待。在商务谈判中这种手势是在告诉对方自己在期待着什么。

双手搂头 将双手交叉搂在脑后,是有权威、占优势地位或对某事抱有信心的人经常使用的一种典型的表示高傲的动作。这也是一种暗示自己拥有权力的手势,表明当事人对某地、某物拥有所有权。若双手支撑着脑袋,或是双手握拳支撑在太阳穴部位,双眼凝视,则是脑力劳动者惯用的一种帮助思考的手势。

握手 握手是现代社会习以为常的礼仪,然而握手的方式却千差万别。握手的力度、姿势和时间的长短都能传递不同的信息。根据握手的力度、姿势和时间的长短不同,可将其分为以下几种方式:

第一,支配性与谦恭性握手。握手时手心向下,传递给对方的是支配性的态度。研究表明,地位显赫的人习惯于采用这种握手方式。掌心向上与人握手,传递着一种顺从性的态度,表示愿意接受对方的支配,谦虚恭敬。若握手双方都想处于支配地位,握手则是一场象征性的竞争,其结果是双方的手掌都处于垂直状态。研究表明,同事之间、朋友之间、社会地位相同的人之间往往采用这种方式握手。

第二,直臂式握手。直臂式握手即握手时猛地伸出一条僵硬挺直的手臂,掌心向下。事实证明,这是最粗鲁、最放肆、最令人讨厌的握手方式之一,所以在日常生活中应避免采用。

第三,死鱼式握手。一方伸出软绵无力的手让对方去握,像一条死鱼一般,给人一种很不情愿的感觉。这种握手方式使人感到自己受到冷落,因此还不如不握。

第四,双握式握手。采用这种方式握手的人是想向对方传递友好的情感,常常是先用右手握住对方的右手,再用左手握住对方的手背,双手夹握,西方亦称之为"政客式握手"。这种握手方式具体又可细分为两种:一种是"手握式握手",即用两只手紧紧握住对方的一只手并上下用力摇动;另一种是用右手抓住别人的右手不放,左手同时做出各种"亲密"动作,例如,抓住别人的手腕、手臂或肩头等。左手触及别人身体的位置越高,就表示越热情、越亲密。

第五,折骨式握手。这是一种用力过猛的握手方式。握手时用拇指和食指紧紧抓住对方的四指关节处,像老虎钳一样夹住对方的双手,让别人感到疼痛难忍。很显然,这种握手方式会让人感觉畏惧和厌恶。

第六,蜻蜓点水式握手。这种握手方式不是张开手掌去握住对方的整个手掌,而是轻轻地捏住对方的几个指尖,用意是要与对方保持一定的距离。女士同男士握手时往往会采用这种方式。

2. 头部动作

头部动作也是运用较多的身体语言,而且头部动作所表示的含义十分细腻,需根据头部动作的幅度并结合具体的条件来对其传递的信息进行解读。

点头 点头这一动作可以代表多种含义,有表示赞成、肯定的意思,有表示理解的意思,也有表示承认的意思,还可表示事先约好的特定暗号等。在某些场合,点头还表示礼貌、问候,是一种优雅的社交动作语言。

摇头 摇头一般表示拒绝、否定的意思。在一些特定背景条件下,轻微地摇头还带有沉思的含义和不可以、不行的暗示。

3. 肩部动作

耸肩这一动作外国人使用得较为普遍。由于受到惊吓,一个人会紧张得耸肩,这是一种生理反应。另外,耸肩还可以表示"随你便"、无可奈何、放弃、不理解等含义。

4. 脚部动作

脚部动作虽然不易观察,但是能更直接地揭示对方的心理。抖脚可表示轻松、愉快,也可表示焦躁不安;跺脚一般表示兴奋,但有时在愤怒时也会跺脚;脚步轻快表明心情舒畅;脚步沉重说明疲乏,心中有压力等;双脚呈僵硬的姿势,表示紧张、焦虑;脚尖点地表示轻松或无拘束;坐着时脚尖来回摆动表示轻松或悠闲。

(二)身体姿势

一个人的身体姿势能够表达出他是否有信心、是否精力充沛,具体可以通过一个人的走姿、站姿、坐姿表现出来。通常人们想象中精力充沛的姿势是:收腹,肩膀平而挺直,胸部挺阔,下巴上提,面带微笑,眼神中透露出必胜的信心。

走姿 一个人的走姿最能体现他是否有信心。走路时,身体应当保持正直,不要过分摇摆,两眼应平视前方,不要左顾右盼,两腿要有节奏地交替向前,步履要轻盈,不要拖拉,两臂应在身体两侧自然摆动。正确的走姿应做到轻、灵、巧;男士要稳定、矫健,女士要轻盈、优雅。

站姿 一个人的站姿体现了其道德修养、文化水平以及与他人交往是否有诚意。站立时,身躯要正直,头、颈、腿要与地面垂直;双眼要平视前方,挺胸收腹,整个姿态应显得庄重、平稳,切忌东倒西歪、耸肩驼背。站立交谈时,双方应随说话的内容做一些手势,但动作不要过大,以免显得粗鲁。在正式场合站立时,不要将手插入裤袋里或交叉在胸前,更要避免一些下意识的小动作,如摆弄手中的笔、打火机,玩弄衣带、发辫等,否则不仅显得拘谨,而且会给人一种缺乏自信和经验的感觉,也有失庄重。良好的站姿应该给人以挺、直、高的感觉,像松树一样舒展、挺拔。

坐姿 坐姿要尽可能做到使自己舒服,但也不能瘫软无力,影响正常的交流。如果笔直地坐在一张直靠背椅上,你的坐姿会显得僵硬。最好的方式是将身体的某一部位靠在靠背上,使身体稍微有些倾斜。当你听对面或旁边的人讲话时,可以摆出一种轻松的而不是紧张的坐姿。你在听别人说话时,可以通过微笑、点头或者轻轻移动位置以便清楚地注意到对方的言辞的方式,来表明你感兴趣或表示欣赏。当轮到你说话时,你可以先通过手势来吸引对方的注意力,强调你说话内容的重要性,然后身体前倾,变化语调,配合适当的手势来强调你想强调的论点。面试时,求职者如果弓着背坐着,两臂僵硬地紧夹着上身,两腿和双脚紧靠在一起,就等于对面试官说"我很紧张"。同样,如果求职者懒散地、双脚撒开地坐着,则表明他过分自信或随便,也会令人感到不舒服。

二、面部表情

面部表情语言就是通过面部器官(包括眼、嘴、舌、鼻、脸等)的动作、姿态所表示的信息。美国学者保罗·艾克曼通过研究发现,光是人的脸,就能够做出大约25万种不同的表情。在交流过程中,双方最易被观察的"区域"莫过于面部。由于脸上的神态是心灵的反映,面部表情是人的心理状态的体现,因此,人的基本情感及各种复杂的内心世界都能够通过面部真实地反映出来。我们在日常生活中时刻都在使用面部表情这一身体语言。求人办事、请人帮忙，无一不需要注意对方的"晴雨表"——脸色。由此可见，面部表情对有效沟通起着重要作用。

（一）眼睛

在面部的各个器官中，眼睛最富有表现力。眼神是内心世界，即修养、道德、情操的自然流露，是外部世界与个人内心世界的交汇点。一个人的眼神既可以表现其喜、怒、哀、乐，也可以反映其心灵中蕴含的一切内容。有经验的沟通主体很注意恰当而巧妙地运用自己的眼神，借以充分发挥口才的作用。如果一个人说话时不善于用眼神传达情感，就会给对方一种呆滞麻木的感觉，无法引起对方的注意，不利于彼此的沟通。

注视 行为科学家断言，只有在相互注视对方的眼睛时，彼此的沟通才能建立。沟通中的目光接触非常重要，甚至有的民族对目光接触的重视程度远远超过语言沟通。在阿拉伯国家，阿拉伯人告诫其同胞"永远不要与那些不敢和你对视的人做生意"。在美国，如果你应聘时忘记看着面试官的眼睛，就别想通过面试。一般来讲，沟通主体说话时，目光要朝向对方，适度地注视对方的面部，不要仰望天空，不要俯视地面，也不要不停地眨眼。

沟通中注视的方式和时间对双方交流的影响很大。具体来说：①注视的方式。眨眼是人的一种注视方式。人们一般每分钟眨眼5—8次，若眨眼时间超过一分钟就变成了闭眼。在一秒钟之内连眨几次眼，是神情活跃、兴致勃勃的表示；闭眼时间超过一秒钟则表示厌恶、不感兴趣，或表示自己比对方优越，有蔑视或藐视的意思。②注视的时间。有时，我们和某些人谈话会感到舒服，但另一些人则令我们感到不自在，甚至不值得信任，这主要与对方注视我们的时间长短有关。当一个人不诚实或企图撒谎时，他的目光与你的目光相接往往不足全部谈话时间的1/3。如果某个人的目光与你的目光相接超过全部谈话时间的2/3，可以说明两个问题：第一，对你或说话的内容感兴趣，这时他的瞳孔是放大的；第二，对你怀有敌意，向你表示无声的挑战，这时他的瞳孔会缩小。总的来说，若想和别人建立良好的关系，在整个谈话过程中，你和对方的目光相接时间累计应达到全部谈话时间的50%—70%。

扫视与侧视 扫视常用来表示好奇，侧视则表示轻蔑。在谈话过程中过多地使用扫视，会让对方觉得你心不在焉，对讨论的问题不感兴趣；而过多地使用侧视，则会引起对方的敌意。

闭眼 长时间的闭眼会给对方以孤傲自居的感觉。如果闭眼的同时还伴有双臂交叉、仰头等动作，就会给对方以故意拉长脸、目中无人的感觉。

（二）眉毛

俗话说"眉目传情"，眉和目总是相连在一起来传递信息的，眉毛的活动有助于眼神的传递，可以传递问候、惊讶、恐惧等信息。如果眯起双眼，眉毛稍稍向下，可能表示已陷入沉思当中；如果眉毛扬起，可能表示怀疑，也可能表示兴奋；如果紧锁眉头，则表示焦虑等。一般来说,西方人比东方人更会运用眉毛来传递信息。据报道,西方人能用眉毛来传递 28 种不同的信息。

(三) 鼻子

虽然鼻子很少在沟通中表达具体信息,而且大都用来表示厌恶、戏谑等,但若使用得当也能使话语更生动。比如,愤怒时,鼻孔张大、鼻翼翕动,感情会表达得更为强烈。在沟通过程中,当你内心对某事不满时,应理智地处理它,或委婉地说出来,千万不能面向对方皱鼻子。

(四) 嘴

嘴的动作也能从各方面反映人的内心。嘴的动作是通过口型变化来体现的:鄙视时,嘴巴一撇;惊愕时,张口结舌;忍耐时,紧咬下唇;微笑时,嘴角上翘;气急时,嘴唇发抖;等等。当然,嘴还可以和身体的其他部位配合以表示不同的含义。

(五) 微笑

微笑是没有国界的语言,对每个人来说都是同等的。把微笑运用到日常工作中,会给我们带来意想不到的效果。正因为如此,不少公司,特别是服务行业的公司,开始对其员工进行微笑培训,让他们学会微笑。

善于交际的人在人际交往中的第一个举动就是面带微笑。一个友好、真诚的微笑会传递给别人许多信息。微笑能够使沟通在一个轻松的氛围中展开,可以消除因陌生、紧张而产生的隔阂。同时,微笑也显示出你的自信心,表示你希望通过良好的沟通达成预期的目标。

> **小阅读:微笑的作用**
>
> 微笑不需要太多的付出,可是却有很多收获。
> 微笑令接收者受益,可是施予者也无损失。
> 微笑发生在刹那间,可是给人带来的回忆却是永恒的。
> 微笑不会因为你有钱而失去重要性,可是贫穷的人却可能会因微笑而致富。
> 微笑创造出家庭中温馨的氛围。
> 微笑是生意场上制造好感的工具。
> 微笑是朋友间善意的招呼。
> 微笑使疲惫者得以休息。
> 微笑使失望者获得光明。
> 微笑使悲哀者迎向阳光。
> 微笑使大自然解除了困扰。
> 微笑无处可买,无处可求,无法去借,更不能去偷……
> 微笑只有你真心地给予。
> 资料来源:作者根据公开资料整理。

这是美国一位著名广告人所制作的广告中提到的一首小诗——《圣诞节一笑的价值》。这首小诗揭示了人类最美好、最有价值的语言——微笑。在与陌生人交流时，由于彼此不熟悉，我们常常一脸严肃、冷漠，甚至拒人于千里之外，那么，能不能主动给他们一个微笑呢？

三、服饰仪态

在现代生活中，人们的着装打扮已远远超越了最基本的遮羞避寒的功能，其更重要的功能是向别人传递属于个人风格的信息。服装、饰物、妆容及仪态等非语言方式都作为沟通的手段发挥着重要作用。

（一）服装

服装对非语言沟通极为重要。衣服的颜色、款式和风格等能够传递许多信息，不仅可以表示一个人的社会地位、身份和职业性质，而且能够反映人的心理特点和性格。服装能够透露人的情感信息，一个人常常是如何感觉的就会如何穿着，而穿着如何又会影响你的感觉。

1. 服装的种类

一般来说，服装可以分为制服、职业装和休闲装几类。制服是最专业化的服装形式，它表明着装者属于一个特定的组织。最常见的制服是军装，军装能够告诉人们着装者在军队中所处的地位。职业装是企事业单位为员工提供的服装，它是企事业单位形象识别系统的组成部分。休闲装人们工作之余的穿着，这种服装的选择权在个人，所以休闲装能够体现人的个性。

2. 服装的颜色

服装的颜色非常值得注意。在西方，黑色是丧服的颜色，白色为婚庆礼服的颜色；但在东方，丧服往往用白色，婚庆礼服多用红色。在古代欧洲，紫色一般是权力的象征；而在古代中国，黄色才是不可侵犯的权贵颜色，皇帝的龙袍是黄色的，唐朝以后甚至规定非天子不得穿黄袍，不过紫色在古代中国也代表权贵。在正式的工作场合，最佳颜色为黑和白，其次是灰色、褐色系列。

小阅读：黑色衣服更显野蛮

美国康奈尔大学的两位心理学家的研究显示，身着黑色球衣使足球或曲棍球运动员在赛场上的表现看上去更为野蛮。1970—1986年，28个美国足球联盟队所受裁罚的记录表明，12个受处罚最多的球队中，有5个队的制服以黑色为主色调。同样，这17年间3个受罚最多的美国曲棍球联盟队也身着黑色。上面的发现促使心理学家对黑色衣着进行了一系列实验：将两盘足球比赛的录像带放给由球迷和裁判组成的小组观看。一盘带子中，防卫者身穿黑色球衣；另一盘带子中，防卫者身穿白色球衣。结果，观众认为虽然动作相同，但身穿黑色球衣的球员比身穿白色球衣的球员更具"攻击性"。

心理学家推测,由于穿黑色衣服的人往往给人以更具攻击性或更野蛮的感觉,因此穿黑色衣服的人也容易变得更具攻击性。

资料来源:作者根据公开资料整理。

3. 着装的要求

合适的着装有两个要求:第一,着装要符合一个人的年龄、职业和身份。尤其是管理者的着装要体现自己的身份,并且要让自己的着装能给人留下良好的印象。管理者的穿着能表明其大概是什么性格特点的人。在社交场合中,人们对新来者的第一印象就是他的穿着,并会根据第一印象对其做出某种初步判断。职业装最能显示一个人的工作性质及其从属关系。以某一饭店中的管理人员、各个级别或工种的服务人员的着装为例。该饭店员工的制服首先有一个整体的特点,以区别于其他饭店。在饭店内部,又以不同的样式、标志或颜色显示出各自不同的身份、职责范围。顾客到饭店时,一定希望接待自己的是一个穿着整洁大方、态度友好的服务员,而不是衣着不整、无精打采的服务员。职业装明确表明了人们的身份,促使每个人自觉维护集体荣誉、增强责任心,使人们产生信任感。

第二,着装要符合一个人的脸型、肤色和身材。人的个子有高有矮,体型有胖有瘦,肤色有深有浅,穿着应考虑到这些差异,扬长避短。一般来说,个子较高的人,上衣应适当加长,衣服最好选择深色、单色或柔和的颜色;个子较矮的人,上衣应稍短一些,服装款式以简单、直线型为宜,上下颜色应保持一致,不宜穿大花图案或宽格条纹的服装,最好选择浅色套装。体型较胖的人,衣服款式应力求简洁,中腰略收,宜选择小花纹、直条纹的衣料,最好是冷色调,以达到显"瘦"的效果;体型较瘦的人应选择色彩鲜明、大花图案以及方格、横格的衣料,以显得丰满或健壮一些。肤色较深的人穿浅色服装,会获得良好的色彩效果;肤色较浅的人穿深色服装,更能显出皮肤的细腻。当然,每个人在决定自己的服饰穿戴时,应根据自己的具体情况,不必墨守成规。

(二) 饰物

饰物在人的整体装扮中至关重要,一件用得适当的饰物好似画龙点睛,能使你气质出众。佩戴饰物有三点要求:与服装相协调、与人相协调、与环境相协调。不要在正式场合询问对方所佩戴饰物的新旧、价格及购买渠道,更不能动手去触摸对方的饰物。

绝大多数情况下,男士在室内都不要戴帽子、手套。女士的纱手套、帽子、披肩、短外套等,作为服装的一部分,可在室内穿戴。在他人办公室或居室里,不要乱放自己的衣帽,在主人允许后,才可以按照要求放好。领带和领结被称为西装的灵魂,在选择上应下一番功夫。在正式场合穿礼服时,可配以黑色或白色领结。蝴蝶结在运动场上或比较轻松的场合大受欢迎,但打上蝴蝶结参加社交活动给人的感觉就不太庄重了。

男士的腰带分为工作和休闲两大类。工作中以黑色和棕色的皮革制品为佳,而配休闲服装的腰带,只要好看就可以。腰带的颜色和式样不宜太醒目。女士系腰带应考虑同服装相配套,此外还要注意体型问题,如是纤细柳腰,系上一条宽腰带会显得楚楚动人;如腰围太粗,可系一条环扣粗大的腰带,使腰带的环扣成为令人瞩目的焦点。

纽扣在服装上的作用也是很大的。女士服装上的纽扣可以是各式各样的,而男士的纽扣则不宜追求新潮。西装上衣为双排扣的,穿着时一定要把扣子全系上。如果是单排扣的,则还有两粒与三粒之分,前者应系上面那一粒纽扣,后者应系中间那一粒纽扣。

眼镜选配得好,可使人显得儒雅端庄。方脸的人要选大圆框、粗线条的镜框,圆脸的人宜选四方宽阔的镜框,而椭圆形脸的人最适合戴框型宽阔的眼镜。在室内不宜戴黑色等有色眼镜,如遇眼疾不得已而为之,应说明缘由。

女士的包袋应套在手上,不要拎在手里,包袋的大小应与体型相匹配。男士在公务活动中携带的公文包应以黑色、棕色为宜。女士用的钱夹可以随手携带,或放在提包里。男士的皮夹宜放在西装的上衣内侧口袋里。

(三) 妆容

妆容跟衣服一样,是皮肤的延伸。常见的化妆品有眉笔、腮红、粉底、唇膏、眼影等。化妆的目的在于重整面部焦点的特征,例如,单眼皮变双眼皮、细长的眼睛变成圆圆的大眼睛、扁平的鼻子显得高挺、苍白的面色变得红润等。化妆是一种身体语言,一位女士精心打扮,除了令自己更好看,还表示对他人的尊重。

(四) 仪态

在不同的场合,沟通双方都要具有大方、得体的仪态,这样才能显示出自己的修养和沟通技巧。

1. 办公室

无论你是主人还是访客,在公务交流中最重要的是随时保持优雅、警觉以及有条不紊的态度。在接待访客时,如果没有接待人员引导访客到你的办公室,你应该亲自出去迎接,问候访客,并且带他到你的办公室;如果接待人员将访客带到你的办公室,你应马上站起来,快步走出,热情握手,寒暄问候,表现出你很高兴见到对方,并视他为一个重要客户。当一些突如其来的事情打乱了你的接待安排时,如果你必须让访客等待超过10分钟,则应抽出一两分钟,到办公室外面问候访客,表明你的歉意,安抚他的情绪。访客按约定的时间到达时,如果你正在打电话,应该马上结束通话,并告诉对方处理完事情再给他回电话。应等访客在安排好的座位上落座后,你再坐下,并请访客喝饮品,然后进入谈话的正题。当你较忙,工作安排得很紧凑,而访客逗留的时间过久,或者另有一位重要访客即将抵达,你必须给予特别的接待时,你可以看着你的手表说:"很抱歉,我下面还有一个重要的会议,几分钟前就已经开始了。"同时,给对方留一点时间说一两句结束语。

2. 商业拜访

在进行商业拜访时,应当按约定时间准时到达。在等待期间,尽量不要向接待人员提任何要求,避免干扰对方的正常工作。如果等待时间较长,可向接待人员询问还需要等多久,但不要不停地问,抱怨自己等了很久,而要保持安静,有礼貌。当离开接待室时,应记得道谢。

3. 谈判

谈判一般是一种正式的活动,必须注重仪表,给人留下良好的印象。自我介绍时要自然、大方,不必过分拘泥于礼节,一般应姓、名并提,讲清自己的单位、所担任的职务等。介绍他人时,总是要将社会地位较低的人介绍给社会地位较高的人。在谈判过程中,讲话的语气要平和、友好,不生硬,不咄咄逼人,不强加于对方。在对方发言时要仔细倾听,不能漫不经心,眼睛四下张望,流露出轻视对方的神情,可以用点头同意或简单的"嗯""对""我明白"等语言,鼓励对方继续说下去,并以积极友好的手势或微笑做出反应。若谈判中出现分歧,双方也应平静地坐下来,找出观点相左之处,态度应诚恳、实事求是,即使谈判未成功,也不应记恨、挖苦对方,要维护好双方之间的友谊。

4. 宴请

沟通者在餐桌上的仪态最能体现其风度。在宴请时,如果你是客人,等主人示意你坐下时才能坐下;如果你是主人,则应以缓和的手势,示意客人落座,并且在客人开始用餐后,你才可以用餐,这个规矩对于每一道菜都适用。用餐时应把餐巾放在你的腿上,如果用餐途中你必须离开餐桌,则应把它放在你的座椅上,千万不要放在桌上。唯有用餐完毕,大家都已站起来准备离去时,才可把餐巾放在桌上。用餐的坐姿应该是笔直、有精神的,一副懒洋洋、没精神的姿态,会给人留下一种缺乏活力、慵懒无力的印象,不利于良好的沟通。

四、副语言

心理学家研究发现,人与人之间的交流大部分是通过视觉来实现的,其次是通过听觉,只有少部分是通过我们实际的语言来实现的。其中,听觉交流是通过"如何来表达语言"实现的,它包括音质、音调、音高、讲话的速度、语气以及停顿、叹息或嘟囔的声音等,这些都被称为副语言,也叫辅助语言。副语言虽然有声音但却属于非语言。例如,各种笑声、叹息、呻吟以及叫声。哈哈大笑、爽朗的笑、傻笑、苦笑、冷笑、假笑、讨好的笑、无可奈何的笑,诸如此类,都等于在说话,有时甚至胜似说话,不过它是不分音节的语言。

副语言提供了另一种理解他人情感的有效方式。我们可以将副语言看作声音的沟通,以观察一个人的声音在情绪低落时如何变得生硬或低沉,在情绪高涨时如何变得流畅和激昂。虽然没有可视信息,但一个人应经常仔细地去倾听另一个人的声音。

(一) 语速

人们说话的速度影响着沟通客体对信息的接收和理解。研究发现,当沟通主体使用较快的语速时,会被视为更有能力的表现。当然,如果说话速度太快,人们跟不上,其语言的清晰度也可能会受到影响。

(二) 音调

音调指声音的高低,它决定了一种声音是否悦耳。有些人认为,高音没有低音悦耳,然而研究音调的人发现,如果沟通主体使用较高且有变化的音调,则被视为更有能力;用低音说话的人似乎底气不足,可能被认为对所说的话没有把握或者害羞。但是,也有研究证明,人们撒谎时会比平时的音调高。

(三) 音量

音量即说话声音的大小。并不是不分场合地在任何时候都要使用很大的音量,如果合乎沟通主体的目的,柔和的声音往往具有同高音一样甚至更好的效果。

(四) 声音补白

声音补白是指在搜寻要用的词时,用于填充句子或做掩饰的声音。像"啊""呀""这个""你知道"等字词或短语,都是表明停顿以及正在搜寻正确词语的非语言方式。声音补白其实也是一种信号,事实上它能捍卫沟通主体讲话的权利,因为它有效地表明了"不要打断,我仍在讲话"。我们经常会用声音补白,但是如果不停地使用,或者它们已经分散沟通客体的注意力了,那就会产生沟通问题。

(五) 音质

一个人的音质是由其声音的特点,即速度、节奏、发音特征等构成的。音质是非常重要的,因为研究人员发现,声音具有吸引力的人更容易被人们认为有影响力、有能力和更为诚实。许多人对自己说话的声音没有一个明确的概念,当有些人在录像中看到自己的形象并听到自己的声音时,总是对自己声音不甚满意。当然,声音是可以通过自己的努力和专业人员的帮助来改变的。

(六) 暂停和沉默

暂停和沉默同讲话的速度一样值得注意。沉默可能有很广泛的含义。在一种极端的情况下,人们用沉默作为一种武器或者策略来结束沟通或寻求某种赞同。在谈话中能有意识地暂停也是一种能力,这种能力给他人以时间来仔细考虑自己的想法和感受。

非语言沟通在人类社会的沟通中占有很重要的地位。当一个人具有良好的沟通能力时,他的非语言沟通与语言沟通会一致地、合理地、可信地发生变化。比如,低头、放下手或者眼睛凝视,可能象征着一种暂停、强调一种观点,或者表明一个人讲话中的疑问或讽刺。有时为了表明一种思想转换,沟通主体会改变其身体的整个姿态。总之,非语言行为是语言信息的标点符号。

五、环境沟通

环境也会对沟通造成一定的影响。人们周围有各种各样的环境,但不同的人从不同的环境中接收到的信息是不一样的,有些环境比较舒适宜人,有些则让人感到不自在。每一个活动领域都传达着其使用者的信息。环境对沟通的影响主要表现在空间位置与距离以及环境布置等方面。

（一）空间位置与距离

有关空间位置与距离的研究，也称为空间关系学，它涉及利用周围空间的方式以及坐或站时与他人保持的距离。

1. 空间位置

位置在沟通中所表示的最主要的信息就是身份。你去拜访一位客户，在他的办公室里会谈，你坐在他办公桌的前面，表示他是主人，他拥有控制权，你是客人，你要照他的安排去做。在开会时，积极地坐在最显眼位置的人，表明他希望向其他人显示自己的存在和重要性。宴请的位置也很讲究主宾之分，东道主坐在正中，面对上菜的方向，他右侧的第一个位置为最重要的客人，他左侧的第一个位置留给第二重要的客人，其他客人、陪同人员则以东道主为中心，按职务或辈分等依次落座。由此可见，位置对沟通双方的心理影响是非常明显的。

2. 距离

观察人们在自己与他人之间保持的距离，可以发现哪些人处于密切的关系中，哪些人处于更为正式的关系中。如果你走进总经理的办公室，他继续坐在自己的办公桌前，可以预见你们的谈话将是正式的；如果他请你在房间一角舒适的椅子上与他并肩而坐，则是设定了一种更为亲切的情境，那么谈话将会是非正式的。人际沟通一般有四个层次的距离：亲密距离、私人距离、社交距离和公共距离（见图5-2）。

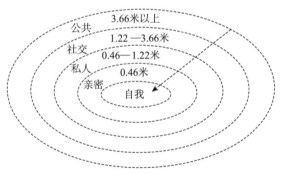

图5-2　人际沟通的层次

亲密距离　相距约0.46米，适用于情侣或挚友之间。在商务活动和工作场所则很少使用这种距离。虽然某些时候，一个人同另一个人耳语、握手、拥抱也很常见，但这样的接触通常在数秒内结束，当事人会立即回到私人距离或社交距离。

私人距离　相距0.46—1.22米，是人们在进行非正式的个人交谈时最经常保持的距离。这个距离近到足以看清对方的反应，远到足以不侵犯亲密距离。由私人距离形成的空间通常被说成是看不见的气泡，将每个人团团围住，它的大小可根据交流情形膨胀或缩小。

社交距离　当对别人不是很熟悉时，最有可能保持1.22—3.66米的社交距离。非个人事务、社交性聚会和工作访谈等都是利用社交距离的例子。在一个有许多工作人员的大办公室里,办公桌是按社交距离摆放的,这种距离使每个人都有可能把精力集中在自己的工作上。在一些重要人物的办公室里,办公桌也大到足以使访客与其保持恰当的社交距离。

公共距离 公共距离由3.66米延伸至听觉距离,这一距离大多用于演讲中,因此它并不适合两个人之间的沟通。在公共距离下,人们说话的声音更大,手势更夸张,同时人们相互影响的机会也更少。

3. 影响空间位置与距离的因素

人们谈话时应保持什么样的距离,办公室应该多大及应该如何装修,会议室应安放什么样的会议桌(圆形的、椭圆形的或其他形状的),所有这些都与空间有关,而空间的构成则完全根据个人的地位及彼此间的关系不同而定。沟通主体必须知道,在不同场合中什么样的空间行为是合适的,什么样的空间行为是不合适的,这些行为对沟通都有一定的影响。

地位的影响 对空间的利用通常表现出地位上的差异,只要看一看办公室的大小就能发现。比如,在美国以及一些亚洲国家,办公室越大,显示出办公室主人在公司中所处的地位越高。当地位差距拉大时,人们之间的沟通距离通常也会随之增大。一些办公室安放着大办公桌,不仅看上去很气派,而且形成了缓冲带,即与访客保持距离。许多公司在认识到距离因素扩大了地位所产生的影响时,就尽力去缩小它。例如,管理者主动迎接来到办公室的访客,甚至主动到一线工人那里讨论某一问题的解决办法,诸如此类的做法能够进一步改善双方之间的沟通关系。

个性的因素 与性格内向的人相比,性格外向的人在与他人接触时能保持更近的沟通距离;与缺乏自信心的人相比,自信心强的人在与别人接触时,沟通距离也更近。

人与人之间的亲密程度 通常,人们总希望与自己熟悉的同伴或好朋友保持较近的距离,而尽量远离陌生人。因此,空间距离也成为亲密程度的一种标志。当与他人初次见面时,双方会保持社交距离甚至公共距离;只有在比较熟悉后,才会被允许进入他人的私人空间。当然,即使是亲密的朋友,如果在正式场合,也不能保持亲密距离,而应该保持社交距离或私人距离。

(二) 环境布置

人们常常受到设计和陈设的影响而浑然不知。以办公室为例,我们应了解三个有关环境布置的因素:办公室空间的设计、房间的颜色和桌椅摆设。

1. 办公室空间的设计

近年来,随着办公室功能的整合,办公变得更为简单和方便,流线型的办公桌吸引着员工们,而且他们越来越多地掌握着自己工作场所的设计,如办公桌下的取暖设备、小型的个人空气供应设备、个性化的台灯和音乐播放器等。

小阅读：惠普公司的敞开式办公室

美国惠普公司创造了一种独特的"周游式管理办法"，鼓励部门负责人深入基层，直接接触广大员工。为此，惠普公司的办公室布局采用美国少见的"敞开式大房间"，即全体员工都在一间敞厅中办公，各部门之间只用矮屏分隔，除少量会议室、会客室外，无论哪一级的管理者都不设单独的办公室，同时不称呼头衔，即使对董事长也直呼其名。这种"周游式管理办法"有利于各级员工之间的沟通，创造无拘束和合作的气氛。

资料来源：改编自楚杰，《知名企业的管理绝招》，《中外管理》，2003年第5期，第76—77页。

2. 房间的颜色

研究显示，办公环境的颜色会影响员工与顾客的心理和情绪。颜色能被看见，也能被感受到。红色、橙色、黄色容易使人产生侵略性的激动和刺激。人们所处房间的地板、墙壁、天花板和家具如果是鲜艳的色彩，会使人血压升高，心跳加快，脑部活动增加。在清凉的颜色中，人的生理功能会更正常，如蓝色是冷色调，具有镇静的效果，而淡绿色则使人安静、平和。

3. 桌椅摆设

某些家具能决定你将在此停留的时间。比如，有一种专为餐馆老板设计的椅子，它被设计成不太舒服的样子，坐在上面的人的后背能感觉到压力，使人不能坐得太久，从而"迫使"餐馆老板进行走动式管理；而高级轿车驾驶座的设计则正好相反，其按照驾驶者的背部曲线进行设计，甚至有腰部的特殊设计，以缓解驾驶者长途驾驶所导致的疲劳。

办公桌的大小、外形以及摆放的位置，都在影响着主人给访客的印象，而且能决定这个办公室开放性的沟通程度如何。

小阅读：小罗的困惑

小罗经过笔试、面试，终于进入世界知名品牌迪奥的代理店担任实习销售人员。今天她精心打扮，开开心心地进入购物中心二楼大厅左侧的迪奥店面。衣架上的时装吸引着来往女士们的眼球，不少人乘兴而来，满意而归。尽管这些时装价格不菲，但销量不错。在实习的两周中，她发现进店闲逛的顾客中超过三成的女士都购买了时装，提着迪奥的购物袋开心而去。

正式上班的第一天，直到下午四点，小罗仍然没有售出一件时装。她正在思考着：自己热情地微笑着，不厌其烦地介绍和推广，但……突然，她发现一位中年女士已走到她负责的柜台前，眼睛盯着她身边衣架上的时装。她知道，这几款套装有好多人都试穿过了，只是有的顾客称腰围或胸围不合适，也有的顾客没说什么就走了。面前的这位女士身材姣好，皮肤白嫩，真叫小罗羡慕。于是小罗聚精会神，向该女士介绍，请她随意试穿，同时夸赞她的身材和皮肤。

当那位女士换上这几款套装时，在场的003、008号服务员也围了过来，发出惊羡的声音。那位女士似乎也很满意这几款套装，特别是米灰色和草绿色的两套。她穿在身上反复照着镜子,走过来转过去,舍不得脱下。每套衣服她都仔细查看,观察质地,查看说明标牌。

小罗抓紧时机请她确认一套,她却幽幽地说:"这套时装不适合我。"

小罗微笑着询问:"哪儿不合适呢?您看这几款,款款都那么漂亮,这两天来试过的人如果像您穿得这么合身早就买走了。您看,价格也不贵,只要4 000元,如果有贵宾卡,还可以有9折优惠。今天我们就给你9.5折优惠,再送给您一张贵宾卡,以后都可以打9折。一般购物5 000元以上,我们才发卡的。"

女士看了看小罗,没有出声。在小罗的再三询问下,女士又说:"我再看看还有没有适合我的。"就走向其他的衣架,仔细摸摸,试试手感,看看标牌,但最后还是什么也没有买就走了。

小罗又陷入了沉思,003号服务员叫道:"她那么好的身材给我就好了,我一定可以当上模特儿,哪还用得着当这个售货员……"

资料来源:作者根据公开资料整理。

思考·讨论·分析

1. 小罗在推销衣服的过程中运用了哪些非语言沟通技巧?可以向我们传达什么信息?

2. 如此合适的时装,为什么顾客没有选择购买?如何通过非语言沟通揣摩顾客的心思?

任务四　掌握非语言沟通技巧

◎ 工作任务:模拟动作

实施

(1) 以班级小组为单位,每个同学对班级同学或老师的习惯性动作进行模仿,并由其他小组成员做出解答。然后各小组进行讨论并得出结论:哪个同学模仿得最接近,以及模仿时应注意的技巧包括哪些。

(2) 要求每组同学宣布讨论结果。

(3) 分析讨论结果。

资料来源:作者根据公开资料整理。

思考:

体验非语言沟通的作用,并思考运用非语言沟通有哪些技巧。

◎ 任务分析

我们已经了解了非语言沟通在人际交往中的作用。然而,真正将非语言沟通有效地运用到人际交往中去却不是一件很容易的事。这需要我们做两件事:一是理解别人的非语言沟通,二是恰当使用自己的非语言沟通。

知识解析

一、理解别人的非语言沟通

非语言沟通比语言沟通能够传达的信息更多,因此,理解非语言沟通是理解他人的一条重要途径。从他人的目光、表情、身体姿势以及彼此的空间距离中,我们都能够感知到对方的心理状态。了解了对方的喜怒哀乐,我们就能够有的放矢地调整我们的交往行为。

1. 同样的非语言沟通在不同性格的人身上的意义可能不同

一个活泼、开朗、乐于与人交往的女孩,在与他人交往时会运用很丰富的身体语言,不大在乎是否与他人保持较近的距离,也时常带着喜悦的表情与他人谈话。但是,这可能并没有任何特殊的含义,因为她与其他人交往时也是这个样子。然而换成一个文静、内向的女孩,上述信息可能就意味着她已经开始喜欢对方了。

类似地,解释别人的非语言沟通还要考虑情境因素。同样是笑,有时候是表示好感,有时候是表示尴尬,而有时候又表示嘲讽,这都需要我们加以区分。

2. 理解别人的非语言沟通,最重要的是要从别人的角度来考虑问题

要用心去体会别人的情感状态,也就是心理学上常讲的要注意"移情"。如果别人对你表情淡漠,很可能是由于对方遇到了不顺心的事,因此不要看到别人表情淡漠就觉得对方不重视你。事实上,这样的误解在年轻人中最容易出现,也最容易导致朋友、恋人之间产生隔阂。站在别人的角度,替别人着想,才能使交往更富有人情味儿、更深入。

3. 要培养自己敏锐的观察力

善于从对方不自觉的姿势、目光中发现对方内心的真实状态。不要简单地下结论。比如,中国人喜欢客套,当来做客的人起身要走时,往往会极力挽留。然而很多时候,这样的挽留却并非出于真诚,我们从主人的姿势上是可以看出来的,口头上说"慢走",却早已摆出了送客的架势。

小阅读:郈成子的观察力

有一次,郈成子为鲁国出使晋国。途经卫国时,卫国的右宰相宴请了他。在宴会上,右宰相命令乐队奏乐,但是乐曲并不是欢快的。当喝酒正畅快的时候,右宰相又把名贵的璧玉送给了郈成子。

郈成子完成出使任务从晋国回来,又经过卫国,但他却没有向右宰相告别,而是径直回国了。

郈成子的车夫对此很不解,就问他:"上次我们途经卫国,右宰相宴请了您,你们相处得很融洽。而今天我们又经过这里,为何不向他告别呢?"

郈成子面带忧色地说:"他留下并宴请我,理应是要与我一起作乐,可乐曲并不欢快,这是向我表示他的忧愁啊!喝酒正畅快的时候,他又把璧玉送给了我,这是想把璧玉托

付给我啊。从这些迹象看,卫国很可能要有祸乱了!"

邴成子走到离卫国三十里的地方时,听到了宁喜作乱杀死了卫君,右宰相为卫君殉难的消息。回到鲁国后,邴成子又派人去卫国把右宰相的妻子和儿女接到了鲁国,并用自己的俸禄供养他们。等到右宰相的儿子长大后,邴成子就把璧玉还给了他。

资料来源:作者根据公开资料整理。

二、恰当地使用非语言沟通

恰当地使用非语言沟通,要求我们做到以下几点:

(一) 经常自省非语言沟通

自省的目的是检验自己以往使用的非语言沟通是否有效,是否自然,是否使人产生过误解。了解这些,有助于我们随时对自己的非语言沟通进行调节,使它有效地为我们的交往服务。不善于自省的人,要分析自己是否总会使人产生误解;如果是,则应注意检讨自己的行为。如果不注意自省,则很可能会出问题。

我们可能会注意到,那些比较著名的演说家、政治家,都很善于运用富有个人特色的身体语言。这些有特色的身体语言并不是与生俱来的,而是经常有意识地运用的结果。

(二) 注意非语言沟通的使用情境

非语言沟通的使用一定要注意与自己的角色以及生活情境相适应。北京某名牌大学的一个毕业生到一家公司去求职。在面试时,这个自我感觉良好的毕业生一进门就坐在沙发上,跷起二郎腿,还不时地抖动。如果在家里,这是个再平常不过的姿势,而在面试的情境中则很不合适。结果,负责面试的人只是简单地问了几个问题后就客气地说:"回去等消息吧。"最终的结果可想而知,他失去了一个很好的工作机会。

(三) 改变不良的非语言沟通习惯

改变不良的非语言沟通习惯,是指消除无助于沟通反而使沟通效率下降的不良的身体语言。有人在与人交谈时,常有梳理头发、打响指等习惯,有的人还有掏耳朵、挖鼻孔的小动作,这些都会给对方留下不好的印象,让人觉得很不礼貌。同时,这些无意义的非语言沟通也会分散对方的注意力,影响沟通的效果。

真诚是一种美德,而言行一致则是真诚的体现。口头语言与身体语言不一致,会使人觉得你很虚伪,就如嘴上说留客,而身体语言已经表达出想要送客了一样。

思考·讨论·分析

如何将非语言沟通与语言沟通有机结合起来?

项目小结

1. 所谓非语言沟通就是使用除语言和文字以外的其他各种沟通方式来传递信息的

过程。

2. 人们在日常生活中利用身体动作、面部表情、服饰仪态、副语言、环境沟通等来表达思想、情感、态度和意向。

3. 非语言沟通具有普遍性、民族性、社会性、审美性、规范性和情境性等特性。

4. 在沟通过程中,非语言沟通不仅起着配合、辅助和加强语言沟通的作用,而且能够影响并调控语言沟通的方向和内容。

5. 运用非语言沟通时应该注意身体动作、面部表情、服饰仪态、副语言以及环境沟通等的运用技巧。

6. 非语言沟通在沟通中所表现出的真实性和可靠性要比语言沟通强得多,特别是在情感的表达、态度的显示、气质的表现等方面,非语言沟通更能显示出其独有的特性和作用。

7. 非语言沟通一般不能单独使用,不能脱离客观环境的条件,必须与相应的语言情境相配合。只有那些善于将非语言符号与真实环境背景联系起来的人,才能准确、适当地运用非语言符号。

8. 以办公室为例。有三个有关环境布置的因素:办公室空间的设计、房间的颜色和桌椅摆设。

9. 真正将非语言沟通有效地运用到人际交往中去,需要我们做两件事:一是理解别人的非语言沟通,二是恰当地使用非语言沟通。

项目六　学会倾听

知识目标

1. 了解倾听的含义和作用。
2. 了解倾听过程中会遇到哪些障碍。
3. 了解什么是有效倾听。

能力目标

1. 能在倾听过程中获取更多有效的信息。
2. 合理解决倾听过程中遇到的问题。
3. 初步掌握有效倾听的技巧。

思政目标

1. 培养观察力、共情力,学会用辩证的眼光看待问题。
2. 培养认真倾听并尊重他人的习惯。

引 例

细心的特工

第二次世界大战后,一个罪大恶极的纳粹分子潜逃在外,一直未落入法网。缉捕工作开展得很艰难,时间也持续了很久。一次,在一个小餐馆里,一位特工在等候用餐。他的对面坐着一个男子,一面静静地等候,一面用手指若无其事地轻轻敲打着桌面。礼帽下一副深茶色的眼镜将他的目光隐隐遮住,样子看起来很平和。

"笃笃,笃笃,笃笃笃,笃",那位特工听着听着,突然心里一动:那个男子轻轻敲打桌面发出的声音,竟然让他感到如此恐怖和难以忍受,而他对此又是那样的熟悉。平时爱听音乐的习惯此时帮了他大忙,凭着警惕的神经和那种特殊的感觉,他断定那个男子正在伴随着敲打桌面所形成的节奏默默哼唱着纳粹分子的军歌!这个有顽固残暴本性的人,肯定就是他们一直在追捕的那个纳粹分子!结果正如特工所分析的那样。那个纳粹分子由于这一点小小的、极难被人察觉的疏忽而原形毕露。

资料来源:作者根据公开资料整理。

纳粹分子虽然一言未发,但特工凭借职业警觉,用灵敏的耳朵、快速的反应,知晓了对方隐蔽的深层次心理,分析、推断出了纳粹分子的非语言沟通行为所传达的信息以及所表达的情感。这个故事告诉我们,在人际交往和社会活动的过程中,要做有心人,就必须带着目的去搜寻、去打听。不但要察言观色,还要观其行为,甚至度其心理。要从倾听的技巧入手,从中发现自己所需要的东西。

任务一　感受倾听过程

工作任务:认识倾听的重要性

美国著名的主持人林克莱特曾经在一期节目上访问了一个小朋友,问他:"你长大了想做什么呀?"

小朋友天真地回答:"我要当飞行员!"

林克莱特接着说:"如果有一天你的飞机飞到太平洋上空时,燃料耗尽,飞机所有的引擎都熄火了,你会怎么办?"

小朋友想了想,说道:"我先让飞机上所有的人都系好安全带,然后我背上降落伞,先跳下去。"当现场的观众笑得前仰后合时,林克莱特继续注视着孩子。没想到,孩子的两行热泪夺眶而出。

"为什么要这么做呢?"林克莱特问他。

他的回答透露出一个孩子简单而真挚的想法:"我去拿燃料,我还会回来!"

林克莱特的与众不同之处在于,他能够让孩子把话说完,并且在现场的观众笑得前仰后合时,仍保持着倾听者应该具有的一份亲切、一份平和、一份耐心,最终听到了这个小朋友最善良、最纯真、最清澈的心语。

资料来源:作者根据公开资料整理。

思考:

为什么林克莱特听到孩子说的话后依旧继续询问?倾听有多么重要?如果你是在场的观众,你会认真听孩子把话说完吗?

任务分析

我们大多数人在阅读、写作和说话等方面都受过正规训练,然而很少有人学过如何去倾听他人讲话。在信息交流的全过程中,"听"在一个人的一生中用得最多。研究人际沟通的专家认为,人们听他人讲话的时间比自己阅读、写作和说话的时间要多得多,约占一个人一生中40%的时间。

事实上,良好的倾听能力已成为大多数人进行人际交往和社会活动的重要因素。正确倾听他人说话,应是语言交流的一个重要组成部分。在商务交往中,人们都希望他人听取自己所说的东西,因此,倾听他人说话的能力将对一个人进行高层管理的潜能产生重大影响。你要对他人所说的内容做出准确的回应,就必须听清事情的来龙去脉,理解他人所说的全部内容。

知识解析

一、倾听的含义

苏格拉底提醒我们:"自然赋予人类一张嘴、两只耳朵,也就是要我们多听少说。"有些人认为倾听能力是与生俱来的,不需要训练。但一些职业专家的研究表明,大多数人只用了25%的潜能来听取和理解他人的谈话。他们建议应花更多的时间来听取他人的意见,获得所需的信息。人们在各种沟通技巧上花费的时间百分比见图6-1。

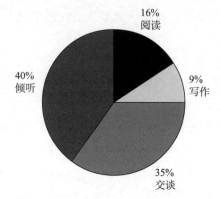

图6-1 在各种沟通技巧上花费的时间百分比

说到倾听,许多人常把它与听混为一谈。事实上,听与倾听是有根本区别的。听只是一个生理过程,它是听觉器官对声波的单纯感受,是一种无意识的行为。只要耳朵能够听到别人说话,就表明在听。而倾听虽然也以听到声音为前提,但更重要的是人们对听到的声音必须有所反馈。也就是说,倾听不仅仅是生理意义上的听,更应该是一种积极的、有意识的听觉与心理活动。在倾听的过程中,必须要思考、接收、理解说话者传递的信息,并做出必要的反馈。倾听的对象不仅仅局限于声音,还包括更广泛的内容,如语言、声音、非语言等。可见,倾听不仅要接收、理解他人所说的话,而且要接收、理解他人的手势、体态和面部表情等,不仅要从中得到信息,而且要把握住他人的思想和感情。

概括地讲,所谓倾听就是在对方说话的过程中,倾听者通过视觉和听觉的共同作用,接收和理解说话者思想、信息及情感的过程。

依据这种理解,在倾听的过程中,我们不仅要听到对方所说的话,还要关注重音、声调、音量、停顿等因素。例如,说话者适当的停顿,会给人一种谨慎、仔细的印象;过多的停顿则会给人一种急躁不安、缺乏自信或不可靠的感觉。说话的音量不同也能让对方区分说话者愤怒、吃惊、轻视或怀疑等不同的态度。

依据这种理解,视觉接收到的信息也属于倾听的内容。我们诉说的话往往由于不同的说话方式而具有不同的意义。

小阅读:成功人士说倾听

人本主义心理学创始人卡尔·罗杰斯说:倾听,是建立深层关系的一把钥匙。

中国诗人、散文家、翻译家余光中说：善言，能赢得听众；善听，才能赢得朋友。

18世纪法国哲学家、文学家伏尔泰说：耳朵是通向心灵的道路。

松下电器创始人松下幸之助把自己全部的经营秘诀归结为一句话：首先细心倾听他人的意见。

林肯的私人助理约翰·海伊在倾听别人说话时，总是展现出很崇敬对方的样子，而且非常专注。跟他交谈过的很多人，都感觉自己已经被他征服了，同时，无意之中也受到他的鼓励，不知不觉地努力前行。

资料来源：作者根据公开资料整理。

二、倾听的过程

倾听是一个能动的过程，是一个对感知到的信息进行加工处理后使其能动地反映自己思想的过程。这个过程大致可分为预言、感知、选择、组织、解释或理解五个阶段。这五个阶段相互影响，任何一个阶段出现问题，倾听都可能是无效的。

（一）预言

倾听在沟通中起着承上启下的作用。我们可以凭借对将要与之沟通的人以往的了解，预测他可能做出的反应。例如，如果你负责的一个项目失败了，上司批评你，你所能做的仅是认真倾听，而不是辩解。倾听者在实际倾听之前可以预见到将要发生什么。

（二）感知

对方发送出信息传到人们的耳膜中，产生刺激，成为人们所获得的信息。当人们只是听时，听到的只是声音或词语；而在倾听时，人们则要做出更多的反应。也就是说，听只是一种涉及听觉系统的生理过程，而倾听则涉及对他人整体的、更加复杂的知觉过程，需要同时理解口头沟通和非口头沟通所传达出的信息。人们获得的语言信息来自听觉，但倾听效果却是各种因素综合作用的结果。

（三）选择

并不是任何信息都为人们所接收，人们总是对一部分信息表现出特别的关注和兴趣，但同时又忽视了另外一些信息。例如，在喧哗的场合，大家都在交谈，突然从背后传来叫你朋友名字的声音，这时你会捕捉到这一声音并下意识地回头去看，这就是人们接收信息的选择性。

（四）组织

在倾听的过程中，当你决定注意某些信息时，接下来的步骤就是对信息进行组织加工，包括识别、记忆、赋予信息含义等一系列过程。人们将杂乱无章的信息分门别类，集中贮藏起来，对那些过于简略的信息加以扩充，对过于冗长的信息进行浓缩，使它们成为自己所拥有的知识和经验的一部分。虽然人们不可能记住所有的语言信息和非语言信息，但对于那些重要的信息，人们会想方设法将其存贮在自己的大脑中，而通常采用的方法之一就是记笔记。

（五）解释或理解

对于收集、过滤后的信息，人们会调动大脑贮存的知识和经验，通过判断、推理，获得正确的解释或理解。在这一阶段，人们会对信息做出评价，并用自己的知识和经验来衡量对方所说的话，或者质疑对方的动机和观点。在理解说话者所用词语的含义的同时，人们也赋予说话者的腔调、手势、表情一定的含义。

这五个阶段是一次倾听活动的全部过程，说起来复杂，但人们都是本能地以惊人的速度完成的，其具体过程并非泾渭分明、按部就班，它们之间常常是同时进行的。

三、倾听的作用

（一）倾听对他人是一种鼓励

倾听能激发对方的谈话欲。说话者感到自己的话被重视，就会乐意分享更多有用的信息。好的倾听者能促使对方更愿意诉说，产生更深入的见解。这种更深的见解会使双方都受益，因此这种鼓励也是相互的。当别人感觉你在认真、专注地倾听他说话时，他也会全部或部分解除戒备心理，并会反过来更专注地倾听你说话，更好地理解你的意思。你进行的有效倾听也常常使对方成为于你而言的认真的倾听者。

（二）倾听可以改善关系

倾听通常能改善人们的关系，能为说话者提供说出事实、想法和真实感受等心里话的机会。倾听时，你将更好地理解说话者，而你对他们所说的感兴趣会使他们感到愉快。这样，你们的关系就会得到改善。人们大多喜欢发表自己的意见。如果你愿意给他们一个机会，他们就会觉得你易于相处、值得信赖，这样，倾听就会使你收获友谊和信任。仔细听他人说话会为你提供一个线索，了解他们是如何想的，他们认为什么重要，他们为什么会这样说。你并不一定喜欢他们，更不一定赞同他们，但理解会使你们相处得更好。倾听是给人留下良好印象的有效方式之一。

（三）倾听可以使你获取更多重要信息

通过倾听我们可以了解对方要传达的信息，感受对方的情感，并据此推断对方的性格、目的和诚恳程度。倾听可以使你适时和恰当地提出问题，澄清不明之处，或是启发对方提供更完整的信息。为了解决问题和更有效地做出决策，尽可能多地获取相关信息是十分必要的。倾听有助于你更多地获取说话者拥有的信息。仔细倾听常常使他们继续说下去并促使他们尽其所能举出实例。而倾听是获取信息的重要方式，你掌握了尽可能多的信息之后，就可以更准确地做出决策了。报刊文献及资料是了解信息的重要途径，但它们受时效限制;而倾听时可以得到最新信息,交谈中有很多有价值的信息,有时它们是说话者一时的灵感,甚至他自己都没有意识到,但对倾听者来说却有启发。这些信息不认真倾听是抓不住的。所以有人说,一个随时都在认真倾听别人说话的人,可以在闲谈之中成为信息的富翁,这可以说是对古语"听君一席话,胜读十年书"的一种新解读。

📖 小阅读:诉说与倾听

歌德曾经说过:"对别人诉说自己,这是一种天性,而认真地对待别人向你诉说这件事,是一种教养。"

乔·吉拉德被誉为当今世界最伟大的推销员,连续12年平均每天销售6辆车,这一纪录至今无人能破。乔·吉拉德说:"有两种力量比较伟大:一是倾听,二是微笑。"在一次推销中,乔·吉拉德与客户洽谈顺利,就要签约成交时,对方却突然变了卦。当天晚上,按照客户留下的地址,乔·吉拉德上门求教。客户见他满脸真诚,就实话实说:"你的失败是由于你自始至终没有听我说的话。就在我准备签约时,我提到我的独生子即将上大学,而且还提到他的运动成绩和他将来的抱负。我是以他为荣的,但你当时却没有任何反应,而且还转过头去给别人打电话,我一生气就改变主意了!"

资料来源:作者根据公开资料整理。

(四) 倾听可以锻炼自身能力,掩盖自身的弱点

通过仔细倾听,能减弱对方的防卫意识,增加认同感,产生同伴乃至知音的感觉。倾听者可以训练以己推人的心态,提高思考力、想象力、客观分析能力。俗话说"沉默是金""言多必失"。沉默可以帮助我们掩盖若干弱点。例如,如果你对别人所谈论的问题一无所知,或未曾考虑,或考虑不成熟,那么倾听就可以掩盖你的无知,掩盖你的准备不充分,你就获得了一段喘息的时间。

(五) 倾听可以调动人的积极性

善于倾听的人能及时发现他人的长处,并创造条件让其长处得以发挥。倾听本身也是一种鼓励方式,能增强对方的自信心,加深彼此之间的感情,激发对方的工作热情和责任感。

📖 小阅读:懂得倾听

美国最成功的商界人士之一玫琳凯·艾施女士是玫琳凯化妆品公司的创始人。她的公司曾拥有20万名员工,但她仍要求管理者记住,倾听是最优先的事。而且,每名员工都可以直接向她陈述困难。她也会抽出时间来聆听下属的陈述,并仔细做好记录。她还非常重视下属们的意见和建议,并在规定时间内给予答复,由此保护了他们的自尊心,满足了他们一吐为快的愿望,调动了他们的积极性。

资料来源:作者根据公开资料整理。

（六）倾听使你善言并能够更有力地说服对方

只有善听才能善言。可以想象，如果在对方发言时你急于发表自己的观点，根本无心思考对方在说什么，甚至在对方还没有说完时就在心里盘算着如何反驳，你们之间的交谈是难以合拍的。只有善听才能更好地说服别人，因为你能从对方的话语中找到他的出发点和弱点，以及是什么让他坚持己见，从而找到说服对方的契机；你的认真倾听会让对方感到你充分考虑了他的需要和见解，增大了他认同你的观点的可能性。

（七）倾听有助于解决问题

这有三层含义。第一，积极倾听可使管理者做出正确的决策，尤其对于缺乏经验的管理者而言，倾听可以减少错误。例如，松下幸之助创业之初，公司只有3个人，但正是因为他注意征询意见，随时改进产品，才使松下电器达到后来的规模。玫琳凯创业之初，公司只有9个人，也正是由于她善于倾听意见，按顾客的需要制作产品，才使得公司的效益一直处于行业领先地位。第二，人们仔细地互相倾听对方的话语是解决异议和问题的最好办法。这并不意味着他们必须相互同意对方的观点，只需表明他们理解对方的观点即可。第三，仔细倾听也能为对方解决问题。很多人在生活中都会遇到不需要回答的问题，遇到一个认真的倾听者，问题就能在倾听中得以解决。例如，当你遇到一个在两份工作中难以做出选择的朋友时，你只需在他时而激昂、时而平静地对两份工作利弊分析的陈述中静静地倾听，偶尔在关键的地方予以提示，就会起到画龙点睛的作用。虽然你或许什么建议也没提供，但他会觉得你给了他宝贵的意见，帮他做出了艰难的选择。因为他其实什么都想到了，你不会比他考虑得更周全，他所需要的且你力所能及的只是倾听而已。

📖 小阅读：兼听则明，偏信则暗

《资治通鉴》中记载，唐太宗问宰相魏征："我作为一国之君，怎样才能明辨是非不受蒙蔽？"魏征回答道："作为国君，只听一面之词就会糊里糊涂，常常会做出错误的判断。只有广泛听取意见，采纳正确的主张，您才能不受欺骗，下边的情况您也就了解得一清二楚了。""兼听则明，偏信则暗"这一典故即出于此。

资料来源：作者根据公开资料整理。

任务二　克服倾听障碍

◎ 工作任务：分析倾听失败的原因

多年以前，哈佛大学的校长因为一次错误判断而失去了难得的发展机遇，但却阴差阳错地造就了斯坦福大学。

那天，一对老夫妇没有事先预约，就直接去拜访哈佛大学的校长。老妇人穿着一套

褪色的条纹棉布衣服,而她的丈夫则穿着布制的便宜西装。校长的秘书在顷刻间就断定这两个乡下来的人根本不可能与哈佛大学有业务往来。

老先生轻声道:"我们要见校长。"

秘书很礼貌地回答:"他一整天都会很忙。"

老妇人回答道:"没关系,我们可以等。"

过了几个小时,秘书一直在忙自己的事,把他们晾在一边,希望他们知难而退,识趣地离开,但他们却固执地在原地等待。

秘书终于决定通知校长:"也许他们跟您讲几句话就会离开。"

校长不耐烦地同意了,并接待了这对老夫妇。

老妇人告诉他:"我们有一个儿子曾在哈佛大学读过一年书,他喜欢这里,并在这里生活得很愉快。但是去年,他因车祸而去世。我丈夫和我想在校园里为他留个纪念。"

校长并没有被感动,反而觉得有些可笑。他粗声地说:"夫人,我们没办法为每一个曾在哈佛大学就读而后去世的人树立遗像。如果那样做,我们的校园不就看起来和墓园一样了吗?"

老妇人说:"不是,我们并不是要树立一座遗像,而是想捐一栋大楼给学校。"

校长再次审视了一下这对老夫妇身上的条纹棉布衣服及粗布便宜西装,然后吐了一口气说:"你们知不知道建一栋大楼要花多少钱?我们学校的建筑物价值超过 750 万美元。"

这时,那位老妇人沉默了。校长终于如愿以偿地把他们打发走了。

走出校长办公室,那位老妇人转向她的丈夫说:"只要 750 万美元就可以建一所大学?那我们为什么不建一所大学来纪念我们的儿子呢?"

就这样,斯坦福夫妇(Mr. Standford and Mrs.)离开哈佛大学,来到加州,成立了斯坦福大学(Standford University)以纪念他们的儿子。

资料来源:作者根据公开资料整理。

思考:

造成倾听失败的原因有哪些?

任务分析

人们似乎更倾向于彼此之间进行语言交流,而不是花时间去倾听。在倾听的过程中,受到环境、倾听者、说话者等众多因素的影响,倾听往往难以达到应有的效果。事实也表明,尽管倾听在沟通活动中所占的时间比例最大,但遗憾的是,许多人并不具备有效倾听的能力,不良的倾听习惯会导致其误解甚至曲解说话者所表达的意思。那么,倾听有哪些障碍并应怎么去克服呢?

 知识解析

一、倾听的障碍

一般来说,倾听的障碍主要表现在三个方面。

（一）环境因素引发的障碍

任何沟通都是在一定的环境中进行的，环境是影响倾听效果最重要的因素之一。环境因素不仅包括客观环境因素，如谈话场所、环境布置、噪声大小、光照强弱、温度高低、气候状况、座位安排等，而且包括主观环境因素，如沟通双方的心情、性格、衣着以及人数、话题等。

环境因素主要从两个方面影响倾听的效果：一方面，干扰信息传递的过程，削减、歪曲信号；另一方面，影响沟通双方的心境。这正是人们在沟通时很注重挑选环境的原因。比如，管理者在会议室里向下属征询建议，下属会十分认真地发言，但若是换作在餐桌上，下属可能就会随心所欲地谈自己的看法，甚至并不成熟的看法。出现这种差别是由于不同场合下人们的心理压力和情绪以及交谈氛围大不相同。另外，说话者和倾听者在人数上的差异也会影响倾听的效果。在交谈中，是一个人说话一个人倾听，还是一个人说话多个人倾听，或者多个人说话多个人倾听，这种不同的对应关系也会产生不同的倾听效果。当一个人说话一个人倾听时（如两人促膝谈心），会使倾听者感到自己角色的重要性，注意力自然集中；当一个人说话多个人倾听时（如听课、听报告），会使倾听者感到压力较小，所以容易开小差；而当倾听者只有一位，说话者却为数众多时（如多家记者向新闻发言人提问），倾听者将全神贯注，丝毫不敢懈怠。常见的环境因素和主要障碍源如表6-1所示。

表6-1　常见的环境因素和主要障碍源

环境类型	封闭情况	氛围	对应关系	主要障碍源
办公室	封闭	严肃	一对一，多对多	不平等造成的心理压力，紧张情绪，他人或其他声音的干扰等
会议室	一般	严肃	一对多	对在场的其他与会者的顾虑，时间受限
活动现场	开放	可松可紧	一对多	外界的干扰，准备不足
谈判室	封闭	紧张	多对多	对抗心理，想说服对方的愿望太强烈
讨论会	封闭	轻松	多对多，一对多	很难把握信息要点
非正式场合	开放	轻松	多种对应关系	外界干扰，易跑题

（二）听者引发的障碍

听者在整个交流过程中具有举足轻重的作用。不仅听者本人的知识水平、文化素养、职业特点、理解信息的能力直接影响倾听效果，其对说话者个人的态度也会影响倾听效果。所以，在尽量创造适合沟通的环境条件后，听者要以最好的态度和精神面貌面对说话者。一般来说，来自听者本身的障碍主要表现在以下方面：

1. 理解能力

听者的知识水平、文化素养、职业特点及生活阅历往往与其本身的理解能力和接受能力紧密联系在一起,具有不同理解能力的听者必然会产生不同的倾听效果。有效的沟通要求听者与说话者在沟通的内容方面有相通之处,否则就是"对牛弹琴"了。

2. 倾听习惯

在倾听的过程中,不同的人有不同的习惯,有些不良习惯会直接影响倾听的效果。例如:

急于发言　人们大多都有喜欢发言的倾向,很容易在他人还没有说完时就迫不及待地打断对方,或者嘴上没说心里早已不耐烦了,这样往往不能把对方所表达的意思听懂、听全。于是我们就经常会听到别人这样说:"你听我把话讲完好不好?"这正说明了急于发言并不利于双方的沟通。其实许多时候只要认真听完别人说的话,就会发现心中的疑问已经消除了,无须再发言了。

忙于记要点　有的听者觉得应记下说话者所说的每一个字,于是在听的时候忙于记笔记。遗憾的是,在说话者说到第三点时,他才给第一点画上句号,以致忽略了完整的倾听。

吹毛求疵　有的听者并不关注说话者所说的内容,而是专门挑剔说话者的毛病,如说话者的口音、用词、主题、观点都可能成为其挑剔的对象,听者甚至抓住说话者的某个细微错误而贬低他。这种个人的偏颇观念时常导致敌对情绪的产生,从而影响倾听。

缺乏耐心　有的听者过于心急,经常在说话者暂停或者喘口气时插话,帮说话者结束句子,而往往忽略了说话者正要说的话题。

以自我为中心　有的听者表现出过于自我的心态,对说话者谈论的每个话题都有意无意地以自己生活中的事件回应。比如,他会说:"那让我想起,我……"这便打断了说话者的思路,甚至引开了话题。

忙于私活　有的听者从谈话一开始就没有停下手头的事情。他可能在谈话中拆信、接电话或整理办公室,见此情景,说话者通常都会尽快结束谈话并离开。

3. 情感过滤

在很多情况下,人们都爱听奉承话,好听的话即使说得言过其实,也不会引起听者的反感,难听的话即使说得恰如其分,也不会让听者满意。每个人都会选择自己喜欢听的话来听,当某人说到一些我们想听的话时,我们会"竖"起耳朵,接收所有的信息,不管是真理、部分真理,还是谎言和谬误;相反,遇到不想听到的内容时,我们会本能地排斥,也不管这些内容对自己是否有用。可以说,在倾听的过程中,情感起到了听觉过滤器的作用,有时它会导致盲目,而有时它排除了所有倾听的障碍,如我们会很满足地从别人口中证实自己的思想,并由此而感到快乐。但要注意,运用情感过滤信息,可能无法正确地倾听并理解说话者所表达内容的含义。

4. 心理定式

每个人都有自己的好恶,都有根深蒂固的心理定式和成见,所以与不喜欢或不信任的人交流时很难以客观、冷静的态度接受说话者所提供的信息。比如,当一个你讨厌的人在台上讲得手舞足蹈时,你会认为他太虚伪,是乱吹一气,因此不屑于听他讲话,甚至会东张西望,或用手不停地敲打桌面,向对方发出"你有完没完,我已经不想听了"的信号。再如,当一个平时比较啰唆的人要求与你谈话时,你会心不在焉地听他讲,因为你会觉得他讲的许多都是废话,实际上这样也可能会错过一些有用的信息。

5. 心智时间差

正常人大脑的运转速度极快,每分钟能处理 500 个字以上的信息,而普通人的说话速度是每分钟 120—200 个字,这便产生了听者的心智时间差问题。也就是说,人们思考的速度比说话的速度快许多。为了填补这一段时间的空白,在听的同时,你的大脑很自然地就会游走到其他的想法上去,但是当你回过神来时会发现,这段时间你走神了,遗漏了许多重要的内容。应该说,这是正常心理反应的结果,但为了更好地倾听,对这一过程还是应该有所控制。

(三)说话者引发的障碍

1. 语言因素引发的障碍

语言因素引发的障碍包括四个层次:

语言层次　语言是说话者表达观点和想法所使用的基本工具。使用不同的语言工具以及不同的语言背景和习惯,都会影响倾听的效果。

声音层次　这是人们利用听觉器官接收说话者信号的层次,不同的音量、音调、语调等传递着不同的内容。

语法层次　不同的语言表达方式、表达习惯会使同样的语言产生不同的效果,甚至意思完全相反。

语意层次　即说话者所要表达的语意层次。语意表达不明会给倾听带来障碍。

2. 身体语言引发的障碍

身体语言是沟通的重要组成部分,恰当的身体语言有助于听者的理解。而身体语言运用不当则会给倾听带来障碍甚至产生误解,如有人说话时不喜欢与人有目光接触,而缺乏目光接触将不可避免地减少听者对说话人的注意和兴趣。

另外,口头语言与身体语言不相符也会给听者造成障碍。比如,当你说"3"时,却伸出了 5 根手指,如果听者注意到你的动作,必然会产生疑惑。

  互动游戏:传话

游戏规则:10 个人排成一列,老师在纸条上写一个 15—20 字的句子,由第一个人来领纸条,记住上面的话,然后低声耳语告诉第二个人;第二个人将听到的句子再低声告诉第三个人。如此重复直至最后一个人,由他将自己听到的话写出来。

- 看一看:最后一个人写的纸条和老师写的有哪些区别?
- 议一议:为什么第一张纸条和最后一张往往有天壤之别?是怎么造成的?

二、克服倾听障碍

(一)创造良好的倾听环境

倾听环境对倾听的质量和效果具有重要的影响,沟通双方如果能够选择或营造出一个良好的倾听环境,就能够在很大程度上改善倾听的效果。一般来说,良好的倾听环境包括以下内容:

1. 适宜的时间

如果有可能,可根据沟通的需要,慎重选择有助于倾听的时间。某些人工作效率最高的时间是早晨,所以他们适合把重要的汇报安排在早晨。对多数人来说,一天当中心智最差的时间是在午餐后和下班前,因为在饱食后很容易疲倦,而在下班前不愿被过多地耽搁。因此,应尽量避免在这些时间段内安排重要的倾听内容。另外,在时间长度上要尽量避免时间限制,如果你只有几分钟的时间,而这次谈话又很重要或很复杂,需要更多的时间,那么最好把它定在另一个时间段内。这样做时你可向对方解释,说明你需要足够的时间深入地与他进行探讨,对方一般都会很乐意与你重新确定谈话的时间。

2. 适当的地点

谈话地点的选择也很重要。地点的选择必须保证交谈时不受干扰或打扰,可以摘下电话听筒,或者在门上挂一块免打扰牌。另外,还要适当安排办公室的家具及座位,要使家具安放的位置不至于妨碍谈话,座椅的摆放能够使沟通双方直接看到对方的眼睛,这样不仅能够集中交谈双方的注意力,而且易于观察对方的非语言表现。

3. 平等的氛围

要根据交谈的内容来营造氛围。讨论工作上重要的事情时,应该营造一个严肃、庄重的氛围;而在联欢晚会上,则要营造一个轻松、愉快的氛围。要知道,同样的一句话在不同的氛围下传到倾听者耳朵里的效果是不同的。但不管哪种氛围的营造,都要遵循平等、信任、协调的原则,这样才能使谈话的氛围成为有利的条件,而不至于变成沟通的障碍。

4. 尽量排除所有分心的事情

在进行谈话或倾听时,尽量不要想其他无关紧要的事,要排除所有分心的事情。

(二)提高倾听者的倾听技能

倾听者是倾听过程的主体,倾听者的知识水平、理解能力、倾听态度以及精神状态等会直接影响倾听的效果。因此,克服倾听的障碍,关键在于提高倾听者的倾听技能。提高倾听技能应该从以下方面入手。

1. 完整、准确地接收信息

在交谈中,倾听者仔细聆听说话者说出的话是非常重要的,因为它告诉倾听者说话者在想什么。但是,好的倾听者不仅要听说话者说出来的信息,还要能够听出其言外之意,即不仅要听说出来的事情,而且要听该事情是如何被说出来的。许多时候,人们的非语言行为透露了其真实意图,所以倾听时尤其要注意观察与语言表述相抵触的那些非语言行为,这样才能避免接收信息的偏颇和遗漏。

为了完整、准确地接收信息,倾听者应该做到以下三点:

精心准备　倾听者在谈话前要列出自己想要解决的问题,以便在谈话过程中注意倾听对方对这些问题的回答。

摘录要点　对于谈话中涉及的一些关键问题要一一记下来,可以适当重复对方的话来验证自己所获得的信息,也可以换个角度说明对方所传达的信息,这既有助于倾听者了解事情的来龙去脉,同时也是对说话者的一种反馈。

会后确认　在会谈接近尾声时,应与对方核实自己的理解是否准确,尤其是关于下一步该怎么做的安排,这有利于按照对方的要求正确地采取下一步的行动。

小阅读:"听"来的钢盔

第二次世界大战期间,一个叫亚德里安的美国将军利用战斗的间隙到战地医院探望伤员。他低调地走进病房,静静地坐在病床边,倾听每一位伤员讲述自己"死里逃生"的经历。其中一个炊事员说,他听到炮弹呼啸而来,就不假思索地把一口铁锅扣在自己的头上,虽然弹片横飞,战友们倒下了一大片,他却幸免于难。听到这里,亚德里安将军若有所思地点了点头,走到这个炊事员床前同他握手,脸上露出赞赏的微笑。后来,他下了一道命令:让每名战士都戴上一口"铁锅"——于是,在人类战争史上,"钢盔"这个重要发明,就因为一位将军耐心地倾听一个炊事员的"唠叨"而诞生了,它使七万余名美国士兵在第二次世界大战中幸免于难。

资料来源:作者根据公开资料整理。

2. 正确地理解信息

沟通双方文化水平、社会经历的差异常会造成对同一事件的不同理解。产生误解的一大原因就是习惯性思维。一个人在对问题的理解上总是先调动自己以往的经验,然后推测将来的发展趋势。因此,要防止误解的产生,倾听者要尽量做到以下几点:

一是从对方的角度出发,考虑他的背景和经历,想想他为什么要这么说,他希望我听完之后有什么样的感受。倾听者要试着让自己掌握说话者的真正意图,而不是让说话者觉得谈话索然无味。

二是消除成见,克服思维定式的影响,客观地理解信息。一个人总会被自己的好恶感左右:喜欢某个人,只要是那个人说的话,不管对与错,都认为他说的就是正确的;讨厌某个人,连见一面都觉得难受,更别提坐下来耐心听他说话了。其实,这种倾听方式对双方的沟通会造成很大影响,容易使信息失真。

三是不要自作主张将自己认为不重要的信息忽略掉,最好与说话者核对一下,看看自己对信息的理解是否存在偏差。可以说,有相当多的沟通问题都是由倾听者个人对信息的随意理解所造成的。

3. 适时、适度地提问

作为倾听者,尽管其主要任务在于倾听他人所说的话,但是,如果倾听者能以开放的态度询问所听到的事,成为谈话的主动参与者,就能增进彼此间的交流和理解。可以说,提问既是对说话者的一种鼓励,即表明你在认真倾听,同时也是控制和引导谈论话题的重要途径。提问既有利于倾听者彻底掌握自己没有听到的或没有听清楚的事情,同时也有利于说话者更加有重点地陈述、表达。但需要注意的是,提问必须做到适时和适度,要多听少问,如果倾听者满脑子想的都是如何问问题,或提问像连珠炮似的,问起来没完没了,那么这种提问就失去了应有的价值,还会引起说话者的反感和不满。

4. 及时给予反馈

说话者会根据倾听者的反馈做出适当的调整,这样会更有利于倾听者的倾听。因此,在倾听时对说话者的信息做出反馈是十分必要的。反馈可以是语言的,也可以是非语言的,但要注意反馈应清晰,易于为人所了解和接受。比如,问问题、查验信息等,都是较适当的反馈方式。当倾听者做出反馈时,说话者能根据倾听者的反应来检查自己行为的结果,从而知道自己所说的话是否被准确接收和正确理解,并由此决定接下来如何说和做。非语言反馈是由身体姿态、动作和表情来传达的,当你站、坐、皱眉、微笑或者看起来心事重重时,都是在向对方反馈某些信息。

5. 防止分散注意力

注意力分散是有效倾听的最大障碍之一。在倾听时会使人分散注意力的因素有很多,如一定的生理疲劳会使人们感到厌倦,而其他的新颖刺激也会将人们的注意力转移到其他人或事上。除了周围的噪声,演讲者的口音和方言也可能让听者分心。不感兴趣的主题或组织得不好的演讲,也会很快让听者失去热情从而将注意力分散到其他事情上。但是,好的倾听者会排除干扰,并努力倾听说话者信息中的要点,采用良好的坐姿,使自己保持清醒和兴奋的状态,帮助自己避免在倾听时分心。另外,适当记笔记也是保持注意力集中的好方法。

(三) 改善说话者的说话技巧

一切沟通技巧从本质上说只为两个目的服务:让别人懂你以及让你懂别人。如果你的说话方式阻碍了其中任何一个目的的达到,你就步入了危险的沟通雷区。说话者常遇到的问题主要有以下几个方面:

(1) 说话速度太快。高频率的长篇大论只会给人以喋喋不休的感觉,倾听者没有时间完全理解说话者要表达的东西。

(2) 太注重细节。在说明一个问题时,总想把所有的细节都解释清楚,可是到了最后往往连自己也不知道要说的中心问题是什么了。

(3) 过于紧张。有些人觉得在很多人面前发言是一件很可怕的事情,并且因为紧张使发言变得颠三倒四。

（4）对人不对事。"每次和同事起争执时，我都会觉得脑袋里的血呼地一下就往上涌了，然后我说出来的话就不那么理智，有点儿意气用事了。"这也是人们经常会遇到的问题。

说话者这些问题和缺点的存在会直接影响到倾听的质量和效果，因此，作为谈话中的引导者，说话者应该解决这些问题，引起倾听者的兴趣，提高倾听效率。

小阅读：从两次对话中看出应怎样倾听下属的话

对话一

下属：嗨，老板，我刚听说又要更换产品颜色。我们刚持续生产了30分钟，现在却又要把设备拆洗一遍，我和伙计们都不太情愿。

老板：卡尔，你和你的伙计们最好别忘了谁在这里说了算。该做什么就做什么，别再抱怨了！

下属：我们是不会忘掉这件事的！

对话二

下属：嗨，老板，我刚听说又要更换产品颜色。我们刚持续生产了30分钟，现在却又要把设备拆洗一遍，我和伙计们都不太情愿。

老板：你们真的为此感到不安吗，卡尔？

下属：是的，这样我们得多做许多不必要的工作。

老板：你们是觉得这类事情实在没必要经常做，是吗？

下属：唉，也许像我们这样的一线部门确实无法避免临时性变动，有时我们不得不为某个特殊的顾客加班赶订单。

老板：没错，在现在的竞争形势下，我们不得不尽一切努力为顾客服务，这就是我们都有饭碗的原因。

下属：我想你是对的，老板。我们会照办的。

老板：谢谢你，卡尔。

资料来源：作者根据公开资料整理。

思考·讨论·分析

举一个身边的例子，谈谈什么是倾听障碍以及如何克服倾听障碍。

任务三　掌握有效倾听的技巧

工作任务：体会有效倾听

纽约某电话公司数年前应付过一个曾咒骂接线员的恶劣的顾客。他不仅咒骂接线员，恐吓说要拆毁电话，还拒绝支付某种他认为不合理的费用。他写信给报社，还向公众服务委员会屡屡申诉，在使该电话公司经历数起诉讼后，公司中一位富有技巧的"调解员"被派去拜访这位恶劣的顾客。这位"调解员"静静地听着顾客的话,并对其表示同情,让这位好争论的顾客发泄他的满腹牢骚。

"他喋喋不休地说着,我静静听了差不多三个小时,"这位"调解员"叙述道,"后来,我又去他那里,继续听他发牢骚。我拜访了他四次,在第四次拜访结束以前,我已成为他正在创办的一个组织的会员,他称该组织为'电话用户保障会'。我现在仍是该组织的会员。有意思的是,据我所知,除这位顾客以外,我是该组织在这世上唯一的会员。"

"在这几次拜访中,我静静地听着,并且同情他所说的任何一点。我从未像公司其他人那样同他谈话,他的态度也慢慢变得友善了。我要请他完成的事,在第一次拜访时没有提到,在第二、第三次拜访时也没有提到,但在第四次,我成功完成了任务,请他将所有的账单都付清了,还请他撤销了针对电话公司向公众服务委员会的申诉。"

资料来源:改编自《有效倾听的案例》,https://www.qinxue365.com/kczx/186909.html(访问日期:2023年3月22日)。

思考:

这位调解员为什么能够调解成功?

 任务分析

一个挑剔,甚至反应激烈的批评者,也会被一个忍耐、富有同情心的倾听者软化降服。无疑,故事中的顾客自认为为正义而战,保障公众权利,不受无情的剥削,但实际上他要的是尊重感。由此可见,当你遇到麻烦时,你所能做的或许仅仅是做一个善于倾听的人,鼓励别人表达自己的观点。

我们每个人都应该重视倾听,提高自身的倾听技巧,学会做一个优秀的倾听者。倾听并不是被动地接受,而是一种主动行为。当你感觉到对方正在不着边际地说话时,可以用机智的提问来把话题引回到主题上来。倾听者不是机械地"竖起耳朵",在听的过程中脑子要转,不但要跟上说话者的故事、思想内涵,还要跟得上对方的情感深度,在适当的时机提问、解释,使得交谈能够深入下去。倾听有四个层次:第一层为最基础的过耳聆听,第二层为选择性聆听,第三层为专注地倾听,第四层为带有同理心地、专注地倾听。事实上,大概60%的人只能做到第一层次的倾听,30%的人能够做到第二层次的倾听,15%的人能够做到第三层次的倾听,达到第四层次水平上的倾听的只有不多于5%的人。那么,倾听的技巧又有哪些呢?

知识解析

一、倾听的技巧

(一)搞清前提

我们所说的"倾听",是在相互交谈中的倾听。双方是在交流思想和观点、联系情感,而不是辩论。基于辩论的对话与基于联系的对话在很多基本点上有本质区别。例如，在辩论中，倾听是为了反驳、分清正误或压倒对手；在交流中，倾听是为了理解、求同存异或帮助对方。搞错了前提就难以进行正确的倾听。辩论对话与交流对话的区别如表6-2所示。

表6-2 辩论对话与交流对话的区别

区别要点	辩论对话	交流对话
对"问题"的解释	将"问题"看作要求提供信息	将"问题"看作维持对话顺畅进行的手段
后面的评论与刚才"最后发言者"的联系	不要求后面的话与刚才"最后发言者"的话有关，忽略此前的评论反而是控制辩论的一种策略	下面的评论与刚才"最后发言者"的话通常明确相关
对"挑衅"的看法	视"挑衅"为组织对话的一种方式	视"挑衅"为针对倾听者个人的、持否定态度的表现，往往对说话者有破坏作用
"主题"的界定和转换	"主题"的界定是狭窄的、突然转换的，谈及其他事被视为要转换主题	"主题"的界定是缓慢的、循序渐进的，对旁事的提及被认为是对主题的规范、限制或扩充
对分担问题者的回应	进行劝告和提出解决办法	给予安慰，用分担困难来建立共同的归属感

（二）建立信任

信任是双方交流的基础。真诚的谈话可以激发对方的兴趣，调动对方的积极性及参与的主动性，因此，在交谈过程中有意甚至无意的撒谎，都有可能使对方觉得你是在欺骗他从而使交谈中断或效果不佳。

（三）积极投入

1. 进入集中精神的状态

随时提醒自己交谈到底要解决什么问题。倾听时应保持与说话者的眼神接触，但对时间的长短应适当把握，如果没有语言上的呼应，只是长时间盯着对方，会使双方都感到局促不安。另外，要努力保持大脑的警觉，而保持身体的警觉则有助于使大脑处于兴奋状态。专心地倾听不仅要求健康的身体，而且要使躯干、四肢和头处于适当的位置，比如有的人习惯于把头稍偏一点并认为这样有助于集中精神。全神贯注意味着不仅要用耳朵，而且要调动整个身体的能量去倾听对方说话。

2. 采取开放式姿态

人的身体姿势会暗示他对谈话的态度。自然开放的姿态代表着接受、容纳、感兴趣与信任。根据达尔文的观察，交叉双臂是日常生活中普遍的姿势之一，一般表现出优雅、富有感染力,自信心十足。但这常常自然地转变为防卫姿势,当倾听意见的人采取这种姿势时,大多是持保留态度。既然开放式姿态可以传达出接纳、信任与尊重的信息,而"倾听"的本意是"身体向前倾着听",也就是说,向前倾的姿势是集中注意力、愿意听倾诉的表现。所以二者是相容的。交叉双臂跷起二郎腿也许是很舒服的姿势,但往往让人感觉到一种封闭性,容易让人误以为对方不耐烦、抗拒或高傲。开放式姿态还意味着要控制自身偏见和情绪,克服心理定式,在开始谈话前培养自己对对方的感受和意见的兴趣,做好准备积极适应对方的思路,理解对方的话,并给予及时的回应。倾听应是热忱的,不可抱着冷漠的优越感或批判的态度听人说话。热忱地倾听与口头敷衍有很大区别。"没必要那么担心,事情会好起来的"之类的话于事无益,甚至会使对方产生挫败感:原来自己的担心是没有价值的。热忱地倾听则给人更多的关怀与启迪,并能够在必要时给予对方鼓励。

3. 采取开放的兴趣观与心态

"如果他们说得没有意思,就别想指望我好好听!"这是我们在听讲座或参与谈话之后常常会听到的话。记住,听者同样有责任,要从中寻找可能与你、与你的工作、与你的兴趣有关的信息。任何信息都可能是有关的,要提出下面这样的问题:我可以利用他们说的哪些信息?我如何利用这些信息提供更好的服务,提振士气,提高效率、了解有关自己或他人的事?你要对说话者表示出兴趣,毕竟没有人想对着空气说话。把自己放在说话者的位置上,想想你会有怎样的感觉。开放的心态是指要意识到自己的成见,或者意识到自己可能会对不符合自己思想观念的信息加以调整。不要觉得与你的信念、态度、想法和价值观相矛盾的信息是威胁、侮辱或者对其有抵触。开放的心态也意味着尽量不要注意说话者的外表和举止。不要因为你不喜欢他们的外表就排斥他们的观点。如果你意识到自己有成见,就更有可能注意到这一点并加以控制。永远不要过早地对说话者的人格、主要观点和你自己的反应下结论。你可能会出错,并且如果过快地做出决定,可能会错过听到真理的宝贵机会。

4. 明确倾听的目的

你对你要倾听的目的越明确,就越能够掌握它。事先为谈话进行大量的准备,这样可以促使你对谈话可能出现的问题或意外有个解决的思路;同时,也可以围绕主题进行讨论,那样的话,你的记忆将会更加深刻,感受将会更加丰富。也就是说,目的越明确,效果越显著。

总而言之,积极投入就是要贯彻这样一种指导思想:在倾听或者接收信息的过程中不能是被动的,而应是主动的。仅用耳朵不行,还要用心去理解;仅理解也不行,还要做出各种反应以合乎礼仪,调整谈话的内容、调节洽谈的气氛,促进谈话顺利进行。

(四) 多加理解

1. 全面倾听,建立理解的基础

全面倾听包括三个方面的内容:听取说话的内容,注意语调和重音,注意语速的变化。只有三者相结合才有可能完整领会说话者的意图和情绪。

2. 全面关注,提高理解的效率

首先,注意听清全部信息,不要听到一半就心不在焉,更不要匆忙下结论。很多单独无法理解的词句放到整体语境当中就容易领会了,而且听对方说完也是礼貌和尊重的表现。其次,注意整理出一些关键点和细节,并时时加以回顾。提一些问题,比如"它们都意义清楚吗?""这些观点有事实依据吗?"如果有疑点,应在听完以后再提问。最后,还要听出对方的感情色彩。言语本身可能带有不同色彩,只有深刻体会说话者的潜在感情色彩,才能完全领悟其含意。

3. 悟出言外之意,分析背景,避免误解

听出言外之意也十分重要。要透过对方话语的表象,发掘其真实的动机。一般来说,对方隐瞒真情是出于以下"背景"因素:持有不同观点又不便直说,抱有不满情绪又不愿表达,因个性或面子不愿直说,由于特定环境而不能直说。分析"背景"因素是做出恰当回应的关键。比如,你的朋友向你表示他还无法下决心买下某套房子,真正的原因可能是他的工作岌岌可危,随时有被裁员的可能。若你不了解该情况,很可能会就房子的构造、周边环境跟他讨论半天。很多推销员也深有体会,顾客挑剔商品的种种不是,其实很可能只是想压低价格而已。

4. 克服习惯性思维

结合视觉辅助手段,"倾听"对方的身体语言,克服习惯思维。人们习惯性地用潜在的假设去评价所听到的话,要想取得良好的倾听效果,就必须摆脱这些习惯性思维的束缚。例如,当你听到某项提议时,不要立即开始思量自己是否喜欢或者应该怎么做。先问一些"条件反射"之外的问题,比如:"这项提议顾及了什么?""它能带来什么好处?"新型思维往往会带来创造力。

结合视觉辅助手段　如果对方提供了传单、讲义、小册子或提纲之类的辅助材料,最好充分利用。因为视觉、听觉刺激若结合起来,理解和记忆都可以得到加深。必要时也可以要求对方绘制图表予以说明。

"倾听"对方的身体语言　身体语言往往更加诚实可信,学会"倾听"身体语言是探测对方心灵的有力手段。倾听时注意识别对方的表情会大有裨益,常见的表情类型如下所示。

僵硬型表情:脸上肌肉麻木,面无表情。具有这种表情的人内心往往充满憎恶与敌意,并试图以此种表情来掩盖自己的真实情绪。

厌烦型表情:主要包括叹气、伸懒腰、打呵欠、东张西望、看表、面露无奈的神色等。

焦虑型表情:比如手指不断敲打桌面,双手互握,小腿抖动,坐立难安等。若厌烦型表情没有得到理解,烦躁的情绪积累下去,就很可能发展为焦虑。

兴奋型表情:表现为瞳孔放大,面颊泛红,搓手,轻快地跳跃等。

欺骗型表情:如果对方喋喋不休地诉说,语义却不连贯,尤其是如果他平时沉默寡言,那么他多半是想隐瞒什么。另外,下意识地摸下巴、摆弄衣角或将手藏在背后,都是说谎的征兆。

高傲型表情：比如眼睛微眯，头向后仰，俯视对方，双手抱胸，斜视，手叉腰，歪着头等。这些都表示自负、盛气凌人，对对方所说的话不屑一顾。

5. 倾听主要观点

不良的听者倾向于只听事实。应学会区分事实和原理、观点和举例、证据和辩解。提炼主要观点的能力取决于你组织信息和理解语言的能力以及对说话者重复的重点的把握。主要观点可能出现在话语的开始、中间或结尾，所以必须一直注意，如果说话者对所说的话做了回顾或总结，那么就要更加仔细地倾听。

6. 用批判的态度听

应当在无偏见的情况下，对说话者做出的假设和进行的辩解持评判的态度，并小心估量主要观点背后的证据和逻辑基础。

（五）加强记忆

人们平常对刚听过的信息的记忆率只有50%，因此提高记忆率的确势在必行。这里提供了一些简单的技巧：

（1）重复听到的信息。将对方的话用自己的语言重新表达，这样既加深了记忆，又给予对方纠正错误的机会。

（2）认清说话的模式。若能总结出对方说话的惯用模式，或者记住其中的典型事例，那么对其说话的内容重新整理组合，可以帮助记忆。

（3）采用某些记忆法。如根据听到的信息结合自身经历构建相关场景或运用模拟记忆、代入记忆、自问记忆等方式，增强记忆。

（4）记笔记。快速在纸上记录一些关键词或自我设计的代表特定含义的符号，事后再浏览一遍，印象就会深刻许多。

（六）配合回应

用各种对方能理解的动作或表情，如微笑、皱眉等向说话者提供准确的反馈信息，以便其及时调整说话的内容和方式。此外，还应通过动作与表情表达自己的情感，表示自己对谈话和谈话者的兴趣。

 互动练习：" 倾听" 技能测试表

（通过对每个问题进行回答来计算分值：几乎都是——5，常常——4，偶尔——3，很少——2，几乎从不——1）

态度

1. 你喜欢听别人说话吗？
2. 你会鼓励别人说话吗？
3. 你不喜欢的人在说话时，你也注意听吗？

4. 无论说话者是男是女、年长年幼,你都注意听吗?
5. 无论说话者是朋友、熟人还是陌生人,你都注意听吗?

行为
6. 你是否会目中无人或心不在焉?
7. 你是否一直注视着说话者?
8. 你是否忽略了足以使你分心的事物?
9. 你是否微笑、点头以及使用不同的方法鼓励他人说话?
10. 你是否深入考虑说话者所说的话?
11. 你是否试着指出说话者所说的意思?
12. 你是否试着指出他为何说那些话?
13. 你是否让说话者说完了他想说的话?
14. 当说话者犹豫时,你是否鼓励他继续下去?
15. 你是否重述说话者所说的话,弄清楚后再发问?
16. 在说话者说完之前,你是否避免批评他?
17. 无论说话者的态度与用词如何,你都注意听吗?
18. 若你预先知道说话者要说什么,你还会注意听吗?
19. 你是否询问说话者有关他所用字词的意思?
20. 为了让说话者更完整地解释他说话的意思,你是否会加以询问?

将所得分数加起来
90—100 分,说明你是一个优秀的倾听者;
80—89 分,说明你是一个很好的倾听者;
65—79 分,说明你是一个勇于改进、尚算良好的倾听者;
50—64 分,说明在有效倾听方面,你确实需要再加强训练;
50 分以下,你需要问问自己:我注意倾听了吗?

问题
1. 根据自己的情况进行测试,并计算出分数。
2. 和同组成员讨论分数,找出原因,开始注意倾听技巧。

二、倾听的注意事项

倾听是一项值得重视的沟通技巧,但是很多人却不愿意在学习有效倾听上下功夫。实际上,倾听能力是可以通过训练提升的,在进行倾听训练的过程中要注意以下问题:

(一)不要多说

大多数人都乐于畅谈自己的想法而不是倾听他人所说。但实际上我们应该学会默默倾听,给对方表达的空间,我们不仅要理解说话的内容,还要理解其中的情感。一个好的倾听者,是能够做到多听少说的。

（二）不要中途打断说话者

打断别人说话,不仅是一种不礼貌的行为,而且不利于倾听。即使对方在反复说一件相同的事,你还是要耐心等候,这样做的收获会比插嘴说话的收获大得多。倾听者一定要让说话者说完自己的想法,在他说完后你就会知道他说的是否真的有价值。

（三）不要轻易下结论

如果对说话者的肢体语言、面部表情或音调所传递的信息心存疑惑,最好开口询问;如果不好意思问,也可以用非语言方式表达自己的想法。不能凭借自己听到的只言片语就轻易下结论,一定要把说话者的真正目的和意图了解清楚后再做判断。

（四）不要心存偏见

人们在与他人沟通交流之前,往往会以自己的主观印象或思维定式来推测对方的动机,戴着有色眼镜去看待他人,结果是对方还没有开口说话,自己就表现出了不想听、不耐烦或不感兴趣,从而错过了一些有用的或重要的信息。因此,倾听时应尽量不心存偏见,而是要诚实地面对,并且倾听对方的观点,容忍对方的偏见。

（五）避免分心的举动

在倾听时,注意不要进行下面几类活动:看表,心不在焉地翻阅文件,拿着笔乱写乱画,等等,否则,会使说话者认为你很厌烦或不感兴趣。更重要的是,这也表明你并未集中精力,因此很可能会遗漏说话者想传递的一些重要信息。

（六）不要臆测

臆测是指在沟通过程中凭着自己的主观臆断对说话者所说的话进行推测或猜想。臆测是沟通的障碍,它常常会使人产生曲解或误解。所以,要尽力避免对别人的话进行臆测。

小阅读:15美元的"欠款"

有一天早上,某尼龙公司的客户汉尼怒气冲冲地闯进了该公司创始人德第蒙德的办公室,因为该公司的信用部接连给他发了好几封催款函,要求他归还拖欠的15美元。尽管他并不承认有这笔欠款,但该公司声称确认无误,所以坚持要他还款。

下面是德第蒙德和汉尼的对话:

德第蒙德:"你好,汉尼,你怎么来了?"

汉尼:"太过分了! 我不但不会支付那笔钱,而且今后再也不会订购你们公司的任何货物。"

德第蒙德见汉尼的火气很大,于是就没有说话,而是微笑着倾听。

汉尼:"我和你们做了这么多年的生意,难道还会欠你们15美元吗?……我可不是一个喜欢赖账不还的人。"

在汉尼抱怨的过程中,德第蒙德有好几次都想打断对方来为自己解释,但是他知道那样做并不能解决问题,所以就让汉尼尽情地发泄。

在汉尼的怒气消散后,德第蒙德才开始平静地对他说:"你到芝加哥来告诉我这件事,我应该向你表示感谢。你帮了我一个大忙,因为如果我们信用部让你感到了不愉快,那么他们同样也可能会使别的客户不高兴,那对我们公司来说可真是太遗憾了,一定是我们的工作方式出了问题。所以,你一定要相信我,我比你更想知道事情的原委。"

本来汉尼是想和德第蒙德大吵一番的,可是德第蒙德不仅没有和他争吵,反而还向他表示了感谢,这当然大大出乎了他的意料。

德第蒙德告诉汉尼:"我们要勾销那笔15美元的欠账,并忘掉这件事。因为你是一个很细心的人,而且只涉及这一笔账目;而我们的员工却要负责几千笔账目,所以和我们的员工相比,你更不会出错。"

听他这么一说,汉尼就更不知如何继续了。德第蒙德又告诉汉尼:"我十分清楚你的感受,如果我处在你的位置上,也会和你有一样的感受。既然你以后都不想再买我们的产品了,那我就再给你推荐其他几家公司如何?"

汉尼感到更不好意思了,就没再说什么。以前每当汉尼来芝加哥时,德第蒙德总是要请他吃饭,所以那天德第蒙德照例请汉尼吃午餐,他也勉强答应了。为了回报德第蒙德的宽厚对待,临走时汉尼订购了比以往多出许多倍的货物。

汉尼回到公司后,特意又检查了一遍账单,结果真的找到了那张15美元的账单,原来确实是自己弄错了,他心里感到非常羞愧。于是,他立即把欠款给德第蒙德的公司汇了过去,并向德第蒙德表达了歉意。从此以后,汉尼就成了德第蒙德最忠实的合作伙伴。

资料来源:改编自《客户抱怨处理案例》,https://www.qinxue365.com/kczx/304914.html(访问日期:2023年3月22日)。

三、倾听中的提问

提问能使倾听更具有含金量。在倾听过程中,恰当地提出问题,与对方交流思想、意见,往往有助于人们互相沟通。沟通的目的既是为了获得信息,也是为了知道彼此在想什么和要做什么。适时、适度地提问,不仅能够促进、鼓励说话者继续说下去,而且能够从对方说话的内容、方式、态度、情绪等方面获得更多的信息,从而促进双方和谐关系的建立,因为这样的提问往往蕴涵着尊重对方的意味。

提问应掌握一些必要的技巧。恰当的提问能够使倾听效果锦上添花,而不适当的提问不仅使倾听的过程变得本末倒置,而且还有可能带来许多问题和矛盾,甚至引起别人的不满和厌烦。概括而言,要做到适时、适度地提问需要注意以下方法和技巧:

(一)提出的问题要明确

进行有效的提问是沟通双方共同的责任,因为它可以使双方受益,即双方都能从提问和回答中获得对事物更深刻的认识。但不管由谁来提问,提出的问题一定要做到明确具体。这里所说的明确具体,既包括表述问题的词汇要明确具体,便于理解,也包括问题的内容要明确具体,便于回答。如果提出的问题含糊不清或过于抽象,不仅回答者难以解答,还有可能造成曲解或误解。另外,在提问时还要尽量做到语言精练、观点明确、抓住重点。在很多情况下,人们在提问之前总愿意加上一些过渡性的话语来引出自己所提出的问题。这里需要说明的是,过渡性的话语一定要精练、简短;否则,回答者可能还没有听到你提出的问题就对问题或你本人产生了反感。

(二)提出的问题要少而精

恰当的提问有助于双方的交流,但太多的提问会打断说话者的思路,扰乱其情绪。至于提出多少问题比较合适,不可一概而论,要根据谈话的内容、交谈双方的个人风格而定。如果你有爱问问题的习惯,在交谈时一定要控制自己提问的数量,最好做到少问问题;如果你从不愿意问问题,在与别人进行交流时最好预先设计一些问题,到时尽量把它们提出来,以锻炼自己的胆量和勇气。但是,不管你具有什么样的个人风格和特点,在交谈时都必须牢记一点,那就是多听少问。

(三)提出的问题应紧扣主题

提问是为了获得某种信息,问什么问题要在倾听者总目标的控制和掌握之下,要能通过提问把说话者所说的内容引入自己需要的信息范围内。这就要求提出的问题要紧紧围绕谈话内容和主题,不应漫无边际地提出一些随意而不相关的问题,否则既会浪费双方的时间又会淡化谈话的主题。

(四)提问应注意把握时机

提问的时机十分重要,交谈中如果遇到某种问题未能理解,应在双方充分表达的基础上再提出问题。过早的提问会打断对方的思路,而且显得十分不礼貌;过晚的提问会被认为精神不集中或未能充分理解,也会产生误解。一般情况下,在对方将某个观点阐述完毕后应及时提问。及时提问往往有利于问题及时得到解决,但及时提问并不意味着反应越快越好,最佳的时机还需要倾听者灵活地捕捉。如果在不适当的时机提出问题,可能会造成意想不到的损失。

(五)提问应采取委婉、礼貌的方式

提问时应讲究方式,避免使用盘问式、审问式、命令式、通牒式等不友好、不礼貌的问话方式和语态、语气。如果交谈的气氛较为紧张,有些人会对他人的行为、语调或话语做出防卫性反应。解决方法之一就是用开放性的、友好的问句代替"为什么"型的问题,因为简单地问一问"为什么"易被看成是威胁性的提问。例如,为避免造成紧张的防卫气氛,我们最好不说"你为什么没准时到,让我们误车了",而应说:"由于你没能准时到场,我们误了车,以后如果再有类似的情况,你事先通知我们一声,好吗?"

此外,提问还应适应对方的年龄、民族、身份、文化素养、性格等特点。有的人率直、

热忱,那么你也应坦诚直言,否则他会觉得你圆滑、不坦率;相反,有的人生性狡黠多疑,那么你最好旁敲侧击,迂回进攻,否则很可能当即碰钉子。

四、倾听中的反馈

人们每天都在要求别人给予反馈,也都在对别人做出一定的反馈。反馈是有效倾听的一个重要组成部分,如果只是倾听而毫无反馈,对于说话者来说就好比是"对牛弹琴"。有效的反馈是有效倾听的体现,在管理过程中,管理者应通过倾听获得大量信息,并及时做出有效的反馈,这对于激发员工的工作热情、提升工作绩效具有重要作用。不仅如此,反馈还能把谣言减少到最低限度,因为谣言的产生往往是由于不能及时得到准确的消息。此外,有效的反馈还能建立领导和员工之间的有力联系,更能防患于未然。

在倾听过程中,有效的反馈可以起到激励和调节作用。但要做到有效反馈,不仅需要沟通双方努力创造良好的沟通氛围,建立起相互信任的关系,而且要做到以下几点:

(一) 反馈语言要明确具体

反馈要使用明确具体、不笼统、不抽象和不带有成见的语言。例如,说"你的任务完成得很好啊"就不如说"这次会展的组织工作完成得非常好,达成了我们预期的目标",因为后者更明确具体。有时人们只顾把自己的结论反馈给对方,却忘记了自己有义务和责任提供更多的细节。如果人们接收到不明确的反馈,可以再进一步对其做出反馈,以引导谈话向更有利于信息交流的方向发展。例如,当你听到对方"你的任务完成得很好"这样不太明确的评价时,可以这样反馈:"你认为这次任务成功在哪里?有什么需要注意的地方吗?"进行这样的有效反馈是双方共同的责任,也可使双方受益,并共同获得对事物更深入的认识。

(二) 反馈的态度应是支持性的和坦诚的

这一特点反映了反馈过程中人性化的一面,有助于沟通双方建立起理解和信任的关系。反馈要明确具体,但不能不顾及对方的感受。真正的双向沟通和反馈,是一个分享信任、取得共识的过程,而不是其中一方试图主导交流或评审对方的过程。要达到沟通的目的,必须把对方置于与自己同等的地位,任何先入为主、盛气凌人的做法都是不可能被接受的。例如,一位经理当着大家的面对一位下属的报告做出这样的反馈:"你的报告提交得太晚了,不仅如此,字号还小得像蚂蚁一样。马上重新打印一份交给我!"这样的反馈虽然明确具体,但却完全没有心理上的平等沟通,因此是无法与对方建立起信任和理解关系的。

(三) 营造开放的氛围,避免引起防卫性反馈

在沟通过程中,开放、坦诚的氛围不仅有助于加深彼此之间的理解与交流,而且有助

于调解矛盾和冲突,因为在建设性的、满意度较高的氛围中,尽管人们持有不同意见,但对事不对人,是在共同向需要解决的问题发起挑战,而防卫性氛围却起不到积极作用,反而会将人们引向批判的、对立的价值体系。

(四)把握适宜的反馈时机

一般情况下,应给予对方及时的反馈。及时反馈往往有利于问题的解决,否则,矛盾逐渐积累,会越发不可收拾。但是及时反馈并不意味着立刻做出反应,还必须灵活地捕捉最佳时机。反馈有时需要及时,而有时则应在接受者准备接受时给予,比如,当一个人情绪激动、心烦意乱、对反馈有抵触情绪时,就应推迟做出反馈。反馈时机还与说话者言语中所表现出的情感有关。善于反馈的人应能识别对方言语中哪些是真情实感,哪些是表面情绪,并只对对方的真诚情感做出反馈。

(五)反馈必须要适度

尽管反馈在沟通中十分重要,但其也必须要适度,否则会让对方感到窘迫,甚至产生反感。如果以判断方式作为反馈,这类判断最好能保持中立态度,不要简单地评论,比如:"这简直是大错特错!"另外要记住的是,反馈只能是反馈,不能直接作为建议,除非对方有这样的要求。

📖 小阅读:善于倾听的店长

一位顾客怒气冲冲地来到百货商店投诉,抱怨自己刚买的一套衣服严重褪色,上衣将衬衫的领子都染黑了。他找到与之交易的店员,刚要详细叙述自己糟糕的经历,却遭到对方的反驳:"这种衣服我们至少销售上千套啦,还是第一次有人这么挑剔。"顾客听完这话立刻就恼火了:"什么?你是说我在说谎吗!这么说是不想认账了?"随后,双方陷入激烈的争执之中。

这时,店长走过来,让顾客从头到尾说出事情的经过,他则在一旁静静地听着,没有插一句话。待顾客讲完以后他才说道:"很明显是我们的衣服给你造成了麻烦,请原谅我们并不知道这套衣服这样差劲,否则是不会卖出去的。"店长对顾客表示认同,并继续说道:"这样吧,你看该如何处理这件事,尽管吩咐,我们会依照你的意思办理。"然而,店长的态度和这两句话完全改变了顾客的想法,原本顾客想要说"退货",此时却变成"我可以接受你的建议,我只想知道衣服褪色是不是暂时的,或者如何让它不再继续褪色……"

资料来源:改编自杨玉柱,《心理沟通术:日常沟通中的深层心理密码》,北京:中国电力出版社,2010年。

思考·讨论·分析

1. 这位店长轻松地平息了顾客的愤怒情绪,他成功的关键是什么?
2. 在任何交往情境中,全心倾听的态度和有效的倾听都能为沟通带来意想不到的良好效果。那么,如何才能做到有效倾听呢?

项目小结

1. 倾听的对象不仅仅局限于声音，还包括更广泛的内容，如语言、声音、非语言等。可见，倾听不仅要接收、理解他人所说的话，而且要接收、理解他人的手势、体态和面部表情，不仅要从中得到信息，而且要把握住他人的思想和感情。

2. 倾听就是在对方说话的过程中，倾听者通过视觉和听觉的共同作用，接收和理解说话者思想、信息及情感的过程。

3. 倾听是一个能动的过程，是一个对感知到的信息进行加工处理后使其能动地反映自己思想的过程。这个过程大致可分为预言、感知、选择、组织、解释或理解五个阶段。这五个阶段相互影响，任何一个阶段出现问题，倾听都可能是无效的。

4. 全面倾听包括三个方面的内容：听取说话的内容，注意语调和重音，注意语速的变化。只有三者相结合才有可能完整领会说话者的意图和情绪。

5. 环境因素、听者、说话者这三个因素无疑是引发倾听障碍的主要因素。

6. 倾听过程中要注意：不要多说，不要中途打断说话者，不要轻易下结论，不要心存偏见，避免分心的举动和手势，不要臆测。

项目七　实现有效的团队沟通

知识目标

1. 理解团队的内涵和特征。
2. 掌握团队沟通策略。
3. 掌握提升团队沟通的技能。

能力目标

1. 能分析团队成员的角色分担。
2. 能建立高效率的团队。
3. 能运用团队决策模式。

思政目标

1. 培养学生的民族自豪感和自尊心,激发其爱国情怀。
2. 培养学生的团队协作精神。
3. 增强学生的责任感和使命感。

引例

三个臭皮匠,顶个诸葛亮

三国时期,诸葛亮带兵过江。江水湍急,而且里面有很多突出水面的礁石,普通竹筏和船只很难过去,打头阵的船只都被水冲走触礁沉没了。诸葛亮一筹莫展,想不出好办法。入夜时,三个做牛皮活儿的皮匠前来献策。他们告诉诸葛亮要买牛,然后把牛皮从牛肚子的切口开始整张剥下来,封好切口后让士兵往里吹气,做成牛皮筏子,这样的筏子不怕撞击。诸葛亮让士兵们按此方法尝试并顺利过了江。之后"三个臭皮匠,顶个诸葛亮"这句谚语就在民间广为流传开来了。

资料来源:作者根据公开资料整理。

从这个故事中我们看到了团队合作和集思广益的重要性,懂得了遇到问题要以团队精神进行合作以实现共赢。组织目标的达成需要有团队精神。团队精神的核心是协同合作,最高境界是全体成员形成向心力、凝聚力,反映的是个体利益和整体利益的统一,进而保证组织的高效运转。

任务一　认识团队与团队沟通

🔬 工作任务：分析中国小朋友成功的原因

一位外籍女士来到中国的一所小学，找了五个小朋友，要求他们配合做一件事情。她拿出一个瓶子，里面有五个小球，每个小球都由一根线牵着。她对五个小朋友说："你们每人拽住一个小球，在七秒钟内务必将小球全部从瓶中拽出，否则它们就会被瓶中的水淹没。记住，瓶口只容得下一个小球通过，谁的小球被拽出得慢，它就有被淹没的危险。"五个小朋友中最大的一个想了想，然后跟其他四个小朋友耳语了几句，之后示意女士可以下令了。女士说："开始！"只见年龄最小的小朋友最先将小球拽出，然后第二、第三、第四个小球被一一拽了出来，最后被拽出来的是那个年龄最大的小朋友的小球。

七秒钟内五个小球全部被拽出。这位女士被眼前中国小朋友的举动惊呆了，之后便流出感动的泪水。她说："这个试验我在其他国家做过好几次了，那些小朋友都争着往外拽，结果小球挤在瓶口哪个也出不来，全部淹没在里面了。中国的小朋友了不起！"

资料来源：改编自《团队凝聚力的经典故事》，https://www.ddnx.com/yuedu/869677.html（访问日期：2023年3月22日）。

🌓 任务分析

上面案例中的五个小朋友之所以能够成功，关键在于他们团结一致，共同组成了一支高效协作的团队，而其他国家参与这个实验失败的小朋友们充其量只是一个参加活动的群体。我们要正确了解团队，就应当注意工作团队和工作群体的差别。所谓群体，是指两个以上相互作用又相互依赖的个体，为了达成某些特定目标而结合在一起。群体成员共享信息，做出决策，帮助每个成员更好地担负起自己的责任。工作团队和工作群体经常被混为一谈，但它们之间有根本性的区别：

（1）目标方面。群体的目标必须与组织保持一致；而团队中除了这一点，还可以有成员自己的目标。

（2）责任方面。群体的领导者要负很大责任；而团队中除了领导者要负责，每一个团队成员也要负责，甚至要相互作用、共同负责。

（3）协作方面。协作性是群体和团队最根本的差异，群体的协作性可能是中等程度的，有时成员还有些消极或对立；而在团队中则是一种齐心协力的氛围。

（4）技能方面。群体成员的技能可能是不同的，也可能是相同的；而团队成员的技能是相互补充的，把拥有不同知识、技能和经验的人组合在一起，形成角色互补，从而实现整个团队的有机结合。

知识解析

一、团队的概念与基本要素

(一) 团队的概念

团队就是由少数愿意为了共同的目的、业绩目标而承担责任的人组成的群体。

小阅读:电影《长津湖》的启示

电影《长津湖》带领我们重温了那段波澜壮阔的历史诗篇。为了保家卫国,我国做出了"抗美援朝"的重大决策,数十万志愿军战士跨过鸭绿江,在艰苦卓绝的朝鲜战场浴血奋战,谱写了一首首可歌可泣的英雄战歌。冰雪埋忠骨,寒光照铁衣。

为什么我们能打赢?原因就在于我们有着更加强大的团队力量。什么是优秀的团队?从《长津湖》中,我们可以找到答案。

团队的使命:一个优秀的团队,一定会把团队使命和个人目标统一起来。在刚刚经历了抗日战争、解放战争后,新中国满目疮痍,亟待建设。为什么我们还要出兵朝鲜和强大的美军作战呢?因为要保家卫国。要保家,先卫国。没有国,就没有家。

团队的愿景:这是凝聚和感召他人的关键,在电影里,哥哥伍千里对弟弟伍万里说"老大(伍百里)说了,我们俩把该打的仗都打了,不让你打"。正是怀揣着这个厚重而又质朴的愿望,数十万战士从天南地北聚到一起,出征异国,在冰天雪地里与敌人艰苦作战。他们深切地知道,只有自己面对了这场战争,自己身后的父母、子女,乃至亿万人民才不用面对。在团队中,一个伟大的愿景往往是凝聚和感召他人的关键。

团队的信仰:这是驱动团队发展的核心力量。长津湖之战,交战双方的力量对比是极其悬殊的。电影中,美军在感恩节有热腾腾的火鸡可以吃,而志愿军战士们一天却只能吃一个被冻得像石头一样的土豆;装备的对比更是让人绝望,美军在天上有飞机,地上有坦克,他们身上穿着防寒衣物、羊毛衣裤,而志愿军战士们为了不让敌人发现行踪,只能昼伏夜行,在零下40摄氏度的极寒中待命。力量对比如此悬殊,我们的志愿军战士凭什么和敌人对抗,还打赢了?凭的就是两个字——信仰。

团队的人才:培养后浪,让平凡人做非凡事。电影有一明一暗两条线,明线穿插的是七连在入朝作战时发生的一系列事情,而暗线则是伍万里从一个顽劣少年成长为一名真正的战斗英雄的故事。在伍万里的成长历程中,有两个人对他的影响巨大:一个是他的哥哥伍千里,一个人是"打不死的英雄"谈子为。伍千里教会他什么是成长,"一个蛋从外面被敲开,注定要被吃掉。你要是能从里面自己啄开,没准是只鹰"。而谈子为则告诉他什么是真正的英雄,不是在战场上杀了20个敌人就是英雄,不是在战场上打不死的人就是英雄,那些扛着炸药包牺牲的、那些被冻死在长津湖里的、那些为了国家和民族舍生忘死的人都是英雄。正是在这些人的熏陶和培养下,在战争的历练中,伍万里飞速成长,最终成为一名合格的志愿军战士。

什么是优秀的团队？它一定具有伟大的使命和愿景，有自己的信仰，以人为核心，以人的成长和发展为根本，经受得住磨难，能够在逆境中不断发展和进化。

资料来源：作者根据公开资料整理。

电影《长津湖》以长津湖战役为背景，向我们呈现了中国人民志愿军赴朝鲜抗战的爱国精神、团结和决心。《长津湖》中无论中国人民志愿军的哪一支部队、哪一名战士，都具有强烈的团队意识。团队是每个人的"大船"，无团队便无个人。一个人脱离了团队，他的力量即使再大，也是有限的；而一个团队，却能够迸发出无限的力量。一位好的管理者，能够将羊群激发出像狮群一样的战斗力，这就是团队的魅力。

（二）团队的基本要素

1. 目标

团队应该有一个既定的目标（Purpose），为团队成员导航，让他们知道要向何处去，没有目标，团队就没有存在的价值。

小阅读：西行的马和原地打转的驴

唐贞观年间，长安城西门附近有一家磨坊，里面养着一匹马和一头驴，它们是好朋友。马整天在外面拉粮运货，驴则不停地在屋里拉磨，它们都在为磨坊辛勤劳作着。

贞观三年的一天，马外出运粮时，它壮硕的身姿被玄奘大师看上了，随即被买了去。接下来，它的任务就是同大师一起，从京城出发经西域前往印度取经。

17年后，这匹马驮着佛经返回了长安。大师见它功德圆满，便把它送还给磨坊主人，让他好生照顾马的余生。重回磨坊的马终于与老朋友驴相见了。

近20年未见，两个老友老泪纵横，互诉衷肠。谈及这次旅途中的所见所闻，老马滔滔不绝：高耸入云的山峰、荒无人烟的沙漠、波澜壮阔的大海……那些神话般的画面使驴大感惊奇，它不禁惊叹道："你见的可真多啊！那么难行的路，我想都不敢想。"

老马说："实际上，我和你走过的距离大体上是相等的，当我西进的时候，你一步也没有停。不同的是在玄奘大师的指点下，我找到了一个远大的目标，最终打开了一个广阔的世界，而你却被蒙住了双眼，一生只围着磨盘打转，所以永远也无法走出这片狭隘的天地。"

资料来源：作者根据公开资料整理。

这则寓言寓意明了，我们每天都没有停下脚步，差别只在于是"西行的马"还是"原地打转的驴"。目标对人生具有巨大的引导作用，有什么样的目标就有什么样的人生。同样，设定目标以及对目标认识的明确程度，将在很大程度上决定一个团队的发展道路。团队的目标必须与组织的目标一致，此外还可以把大目标分解成小目标具体落实到各个团队成员身上，大家合力达成这个共同的目标。同时，目标还应该有效地向大众传播，让团队内外的成员都知道这个目标，有时甚至可以把目标贴在团队成员的办公桌上、会议室里，以此激励所有成员为这个目标而不懈努力。

"人民对美好生活的向往就是我们的奋斗目标。"当前,我国社会主要矛盾已经转化为人民日益增长的美好生活需要和不平衡不充分的发展之间的矛盾。追求美好生活是永恒的主题,是永远的进行时。我们应当认识到,人民对美好生活的向往与现实之间还存在差距,我们可以把缩小乃至消除这个差距的大目标具体化、细节化,从而找到团队的发展方向,将团队目标融入国家发展的大目标中去,这样不论是团队、团队成员还是整个社会都将在这个过程中收获成就感、获得感、幸福感。

2. 人

人(People)是构成团队最核心的力量。三个或三个以上的人就可以构成一个团队。目标是通过人来达成的,所以人的选择是团队中非常重要的一部分。在一个团队中可能需要有人出主意、有人制订计划、有人实施计划、有人协调不同的人一起工作,还有人去监督团队工作的进展、评价团队最终的贡献。不同的人通过分工来共同达成团队的目标。在人的选择方面,要考虑其能力如何、技能是否互补、经验如何,等等。

 知识链接:贝尔宾实验

英国剑桥大学的产业培训研究部在贝尔宾教授的领导下做了 10 年的团队研究。其中大部分研究是在亨利管理学院进行的,研究的中心任务是在不同的假设和设计前提下研究团队的构成。

贝尔宾教授的实验研究结果是:在亨利管理学院的管理教育中,学习小组由 10 人组成最合适。

从理论上讲,成员较多的,比如 30 人、50 人,也可以成为一个团队,但这样规模的团队更有可能被分割成若干子团队,而不是作为一个整体去行动。团队规模较小,是出于实用以及团队成功的需要。成员过多,会妨碍团队建设性的合作和有效的沟通,他们一起实际工作的机会将会减少,从而难以实现团队工作所要求的较高程度的观点分享,难以形成共同的信念。

资料来源:作者根据公开资料整理。

3. 定位

团队的定位(Position)包含两层意思:

团队的定位 团队在组织中处于什么位置?由谁选择和决定团队的成员?团队最终应对谁负责?团队采取什么方式激励下属?

个体的定位 作为成员在团队中扮演什么角色,是制订计划还是具体实施或评估?

4. 权限

团队中管理者的权限(Power)大小跟团队的发展阶段相关。一般来说,团队越成熟,管理者所拥有的权限相对越分散,在团队发展的初期阶段,管理者所拥有的权限则相对比较集中。团队权限关系包括两个方面的含义:一方面是整个团队在组织中拥有什么样的决定权,比如财务决定权、人事决定权、信息决定权;另一方面则是组织的基本特征,比如组织的规模有多大,团队的数量是否足够,组织对团队的授权程度如何,团队的业务是什么类型的,等等。

5. 计划

计划(Plan)有两个层面的含义:一个层面是指目标最终的达成需要一系列具体的行动方案,可以把计划理解为达成目标的具体工作程序;另一个层面则是指提前按计划进行可以保证团队的进度。只有在计划的安排下团队才能一步一步地贴近目标,并最终达成目标。

二、沟通与团队的成功

在一个团队中,成员与成员之间之所以很默契,就是因为他们有共同的方向、共同的目标以及良好的团队氛围。

 小阅读:中国机长,中国精神——团队精神!

在央视2019年度感动中国颁奖典礼中,川航3U8633机长刘传建被授予"感动中国2018年度人物"荣誉称号,英雄机组被铭记史册。以刘传建为原型的影片《中国机长》让大家看到了故事背后更丰富的细节,我们从中看到了团队沟通协作、形成合力的重要作用。

在驾驶舱出现故障之际,乘务长是知晓的,只是不清楚具体问题出在哪里。当时对于她而言压力应该是空前巨大的,然而她能够顶住压力,在坚信机长的同时,克服身体缺氧的不适感,第一时间确认乘务员的位置和状态,并组织乘务员团队维持机舱秩序,提醒大家系好安全带,带好氧气面罩。面对生死未卜的压力,机舱乘客们的消极情绪被快速传染。在此关键时刻,乘务长没有用任何冗余的话语去解释或者请求,而是通过"我们也是女儿,也有孩子和家人,我们的家人也在等我们回去,我们可以一起回家"迅速和乘客建立共鸣,消除了无序状态,为飞机能够成功迫降奠定了最为坚实的基础。

《中国机长》用惊险的情节、富有视觉冲击力的画面在讲述飞机成功迫降的同时,生动展现了高效率团队沟通合作的力量。此次事件向我们展现出一个由机长、乘务长、地勤、空管等组成的高效率团队,体现了忠诚担当的政治品格、严谨科学的敬业精神、团队协作的工作作风、敬业奉献的职业操守。

资料来源:改编自《关键时刻方显团队本色》,https://movie.douban.com/review/12082339/(访问日期:2023年3月22日)。

高效率团队内部的沟通特点有:

第一,团队拥有健全的正式和非正式(具有积极意义)的沟通渠道。信息传递高效直接,中间环节少,有科学合理的沟通机制。

第二,团队配备有先进的信息技术系统。

第三,团队内充满着健康、坦诚的沟通氛围,成员彼此间不仅能有效地进行工作任务方面的沟通,而且能进行情感上的交流。

第四，团队成员(至少一部分团队成员)具有很高的情商,在各种沟通情境下能够做到有效倾听他人的意见,并清楚地表达自己的观点。

第五，团队管理者有高超的沟通技巧。善于沟通的团队管理者不仅能够将团队的目标和对成员的期望有效地传达给成员。而且,在团队的实际运作中,他们还能充分倾听成员的声音,根据实际情况适当放权,调动成员的积极性,使其参与决策以及计划的制订,扮演好"教练员"的角色。也就是说,作为管理者,应了解和理解团队成员的心理,尊重他们的需求,通过自己的组织协调能力以及令人拥戴的领袖魅力去影响和引导团队成员按照既定的方向达成组织目标,而不是监管、控制他们。

第六，良好的外部沟通。这需要做到以下几点:①团队与组织内处于垂直关系的部门建立良好的关系,使信息和资金流动顺畅。②团队与同一水平层次的其他团队及组织的职能部门关系融洽,能方便地获得技术支持和职能部门的帮助。③团队的制度、作风、文化与整个组织的制度、文化环境相一致。④团队与组织外部的顾客群建立良好的关系。⑤团队注重与社会各界的公共关系建设。

小阅读:星巴克的团队建设

星巴克成立于1971年,从西雅图的一家街头小咖啡店起步,逐渐发展到今天遍布全世界34个国家和地区超过2万家咖啡店,除了在打造其品牌上的独到策略,团队建设也是其维持品牌质量至关重要的手段,以及其不可替代的竞争力所在。

星巴克以商店为单位组成团队,倡导平等、快乐工作的团队文化(内部)。星巴克对自己的定位是"第三去处",即家与工作场所之外的栖息之地,因此让顾客感到放松舒适、满意快乐是公司的愿景之一。与大多数公司不同,星巴克从不强调投资回报,强调的是快乐回报。

他们的逻辑是:只有顾客开心了,才会成为回头客;只有员工开心了,才能让顾客成为回头客;而当二者都开心了,公司也就成长了,股东也会因此而开心。

首先,管理者将自己视为普通的一员。虽然他们主要从事计划、安排、管理的工作,但并不认为自己与众不同,应该享有特殊的权利,不做普通员工所做的工作。比方说,该公司的国际部主任去国外的星巴克门店巡视时,也会与店员一起上班,做咖啡,清洗杯碗,打扫店铺,完全没有架子。

其次,员工在工作上都有较明确的分工,比如有的专门负责点单、收款,有的主管咖啡的制作,有的专门管理内部库存,等等,但对于店里所有工种所要求的技能每个人都受过培训,因此在分工负责的同时,又有很强的不分家的概念。也就是说,当一个咖啡制作员忙不过来时,其他人在自己分管的工作不算太忙的情况下,会主动帮忙,完全没有"莫管他人瓦上霜"的态度。这种既分工又不分家的团队文化当然不是一蹴而就的,而是有针对性地强化训练的结果。

最后,鼓励合作,奖励合作,培训合作行为。星巴克会对新员工进行培训,除了教他们研磨咖啡的技巧,更多的培训将大部分时间用于员工之间的磨合,让员工接受并践行平等快乐的团队文化。

由于各个国家之间的民族文化差异,有的时候星巴克的公司文化在实施过程中会遇到很大的阻碍。最简单的例子就是星巴克总部的员工需要彼此之间直呼其名,而日本、韩国的文化讲求等级,不加头衔称呼对方对上下两级都是挑战。为了实践平等的公司文化,同时又尊重当地的民族文化习惯,星巴克就让员工之间以英文名字相称,从而解决了这个矛盾。另外,公司还设计了各种各样有趣的小礼品及时奖励员工的主动合作行为,让每个人时刻体会到合作是公司文化的核心,是受到公司管理层高度认可和重视的。

资料来源:作者根据公开资料整理。

三、影响团队沟通的要素

团队沟通是指两个或两个以上能够共同履行领导职能的成员为了达成预先设定的共同目标,在特定的环境中相互交流、相互促进的过程。团队沟通是随着团队这一组织结构的诞生而产生的,目的就是通过团队分析问题,做出决策,解决问题。

影响团队沟通的要素主要有以下三个:

(一) 规范的制定

团队内的规范、惯例对团队来说非常重要,主要是基于以下两个原因:一是有助于降低不确定性。当团队成员理解并遵守规范时,他们对自己行为的正当性就更自信。二是有助于增强同他人合作的可预见性。因此,为了更好地合作共事,团队成员必须有共同遵守的行为规范。

另外,团队内的规范、惯例也有其消极的一面。例如,它们会阻碍创造性的工作,维护低效率或已经过时的做法。如果这些做法以"团队传统"的形式存在,那么就可能强化团队内的不公平现象。所以团队的管理者或观察者就要及时诊断,把规范、惯例的消极作用降到最低。

小阅读:张有途的困惑

张有途是一位非常注重制度建设的药店店长。他在执掌东风药店的半年时间里,制定了大大小小的数十种制度,诸如考勤制度、奖惩制度、薪酬制度、岗位职责、绩效考核制度等,应有尽有,极其详尽。然而,这些制度所发挥的作用却远远没有达到张有途的预期。比如他制定的考核制度,虽然对店员的销售提出了明确的任务指标,但却没有对店员如何完成任务指标进行渠道上的引导,导致店员茫然面对指标却营销乏术。按照规定,完不成销售任务,薪酬就会相应降低。但问题是,如果只是个别店员完不成销售任务还好说,即使扣发工资也不会有多大阻力,但如果大部分店员都完不成,罚款制度的执行就有了很大的难度。从另一个角度来分析,肯定是管理制度本身有问题了。没办法,为了缓解店员的不满情绪,张有途只好调整销售制度,降低指标要求。然而,让张有途始料未及的是,到第二个月,店员依然无法顺利完成调整后的销售任务指标,他不得不再次下调。就这样,接二连三地降低标准后,店员的工作压力越来越小,工作又回到半年前的状态。没有动力,没有方向,店员们就像一只只没头的苍蝇。张有途为此很恼火,以前药店没什么制度约束,销量上不去;现在有了一系列制度,为什么发挥的效用却这么小呢?

目标管理,已成为不少药店店长高频使用的一个词语。但是,我们应该清楚,门店没有制度肯定不行,但只有制度却也不可行,因为这样的制度等于没有制度;而且,门店制度建设并不在于多,而在于合理、适当。从张有途的经历我们不难看出,门店制度建设其实是需要把握针对性和可行性的。

资料来源:作者根据公开资料整理。

(二) 团队成员的角色分担

每个团队都由若干个成员组成,这些成员在团队成立之后到团队解散之前都扮演着不同的角色。可以按照团队成员扮演的角色对团队工作起到的不同作用,将其分成两大类:积极角色和消极角色。

1. 积极角色的八种类型

实干家(Company Worker, CW) 典型特征:保守、顺从、务实可靠。积极特性:有组织能力和实践经验、工作勤奋、有自我约束力。能容忍的弱点:缺乏灵活性、对没有把握的主意不感兴趣。在团队中的作用:把谈话与建议转换为实际步骤;考虑什么是行得通的,什么是行不通的;整理建议,使之与已经取得一致意见的计划和已有的系统相配合。

协调员(Coordinator, CO) 典型特征:沉着、自信、有控制局面的能力。积极特性:对各种有价值的意见不带偏见地兼容并蓄、看问题比较客观。能容忍的弱点:在智力以及创造力方面并非超常。在团队中的作用:明确团队的目标和方向;选择需要决策的问题,并明确它们的先后顺序;帮助确定团队中的角色分工、责任和工作界限;总结团队的感受和成就,综合团队的建议。

推进者(Shaper, SH) 典型特征:思维敏捷、开朗、主动探索。积极特性:有干劲,随时准备向传统、低效率、自我满足挑战。能容忍的弱点:好激起争端、爱冲动、易急躁。在团队中的作用:寻找和发现团队讨论中可能的方案;使团队内的任务和目标成形;推动团队达成一致意见,并朝向决策行动。

智多星(Planter, PL) 典型特征:有个性、思想深刻、不拘一格。积极特性:才华横溢、富有想象力、智慧、知识面广。能容忍的弱点:高高在上、不重细节、不拘小节。在团队中的作用:提供建议,提出批评并有助于引出相反意见,对已经形成的行动方案提出新的看法。

外交家(Resource Investigator, RI) 典型特征:性格外向、热情、好奇、联系广泛、消息灵通。积极特性:有较强的社交能力、不断探索新的事物、勇于迎接新的挑战。能容忍的弱点:变化无常、兴趣很快转移。在团队中的作用:提供建议,并引入外部信息;接触持有其他观点的个体或群体;参加磋商性质的活动。

监督员(Monitor Evaluator, ME) 典型特征:清醒、理智、谨慎。积极特性:判断力强、分辨力强、讲求实际。能容忍的弱点:缺乏鼓动和激发他人的能力,自己也不容易被别人鼓动和激发。在团队中的作用:分析问题和情景;对繁杂的材料予以简化,并澄清模糊不清的问题;对他人的判断和作用做出评价。

凝聚者(Team Worker, TW) 典型特征:擅长人际交往、温和、敏感。积极特性:有适应周围环境以及他人的能力、能促进团队的合作。能容忍的弱点:在危急时刻往往优柔寡断。在团队中的作用:给予他人支持,并帮助他人;打破讨论中的沉默;采取行动化解或消除团队中的分歧。

完美主义者(Finisher, FI) 典型特征:勤奋有序、认真、有紧迫感。积极特性:理想主义者、追求完美、持之以恒。能容忍的弱点:常常拘泥于细节、容易焦虑、不洒脱。在团队中的作用:强调任务的目标要求和活动日程表;在方案中寻找并指出错误、遗漏和被忽视的内容;推动其他人参加活动,并促使团队成员产生时间紧迫的感觉。

小阅读:贝尔宾团队角色自测

说明:对下列问题的回答,可能在不同程度上描绘了你的行为。每个问题有8个选项,请将总分10分分配给每题的8个选项。分配的原则是:最能体现你行为的选项分最高,以此类推。最极端的情况也可能是10分全部分配给其中的某个选项。根据你的实际情况把分数填入表7-1中。

1. 我认为我能为团队做出的贡献是:

A. 我能很快地发现并把握住新的机遇。

B. 我能与各种类型的人一起合作共事。

C. 我生来就爱出主意。

D. 我的能力在于,一旦发现某些对达成集体目标很有价值的人,我就及时把他们推荐出来。

E. 我能把事情办成,这主要靠我个人的实力。

F. 如果最终能导致有益的结果,我愿面对暂时的冷遇。

G. 我通常能意识到什么是现实的、什么是可能的。

H. 在选择行动方案时,我能不带倾向性也不带偏见地提出一个合理的替代方案。

2. 在团队中,我可能有的弱点是:

A. 如果会议没有得到很好的组织、控制和主持,我会感到不痛快。

B. 我容易对那些有高见而又没有适当地发表出来的人表现得过于宽容。

C. 集体在讨论新的观点时,我总是说得太多。

D. 我的客观看法使我很难与同事们打成一片。

E. 在一定要把事情办成的情况下,我有时使人感到特别强硬以至于独断专行。

F. 可能由于我过分重视集体的气氛,我发现自己很难与众不同。

G. 我易于陷入突发的想象之中,而忘了正在进行的事情。

H. 我的同事认为我过分注意细节,总有不必要的担心,怕把事情搞砸。

3. 当我与其他人共同开展一项工作时:

A. 我有在不施加任何压力的情况下去影响其他人的能力。

B. 我随时注意防止粗心和工作中的疏忽。

C. 我愿意施加压力以换取行动,确保会议不是在浪费时间或跑题太远。
D. 在提出独到见解方面,我是数一数二的。
E. 对于与大家共同利益有关的积极建议,我总是乐于支持的。
F. 我热衷于寻求最新的思想和新的发展。
G. 我相信我的判断能力有助于做出正确的决策。
H. 我能使人放心的是,对那些最基本的工作,我都能组织得"井井有条"。

4. 我在工作团队中的特征是:
A. 我有兴趣更多地了解我的同事。
B. 我经常挑战别人的见解或坚持自己的意见。
C. 在辩论中,我通常能找到论据去推翻那些不甚有理的主张。
D. 我认为,只要计划必须开始执行,我就有推动工作运转的才能。
E. 我有意避免使自己太突出或出人意料。
F. 对承担的任何工作,我都能做到尽善尽美。
G. 我乐于与工作团队以外的人进行联系。
H. 尽管我对所有的观点都感兴趣,但这并不影响我在必要的时候下决心。

5. 在工作中我得到满足,因为:
A. 我喜欢分析情况,权衡所有可能的选择。
B. 我对寻找解决问题的可行方案感兴趣。
C. 我认为自己在促进良好的工作关系。
D. 我能对决策有强烈的影响。
E. 我能适应那些有新意的人。
F. 我能使人们在某项必要的行动上达成一致意见。
G. 我感到自己的身上有一种能使我全身心地投入工作中去的气质。
H. 我很高兴能找到一片可以发挥我想象力的天地。

6. 如果突然给我一件困难的工作,而且时间有限、人员不熟,那么:
A. 在有新方案之前,我宁愿先躲进角落,拟订出一个摆脱困境的方案。
B. 我比较愿意与那些表现出积极态度的人一起工作。
C. 我会设想通过用人所长的方法来减轻工作负担。
D. 我天生的紧迫感将有助于我们不会落在计划后面。
E. 我认为我能保持头脑冷静,富有条理地思考问题。
F. 尽管困难重重,我也能保证目标始终如一。
G. 如果集体工作没有进展,我会采取积极措施加以推动。
H. 我愿意展开广泛的讨论,意在激发新思想、推动工作。

7. 对于那些在团队工作中或与周围人共事时所遇到的问题:
A. 我很容易对那些阻碍前进的人表现出不耐烦。
B. 别人可能批评我太重分析而缺少直觉。
C. 我有做好工作的愿望,能确保工作的持续推进。

D. 我常常容易产生厌烦感,需要一两个有激情的人使我振作起来。
E. 如果目标不明确,让我起步是很困难的。
F. 对于我遇到的复杂问题,我有时不善于加以解释和澄清。
G. 对于那些我不能做的事,我会有意识地求助于他人。
H. 当我与他人发生冲突时,我没有把握使对方理解我的观点。

表 7-1 管理者的角色定位和职责

题号	CW	CO	SH	PL	RI	ME	TW	FI
1	G	D	F	C	A	H	B	E
2	A	B	E	G	C	D	F	H
3	H	A	C	D	F	G	E	B
4	D	H	B	E	G	C	A	F
5	B	F	D	H	E	A	C	G
6	F	C	G	A	H	E	B	D
7	E	G	A	F	D	B	H	C
总计								

需要注意的是,有的人可能在两三个角色上获得的分数一样多,这是允许的。那么,你能扮演什么角色呢?

资料来源:改编自 R. 梅雷迪思·贝尔滨,《管理团队——成败启示录》,郑海涛译,北京:机械工业出版社,2001 年。

2. 消极角色的四种类型

绊脚石 固执己见、办事消极的成员。

自我标榜者 总想通过自吹自擂、夸大其词寻求他人认可的成员。

支配者 试图操纵团队、干扰他人工作以便提高自身地位的成员。

逃避者 总是与他人保持距离、对工作消极应付的成员。

团队中一个成员可能同时扮演几个角色,也有可能几个成员扮演同一个角色。另外,各成员所扮演的角色并不是一成不变的。比如,一个团队成立后,成员希望管理者是民主型的,能为团队工作提供指导,并鼓励各成员全力投入工作。但该管理者可能是属于支配型的,他喜欢独断专行,谁不服从就采取惩罚手段。这样的团队管理者同成员的期待相去甚远。在沟通中,经过一段磨合期,两者就会互相适应——管理者与成员的角色都会发生相应的变化。

如果一个团队中的积极角色甚多,消极角色占很小的比例,则该团队还是有效率的;如果两类角色的比例相差无几,或者消极角色的比例远远超过积极角色,那么这样的团队就无效率可言了。无论是以上哪种情况,团队内的"旁观者"都要及时做出诊断,并根据工作需要调整成员构成——可以增加积极角色,减少或剔除消极角色。

(三) 管理者的素质

一般来说,现代管理越来越强调柔性管理,所以如果团队领导采用民主型的领导风格,则无疑会使团队沟通更加有效。虽然我们不需要一个团队的所有成员个个都是优秀的,但是为了确保团队目标的达成,请选择一位优秀的管理者!一位优秀的管理者需具备以下素质。

(1) 胜任能力:非技术能力而是管理协调、控制等能力。
(2) 值得他人信赖的能力:稳重、阅历丰富、客观公正等。
(3) 把握方向的能力:意志坚定、能起到领头雁的作用。
(4) 敬业精神:全身心地投入工作。
(5) 适应能力:调整行为、适应团队需要。

思考·讨论·分析

1. 请辨别"西天取经"这个团队中的每一个角色(唐僧、孙悟空、猪八戒、沙僧、白龙马)并填入下表中。

序号	名称	团队角色
1	唐 僧	
2	孙悟空	
3	猪八戒	
4	沙 僧	
5	白龙马	

2. 请分析唐僧是不是一位优秀的团队管理者。

任务二 掌握团队决策方法

◆ 工作任务:认识团队决策中的阿比林悖论

阿比林悖论(Abilene Paradox)由美国心理学家杰瑞·哈唯(Jerry Harvey)于1974年首次提出。这个说法来自他讲述的一个故事。

得克萨斯州科尔曼城七月的一个下午,天气燥热,气温高达40摄氏度。但这个下午对这对夫妇及其父母来说还是可以忍受的,后廊上有风扇送风,他们喝着冰凉的柠檬水,用多米诺骨牌作为消遣,直到岳父突然说:"我们去阿比林吃晚饭吧。"

丈夫心想:去阿比林?大约85公里啊。冒着沙尘暴和酷热?同时开着没有空调的1958年的别克车?

但妻子附和道:"听上去是个好主意,我想去。你呢?"

显然,丈夫的意见和他们不合拍,但他还是应道:"我没问题。"随后又补充了一句:"我只希望你妈妈乐意去。"

"我当然想去。"岳母说,"我好长时间没去过阿比林了。"

于是,他们开车前往阿比林。天气酷热难当,他们身上满是尘土和汗水,餐厅的食物也平平无奇。

大约4个小时,往返共约170公里后,他们回到了科尔曼,又热又累。他们在风扇前坐了好长时间,沉默不语。后来,为了打破沉默,丈夫开口说:"这次旅行挺棒的,是吧?"

没有人答话。岳母有些生气地说:"说实话,我不觉得好在哪儿,我宁愿待在这儿。我是因为你们三个人都特想去才去的。如果你们不逼着我去的话,我才不会去呢。"

丈夫难以置信:"您说'你们'是什么意思?我和'你们'可不是一伙的。我压根儿不想去。我只是想满足你们几个的要求。你们才是罪魁祸首。"

妻子大为震惊:"别这么说我。是你和爸爸妈妈想去。我是想表现得有礼貌些,好让你们高兴。如果在这么一个大热天还想出去,我真是疯了。"

岳父大叫:"天哪!我从来没想去阿比林。我只是觉得你们可能烦了、闷了,我想确定你们是不是想去。其实我更想多玩一局多米诺骨牌,然后吃冰箱里剩下的食物就行。"

在互相指责之后,他们又归于沉默。他们四个都是相当理智的人,却在大漠里灼热的天气中冒着沙尘暴,违心地驱车约170公里,只是为了在阿比林一家普通的餐厅吃平平无奇的食物。整件事情简直太荒谬了!

哈唯指出,团队或组织在决策中也会出现这样的阿比林悖论,即团队采取的行动与成员真正的意图相反。首先,成员们对目前的问题及解决办法已有大致类似的看法,但他们却对团队的共识做出了错误的估计。因此,碍于情面、沟通不畅或出于其他原因,成员们未能把自己真实的想法表达出来,团队达成了"虚假共识"。其次,在虚假共识的基础上,团队做出了决策。最后,在执行决策的过程中,成员们逐渐发现这个决策的不合理性,感到了强烈的挫折感和对群体的不满,组织中出现了"假性冲突"(这种冲突并非源于真正的差异)。在组织中,这些消极情绪往往会导致小圈子的形成以及组织承诺的降低等。

资料来源:孔豫栋、刑群麟编著,《落实责任无小事》,哈尔滨:哈尔滨出版社,2008年。

任务分析

在公司中,阿比林悖论并不罕见。在讨论中,某个成员试探性地提出了自己的看法,其余成员虽然觉得不妥,但环顾四周,发现无人提出反对意见,于是,最初的提议就成了最后的决议。众成员心中虽然暗自叫苦,但也不敢公开反对。直到计划开始实施,团队已经开始为错误的决策付出代价,成员们才忍不住提出自己的真实想法,但为时已晚,错误已经铸成。

团队决策是重要的团队工作方式。从理论上讲,团队决策在很大程度上体现了团队的独到优点,科学的团队决策不仅能够发掘出代表不同主体的创造性观点和思路,从而保证决策的全面性和正确性,而且还能促进团队成员间的思想交流,为每个人提供学习和发展的机会。在一个民主的环境中,一个基本的假设是没有一个人可以或应该为其他人做决定。团队讨论是使每个人都参与和被聆听的一种方法,是一个提出观点和建议,然后根据大家的反馈信息进行调整的论坛。但并不是所有的人都喜欢讨论,许多人觉得它浪费时间、令人厌烦。然而,讨论却是做出团队决策的必经之路。

 知识解析

一、了解团队决策的类型

组建团队的目的首先是进行决策分析并解决问题。"工程队""项目组""委员会"等团队便是发挥这种功能的典型例子。有时,有些团队是为应对偶然问题而临时组建的,这些团队的成员为了解决某一问题而在一起工作,问题解决了,团队也就随之解散了。

一般来说,团队做出决策有六种类型:

1. 沉默型

如果团队内有成员提出某些想法,但该想法不经讨论就被否定,这种类型就属于得不到响应的"沉默型"。这种沉默表明该团队内的沟通几乎不存在,毫无效率可言。

2. 权威型

这种情形下,团队成员也可能讨论问题、分享信息、提出想法,但最后还是管理者说了算。这种类型较专制,团队成员可能抱怨团队决策机制不够民主,长此以往,成员可能不再积极参与团队内的沟通。一般认为,这种类型不容易获得富有创造性的想法。

3. 少数人联合型

采用这种类型时,少数人结成一派,尤其是少数人与实力派人物会结成联盟。如果这些人强烈赞成某一意见,那么其他人在发表看法之前,就会产生一种错觉——似乎团队已经达成一致。事实上,有可能多数成员都反对这一意见,但是没人愿意打破这种貌似一致的局面。显然,采用类型做出的决策,也没有经过团队内的充分沟通。

4. 少数服从多数型

这种方式为众人所熟悉。一个问题提出后,经过讨论,形成一个对策或建议,然后大家投票表决,根据票数来决定采纳与否。这是一种被广泛采用的团队决策类型。

5. 一致型

团队成员准备接受某个意见时,即使有成员还有保留意见,作为一个整体的团队还是达成了一致意见。"一致型"方式并不"必然"表示所有成员充分而热情地支持某一意见,只是说明该问题经过了公开讨论,所有不同的观点都被考虑过。尽管团队成员可能不完全赞同,但是讨论通过的结果尚在可接受的范围之内。

6. 完全一致型

当所有成员都完全同意或支持某个观点、建议、办法时,就是"完全一致型"的决策类型。这种情况是很少见的,但却是一种理想的方式。

以上六种类型中,最后两种是人们追求的解决之道。尽管这两种类型耗时费力,但会得到顺利高效的执行。采用前述四种类型,可能会很快做出决定,但是那些持不同意见者可能会很失落,并且可能丝毫没有支持团队决策的动机。

二、团队决策的模式

如同"文无定法"一样,团队决策的模式可能多种多样,甚至在决策过程中变化无常。但是,多年来人们在团队决策中往往采用以下几种模式:议会讨论法、冥想法、头脑风暴法和德尔菲法等。

1. 议会讨论法

该模式在西方社会中的应用十分普遍。它根植于英国议会的相关法律,已有七百余年的历史。具体做法如下:首先,有人以动议的形式就某个建议做出陈述;其次,由大家展开辩论、做出修改、予以完善;最后,投票表决。尽管有众多学者对这种模式的烦琐、低效率提出质疑,但该模式保障了多数人行动的权利,也保护了少数人争辩、投票的权利。这种模式最适合议会及各类正式商务会议。甚至有些团队规定任何正式会议都要采用议会讨论法的某些程序。

📖 小阅读:英国1911年《议会法》的诞生

英国1911年通过了新的《议会法》,它是调整英国议会两院关系的法案。1909年,英国财政大臣劳合·乔治向国会提出一项财政预算案,用巨额军费发展海军,同时将小额的费用作为失业、疾病及残废保险金。为解决经费的来源问题,他提出增收财产附加税,规定对每年收入在3 000镑以上的有产者,税收从原先的一先令提高到一先令二便士;每年收入在5 000镑以上的,其超过3 000镑的部分,课以超额所得税。

此外,预算案还提出增加遗产税、酒贩执照费并开征烟酒税,之后又提出征收土地税。经过激烈辩论,预算案在下议院通过。提交上议院讨论时,自由党和保守党吵不休,预算案因此被搁置。经英国国王爱德华从中斡旋,1911年8月10日《议会法》通过。它使议会两院的法律关系第一次由成文法做出了规定:财政法案为"一件公共关系法案",每一部财政法案在经过下议院议长认证后,上议院不得加以修正或否决,一经英王批准立即成为法律,从而剥夺了上议院讨论财政法案的权力。其他一般法案,上议院只能否决两次,若下议院连续三次通过,并经英王批准,即可成为法律。

资料来源:作者根据公开资料整理。

2. 冥想法

这种模式是基于人们通常解决问题的逻辑顺序而被提出来的。首先,确定问题的范围;其次,分析与问题相关的数据或信息;再次,提出可能的解决方案,并考虑每一种解决方案的利弊;最后,实施具体方案。

📖 小阅读:"苹果之父"乔布斯与冥想

苹果手机的缔造者乔布斯可以算是冥想的专业选手,他曾在19岁时独自前往印度拜师学艺。成立苹果公司后,他给自己打造了一间巨大的办公室,但并不奢华,仅仅摆放了一张办公桌,剩下的地方就是他用来冥想的场所。乔布斯的冥想不只是坐在那里,有时还会绕着屋子走,据说 iPhone 4 的经典造型就是在他冥想时突然想到的。

资料来源:作者根据公开资料整理。

3. 头脑风暴法

头脑风暴法是美国人亚历克斯·奥斯本于 20 世纪 50 年代提出的一种旨在鼓励创造性思维、激发创造力的方法。在团队工作中应用该方法时要求团队成员之间敞开心扉、广开思路,同时还要有一个好的主持人(引导者)和完善的信息记录系统。特别要注重的是新方法的数量而非质量,连貌似荒诞的想法也不要错过,允许成员结合他人的观点提出自己的新设想。或许当你所在的团队刚刚引入头脑风暴法时,大多数成员并不能很快适应甚至不愿进行创造性思考的尝试,当主持人(引导者)鼓励他们运用创新思维提出新方案时,往往会出现沉默现象。主持人(引导者)要做的就是在激励的同时打消他们的顾虑。为了征集更广泛的新主意,主持人(引导者)应注意提醒成员不要停止对已有的观点进行讨论,而要集中精力拓展思路,多提点子,不要急于进入对点子的组织和评价阶段。

小阅读:给上帝一个扫把

因为每年的大雪都会压断供电线路从而带来巨大的经济损失,美国西部某供电公司召开大会讨论该问题的解决方案。每年清扫供电线路上的积雪,会耗费大量的人力,而且根本无法解决核心问题,大家为此焦头烂额。

于是公司组织员工进行头脑风暴,并按照头脑风暴的原则,以量求质、延迟评判、组合运用。在热烈的头脑风暴过程中,轮到一组中的一个员工提出方案时,因为实在想不到什么了,他就半开玩笑地说:"我没什么办法了,叫上帝拿个扫把打扫该有多好!"

这时同组另一个员工顿时醒悟了,大叫道:"就给上帝一个扫把!"大家一时没有反应过来,他接着解释道:"让直升机沿线路飞行,直升机产生的巨大风力可以吹散线路上的积雪!"公司领导立即拍板,并给执行扫雪任务的飞机取名"上帝"号,真正做到了"让上帝来扫雪"。

自那以后,该供电公司解决了一个大难题,每年仅此一项就节约了数百万美元的开支,节省了大量的人力,创造了良好的经济和社会效益。

资料来源:作者根据公开资料整理。

4. 德尔菲法

德尔菲法是美国兰德公司与道格拉斯公司共同提出的,又称专家群体决策法。团队工作中采用这种方法来解决问题,不仅可以避免某些面对面的讨论带来的消极影响,而且还能倾听团队以外的专家的意见,更有助于创造性地解决问题。其具体方法如下:第一步,将设计好的就解决某问题的方案意见征询表寄给预先选定的专家团,请他们提供独立的解决方案,专家之间不进行沟通。第二步,处理征集到的解决方案,本着求同存异的原则,找出解决方案中达成共识的部分,保留产生分歧的部分。第三步,将统计结果反馈给每位专家,请他们结合其他人的观点重新进行思考,并提出自己修改后的意见及理由。第四步,将结果再次寄给团队,再次收集处理专家们修改过的意见,形成一个较为鲜明的外部专家解决方案,与团队内部就解决该问题的思路进行对比,以求获得较为满意的最终结果。在团队工作中要使这种方法有效,需要有良好、顺畅的沟通手段和设备作为保证,因为德尔菲法的操作意味着要进行大量的邮件收发、团队分析汇总和问卷内容设计等工作。设计的问题要准确,各种原则、技术上的要求应明了,尤其是将专家第一次的意见汇总之后设计第二次意见征询表时,要将其他专家的意见包括进去。经过团队与外部专家的反复交流沟通,在众人智慧的基础上得到的新方法会大大提高团队创造性解决问题的能力。

小阅读:销售量的预测

某新能源公司研制出了新产品,但市场上还没有相似产品出现,也没有历史数据可供参考,因此公司需要对销售量做出预测以决定产量。该公司聘请销售经理、专家、业务经理共8人组成专家小组,预测全年的销售量。8位专家独立做出个人的判断,然后进行几次反馈,之后再将这几次反馈的结果通过加权平均的方法得出平均销售量的预测值。

资料来源:作者根据公开资料整理。

三、了解团队决策中的特殊现象

1. 团体沉思

团体沉思是团队决策中一种奇特的现象,是出于专业知识、工作经验和人际关系等原因不能做出判断或不宜真实表达自己的观点造成的。在团体沉思的情况下,权威人物主张的方案容易获得多数成员的赞同和应和,还会使提案人更为自信。团体沉思表现出以下特征:

合理化 团队成员对与他们的假定相悖的证据加以合理化。
压力 对团队一致观点提出异议的人,会受到来自其他成员的压力。
自我监视 持有不同观点的成员,要么保持沉默,要么支持反方意见,要么自贬。
"无声就是默许" 沉默或缺席都视为同意。

2. 团体偏移

团体偏移是在团队决策时出现的一种"极化现象",即决策偏移和背离最佳决策。就像本节的引例所表明的,团队决策要比单个成员的决策更保守或更冒险。

知识链接:集体决策中的团队迷失

中国的一些初创企业在20世纪80年代的创业阶段取得了一系列项目的成功,但在20世纪90年代再发展阶段的一系列项目决策中常常出现偏移,即"立项决策不正确"。其主要原因就是:项目的提出者和积极主张者是少数有权威的领导,参与决策的高层管理者们有的对项目不甚了解,有的对远距离的市场需求或投资环境不甚了解,且又缺乏详细的分析和论证资料,所以多数人对议案提不出什么新的见解,只能"跟着领导走"。有研究表明:领导层最容易出现的问题就是决策失误。在领导层问题中,仅决策失误一项就占 46.3%(各类企业平均),其他问题所占的比重平均不足 8%。决策失误比重超过 50%的企业类型只有私营企业(53.4%)和股份制公司(50.6%)。国有企业决策失误的比重也接近 50%。显然,私营企业决策失误在领导层问题中所占比重是最高的,这是因为在这类企业中,常常以个体决策为主。而股份制公司(包括国有企业)应该以团体决策为主,但它的领导层决策失误比重亦超过 50%。这说明在一定程度上个体意志在团队决策中常常起决定性作用,从而出现"偏移"的可能性就较大。

资料来源:作者根据公开资料整理。

美国有研究者考察了模拟陪审团的决策,发现经过陪审团集体商议后,陪审员所做出的判决比讨论前更极端,如果之前确定的刑罚比较严厉,那么讨论后的定罪刑罚将更为严厉;而如果之前陪审员比较宽厚,讨论后的刑罚也会较轻。为什么呢?

第一,团队中存在某些希望能够展示自我的成员,他们出于独树一帜或者其他目的,试图强调自己的观点,并且往往夸大其词,因此很有可能说服其他成员。在网络上对于某个敏感问题的讨论往往会出现这一现象,网民构成了一个虚拟的群体,在这个群体中,对辩论更投入的成员往往占据话语权,成功引导和说服最初持有温和意见的成员,从而左右了群体,让群体观点更为极端。

第二,当团队成员发现彼此的想法大体一致(如对某名罪犯应该施以重罚)时,便会更加肯定自己原有的观点,摒弃那些与之不符的信息,从而让团队决策失去客观性,即大多数人的观点成为主流,不过更为偏激。这是在团队决策中常出现的问题,大大影响了团队决策的公正性。

思考·讨论·分析

你的团队中是否存在上述问题?不妨对照以下几个问题看看。

序号	问题描述	是	否
1	管理者或者某些资深成员非常强势?		
2	组织常常强调服从纪律?		
3	在团队会议中,最先表达意见的通常是管理者?		
4	目前的团队是一个非常团结的集体?		
5	组织成员在处理冲突时常常有挫折感或者情绪低落?		
6	有些成员试图逃避讨论中出现的冲突?		
7	有些成员在争论中含糊其词,甚至改变立场以与众人保持一致?		
8	有些成员在会后向熟识的同事抱怨自己没有实话实说,而且还列举了很多理由来维护自己?		
9	有些成员在会后对管理者或其他人表示不满?		
10	团队很少检查过去的决策是否正确?		

大家对照这10个问题,想一想你所在的团队当中大概存在几项。不用关注具体的某一项,而应注意一共存在几项。如果存在五项以上,那么你最好反省一下团队的决策程序和团队文化。

资料来源:作者根据公开资料整理。

任务三 学会团队决策沟通

工作任务:体验团队决策过程

游戏规则:

(1)这个游戏最好在小型团队中进行,如果你的团队规模较大,可以将团队分为若干个6—8人的小组,让每个小组的成员分别站成一个小圈。

(2)每个小组的成员伸出自己的左手,拉住正对着自己的人的右手,然后伸出右手,抓住另一个成员的左手。团队成员的任务是不要放开任何成员的手而拆开这个由交错的手臂组成的网。

资料来源:作者根据公开资料整理。

思考并体验:

1. 当你听到这个任务时,你认为它可能完成吗?你们当时的思路是否很混乱?
2. 团队成员之间是如何沟通的?
3. 刚开始是怎样计划的?计划得是否周全?
4. 你们的团队是选出了一个管理者进行指挥还是集体决策?
5. 你们采用了什么样的步骤拆开了这个网?
6. 成员有什么行为阻碍或可能阻碍团队成功完成这个任务?
7. 这个游戏对于今后的团队建设有何意义?

任务分析

管理学领域有一句名言:一百个行动也无法挽救一个错误的决策。由于中国文化强调遵从权威,不会轻易质疑管理者的意见,而在与平级打交道时,往往又重关系、讲人情、顾面子,因此在中国组织中更需要改善团队决策沟通。

知识解析

一、改进团队的决策程序

第一,团队中的管理者需要有意识地后退,学会"有所不为"。管理者不要先发言"定调子",而应"多看一看,多听一听,多想一想"。地位越高,发言应该越靠后,以免"锚定"了其他成员的观点或使他们产生了服从的压力。

📖 小阅读:《美国宪法》的制定

纪录片《大国崛起》中讲述了1787年《美国宪法》制定的过程。在长达十多天的制宪会议期间，面对55名代表的唇枪舌剑，制宪会议主席华盛顿却几乎一言不发，因为他担心自己的权威会影响任何一方去表达观点，但是只要他的身影还继续在会场上出现，谈判就不会轻易终止。华盛顿的这项举措对《美国宪法》的制定起到了积极作用。

资料来源:作者根据公开资料整理。

第二，要鼓励成员多提出备选方案，并开发对方案的评价程序。组织需要用多种手段促进员工参与决策。为了让成员畅所欲言，很多公司通过电子媒介发起讨论，比如2003年联想公司在公司内网建立"元庆论坛"，所有员工都可以直接向总裁杨元庆提问，结果员工们非常踊跃，提出了很多有价值的想法。李宁公司采用了"集体思考墙"的方式：将跨部门会议中一些未解决的问题列在办公区的一面墙上，员工在便签纸上写下解决问题的方法，贴到每个问题的下方，这样做不仅能群策群力解决问题，还强化了员工的内部服务意识。

📖 小阅读:"智慧墙"的智慧

"智慧墙"又称"大墙"，是一种系统思考工具。20世纪70年代后期，系统动力学的前辈梅多斯主持了一场长达三小时的研讨会，主题为第三世界的营养不良问题。与会者用白纸贴满一面大墙，然后大家就某个正在思考的问题，一起绘出所有的因果回馈关系图，从而实现系统化思考，发现问题的开放性。

现在，我们把"智慧墙"作为开展团队学习的工具，首先，针对一定的议题，与会者分别匿名写下个人的意见，然后由主持人收集、整理后贴到墙上，最后大家交流讨论并由主持人进行点评。"智慧墙"是进行信息交流共享的一种新形式，是开展团队学习的一种新方法。

资料来源:作者根据公开资料整理。

第三，尽量不要通过公开的投票解决复杂问题。投票掩盖了人们对问题支持或反对的程度，此外还会对少数派造成压力。如果一定要选择投票方式，建议进行非公开的或者匿名投票，这种方式有助于所有的成员表达自己的真实想法。

第四，指定某个团队成员提出反对意见，对于多数人赞成的方案提出不同看法。这在国外被称为"唱反调者"，或者"魔鬼代言人"。这种方法在国内的公司中实施可能有一定的难度，一种变通的方法是提高团队的多元化程度，引入与现有团队成员在年龄、特长、教育背景、价值观等方面不同的新成员，以刺激团队对问题进行更深入的思考，提出更多的意见和建议。

二、加强组织和团队的沟通文化

组织应该培养适应团队决策的沟通文化：

第一,要让组织成员意识到,尽管决策过程中的一致性可能比较有效率,但不能保证可以避免失误甚至灾难;相反,观点的争论虽然可能花费时间且让人感到不舒服,却能保证组织在决策中不犯致命性错误。

第二,在组织内创造争论的气氛,鼓励成员畅所欲言,而不是单纯强调"以和为贵"。

 知识链接:四重奏乐队

四重奏乐队中的大、中、小提琴手联合表演是典型的团队合作。美国管理学者对英国的几十个四重奏乐队进行考察后发现:成功的乐队能意识到他们面临的内部矛盾,把冲突看成建设性的,面对争论时,他们既能坦陈自己的观点,也能自觉地调整和疏导自己的情绪;而不成功的乐队成员在排练时不表达自己的不同意见,演出时却出现不和谐的声音。

资料来源:作者根据公开资料整理。

第三,培养就事论事的区分性组织文化。让组织成员懂得区分认知冲突(指组织成员由于对任务具有不同的看法而产生的冲突)和情感冲突(指组织成员由于个性和利益等因素而彼此之间产生敌意),不要轻易将认知冲突转化为情感冲突。

第四,组织成员要提高自己的人际沟通技能。在陈述自己的不同观点时,组织成员要明确而礼貌,提出基于事实、符合逻辑的证据和理由,但不要评价他人的人格和能力,要做到"和而不同""对事不对人"。

 互动话题:腾讯的决策机制

在公司决策上,腾讯形成了总办会制度。总办会每两周召开一次,参加者为5位创始人和各核心业务部门主管,总人数为10—12人。到2013年,腾讯的总员工人数虽已超过2万人,但总办会的参与者不过16人。

总办会是腾讯最为核心的决策会议,马化腾要求所有与会者无论日常工作多么繁忙,都务必前来参加。每次会议都在上午10点准时开始,一般都要延续到凌晨2—3点,因此是一种非常考验体力的马拉松式会议。

"马总喜欢开长会,每一个议题提出后,他都不会先表态,而是想要听到每一个人的态度和意见,所以会议往往开得很漫长。"好几位与会者透露称,"在总办会上,几乎所有重要的决议都是在午夜12点以后才做出的,因为到那个时候,大家都太疲劳了,常常有人大喊'太困了,太困了,快点定下来吧',然后就把一些事情定了下来"。

一个比较特殊的惯例是,腾讯的总办会没有表决制度,据人力资源部门主管等人回忆,"十来年里,没有一个决策是靠表决产生的"。

在关系到公司整体战略的议题上,以达成共识为决策前提,若反对的人多,该议题便会被搁置,而一旦为大多数人所赞同,反对者则可以保留自己的意见。在这一过程中,马化腾并没有被赋予"一票赞同"或"一票否决"的权力,他看上去更像是一位折中者。

在一次内部高管会议上,马化腾说:"未来 5 年,腾讯面临的最大挑战就是执行力。市场怎么样,大家都看得见,但不一定都拿得住。要通过完整的指标体系和组织架构保证压力的传导,通过严格考核和末位淘汰制留住人才,而所有这些,能把腾讯打造成一个不依赖个人精英,而是依靠体制化动力的成熟体系。"

资料来源:作者根据公开资料整理。

问题

请分析腾讯的团队决策模式。

项目小结

1. 团队就是由少数愿意为了共同的目的、业绩目标而承担责任的人组成的群体。团队的基本要素有:目标、人、定位、权限和计划。

2. 高效率团队内部的沟通特点有:团队拥有健全的正式和非正式(具有积极意义)的沟通渠道。信息传递高效直接,中间环节少,有科学合理的沟通机制;团队配备有先进的信息技术系统;团队内充满着健康、坦诚的沟通氛围,成员彼此间不仅能有效地进行工作任务方面的沟通,而且能进行情感上的交流;团队成员(至少一部分团队成员)具有很高的情商,在各种沟通情境下能够做到有效倾听他人的意见,并清楚地表达自己的观点;团队管理者有高超的沟通技巧等。

3. 影响团队沟通的要素主要有:规范的制定、团队成员的角色分担和管理者的素质。

4. 团队决策的类型有:沉默型、权威型、少数人联合型、少数服从多数型、一致型和完全一致型。

5. 团队决策的模式有:议会讨论法、冥想法、头脑风暴法、德尔菲法。

6. 团队决策中存在团体沉思和团体偏移的特殊现象。团体沉思是团队决策中一种奇特的现象,是出于专业知识、工作经验和人际关系等原因不能做出判断或不宜真实表达自己的观点造成的。团体偏移是在团队决策时出现的一种"极化现象",即决策偏移和背离最佳决策。团队决策要比单个成员的决策更保守或更冒险。

项目八　理解跨文化沟通

知识目标

1. 理解文化与跨文化沟通的内涵。
2. 了解跨文化沟通的影响因素。
3. 掌握跨文化沟通策略。

能力目标

1. 能够分析东西方文化差异。
2. 学会运用跨文化沟通技巧。
3. 提升跨文化沟通能力。

思政目标

1. 具有跨文化意识,尊重语言和文化多样性。
2. 滋养家国情怀、文化自信与国际视野。

引例

世界交通趣谈:"左行"与"右行"

如果按国家统计,世界上 2/3 国家的车辆是靠右行驶的,只有 1/3 国家的车辆靠左行驶;如果按照道路里程来统计,28% 的道路靠左行驶,72% 的道路靠右行驶;如果按人口统计,全世界 70 亿人口中,习惯于靠右行驶的约占 2/3,习惯于靠左行驶的约占 1/3。那么,为什么会出现这种情况呢?

车辆靠左行的由来

汽车出现以前,欧洲古罗马时期的道路交规是什么样的呢?通过观察路面的痕迹,专家判断出当时人们骑马或者坐马车都是靠左行驶的。这是因为大部分人是右撇子,骑马的时候习惯于左脚踩马镫,右脚去跨马,这样靠道路左侧行驶比较合理。另外,骑士都习惯于右手持枪或者佩剑,靠左侧走便于与迎面而来的敌人作战;平时不作战时,佩剑挂在左侧,在马匹交会的时候也不容易碰到对方,这是欧洲的主流习惯。1300 年,罗马教皇卜尼法斯八世宣布:条条大路通罗马,并指示赴罗马朝圣者必须靠左行走。从此,靠左行长远地影响了欧洲国家。

1756 年,英国颁布了《伦敦桥交通法》,规定马车过桥要靠左侧行驶,其后在 1772 年规定车辆在一切道路上都得靠左行驶。随着19世纪英国殖民势力向全世界大规模扩张,左行原则也相继传入亚洲和其他地区。目前车辆靠左行驶的国家有:英国、日本、印度、印度尼西亚、澳大利亚、新西兰、泰国、爱尔兰、马耳他、马来西亚、新加坡、南非等。因为为首的英国是岛国,所以人们习惯上又称这些国家为岛派国家。

中国何时开始"右行"

在我国古代,走路和行车都有靠左的习惯。靠左走的明文规定首次出现在唐代,当时像长安、洛阳这样的大都市很繁华,每天出入城门的人络绎不绝,很容易造成拥堵。为了解决这个问题,唐太宗时期规定出入城门"入由左,出由右",这是我国首次对靠左走进行明文规定,对后世影响很大。

改变始于清朝末年。当时,晚清政府成立了巡警部,顾问是一个洋人,颁布的交通规则是欧式的,从此靠左行驶改为靠右行驶。之后关于靠左行还是靠右行也出现过反复。

第二次世界大战期间,美国援华汽车大量涌入中国,美国汽车都是左驾车,适用于靠右行驶的交通规则,为此国民政府花了大价钱将其改装成右驾车,光是改装费就占车价的12%。

经过调研,国民政府制定了《改进市区及公路交通管理办法》,自此"一律靠右"行驶的改革拉开帷幕,新交通法规于1946年1月1日开始实行。1949年中华人民共和国成立后,沿用了靠右行驶的规则。

道路交通的"一国两制"

基于历史原因,中国香港地区在交通规则上规定车辆靠左行驶,而中国内地则规定车辆靠右行驶。于是,1997年香港回归后,在道路交通问题上,内地与香港地区也采取了"一国两制"的解决办法。内地车辆进入香港地区,则遵循香港地区的靠左行驶规则。反之,香港地区车辆进入内地,同样也得入乡随俗。

这样一来,就产生了诸多不便。虽然在香港地区与内地的交界处立有明显的界别标志,但由于交通繁忙,相向而来的两列车队很难在入境的同时改变行车路线。于是,人们想出了这样的解决办法:在深圳与香港地区的交界处修建了一座特殊的桥梁,进入内地的汽车只需按照原有的路规行驶,经过桥梁的巧妙转接后,"右行"的汽车到了香港地区自然"左行",而"左行"的汽车则变为"右行"。

资料来源:改编自《世界交通趣谈:"左行"与"右行"》,https://www.sohu.com/a/234773841_308511(访问日期:2023年3月22日)。

交通"左行"和"右行"的差异,反映了文化的差异,世界是多样的,不同文化会孕育出不同的行为方式,我们要学会在不同文化背景下进行沟通,了解多样化的世界。

任务一 认识跨文化沟通

工作任务:从《木兰辞》与迪士尼动画《花木兰》看中美文化差异

作为中国历史上少有的女性英雄,花木兰一直被当作民族骄傲牢牢地铭刻在每个中国人的心中。她隐姓埋名,"愿为市鞍马,从此替爷征"的代父从军故事千百年来一直被人们所称颂,虽然对于故事本身的真实性我们已无从考证,但每当我们谈到那首脍炙人口的北朝民歌《木兰辞》时,那个不畏艰难、顽强拼搏的巾帼英雄形象立刻就会出现在我们的脑海中。花木兰几经沙场,出生入死,其坚忍不拔、百折不挠的顽强精神完美地体现了中国女性的可贵品质。

美国迪士尼动画片《花木兰》体现的是西方的现代精神理念,如花木兰不再局限于自己的女性身份,而是不断地突破自我,即使身份被识破也毫不退缩。她成了一位挑战自我、力求实现个人价值的新时代女性。不仅如此,她还收获了属于自己的爱情。《花木兰》播出后不久便风靡全球,获得了不同文化层次与不同年龄段观众群体的喜爱,它所塑造的西式花木兰形象体现了东西方文化的冲突和交融,促进了文化的多元发展。

资料来源:作者根据公开资料整理。

思考:
《木兰辞》与《花木兰》中花木兰的形象有哪些差异?产生这些差异的原因是什么?

任务分析

花木兰的故事传承至今,在中国人的心目中已然根深蒂固,这样的故事经过迪士尼再度呈现时,是什么让中美两国的观众在面对同一个角色时出现两种截然不同的态度呢?其主要原因就是影片中涉及的中美文化的差异。随着经济全球化的不断深入,我们会遇到很多这样的文化差异,因此比以往更加需要全面了解文化差异,以开放的态度接受不同文化,从而更好地进行跨文化沟通。

知识解析

跨文化沟通(Cross-Cultural Communication),通常是指不同文化背景的人之间进行的沟通。文化差异由地域、种族等因素导致,因此,跨文化沟通可能发生在国与国之间,也能发生在不同的文化群体之间。

跨文化沟通的概念源于经济全球化。国与国之间的交流首先是文化的交流。所有的国际政治外交、公司国际化经营、民间文化交流与融合,都需要面对文化的普遍性与多样性,研究不同对象的特征,从而实现交流的预期效果。

因为文化差异的存在,人们往往还会遭遇文化冲击。如今很多政府机构与公司组织正积极研究跨文化沟通。

小阅读:从《美国工厂》看中美文化碰撞与融合

一部讲述中国公司在美国办厂的纪录片《美国工厂》,在中美两国引起了较大反响。纪录片讲述了一家工厂,两种文化,中国管理者与美国蓝领工人相互博弈、相互适应,有泪有笑,有不解有和解,有强硬有妥协,有失望有希望的故事……

这部聚焦于文化碰撞,用一种人们熟悉的方式讲述全球化之下文化交流与沟通的纪录片,引发了人们对中美文化差异、全球化利益再分配等话题的深入思考。

资料来源:作者根据公开资料整理。

即便同在中国,不同省份的方言也会有所不同,南北方还有气候差异、饮食差异,人与人交流时还会遇到个性差异,也会出现"水土不服"的现象,这些其实都是跨文化沟通中的适应问题。

小阅读:援鄂医疗队武汉方言实用手册和音频材料

2020年新冠肺炎疫情从"九州通衢"的武汉迅速蔓延并肆虐全国。华夏各地相继出现"逆行"的白衣医疗队,义无反顾地奔赴武汉这一最危险的战场,遏制疫情。由于医疗队来自全国各地,难免存在一定的方言沟通困难,山东大学齐鲁医院援鄂医疗队树百年齐鲁之风范,在进驻武汉48小时内便立即组织策划编写《国家援鄂医疗队武汉方言实用手册》和《国家援鄂医疗队武汉方言音频材料》,以解全国医疗队语言沟通之难题。

资料来源:改编自《援鄂队员请看:进驻武汉48小时内编写的武汉方言实用手册和音频材料》,http://www.dzwww.com/xinwen/guoneixinwen/202002/t20200210_4997007.htm(访问日期:2023年3月22日)。

任务二　识别东西方文化差异

工作任务:对比诺亚方舟与大禹治水中的文化差异

诺亚方舟是《圣经·创世纪》里的故事。创造世界的上帝看到人类渐渐变得邪恶起来,彼此尔虞我诈,大地上充满败坏、强暴的行为,于是计划用洪水消灭恶人和整个世界。但他同时也发现,人类中还有一个叫诺亚的好人,于是便指示诺亚提前建造一艘方舟,并让他在大洪水来临之时,带着他的妻子、三个儿子和他们的妻子,以及所有的牲畜、虫类、飞鸟等(必须同时包括雄性与雌性)登上方舟。诺亚他们登上方舟之后,上帝降下了大洪水,倾盆大雨连续下了四十个昼夜,淹没了大地上的一切,除了诺亚方舟内的生灵,所有的人类和生物都死亡殆尽。等大洪水结束后,诺亚带着一家人和所有的牲畜、虫类和飞鸟等出了方舟,按照上帝的旨意,生养子孙,繁衍后代。诺亚带着感恩的心,向上帝献供了祭品。上帝欣慰地表示,将不会再毁灭世界,并以彩虹为证。

大禹治水的故事在中国古代很多文献中都出现过,最早的是《山海经》。大约4 000年前,黄河流域洪水为患,当时的部落领袖尧命鲧负责领导与组织治水工作。鲧采取"水来土掩"的策略治水。鲧治水失败后由其独子禹肩负治水大任。大禹结婚四天就离开家去治水,此后三过家门而不入。他带领着一帮助手,跋山涉水,风餐露宿,走遍了当时中原大地的山山水水。他采取"疏"的方法,经过13年的艰苦努力,终于获得成功,消退了洪水,使人民过上了安居乐业的生活。

资料来源:作者根据公开资料整理。

思考:

诺亚方舟与大禹治水故事中的文化差异体现在哪些地方?

任务分析

研究表明,以上两个故事发生的背景可能都是大规模冰河消融运动。在面对这样的特大级别的洪水灾难时,东西方的应对态度和表现出来的精神气质,可以说是天差地别。中国是以积极的方式,相信人定胜天,通过长期的艰苦努力,终于战胜了自然灾害,赢得了生存和发展的机会。而西方则是通过对神的信仰,靠神的怜悯而获得拯救。大禹治水的故事中,是牺牲了少数人的利益,包括大禹的父亲鲧等,大禹自己也是三过家门而不入,牺牲了个人的幸福,拯救了大多数人。而诺亚方舟的故事中,除了诺亚一家,其他所有人,包括整个世界几乎都被上帝毁灭了,诺亚是在几乎毁灭的世界的基础之上按上帝的指示重建了一个新世界。

我们很容易理解大禹治水的故事,面对灾难,我们的应对方式总是抗争,要不惜一切代价去争取胜利。总结中国的各种神话故事,从大禹治水、愚公移山到夸父追日、精卫填海等,都反映了一种抗争精神,一种人定胜天的精神,这已经成为我们民族的精神内核,是民族信仰的一部分。

人类社会中差异最大的两种文化传统就是东西方文化,东方文化的代表国家主要是中国、日本、印度和朝鲜等,西方文化的代表国家主要包括美国、英国、意大利、德国和法国等。东西方文化的差异对跨文化人际沟通的方式和友谊关系也产生了重大的影响。

知识解析

一、沟通方式上的差异

东西方在人际沟通上的差异主要表现在东方文化注重维护群体和谐的人际沟通环境,西方文化则注重创造一个强调坚持个性的人际沟通环境。这主要体现在:

(一)东方重礼仪、多委婉,西方重独立、多坦率

在中国的传统社会中,历来主张尊卑有别、长幼有序、敬老尊师。中国是"礼仪之邦",人们在交流时往往要受到各自地位和角色的制约,否则就是失礼。受到中国儒家文化影响的朝鲜、韩国、日本、越南、新加坡以及其他东南亚国家的一些地区多多少少都有这种倾向。在东方的等级观念比较强的文化里,两个素不相识的人相遇时,在谈及主题之前,通常要交换彼此的背景资料,如工作单位、毕业院校、家庭情况、年龄、籍贯等,以此确定双方的地位和相互关系,并以此为依据来确定交谈的方式和内容。如果一方为长辈或上级,那么多由这一方主导谈话,同时在出入场所的先后顺序等方面都要遵循一定的礼仪。如果交谈双方在地位或身份上是平等的,那么交谈就会放松得多。

在西方文化,特别是美国文化中,等级和身份观念比较淡薄,人际沟通中,在称呼和交谈的态度上较少受到等级和身份的限制,不像东方文化那样拘礼。熟人相遇一律以平等的"Hi"(你好)表示问候,祖父母与孙辈之间、父母与子女之间、老师与学生之间都直呼其名。许多中国人对此难以接受。在亚洲文化中,不同辈分和身份的人意见不同时,

常避免正面的冲突和争辩。中国人喜欢委婉的表达方式,以为对方保全"面子"。西方人,特别是美国人,在彼此意见相左时,通常会坚持己见,常争论得面红耳赤,无所谓"面子"问题。美国学生在课堂上常与老师争论问题,有些问题甚至提得很尖锐。美国人认为,与老师争辩是正常的。而这种情况如果发生在中国,无论是老师还是学生都会感到不自在。美国人的坦率在很多中国人看来有些唐突,有时甚至是粗鲁。一位美国朋友写道:"从我自己的经验来说,我知道我们那种急性子、任性和毫不隐讳的言行常常得罪中国朋友。几乎在同样的程度上,中国朋友那种慢条斯理、繁文缛节和捉摸不透的兜圈子常常弄得我们这些可怜的'洋人'火冒三丈。"在美国人看来,委婉与真实大相径庭,与假装却有相似之处。

知识链接:中西方在客套语方面的差异

中国一直是一个在各方面都比较传统的国家。中国人向来注重谦虚,在与人交往时,讲求"卑己尊人",并以此为美德。在别人赞扬我们时,我们往往会自贬一番,以表谦虚有礼。这一点在称呼方面尤其突出,例如在向别人介绍自己的夫人时会说:"这是贱内";介绍自己的儿子时会以"犬子"代称;而称自己为"鄙人"等。但在称呼别人时却又十分恭敬:对方的父母是令尊令堂,对方的儿子是令公子,等等。在受到夸奖或表扬时,中国人总喜欢把这句话挂在嘴边:"哪里哪里,您过奖了!不敢当不敢当!"

相反,西方国家并没有这样的文化习惯,当他们受到赞扬时,总会很高兴地说一声"Thank you"(谢谢),表示接受别人的称赞。西方人的称呼表达习惯似乎和汉语正相反,关系越是亲密,越习惯于直呼其名。在英文教材《走遍美国》中,孙子 Robbie 见到爷爷 Malcolm 时叫了声"Grandpa"(爷爷),爷爷马上纠正,"Call me Malcolm"(叫我 Malcolm)。看似简短的对答,却把祖孙俩的距离拉近了许多。在中国人看来,这绝对是一种极大的不尊敬,是万万不可的。由于东西方文化差异,我们认为西方人过于自信,毫不谦虚;而当西方人听到中国人这样否定别人对自己的赞扬或者听到他们自己否定自己的成就,甚至把自己贬得一文不值时,也会感到非常惊讶。

资料来源:作者根据公开资料整理。

我们不难理解中国人的婉转何以会使"洋人"们火冒三丈。虽然近代以来,随着西方文化的影响和社会的发展,东方重礼仪、多委婉的特点已经发生了不少变化,但是,与西方文化特别是美国文化相比,仍有显著的特色。

(二)东方多自我交流、重心领神会,西方少自我交流、重言谈沟通

东西方人对交流本身有不同的看法。在中国、朝鲜、韩国、日本等国的观念中,能说会道并不被人们所提倡。在中国传统文化中,儒家、道家和佛教的禅宗都是如此。孔子认为:"巧言令色,鲜矣仁。"意思是说,如果一个人花言巧语,装出和颜悦色的样子,那么他的"仁德"是不可能多的。巧言会败坏人的道德,"巧言乱德,小不忍则乱大谋";而言谈迟钝则是仁的表现,"仁者,其言也讱""讷近仁"。因此,他认为君子应少说话,"君子

欲讷于言而敏于行";能说会道是可耻的,"巧言、令色、足恭,左丘明耻之,丘亦耻之""恶夫佞者"。道家的老子说:"希言自然。故飘风不终朝,骤雨不终日,孰为此者?天地。天尚不能久,而况于人乎?"意思是说,少说话合乎自然,喋喋不休违反天道。他还认为,知"道"的人不随便说,随便说的人不知"道","知者不言,言者不知"。庄子说:"狗不以善吠为良,人以不善言为贤。"中国化的佛教禅宗主张"自悟"说,认为心性本净,佛性本有,觉悟不假外求,不读经,不礼佛,不立文字,佛性只能通过沉思苦想,而不是语言交流来获得。汉语中的一些成语,如"巧舌如簧""油嘴滑舌""喙长三尺"等,多有贬义,而"病从口入""祸从口出""言多必失"则告诫人们不要多说话。

西方人很强调和鼓励口语表达,这与中国文化形成了鲜明的对比。古希腊罗马开创了西方在学校中开设"修辞学"的传统,这种修辞学的侧重点放在语言创作,以及对那些想与别人进行语言交流的人的教导上。在西方文化中,人与人的关系和友谊要靠言谈来建立和维持。他们缺乏中国文化中那种"心领神会"的感觉,因此,两个以上的人待在一起时,一定要想办法使谈话不断地进行下去。如果出现了沉默的情形,在场的人就会感到不安和尴尬,并有一种必须要说话的压力。西方人的观念是,真正有才的人不但要会思考,而且必须善于把自己的想法有效地表达出来。

美国人有"边想边说"的传统,就是把思考过程语言化,至于那些想法本身是否有水平、有深度、有道理,则是另一类问题。东方人,特别是中国人,常认为要想好了再说,不能想什么就说什么。那些对于某种知识只略懂一二而又爱说的人常被贬称为"半瓶水",不满却晃荡。而西方人却认为,不会表达的人比"半瓶水"还不如。在人际沟通中,中国人比西方人更注重自我沟通。中国儒家文化强调自我反思,曾子说:"吾日三省吾身:为人谋而不忠乎?与朋友交而不信乎?传不习乎?"中国人做事失误时,常进行"自我反思"或"闭门思过"。而西方人则更重视彼此之间的交流。他们做事失误之后,常把有关的人集中在一起,大家共同讨论,找出症结之所在。他们相信,如果没有交流,将永远无法解决问题。

(三) 东方和谐重于说服,西方说服重于和谐

东方文化,尤其是中国文化注重集体主义,强调组织的团结与和谐,因此在沟通的目的上,注意调节信息发送者和信息接收者的关系,强调和谐重于说服。孔孟之道主张人们应当和平相处,免于争斗,主张"和为贵""忍为高""君子矜而不争"。这些思想至今仍对人们的沟通有很大的影响。

西方的人际沟通观受到古希腊哲学的影响,在交流的目的上,强调的是信息发送者用自己的信息影响和说服对方,是有意识地对信息接收者施加影响。这一观点在西方研究传播学的古今著作中都有所体现。

知识链接:沟通的影响

古希腊哲学家亚里士多德在《修辞学》里就曾指出,所有沟通的基本目的都是"施加影响"。美国传播学者杰拉尔德·米勒认为:"在大部分情况下,传播者向接收者传递信

息都旨在改变后者的行为。"美国实践心理学家卡尔·霍夫兰等人认为,沟通是"某个人(传播者)传递刺激(通常是语言的)以影响另一些人(接收者)行为的过程"。

资料来源:作者根据公开资料整理。

(四) 开场白和结束语形式

中国人的开场白或结束语多会谦虚一番。开场白常说"自己水平有限,本来不想讲,却又盛情难却,因此只好冒昧谈谈不成熟的意见,说得不对的地方,请多指教",或者把这一套谦辞放在结束语中讲,常说的是,"请批评指正,多多包涵"。而西方人,特别是美国人,在开场白和结束语中,一般没有这一套谦辞,而且这类谦辞可能会使美国人产生反感。

中国人在和不熟悉的人交谈时,其开场白常是问对方的工作单位、毕业院校、家庭情况、年龄、籍贯等,即从"拉家常"开始。对中国人来说,这样开始交谈十分自然。而这样做可能会使西方人十分恼火,因为这种开场白干涉了他们的隐私,交谈一开始就使他们感到不快,很难使他们敞开心扉,进行有效的交流。英国人通常以天气为话题开始交谈,美国人则通常是从本周的橄榄球赛或棒球赛开始谈话。中国人在人际沟通进入正题之前,"预热"的时间比西方人长。西方人一般喜欢单刀直入,"预热"的阶段很短,闲谈多了会被认为啰唆、有意不愿进入正题。

二、友谊关系上的差异

在任何文化中,友谊与人际沟通都紧密相关。友好的沟通会促进友谊,友谊又会促进信息的传递。中国和日本等东方国家与西方国家在友谊问题上既有共同点也有差异,在友谊关系的重点和作用方面基本相似,差异大致体现在以下三个方面:

(一) 范围和层次不同

中国人所结成的友谊关系一般有两种:第一种是熟人,即由工作关系、邻里关系认识的人。第二种是朋友,这和英语中表示朋友的"Friend"有差异,中国人所称的朋友一般是指志同道合、互相关心、互相帮助并在情感上相互依托的人,二者之间是一种亲密的、有深交的人际关系,可以自由自在地谈论彼此心中深层次的思想。"朋友"在汉语中有两个意思:一是彼此有交情的人,二是指恋爱的对象。中国人一般有很多熟人,但朋友并不多。前一种意义上的朋友一般是同性,异性朋友很少。日本的情况也是如此。据日本学者的调查,日本人的异性朋友极少,20%的人订婚之前都没有较熟悉的异性朋友。美国人的友谊关系是建立在共同的理想和价值观、真诚和信任、社会和心理的支持基础上的。美国人一般把友谊关系分为泛泛之交、好友关系、密友关系和深交友谊关系。美国人往往有许多泛泛之交、好友和密友,且男性和女性兼有。深交友谊关系也包括男女两性,但数量较少,以志趣相投为基础。

(二) 深浅和牢固程度不同

中国人与朋友的友谊关系一般都比较长久。交一个朋友需要较长的时间,一旦成为朋友,友谊往往可以持续终生。而美国人交朋友快,忘朋友也快,彼此之间感情较为淡漠。美国人友好随和,世界上没有比结识美国人更容易的,但是与他们深交却很困难。从表面上看,美国人常常比其他国家的人都友好,这与其社会具有多种多样的文化和高度发达的经济有直接关系。美国是一个流动性很强的社会,据美国官方统计,一个美国人在一生中平均要搬 21 次家。美国人调换工作之勤,在世界上是独一无二的,整个社会和公司老板们把这看作值得称道的品德,是具有雄心壮志和冒险精神的表现。由于美国人经常调动工作和搬家,因此他们擅长与陌生人打交道。然而,这种流动性又限制了其与他人建立深厚持久的友谊。这种友谊观念上的差异也会产生误解。当一个中国人遇到一个美国人时,常为他的友好和热情所感动,会以为自己与他之间已经建立起了牢不可破的友谊。殊不知,这个美国人其实以这样的方式对待每个陌生人。

(三) 谈论的话题不同

在谈话的话题上,不同文化之间也存在差异。东方人和西方人有很多双方都乐于接受的话题,例如业余爱好、节日、气候、国内外新闻、电影、书籍等。但是,对西方人来说,属于个人隐私的话题是不喜欢他人问津的,例如个人收入多少、钱怎么花、家里有多少存款、身上的衣服是花了多少钱买的(但是,如果是两个朋友之间,甲要求乙为自己干活,那关于报酬问题双方一般都非常坦率,不像中国人那样含含糊糊地,抹不开面子)。

 小阅读:日本人和美国人谈论话题的差异

1983 年,美国学者古狄昆斯特和日本学者西田研究了日本人、美国人在谈论话题方面的深度和范围。他们发现,在互相比较的 37 点上,有 16 点两国是一样的。差别是:美国人一般更多地谈论和深入沟通婚姻、爱情、性和情感等问题。日本人则较多地谈及自己的兴趣和爱好、学校和工作、个人所经历的事情、宗教以及钱财等问题,还往往较多地谈论人的体态,并在这种话题上交谈得深入透彻。因此,为了使跨文化的友谊得以巩固和发展,双方在交流时应注意交谈的话题范围,竭力避免涉及对方不愿谈的问题。

资料来源:改编自《东方礼仪与西方礼仪的差异》,http://blog.sina.com.cn/s/blog_61c34f950100efho.html(访问日期:2023 年 3 月 22 日)。

思考·讨论·分析

1. 举例说明东西方文化存在哪些差异。
2. 如何认识东西方文化差异?

任务三 学习跨文化沟通技巧

工作任务:分析秘鲁工人辞职的原因

一个美国人在美国某公司的秘鲁子公司担任生产经理,他坚信美国式的民主管理方法能够提高秘鲁工人的生产积极性。他从美国公司总部请来专家对子公司各车间的负责人进行培训,教他们如何征求工人的意见,并对其中合理的部分加以利用。可是这种民主管理方法推行不久,秘鲁工人纷纷要求辞职。原因是,在秘鲁以及整个拉美文化中,人们敬重权威,认为下属服从上司才是理所应当的。工人们认为,征求工人的意见是上司自己不知道该做什么,才反过来问他们。既然上司无能,公司就没有希望,那自己不如提前离职,以便快速找到新的工作。

资料来源:作者根据公开资料整理。

思考:
你认为是什么因素妨碍了跨文化沟通?秘鲁工人为什么要辞职?

任务分析

出生在不同国度的人,思维方式、生活习惯、文化背景、受教育程度、文化差异等多个方面都存在显著的差异。正是这种文化差异的存在,使得双方在交流沟通中产生了一系列障碍,导致文化冲突,进而使人际关系紧张、沟通受阻、管理者做出错误反应、管理失效以及组织运作效率降低,最终导致组织运作失败(如图8-1所示)。

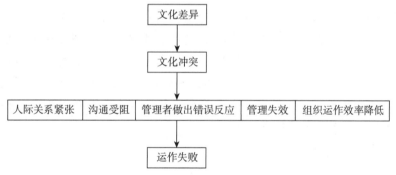

图8-1 导致组织运作失败的原因

反之,如果组织能够进行有效的跨文化管理,那么,跨国经营所面临的文化多元性和复杂性,不仅不会给组织带来损失,反而会给组织带来许多优势,提升组织竞争力。

知识解析

一、影响跨文化沟通的因素

(一)语言和非语言

同一种语言因为使用的人群不同,沟通时便有可能产生障碍。使用不同语言的人在沟通时要经过翻译,此时就容易产生误解。譬如,英文"喝百事——活力无限"在德国被译为"从坟墓中出来",在亚洲某地被译为"百事把你的祖先从坟墓中带出来"。英文"精神永恒,躯体有崖"在俄罗斯被译为"魔鬼已经准备好了,但肉体已经腐烂了"。

英文更直截了当,而中文则比较含蓄。比如,同是一首爱情歌曲,英文歌词是这样的:"I love you",直截了当地向对方表白。而中文歌词则是这样的:"你问我爱你有多深,我爱你有几分。我的情不变,我的爱不移,月亮代表我的心。"尤其一句"月亮代表我的心"不禁让人浮想联翩,含蓄至极,优美至极。英语国家的人若不了解中国的文化,则很难品味出其中的意境。

同样,非语言沟通中产生误解的情况也是数不胜数。在美国,经理办公室中上下级的讨论可能会以一种非常轻松的方式进行——边喝咖啡边讨论。如果经理是男士,他可能会把一只脚跷在桌子上。在中东则全然不同:跷着二郎腿或将鞋底面对另一个人是粗鲁无礼的行为。在许多国家(包括欧洲的许多国家),当下属对上司说话时,下属几乎是"立正"的。在德国或澳大利亚,员工对老板说话时,从不两手插袋。

(二) 信仰与行为

不同文化背景的人在信仰与行为方面存在差异,这是无法回避的客观现实。沟通时产生障碍甚至冲突的程度,则取决于沟通双方对另一方信仰与行为的了解和接受程度。

📖 小阅读:中外称赞表达差异

巩老师邀请他的德国同事马克来家里吃饭。巩老师的妻子为马克准备了丰盛的中餐。吃饭的时候,马克禁不住夸奖了几句,他说:"你妻子做的饭菜很好吃,她这么能干,你真幸运。"巩老师笑着说:"手艺一般吧,每天吃我都腻了。"马克听了巩老师的话很吃惊,觉得他不尊重自己的妻子。更让马克感到吃惊的是,巩老师的妻子听了丈夫的话还在微笑,一点也没有生气。马克心想,如果自己在别人面前这样评论自己的妻子,她一定会很生气,说不定还要吵着离婚呢。

资料来源:作者根据公开资料整理。

(三) 文化的多样性

1. 对空间的不同理解

在中外文化的对比中,想必大家已经注意到了这样一个有趣的现象:在国外,如果主人邀你一起出行,他必定会请你坐在副驾驶的位置上。这个位置被认为是贵宾座,因为汽车往往是主人自己的,你是客人自然应坐在他身边,这样也便于交流。而在国内,无论是坐公交车还是出租车,右边的后座才是贵宾座,因为这个位置最安全,也最远离陌生的司机,视野也要比左边的后座好。作为主人的你,通常就坐在左边的后座上以便同客人并排而坐。如果还有一个人陪同,那么他一般就坐在副驾驶的位置上。坐在这个位置上的人通常要鞍前马后地照顾其他人。在交往中,还有一个重要的"个人空间"问题。"个人空间"指我们身体周围的一块区域,它因文化规范的不同而有大有小。比如,如果你同来自墨西哥或意大利的商人做生意,那么你就应当让出更多的"个人空间",也就是说交流时相互之间要离得很近,而同德国商人交流则正好相反。在人际空间关系中,个人地位或职务可能起到决定性的作用。在美国,公司总裁总是占据着顶楼有窗户的大办公室,很是豪华,与其他员工永远是分开的。法国或中东国家的管理人员通常坐在其下属周围,以便能"看见"(监督)他们。对个人空间的了解,在同一文化中是有用的,在跨文化交流中更要考虑。

2. 对时间的不同理解

不同的文化对待时间的态度差别很大。时间对于发达国家的人来说极其重要,几乎开展任何活动都要以时间为中心,比如人们常说"节约时间""花钱买时间""浪费时间",甚至"投入时间"。有些国家的人,如美国人、瑞典人等十分看重时间,以至于如果他人不遵守时间,就会十分恼怒。而在有些国家和地区,人们对待时间就比较随便,因为这"只是时间"问题。比如巴西人赴约迟到是常有的事,你的合作伙伴可能会让你等一两个小时。整个拉美地区,只有巴西圣保罗的商人还算守时。有些国家的人,如墨西哥人和希腊人则认为守时是头脑僵化的表现。

3. 对友谊的不同理解

不同的文化中,友谊观也有所不同。美国人搬家频繁,他们往往会从一个城市搬到另一个城市。美国人交友通常既快又容易,新邻居、教友、工友很快可以互相用昵称来称呼对方。但在英国、德国、日本、芬兰或其他很多国家,情况却大不相同。彼此之间的称呼相当正式,姓氏前一般都要加上"先生"或"女士"之类的称谓。在许多文化中,友谊的发展比较缓慢,在英国和德国,即便成为邻居多年,彼此之间的称呼可能还是非常正式。

4. 对协议的不同理解

文化差异使人们对协议的理解差别很大。对美国人来说,签好的协议几乎是神圣的。但对中东地区的很多人来说,合同只不过是"一张纸"而已,可以随时解除;而经过慎重而彻底的讨论,喝过很多杯咖啡之后的一次握手,才是一份真正的协议。令人啼笑皆非的是,在中东从事大项目开发的美国建筑公司发现,他们的合作方把他们精心措辞写成的合同仅仅看作谈判的开始,而不是终结。近年来,这种理解上的差异才逐渐缩小。

5. 对伦理道德的不同理解

由于中外文化差异,对伦理道德的理解是有明显不同的。中国强调尊卑有序、长幼有序、父慈子孝、兄友弟恭,主张"忠、孝"或"仁、义、礼、智、信"等,在很多方面表现为"牺牲小我,成就大我"的集体主义。而西方则主要强调"自我、独立",主张以自我感受为主的个人主义。

6. 对礼物的不同理解

国际交往中免不了要收送礼物,但什么地位的人送什么档次的礼物,什么东西不可作为礼物,以什么样的方式接受礼物等都颇有讲究。例如,日本社会等级森严,如果部长与科长收到同样的礼物,前者会觉得是一种侮辱,后者会觉得非常尴尬——礼物模糊了他们地位上的差异。在巴西,我们不能将剪刀和苏绣手帕这样的小工艺品送给朋友,因为剪刀意味着断交,手帕则会带来不幸。收到日本人的礼物时,不应当着送礼者的面验看礼物,而面对欧美人时通常应该当面打开,不管是什么礼物,都要赞赏一番,并表示感谢。

（四）价值观

1. 变化

世界上许多古老的文化都喜欢稳定,热爱传统,认为变化会引起混乱,带来痛苦。而在美国,人们认为变化就是好的——变化总是和进步、发展、增长这些字眼连在一起。

2. 平等

人们对平等的看法也迥然不同。美国人认为人生而平等,视达成人与人之间的平等为重要的社会目标。当然,社会现实如何另当别论。但在世界上的许多地方,等级、地位和权威被认为是生活中不可或缺的一部分。对许多人来说,明白自己是谁、属于哪个阶层才有安全感。

3. 个人主义和隐私

在这一问题上,美国人表现得最强烈：他们认为自己是个人主义者,自己是独一无二的个体。但世界上的很多文化中,人们并不重视美国式的个人主义,也没有像美国人那样对隐私的需求如此强烈。当然,这种情形也在不断变化之中。

4. 劳动观

发达国家的人通常拼命工作——每天都有计划,做什么事情甚至提前几周、几个月就做好计划。人们是如此投入地工作,以至于成了"工作狂"。而很多地方的人并不如此重视生产劳动；相反,恬淡闲适的生活才被视为生活的要义。

5. 直率、外向和诚实

美国人是典型的直率型人群,中国人却讲究含蓄、客气、婉转、点到为止。有这样的例子：一个中国人到了一个美国人家里,被问及想喝什么时,中国人总是客气地回答"不用不用",美国人便认为他真的什么也不想喝,但实际上他可能已经很渴了。近年来,中国在南非市场的开拓进展很大。中方经营管理人员发现,在南非商人的私人俱乐部或者别墅里商谈时,南非商人同样也领会不了自己的"言外之意",因此决定还是采取"直言相告"的策略为好。

6. 物质主义

美国人给人的印象是特别崇尚物质生活,甚至被认为"拜物""拜金",而美国人自己则认为家里的电器、汽车等财富都是自己辛勤劳动的奖赏,金钱与财富都是自己才能的象征,是值得"展示"给别人看的。而其他很多国家的人则要淡泊得多。

二、跨文化沟通的有效原则

（一）因地制宜原则

来自不同文化背景的沟通者,要了解当地的实际情况和文化传统,根据宏观环境、当地的具体情况、公司的现状和员工的接受及适应能力来制定合适的沟通策略,因地制宜地确立适合本公司的跨文化沟通模式。

📖 小阅读:饮茶问题引发的公司倒闭

一家美国公司在英国伯明翰购买了一家纺织工厂,希望把它作为自己进入欧洲市场的桥头堡。但在购买后不久,美国的管理者就意识到了生产上的一个"主要"问题——在喝茶休息上所耽误的时间。在英国,一个工人在喝茶休息上要花费半个小时左右的时间。工人们都会沏自己所喜欢的茶,然后用专门的茶杯慢慢品尝……管理者建议工会用美味的咖啡加快"品尝的时间",把它缩减为10分钟。但工会的尝试失败了,因为其后的一个星期一的早晨,工人们对此发起了抗议。因此,公司只好进行改进,装了一台饮茶机,但只放了纸杯在龙头下面,而且只能接标准量的茶饮料,专门的茶杯也被小纸杯代替。后来,这家公司再没有恢复生产活力,即使在饮茶机被取消之后,工人们仍然联合起来抵制公司直到它被迫关闭。

资料来源:作者根据公开资料整理。

(二)平等互惠原则

管理沟通与一般的人际沟通的不同之处在于它有很强的目的性,总是为了获取一定的利益。在这个过程中,要坚持平等互惠的原则。平等互惠有利于保护沟通双方的利益,有利于双方建立长期的合作关系。"损人利己"或"损己利人"都不符合现代社会的游戏规则。

(三)相互尊重原则

相互尊重是沟通过程中体现诚意和树立信誉的保证。相互尊重不仅要尊重彼此的人格,还要尊重彼此的文化、思想和行为表现。当然,尊重并不等于违背自己的利益,全盘接受和采纳对方的意见。在这个过程中"理"和"礼"同样重要。对于不正确或不合理的要求,我们要坚决抵制。

(四)相互信任原则

相互信任是在沟通双方相互理解和相互尊重的基础上,在合作共事的过程中达成的。相互信任能促进相互学习、共同发展。对于合资公司来讲,相互信任是共同管理的重要机制。一家合资公司的总经理曾说道:合作者之间相互信任的氛围比合资经营协议中的内容要重要得多。

(五)相互了解原则

所谓"知己知彼,百战不殆",跨文化沟通过程中的障碍,很多都源于相互之间并不了解。只有相互了解才有可能相互信任。相互了解原则还要求沟通双方敞开心扉,采取积极的态度来促进对方了解自己。

小阅读：中铁建工集团的跨文化管理

中铁建工集团作为中国最早"走出去"的公司之一，早在20世纪六七十年代，就参与了坦桑尼亚—赞比亚铁路的援建工作。此后该集团便一直扎根海外，特别是近年来，又积极参与"一带一路"建设，同时也在跨文化管理上进行了一系列积极的探索。"走出去"重在"走进去"，在海外雇用当地员工的做法不但能有效降低成本，还受到当地人的欢迎。这也是推行"属地化管理"，加快"走进去"步伐的重要举措。中铁建工集团在海外项目上积极推行"导师带徒"培训计划，通过工长与当地员工"一对一"的教学形式，对有潜力的当地员工进行系统培训。2016年开工建设的尼雷尔基金会广场是中铁建工集团在坦桑尼亚投资的一个重点项目，除了建造一流的商务设施，他们也希望能通过这个项目培养一批专业的当地员工骨干。在过去的二十多年里，中铁建工集团东非公司通过一名中国工长带几名当地技术工人的模式，培养出一大批技术过硬的"当地工匠"。目前，坦方施工一线90%以上的员工都是当地人。对当地员工，公司通过在特殊工期内为他们提供免费夜餐、量绩核发工资奖金、对表现优秀的工人进行表彰和升职等做法，提高他们的收入水平和政治待遇；鼓励他们学习中国文化，使他们了解中国、信任中国公司。属地化管理和本土化人力资源配置的方法使公司保持了在坦管理人员和劳务人员的连续性，建立起了一整套适合公司自身发展的人力资源管理系统和考核机制，确保了项目承接后施工管理的有序可控，而且为当地提供了大量就业岗位，提高了公司在当地的政治影响力，增强了公司与当地人的友谊。

资料来源：改编自《一文看懂中国铁建40年！》，https://www.sohu.com/a/283571915_748965（访问日期：2023年3月22日）。

三、跨文化沟通的总体策略

（一）正视差异，求同存异

大多数研究者认为跨文化冲突的存在是不可避免的，关键在于如何在跨文化冲突的背景下以积极心态来寻求发展。冲突往往带给人不适的心理感觉，因此人们往往不愿正视冲突，甚至逃避冲突。结果不但冲突得不到化解，个人目标也难以达成。应对跨文化沟通障碍，我们要正视文化冲突的客观存在，以"求同存异"的理念去化解冲突。首先，要能准确地判断文化冲突产生的原因；其次，要洞悉文化的差异及文化多样性所带来的冲突的表现形态；最后，在明晰冲突源、个人偏好和环境的前提下，必须选择合适的跨文化沟通的方法和途径。

小阅读：中美文化对家人聚餐的不同看法

对于中国人来说，吃饭是一件最为家常的事情，同时也是一件非常重要的事情。一家人在一起吃团圆饭自古以来就是中国人的传统，表达着中国人追求团圆、和谐的美好愿望。在中国的家庭当中饭桌大部分是圆的，近年来装修风格逐渐欧化，很多家庭的饭桌也变成了方形。在中国人的观念中,工作一天之后想到的第一件事应该是回到家里,一家人其乐融融地一起就餐。在美国人的观念中,忙碌了一天之后,第一件要做的是能让自己放松下来并特别喜爱的事情,比如健身、喝酒等,这比一家人聚在一起吃饭更为重要。

资料来源:作者根据公开资料整理。

(二)取长补短,兼收并蓄

具有较高跨文化沟通素质的人,一般具有以下特征:既懂得宣传自身文化的优点,又懂得怎样欣赏并尊重其他文化;碰到文化差异时,既有能力设法消除文化壁垒,又能理解和尊重文化差异;既能够较好地掌握外语、了解当地的风土人情,又具有较高的跨文化沟通技能。除此之外,其最关键的特征还在于能敏锐地意识到文化差异,并积极面对挑战和变化。从上述特征来看,要把自己培养成具有跨文化沟通素质的人,必须做到以下几点:能意识到自己的价值观和行为准则以及自己所属文化的特征;具备在不同的文化背景中灵活应变的能力;对语言和非语言沟通具有较强的敏感性;对其他文化中的价值观、信仰和习俗有所了解;对于同种文化中不同个体之间的差别能及时察觉。

(三)兼顾多元,差别化管理

在跨文化沟通的活动中,文化的多元化会导致沟通方法和途径的多样化。随着经济全球化的加快,文化多元化现象将越来越明显。在同一家公司内部,可能有来自世界各地的员工;在国际商务活动中,一家公司可能会同时与不同国家的外商打交道。在这样的背景下,差别化管理将是跨文化沟通的一个有效途径。差别化管理,一方面要求管理者为所有不同文化背景的雇员、客户、合作者提供平等的机会,而不考虑他们在性别、种族、年龄和其他特征方面的差异;另一方面要注意遵守法律和制度,按照既定的、为大家所公认的规则行事,避免因忽视法律规定而出现投诉行为和产生相关损失。

小阅读:肯德基的"中国化"探索

肯德基推出了老北京鸡肉卷,中西合璧引来无数目光,而这款餐点也历经了时间的考验。目前,肯德基的菜单上依然有很多中餐。早餐时段有油条、饭团、豆浆、大饼卷、粥、豆花等。其他时段有老北京鸡肉卷、金汤肥牛饭、港式脆皮大鸡腿饭等。对于肯德基推出螺蛳粉这一行为,中国食品行业分析师朱丹蓬就予以了肯定:"肯德基作为快餐巨头反应确实比较快,本地化的效率也很高。螺蛳粉受到新生代的青睐后,肯德基势必也想借整个螺蛳粉的粉丝效应去提升其门店的流量以及人气。"

资料来源:作者根据公开资料整理。

(四)重视培养,建设队伍

要想培养文化融合的人力资源队伍,不论公司经营性质如何,都要适应国际化经营。

国际化人员配备被认为是国际化经营的致命弱点,经常会出现选择不当的问题,从而对跨国经营产生不利影响。许多公司在选择跨国公司工作人员时,往往只注意到他们的技术能力,而忽视了其跨文化的人际交往能力。跨国经营者必须是一些确实愿意与不同于自己文化背景的人打交道、有很高的文化敏感性和灵活性、有较强的政治意识的人。为了避免引起所在国民众的不满,必须具备很强的文化敏感性。

一位成功的国际化经理应具备以下特点:

(1) 对其他文化,尤其是对有悠久历史文化的国家的价值观、信仰和习俗有所了解。

(2) 了解不同国家的基本经济状况和社会观念。

(3) 了解和使用其语言,对语言和非语言交流都很敏感。

(4) 尊重不同的生活哲学和道德观念,意识到自己的价值观和行为准则受自己文化背景的影响,但不一定就是正确的。

(5) 对同种文化中不同个体间的差异有足够的认识,且能够预测差异,积极面对挑战和变化。

(6) 具有对文化的整合能力、对文化环境的应变能力以及决策和决断能力,能较好地发挥跨文化信息媒介的作用。

没有一种管理模式在所有国家都适用,不同国家的人有着完全不同的背景、学历、文化和宗教信仰,而且受各自不同的社会政治、经济制度的影响。管理人员必须考虑到所有这些因素,因为这些因素可能会对其工作有相当明显的影响。

四、跨文化沟通的技巧

应对全球化浪潮的关键技能之一是跨文化无障碍沟通,许多跨国公司早已采取行动。培养跨文化沟通能力的对策主要包括以下四个方面:

(一) 熟练掌握语言沟通技巧

在语言沟通中,要注意口头沟通和书面沟通在不同层面的不同作用。语言是文化的一种直接表现形式,不同文化、不同沟通层面对沟通形式的要求不同。在跨文化沟通中,语言交往的相同或相悖,往往由不同文化的共同性和特异性所致。在和对方进行语言沟通时,要经常停顿,给他人理解的时间,不要急于打破沉默,如果一开始不能确定的话,要假定双方之间存在差异,在表达完之后,不要认定对方理解了,而应先假定对方不理解,再确认其理解程度。

(二) 熟练掌握非语言沟通技巧

学会仔细聆听是培养沟通技巧的第一步。一个好的聆听者,不但要留意对方的说话内容,更应该尝试了解内容背后的含义。在聆听之外,另一个重要的沟通技巧是留意对方的身体语言。人在说话的时候,从面部表情或身体姿态流露出来的信息往往比语言表达显露出来的多。因此,我们在与人沟通时要留意自己的身体语言,务必要和口中所说的保持一致。沟通可以超越语言的范畴,在非语言沟通中,我们可以借助多种表达手段,如身体姿态、手势等。

(三) 学习、体验并培养跨文化的理解力

学习外语的过程本身也是学习其他国家文化的过程。外语学习本身就与文化等密不可分,只有多了解对方的文化,才能更深入地理解东西方文化的差异。当然,跨文化培训也很重要。一些西方管理学家提出,跨文化培训是人力资源发展的重心所在。其主要内容包括文化认识、文化敏感性训练、语言学习、跨文化沟通及处理跨文化冲突的技巧、地区环境模拟等。跨国公司应通过培训,培养目光长远、能适应多种不同文化并具有积极首创精神的经理人员。同时,还要避免只站在自己文化的立场上对别人的言行进行解读和评价,只有这样才能减少偏见和误解。

(四) 保持积极的心态去实现文化认同

有效的跨文化沟通的目标是实现文化认同。文化认同是指通过跨文化沟通,实现沟通各方对对方的文化予以足够的理解、承认和尊重,从而保证组织事业在不同的文化背景下蓬勃发展。为了达成这一目标,在实际沟通的过程中,沟通各方对对方的文化要保持一种宽容、积极的态度。积极的心态在于既保持自己的文化特色和优势,又不侵犯对方的文化。

 互动话题:该不该入乡随俗

李强被外派到泰国做小学汉语老师,该小学规定师生每天上课前要做祈祷,李强是中国共产党党员,所以拒绝做祈祷。但该小学的校长却说,所有的教师都必须做祈祷,否则就不能在该校任教。李强很是为难,到别的国家是要坚持自己的文化传统还是入乡随俗?

资料来源:作者根据公开资料整理。

思考·讨论·分析
如何理解"入乡随俗"?

 项目小结

1. 跨文化沟通是指不同文化背景的人之间发生的沟通行为。跨文化沟通可能发生在国与国之间,也可能发生在不同的文化群体之间。
2. 跨文化沟通受语言和非语言、信仰与行为、文化的多样性与价值观的影响。
3. 沟通方式上东西方文化存在差异:东方重礼仪、多委婉,西方重独立、多坦率;东方多自我交流、重心领神会,西方少自我交流、重言谈沟通;东方和谐重于说服,西方说服重

于和谐;东方人在人际沟通中进入正题之前,"预热"的时间比西方人长。

4. 友谊关系上东西方文化存在差异:范围和层次不同、深浅和牢固程度不同以及谈论的话题不同。

5. 跨文化沟通的有效原则有:因地制宜原则、平等互惠原则、相互尊重原则、相互信任原则、相互了解原则。

6. 跨文化沟通的总体策略有:正视差异,求同存异;取长补短,兼收并蓄;兼顾多元,差别化管理;重视培养,建设队伍。

项目九　提升网络沟通水平

知识目标

1. 了解网络及网络沟通。
2. 知晓网络沟通的利弊。
3. 熟悉新兴网络沟通的媒介。

能力目标

1. 能够选择正确的网络沟通模式。
2. 能够选择合适的网络沟通策略。

思政目标

1. 树立正确的人生观、价值观,培养网络时代的媒介素养能力。
2. 建立批判思维,学会独立思考、去伪存真、诚实守信。

引例

短视频商业崛起探秘:以抖音发展为例

短视频一般指在新媒体上传播的、时长仅几分钟的视频。随着移动终端的广泛普及和网络的持续提速,以短平快为特色的短视频传播方式有效满足了用户碎片化娱乐的需求,其月均使用时长已超手游、在线视频等,成为当下热门的内容传播方式,逐渐获得大众和资本的青睐。

据艾瑞网及移动互联网商业智能服务商 Questmobile 的数据统计,短视频行业作为互联网第三大流量入口和文娱市场第一大"时间杀手",目前呈现"两超多强"的局面,抖音与快手两家领先优势明显,近一年月活跃用户数量增长率远高于行业平均水平,并凭借其快速积累的海量用户,通过平台功能升级等方式迅速提升变现能力。短视频平台间的竞争已不仅局限在对用户流量的争夺上,对内容创作者的投入也在持续增加,如抖音、快手在明星矩阵生态上增加投入,B站(Bilibili)和西瓜视频对头部内容创作者的"抢人"大战,微博对中腰部创作者的大力扶持等。

根据移动应用商店营销情报公司 Sensor Tower 的数据,仅抖音及其海外版 TikTok 在全球应用商店 App Store 和 Google Play 上的下载量总数就位列全球移动应用(非游戏)下载榜冠军,且再次蝉联全球移动应用(非游戏)收入榜冠军。细分来看,中国市场贡献率为

89%，美国市场以6%的贡献率排名第二，抖音的成功成为互联网产品发展的一大奇迹。

20世纪90年代以来，以信息技术、知识支撑的"新经济"时代逐渐形成。电脑、手机等电子产品的普及，网络的扩展，促成了一种更新的沟通方式的出现，那就是网络沟通。网络技术的出现和使用的日益普及，极大地改变了人们的生活方式和沟通方式。它不仅实现了无距离、无时空、无障碍的沟通，而且促成了沟通方式上的重大突破。

资料来源：作者根据公开资料整理。

任务一 认识网络和网络沟通

工作任务：调查大学生对互联网的有效利用情况

请大家认真回答以下问题：

1. 你的性别是？
   A. 男   B. 女
2. 你现在是哪个年级的学生？
   A. 大一   B. 大二   C. 大三   D. 大四
3. 你上网的工具是？
   A. 手机   B. 电脑   C. 平板   D. 其他
4. 你平时常在哪里上网？
   A. 家里   B. 网吧   C. 学校   D. 其他
5. 你上网的主要目的是？
   A. 玩游戏、看电影   B. 听音乐、看新闻
   C. 阅读文章、聊天谈心、学习和查资料   D. 其他
6. 你平均每天上网多长时间？
   A. 1小时左右   B. 1—3小时   C. 3—5小时   D. 5小时以上
7. 你觉得目前互联网是否使生活变得更为便捷了？
   A. 是   B. 不是
8. 你经常熬夜上网到几点？
   A. 21:00—22:00   B. 22:00—23:00   C. 23:00—24:00   D. 24:00—凌晨1:00
   E. 凌晨1:00—凌晨2:00   F. 凌晨2:00甚至更晚
9. 你能处理好学习与上网的关系吗？
   A. 能   B. 不能   C. 不确定
10. 你使用网络解决问题的效率如何？
    A. 较快   B. 一般   C. 较慢   D. 不清楚
11. 你平时上网最常用的软件是什么？
    A. 微信   B. 微博   C. 知乎   D. B站或其他
12. 你平常更愿意利用网络交流还是更愿意在现实中交流？
    A. 现实交流   B. 网络交流   C. 二者均可

13. 你在使用互联网的过程中,是学习时间多于娱乐时间还是娱乐时间多于学习时间?
   A. 学习时间多   B. 娱乐时间多
14. 你目前最新一次知道实时消息是通过什么途径?
   A. 抖音   B. 微博   C. 微信   D. 小红书
   E. 报纸   F. 其他
15. 你对微博热搜榜的哪一种类型更感兴趣?
   A. 实时新闻   B. 文娱榜   C. 要闻榜   D. 同城榜
16. 你觉得互联网可以完全替代报纸、杂志书籍等纸质媒介吗?
   A. 可以   B. 不可以

资料来源:作者根据公开资料整理。

思考:
分析调查结果,谈谈大学生对网络和网络沟通的认知度。

任务分析

网络是信息的海洋,大学生首当其冲成为网络冲浪的主力军。互联网作为一种工具,具有巨大的潜力,但网络又是一把双刃剑,在开启全新的经济增长方式、发展壮大新兴业态、打造新的产业增长点的同时,也直接影响到人们的生活方式、价值观念和行为方式。网络传播有其固有的特点,并且网络管理体制存在不健全的问题,因此如何正确看待网络与网络沟通,非常值得关注。

知识解析

一、网络时代发展趋势

数字化的电子媒体被认为是人类沟通史上的第五次革命。1986年,"Internet"(因特网)这一名词被正式使用,此后,其风靡全世界,在全球媒体中占有越来越重要的地位。21世纪是信息化的时代,其对信息的需求空前旺盛,而通过网络传播和获取的信息则极其重要。

20世纪90年代以后,美国经济发展一改颓势,呈现稳步增长的态势。其综合竞争力也再次超过日本,居世界首位。大多数美国人将这一切归功于信息产业对国民经济的推动。

计算机的确给我们的工作带来了很多好处,首先就表现在文字编辑上,只要将鼠标轻轻一点,以前辛劳终日进行的誊写、校稿、排版工作就变得轻而易举;存储介质的改进,为我们节省了大量纸张和存储空间;数据库的使用,为管理人员进行科学管理提供了有力武器。其次,随着网络技术日益广泛的应用,国际互联网也被引入商界,各行各业都在探索通过国际互联网发展自己的业务,在残酷的市场竞争中获得竞争优势。如虚拟商店,不需要任何实体店面,规模可大可小;商品目录一目了然,商业采购可快速完成;不需要库存,直接向供应商提货。旅游公司可以通过在网络上设置网站,提供景点介绍、旅游设施展示等。航空公司可在网上提供机票预订业务。房地产公司可将各种房型的照片、特点、优惠条件公布在网上,会有成千上万的人去查询有关信息。广告公司可以通过网络发布各种广告。如此等等,可谓商机无限。

我国也迎来了网络时代。根据中国互联网络信息中心(CNNIC)发布的第50次《中国互联网络发展状况统计报告》,截至2022年6月,我国网民规模较2021年12月增长1 919万,互联网普及率较2021年12月提升1.4个百分点;农村地区互联网基础设施建设全面强化,现有行政村已实现"村村通宽带",农村地区互联网普及率达58.8%;在网络接入环境方面,网民每周上网时长为29.5个小时,网民使用手机上网的比例达99.6%,使用台式电脑、笔记本电脑、电视和平板电脑上网的比例分别为33.3%、32.6%、26.7%和27.6%。

我国的互联网应用也在持续发展。其中,短视频增长最为明显。从报告数据看,截至2022年6月,我国短视频用户规模达9.62亿,较2021年12月增长2 805万,占网民整体的91.5%;即时通信用户规模达10.27亿,较2021年12月增长2 042万,占网民整体的97.7%;网络新闻用户规模达7.88亿,较2021年12月增长1 698万,占网民整体的75%;网络直播用户规模达7.16亿,较2021年12月增长1 290万,占网民整体的68.1%;在线医疗用户规模达3亿,较2021年12月增长196万,占网民整体的28.5%。

二、网络沟通的内涵与特征

网络作为传播媒介,与人类沟通行为的结合就形成了网络沟通。网络沟通是电子沟通的一种,需要借助计算机网络来实现相互间的交流,主要手段有建立网站、收发电子邮件、设立论坛讨论区和召开视频会议等。网络沟通突破了时间和空间的界限,使人与人之间的沟通不再受时空的限制,人们进入了一种新型的沟通环境中。

网络沟通的特点是信息几乎可实现同步传输,利用网络沟通的两个个体可几乎同时共享文字、声音、图像等资料,信息的传递和获得相关信息的能力比其他任何一种沟通方式都更具优势,几乎涵盖了传统沟通行为的一切方面,改变了传统沟通行为一对一的方式,实现了多对多的信息传递。

与传统的沟通方式相比,网络沟通具有鲜明的特点。

(一)网络沟通的虚拟性

传统的沟通行为总要依靠一定的物理空间或场所来进行,网络的迅速发展和全面渗透彻底改变了人们的沟通方式,使之摆脱了地理空间的限制,聚集在一个共同的非物理化的空间里。依托这种非物理化的空间,人与人之间的沟通、互动便可以形成虚拟性的社会关系网络。因为这种虚拟性,人们在沟通时可以演绎不同的角色、体会不同的场景,可以设计身份,进行自我构建。

(二) 网络沟通的隐匿性

沟通是发送和接收信息的过程,必须有发送者、信息和接收者三个要素。在网络沟通中,特殊的网络技术手段使人们沟通的隐蔽性和匿名性得以实现。

📖 小阅读:网络沟通的匿名性

谈到网络沟通的匿名性,很多人应该都看过一幅漫画:两只坐在电脑面前的狗在进行对话,旁边配文"在互联网上,没有人知道你是一条狗"。这幅漫画出自1993年的《纽约客》杂志,是由彼得·斯坦纳绘制的。该漫画讲述了因网络沟通的匿名性而出现的一种状况。网络上的互动,例如国内的微博,国外的Instagram、推特等,并不需要详细的个人信息,只需要一个代号或者表情就能代表一个人与他人进行交流了。

资料来源:作者根据公开资料整理。

(三) 网络沟通的平等性和互动性

网络聊天是一种借助科技手段来进行沟通的新型方式,聊天者不受阶层、社会地位、身份等的影响,可以和一个或多个对象进行自由平等的交流。平等地参与网络交流是网络互动的前提条件。传统大众媒介常使人们成为被动的信息接收者,缺乏互动的空间,而网络则提供了便捷、间接的互动空间,使人们能够更主动地参与交流、发表看法、积极回应。

📖 小阅读:新媒体与《超级女声》

《超级女声》是湖南卫视的一档娱乐节目。2005年3月起,《超级女声》的选拔在广州、长沙、郑州、成都、杭州等城市相继展开,共吸引了15万人前来参加,并受到各地电视观众的欢迎和追捧。进入决赛阶段以后,每场比赛的短信互动参与人数已经超过100万,观众总投票数高达400万,网上的评论和跟帖更是不计其数。《超级女声》的独特魅力就在于其互动性,让每一个观众都置身其中,感到自己的参与能帮助自己心仪的选手。

英国《经济学人》杂志在一个专题报道中称,大众媒体时代正逐渐让位于个人和参与性媒体时代,这将改变媒体行业和整个社会。随着互联网的快速发展,以数字技术为基础的新媒体的影响力不断提升,对传统媒体的冲击也越来越大。有专家预测,未来的几年内,电脑和电视可能会进行整合。技术转变的情况下,媒体已进入一个反客为主的新时代。

资料来源:作者根据公开资料整理。

(四) 网络沟通的开放性和超时空性

网络上的信息资源具有开放性、共享性的特点。人们可以通过网络获得并使用更多的信息资源,从而使人们沟通的内容更加丰富、形式更加自由。以数字化为特征的现代网络信息技术使人类的沟通不再受时空的限制,任何个人、群体和组织都可以在任何地方发布并接收任何信息。互联网消除了时空距离,人类沟通打破了时空的界限。

(五)网络沟通的多样性和多元性

网络不仅可以传输文字、静态的画面、动态的图像,还可以传输实时的声音,可以说是集广播、电视和报纸等的功能于一身。网络传播具有多对多、交互性与个性化的特点,在因特网上,信息可以实现双向传播,任何一个在网上浏览新闻的人都可以成为新闻的制造者。人们不再仅仅被动地接收信息,通过网络人们可以以极低的成本向全世界发表自己的观点。

思考·讨论·分析

1. 试讨论如何有效利用网络增进沟通的效果。
2. 什么是网络沟通?网络沟通有哪些特点?

任务二 分析网络沟通的利弊

工作任务:评价网络流行语的利弊

中国的语言博大精深,承载着几千年的文化。众多语言是千百年来历代文人墨客观察田间地头人们的生活创造出来的。中国的语言还会随着时代的变迁有相应的创新和发展。新的字词阐释了中华文化的时代内涵。现在,语言交流从面对面交流、书面交流逐渐转变为互联网所构建的在线交流,网络传播的低障碍使得信息迅速扩张,网络流行语的发展有了得天独厚的条件,众多流行语层出不穷,成为网络交流的得力工具。

一些高频网络流行语随着普及范围的扩大,逐渐从线上融入线下日常生活中,再随着长期使用,发展成为公众的一种语言习惯,正式成为语言库中的一员,比如,第12版《新华字典》就收录了"点赞""粉丝""刷屏""截屏"等100多个新词语。

资料来源:作者根据公开资料整理。

思考:

请对网络流行语进行评价,并分析其利弊。

任务分析

网络流行语是时代发展的产物,伴随着互联网的普及而生。网络流行语的使用既有利也有弊,一方面,网络流行语丰富了语言库,拓展了语言的内涵,使表达更加便捷有趣,另一方面,一些网络流行语曲解了一些词语的含义(比如"伞兵"),并且一些词语的感情倾向与其所指含义之间的错位会引导错误的价值判断(比如"卷王"),此外,与不了解网络流行语含义的人交流可能会产生障碍,甚至其他的一些危害。我们应该认识到,网络对沟通产生影响是不可阻挡之趋势,因此我们应该学会应对网络沟通,取其精华去其糟粕。

知识解析

一、网络对沟通的正面影响

(一) 网络构建了一个虚拟社会,使人们更愿意主动与他人沟通

互联网创造了一种新的虚拟生活空间。通过网络,人们根据自己的兴趣和爱好聚集在一起,形成了不同的社区、组织、网络论坛站点。网络具有虚拟性、隐蔽性等特点,形成了不同于以往传统的个人关系和社会关系,依托这种关系的网络聊天为人们疏解心理压力提供了新的渠道。非面对面的情景,让人们在互动时,不用太顾忌社会规范,自己的观点可以及时尽情地表达;参与聊天的人不受身份、地位等的限制,可以进行平等交流;同样,聊天者的人数不受限制,交流的内容可以十分广泛,彼此能获得多角度、全方位的启发。这些特点对人们生活中常见的心理问题起到了一定的疏解作用。

(二) 网络提供了一个便捷的沟通平台,扩大了人际关系圈

现代社会,网络用户数以亿计,网络愈来愈成为人类沟通的现代化工具,人们也逐渐习惯了网络沟通的方式。以计算机为媒介的通信可以作为功能强大的人际互动媒介,其既支持同步交互(如网上聊天室、视频会议等)和异步交互(如电子邮件、电子公告板等),也支持一对一、一对多、多对多的多种交流模式,将大大促进人与人之间的跨时空沟通交流,人际关系圈子得以不断扩大。

(三) 网络信息资源为人们的沟通提供了更全面的信息支持

信息资源的开放性、共享性是现代信息网络技术的最大特色。互联网上有丰富的信息资源,从烹饪技巧、体育赛事、股市行情、新闻报道,到科研领域的最新文献、数据、图表、计算机软件以及天文观测照片等,无所不有。此外,全世界为数众多的图书馆和研究机构将其馆藏目录通过互联网向外界开放,用户可通过关键词检索这些馆藏文献。个性化服务是互联网的重要特色,盲人也可以通过添加电脑配件以语音阅读的方式上网。信息资源的共享使人们的沟通变得更便捷,使人与人之间的交流范围变得更广泛。

二、网络对沟通的负面影响

(一) 信息交流的失真和片面性传递

人际沟通分为语言沟通和非语言沟通。成功的人际沟通必须建立在语言沟通与非语言沟通两者相互作用的基础上。而网络上主要以文字进行人际沟通,交流的"非当面性"将导致信息交流的失真和片面性传递。具体表现在:网络虽有语音聊天功能,但无法表达出非语言沟通方面的其他很多信息;虽可通过一些表达情绪含义的数字、符号来表现交谈者的情绪与感情,但这种沟通也只能了解交谈对方的一部分信息,对其他更多信息的了解仍不全面。

(二)依托网络建立起的人际关系具有脆弱性和盲目性

网络的广泛应用,一方面使人们的人际沟通更为方便,人际交往的范围扩大到虚拟的、无限的网络空间,人们可以随心所欲地在网上结识朋友。另一方面,网络人际关系的建立又具有脆弱性和盲目性的特征。人们只要主动与他人接触、聊天或谈话,就可以很容易地交到朋友。因为网络的虚拟性特征,交谈双方无法了解对方的真实情况,这就使他们之间缺乏互信的人际关系建立的前提。由于双方缺少全面、准确信息的互通,人际关系就显得很脆弱,且不易维持。

(三)网络沟通增加了人们的心理距离

网络使"遥远的人变亲近了,身边的人变遥远了;陌生的人变亲近了,亲近的人变疏远了"。众多心理学者认为:网络在缩短人与人之间的空间距离的同时,也无情地拉大了人与人之间的心理距离,并引发了许多心理危机。网络的普及带来了网络沟通的快速发展,网络沟通使传统的"人—人"的沟通关系演变为"人—机—人"的沟通关系。这种以计算机为媒介的沟通方式极大地减弱了人与人之间面对面的、直接的互动关系,同时也不可避免地弱化了长久以来所形成的人际沟通模式的作用,进而影响到人们在心理和情感上已经建立起来的平衡,使其容易产生孤独或冷漠感。

互动游戏:网络沟通与传统沟通之辩

游戏规则

全班分成三部分展开辩论:
(1)左侧的同学站在"网络沟通将会代替传统沟通"的立场上;
(2)右侧的同学站在"网络沟通不会代替传统沟通"的立场上;
(3)中间的同学则扮演观察员与评论员的角色。

左侧与右侧的同学各列出一份支持其论点的清单,来自各方的同学组成辩论队开始辩论,一共三个回合。

首先,每个团队用10分钟介绍自己的立场及论点,所有团队成员都应参与。由正方先开始,此时,对方只能倾听而不能反驳。

然后,每个团队用5分钟反驳对方的论点,并且需要建立自己的新论点。由反方先开始。

最后,观察员与评论员发表自己的意见与观点,全班同学投票决定自己的立场。

互联网时代,沟通方式也发生了深刻的转变,人们对互联网的过度依赖还有进一步加强的趋势。互联网技术在公司的管理工作中得到了充分应用,如手机、电子邮件、电话会议、视频会议、局域网、公司网站、社交网站、微博、微信等,使公司内部管理沟通的方式、内容、效率发生了巨大的变化。网络沟通为公司信息沟通带来便捷的同时,也暴露出许多弊端。公司管理沟通不能完全依赖于网络,而应在积极利用互联网进行管理沟通的同时,着力回避和解决这些问题。

三、网络沟通的障碍

（一）横向沟通扩张，纵向沟通弱化

网络在横向上扩大了人际交往，人们完全可以利用网络扩大人际关系的交往面。但是，一个人的精力是有限的，人际横向沟通的快速扩张，会大大弱化人们之间的纵向沟通。20世纪八九十年代出生的"网络一代"大多都在网上拥有许多泛泛之交，但在现实生活中，不少人却缺少真挚、深入的纵向沟通。

（二）口头沟通受到极大的限制

网络沟通扩大了"代沟"，许多家长都反映与子女之间存在语言代沟，"显眼包""躺平"等网络语言已成为当代青少年的口头禅。口头沟通的缺失，使得很多沉溺于网络的青少年产生了各种心理问题，如"网络综合征"等。

（三）传统价值观和道德观受到挑战

网络在给人们的生活和社会交往带来极大便利的同时，也产生了许多新的社会问题。比如，上网时间过长、网络上的内容参差不齐等。另外，网络暴力游戏、色情电影也使网络环境面临严峻挑战。

网络文化对人们的影响是潜移默化的，部分人会追求感官上的刺激，正义感、道德感逐渐降低，特别是对青少年来说，由于他们的世界观尚未完全成形，还没有形成正确的价值判断标准，因此当他们面对大量的网络信息冲击时会不知所措，感到迷惘与困惑，甚至道德观产生扭曲。不可忽视的是，中国的许多优良传统，因为网络的开放性、自由性而失去了它应有的地位和影响力。

📖 小阅读：网上捏造、散布虚假信息构成寻衅滋事罪

2021年10月14日，安徽省黄山市公安局黄山分局依法查处了一起在网上捏造、歪曲事实的寻衅滋事案件，对违法行为人程某某（28岁）处以行政拘留13日并处罚款500元的处罚。

经查，2021年10月3日下午，程某某在太平湖风景区内游玩结束后，利用自己的抖音账号（昵称"天下太平"）发布了一条关于声称未看见太平湖风景区游船悬挂中国国旗的短视频，该短视频浏览量达229.6万次。

经进一步调查核实，太平湖风景区所有游船均常年悬挂五星红旗，程某某当时也看见游船上悬挂着一面醒目的五星红旗并进行了拍摄，但他为了博眼球、蹭热点，故意将拍摄到的含五星红旗的视频剪辑删除，在抖音平台发布与事实严重不符的视频，误导广大网友，对网络生态造成了不良影响。

资料来源：作者根据公开资料整理。

在互联网时代，谣言的传播从简单的文字向图文、视频转换。我们在体验着互联网

给我们带来的方便、多样的信息获取方式的同时,还应遵循网络道德标准,树立正确的价值观,创建清朗的网络环境。

（四）个人隐私权受到严峻的挑战

在传统社会中,个人隐私容易受到保护。而在网络时代,人们的生活、娱乐、工作、交往都会留下数字化的痕迹,个人信息在论坛注册时或聊天记录里都有所反映,有时甚至是公开的;一些不法分子还会利用网络上的他人隐私,进行要挟、勒索、伪造等违法活动。

小阅读:圆通"内鬼"贩卖个人信息落网

2020年,圆通快递多个"内鬼"在一条贩卖公民个人信息的黑色产业链条上逐渐浮现出来,圆通快递随后向当地公安部门报案,并全力配合调查。公安机关调查发现,疑似有圆通快递加盟网点个别员工与外部不法分子勾结,后者有偿租借圆通员工账号,利用员工账号和第三方非法工具窃取运单信息,导致大量用户的重要信息（包括发件人和收件人的电话、姓名、地址等）被非法转卖。用户个人的敏感信息转卖价不到1元钱,被泄露的信息数量超过40万条。相关犯罪嫌疑人于9月落网。

资料来源:作者根据公开资料整理。

思考·讨论·分析

随着"互联网+"时代的到来,越来越多的人在网络上交流,有人说网络沟通十分方便,效率也高,但也有人说网络沟通容易被骗。

试讨论:我们该如何全面看待网络沟通?请分析它的利与弊。

任务三　认识新兴网络沟通媒介

工作任务:从消防部门灵活联动进行安全教育认识网络沟通媒介

2019年9月19日,一段江西南昌职业大学男生在寝室颠勺炒饭的视频通过微博在网络上流传。当日19时,应急管理部消防救援局官方微博"中国消防"和江西省消防救援总队官方微博分别在该条视频微博下留言评论,称做饭需注意消防安全,江西省消防救援总队随即又联络南昌市消防救援支队官方微博,并让辖区消防大队联系校方。2个小时后,南昌职业大学回应,已进行检查和整改并对涉事学生进行安全教育。从该视频发出到问题解决,只用了短短几个小时。消防部门灵活的工作方式,线上线下高效的配合,堪称互联网时代政务新媒体"教科书式"的操作。

据统计,在9月19日该视频发出后至27日10时期间,"寝室颠勺炒菜被消防盯上"的话题全网相关信息量达2万条。截至27日10时,"寝室里做饭遭中国消防喊话"等相关话题总阅读量达2.6亿次,讨论量达1.4万条。

从科普江西某大学的"仙女寝室"存在安全隐患,到在线点名大学生在宿舍里涮火锅,再到此次事件,中国消防等消防部门官方微博已形成了一个"线上发现问题—联系学校—线下跟进处理"的问题解决模式,消防矩阵反应迅速、回应机智、执法得力,在科普安全知识的同时,也塑造了亲民、高效的消防政务新媒体形象。

资料来源:作者根据公开资料整理。

思考:

以上案例中消防部门使用了哪些沟通媒介?

任务分析

新媒体已经逐渐成为人们生活的一部分,并改变着我们的沟通方式、生活方式、工作方式,甚至思维方式,其发展将是未来媒体发展的新趋势。众多具有战略眼光的组织都把沟通媒介逐渐转移到新媒体上,将组织的官方微博与新兴的媒体结合起来,掀起了一场声势浩大的媒介革命。

知识解析

一、新媒体的形式与特征

新媒体是在传统意义上的媒体的基础上运用数字媒体技术开发创意并完成对信息的传播加工以及进行新的诠释的一种全新的媒体概念。广义的新媒体概念是指在计算机信息处理技术基础之上出现的媒体形态,一般指网络媒体和手机媒体。狭义的新媒体概念指互联网产业的细分领域,目前主要是以"两微一抖、一手一书"为主要形式的新媒体,即微博、微信、抖音、快手、小红书等。新媒体与传统媒体相比具有如下特征:

(1)成本低廉。以"两微一抖、一手一书"为主要形式的新媒体,是当前为数不多的免费传播平台,其中微信、微博、抖音三个平台的用户累计近20亿,以80后、90后为主,00后用户也在快速崛起。尽管用户在职业、个性、收入等方面存在天壤之别,但内容是用户喜好的共性。与互联网早期信息爆炸式出现不同的是,随着移动技术的不断升级,用户的知识面在扩大,思想层次也在提升。特别是各类信息平台的涌现、知识付费的兴起,使得用户对公司官方账号的内容质量尤为看重,也非常愿意为优质的内容买单。

(2)精准推送。社会大众日常使用"两微一抖、一手一书"的频率最高,已经形成"内容优劣高下立判"的意识。微信相对封闭,专业性强,用户黏性高,是熟人朋友圈。在微信端进行信息推送时,一是要靠品牌自身的优质内容提高曝光度;二是要做好专业社群圈层,提高品牌口碑。微博相对开放,时效性强,且粉丝互动比较随机,是陌生人交流的广场。在微博端,要做好即时信息发布,挖掘重大新闻、宣传重要信息等亮点内容,提高用户活跃度。同时,要策划粉丝福利活动,提高用户互动参与度,比如形成每月固定的随机抽奖机制。抖音以短视频为主,是相同爱好的兴趣圈,内容根据用户偏好推送。在抖音端传播信息,要注重内容的"软化",摆脱硬广形式,可以利用大众更乐于接受的生活场景进行宣传。此外,同一内容在三个平台同步传播时,也要针对三个平台的特点进行差异化调整,精准触达才能事半功倍。

（3）形式多样。"两微一抖、一手一书"的传播需要摆脱过往的硬广思维，转向用户思维，塑造出"你刚好需要，我刚好就在"的感知。新媒体目标用户数量十分庞大，且很活跃，都需要丰富的视角，只有提供精准的关键信息，为受众创造眼前一亮的心智记忆，才能使品牌在竞争中脱颖而出。

二、新媒体沟通模式

（一）发布式沟通模式

发布式沟通模式，也可称为单向沟通模式。该模式能达到告知信息的目的，与传统媒体的传播模式接近，可利用受众的信息反馈及时修正信息，但是一般不与受众交流。比如：华为和小米手机的打折、降价、抢购时机等促销信息在淘宝、京东和抖音等平台发布，达到促销规模的最大化。信息通常以文字、图片为主，制作相对简单。在多家网站，即媒体集合上同时发布信息，影响范围会更广。

（二）互动式沟通模式

互动式沟通模式，也可称为双向式沟通模式。建立互动式沟通模式，使品牌与受众实现双向沟通，在直接的沟通中，使受众了解更多的信息，达到建立长期稳定关系的目的，并不断产生次级传播，扩大信息影响范围。信息采用视频、图片、动画、文字等方式表达，做到简短、生动、直观，便于受众咨询及相互之间的交流。采用以公司官网发布全面的品牌信息为主，有影响的媒体发布信息为辅的方式，共同传播信息，注意次级传播环节，引导受众与官网建立互动联系。例如，某省的旅游信息在影响大的中国旅游网上发布，用精美图片、特色旅游线路来吸引受众。受众之间又相互传播这些信息，并被引导进入旅游公司的官网，对景区的景观、人文、历史及特产等进行进一步的了解，逐渐产生去景区游览的意愿。

（三）精准沟通模式

精准沟通模式，也可称为目标沟通模式。在这种模式下，信息传递涉及的人要少，信息集中度要高，信息的传播范围要小。所以，一般只要将产品的品质、外观及价格等信息表达清楚，目标受众就能理解并做出判断。具体信息应在目标受众聚集的媒介上发布，使其与公司网站建立联系，形成有效沟通，达到传播的目的。精准沟通要根据受众的年龄、习惯、职业及专业等特点，寻找目标受众集中度高的网络社区。

三、新媒体沟通策略

（1）树立战略观念，把握主流用户的消费特点。深入研究和了解用户的习惯、特点，把握不同平台主流用户、目标用户的兴趣点。制定新媒体沟通策略，确保沟通的针对性和科学性。

（2）制订沟通方案，构建科学的沟通系统。制订科学的沟通方案是构建科学的沟通系统的保障。基于沟通定位、内容开发制订科学的沟通方案,就沟通系统构建、预热宣传、沟通方式进行科学系统的部署,为做好网络沟通打好基础。而构建科学的沟通系统需要创新的思想观念,打通各类新媒体信息的传播渠道,包括微信、微博、抖音和小红书平台等,以突破传统传播平台中出现的困局与瓶颈。为了进行流量转化,可以通过细分内容、链接、活动去吸引受众,将公域流量转化为私域流量。

(3)丰富推送内容,基于数据分析稳定推送频率。当前的沟通形式主要为平台建设、内容塑造、短视频应用和直播等。如果推送的内容单一、无趣,势必会影响用户的关注度和沟通效果。另外,根据新媒体平台的算法,为了防止用户流失,还需要建立数据库,进行网络数据分析,稳定推送频率。应根据用户数据分析,定制化推送信息服务;分析沟通效果,预测沟通倾向,增强沟通效果。

(4)重视用户互动,增强用户黏性,提升其忠诚度。这是一个个体主导的时代,越来越多的受众开始参与,并主动发出声音,主导消费和创造,主导内容和行为。以前的那种广播式方式已被淘汰,取而代之的是交互。新媒体时代,要想方设法吸引用户注意,增强用户黏性,制造粉丝效应,提升用户忠诚度。要增进与用户的互动,重点是要开展精准化沟通,做好平台运作,深耕粉丝管理,与受众建立长期关系。

四、新媒体沟通遵循的礼仪

现实世界中,人与人之间的社交活动有不少约定俗成的礼仪。在互联网虚拟世界中,也同样有一套不成文的规定及礼仪,即新媒体礼仪。新媒体礼仪是使用者在网上对其他人应有的礼仪,是供使用者遵守的指尖文明,我们应该规范自己的言行,不要让不文明的行为和网络暴力充斥我们的生活。

现在就分别介绍在互联网社交中应注意的礼仪:

(一)开门见山,提高沟通效率

有些人会以"在吗"作为沟通的开始,多数人问"在吗"的初衷都是觉得直接说事情不够客气,想寒暄两句。实际上,每个人的时间都很宝贵,开门见山是高效的沟通方式。对于长时间没有联系的人,我们可以这样开头:"××,近来可好,有件事情想咨询一下你。""××,最近我遇到个问题,或许只有你能解答,请赐教。"

(二)组织语言,增强沟通效果

很多人没有组织好语言就开始在网络上发问,这就导致沟通效果不佳。我们要做到有效沟通,需注意基本的语法、错别字和标点等。要让别人能看懂的同时也能感受到你的尊重。不要提太空、太大的问题。比如:"我想建立一个微信公众号,有没有什么好的建议?"这个问题,往往会让对方无法回答。一般情况下,对方只能建议你通过多种渠道去学习。在看完对方的公开信息后,再以询问的口吻索要对方的联系方式,而不要一上来就要对方的电话号码。要给对方判断题,而不是简答题。

（三）询问在先，遵守沟通礼仪

对手机容量小的用户来说，接收大的文件简直就是一场灾难。推荐的做法是询问对方倾向于用何种接收方式，或者将文件通过网盘或电子邮件的方式发送，或者用石墨文档在线传输等。征求对方同意前，不要开启语音聊天模式。

（四）表达谢意，显示沟通诚意

不管对方是否回复，都应先表示感谢，显示自己的诚意；对方认真回答后，一定要及时道谢，道谢不要太复杂、太夸张。

除以上几点之外，在沟通交流中还有很多需要注意的地方，比如，发信息的时间、表情包的使用、不发点赞转发等信息、不发小游戏，等等。

总之，在任何时候都要记住，要尊重与你对话的人，因为所有的礼仪都遵循一个原则：尊重他人。站在尊重的立场上，新媒体沟通才有可能更文明、更有效。

 互动话题：可口可乐公司的"火炬在线传递"活动

2008年3月24日，可口可乐公司推出了"火炬在线传递"活动。活动的具体内容是：网友在争取到"火炬在线传递"的资格后可获得"火炬大使"的称号，其本人的QQ头像处也将出现一枚未点亮的图标。如果在10分钟内该网友成功邀请其他用户参加活动，则该图标将被成功点亮，同时该网友将获得可口可乐公司"火炬在线传递"活动专属QQ皮肤的使用权。而受邀参加活动的好友就可以继续邀请下一个好友进行"火炬在线传递"，以此类推。

活动方提供的数据显示：在短短40天之内，该活动就"拉拢"了4 000万人参与其中。平均下来，每秒钟就有12人参与。网友们以成为"在线火炬传递手"为荣，"病毒式"的链式反应一发不可收拾，"犹如滔滔江水，绵延不绝。"

资料来源：作者根据公开资料整理。

思考·讨论·分析

1. 可口可乐公司采用了哪种网络沟通形式？采用这种沟通形式有什么优点？
2. 请你结合案例，谈谈网络对沟通有哪些影响。

项目小结

1. 网络沟通是电子沟通的一种，需要借助计算机网络来实现相互间的交流，主要手段有建立网站、电子邮件传递、设立论坛讨论区和召开视频会议等。

2. 网络沟通的特点有：虚拟性、隐匿性、平等性和互动性、开放性和超时空性、多样性和多元性。

3. 网络对沟通的正面影响有：网络构建了一个虚拟社会，使人们更愿意主动与他人沟通;网络提供了一个便捷的沟通平台,扩大了人际关系圈;网络信息资源为人们的沟通提供了更全面的信息支持。

4. 网络对沟通的负面影响有:信息交流的失真和片面性传递;依托网络建立起的人际关系具有脆弱性和盲目性;网络沟通增加了人们的心理距离。

5. 新媒体沟通模式有:发布式沟通模式、互动式沟通模式和精准沟通模式。

6. 新媒体沟通策略有:树立战略观念,把握主流用户的消费特点;制订沟通方案,构建科学的沟通系统;丰富推送内容,基于数据分析稳定推送频率;重视用户互动,增强用户黏性,提升其忠诚度。

7. 新媒体沟通遵循的礼仪有:开门见山,提高沟通效率;组织语言,增强沟通效果;询问在先,遵守沟通礼仪;表达谢意,显示沟通诚意。

第三篇

组织沟通实践

未来的竞争是管理的竞争,竞争的焦点在于每个社会组织内部成员之间及其与外部组织的有效沟通。

——美国著名未来学家约翰·奈斯比特

项目十　与员工"相知"
项目十一　与组织"融合"

项目十　与员工"相知"

知识目标

1. 了解管理者管理风格的类型。
2. 了解与管理者沟通的客体、主体和渠道策略。
3. 掌握同事间有效沟通的原则及技巧。
4. 知道如何了解员工的需求,以及与员工沟通的正确方式。
5. 知晓与员工沟通的策略。
6. 熟悉赞扬和批评的技巧等。

能力目标

1. 识别管理者的管理风格。
2. 根据管理者的管理特征,采取相应的策略进行有效沟通。
3. 把握同事间沟通的原则,提高工作效率。
4. 明确自己的沟通风格,学会选择与员工沟通的策略。

思政目标

1. 加深对社会主义核心价值观中的责任感、使命感的深刻认识。
2. 树立创新意识,培养"工匠精神"。
3. 深刻领会党的二十大精神,树立实干担当意识。
4. 培养全局意识和正面思考问题的能力。
5. 强化问题意识的培养,提高处理具体问题的能力。
6. 加强中华优秀传统文化、革命文化、社会主义先进文化教育。

引例

惠普孙振耀:让 19 位管理者成为伯乐

孙振耀 1982 年加入惠普公司,2007 年退休,25 年间,他从惠普的一名最普通的工程师成长为惠普全球副总裁、中国区总裁。

在很多场合,孙振耀总会举例说:"我来惠普 25 年了,换了 19 个老板……你可以决定娶谁做老婆,但是不能决定岳父岳母是谁。你可以决定加入哪家公司,但是没法决定管理者是谁,因为管理者是会变的。"

25年中,孙振耀在同一家公司经历了19位不同风格的管理者。那么,他是如何与不同类型的管理者进行沟通,使管理者成为伯乐的呢?

孙振耀坦然地畅谈自己这些年的心得体会:有些领导目的性很强,他很清楚地告诉你他要什么,你只要做得到就可以;有些领导过程性很强,他非常关心你用什么方法来完成,而且有时会坚持让你按照他的方法来完成;有些领导关系性很强,就是非常强调彼此的关系,下班以后找你吃吃饭,关心你的家庭。假如你碰到一个目的性很强的领导,就一心把事情做好,拿出很好的成果给他看。假如你碰到一个强调过程的领导,你可能很多时候都得按照他的方法去做。但不管怎么样,在职场中,每个人都要具备适应不同领导的能力。

资料来源:作者根据公开资料整理。

孙振耀之所以能够成功,就是因为他能够辨识出自己每一任领导的管理风格,并快速适应,与之契合。

任务一　识别管理者的管理风格

工作任务:辨析管理风格

管理者甲:"给百联办公用品商店和四达办公设备公司都打个电话,叫他们把所有口述记录仪的价格都给你报一遍。让他们安排一次演示说明会,请两位经理去参加,就叫张蕾和王宇去好了。让他们试用一下那些产品,把自己的感想写下来,然后准备一份报告交给我,里面要有设备的报价和具体细节。哦,对了,别忘了询问维修的价格是多少……"

管理者乙:"我觉得我们的速记制度该改改了。有不少经理都没有私人秘书,他们抱怨说要花不少时间才能找到一位秘书替他们做口述记录。秘书们也在抱怨,因为做记录占用了他们太多时间。你能不能调查一下各种口述记录仪的价格、优缺点,然后给我个建议?我想我们的预算大概有3 000元,你还可以找几位经理谈谈,听听他们的意见。"

资料来源:改编自丁宁主编,《管理沟通——理论、技巧与案例分析》,北京:人民邮电出版社,2016年。

思考:

分析以上两位管理者的管理风格以及他们各自的优缺点。

任务分析

人人都有自己的管理者,上至国家领导,下至普通百姓,都是如此。中国有句俗语:"县官不如现管。"大致的意思是说,不怕官就怕管,不了解管理者的管理风格,只埋头苦干,未必深得管理者满意,甚至还可能会莫名其妙地要吃些苦头。现实中这种情况比比皆是,尤其对于新员工而言,因为你不知道管理者最关心的是什么,自认为做得好的,未必是他们想要的。

管理者和员工是公司经营管理中的主要角色,管理者和员工的关系构成了职场人际关系的核心。而员工要准确把握管理者的管理风格,还是有些挑战的,尤其对于那些不太善于沟通和交际的职场人士来说,如果不能很好地了解管理者的管理风格,就不能很好地理解其行为,由此产生的工作不顺,又会带来或多或少的职场焦虑。所以,作为员工,不仅要熟悉管理者本人,更要熟悉他的管理风格。

知识解析

一、管理风格

所谓管理风格,一般来说就是指管理者受其组织文化及管理哲学影响所表现出来的作风、格调、行为模式等。伊查克·爱迪思在《把握变革》一书中,根据不同管理者思考过程的结构化程度差别、过程和结果之间的优先级不同(目标导向)、注意力视角的不同和沟通速度的快慢四个维度,把不同个体管理者的风格分为四种类型:整合型、创新型、实干型和官僚型,如图10-1所示。

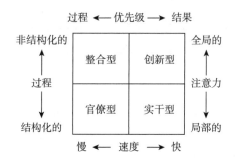

图 10-1 不同管理风格的管理者分类矩阵

知识链接:思考过程的结构化和非结构化的区别

关于思考过程的结构化和非结构化的区别,可以打一个比方来说明。在非结构化的思考过程中,一个人可能从谈论事情 A 开始,这件事情使他想到了事情 Z,然后他又去处理事情 Q,接下来是事情 B,最后到了事情 X。他之所以这样东一榔头西一棒子,是因为他运用了一种独特的思维方式,认为任何事情都是与其他事情相关联的。然而在结构化的思考过程中,人们的思维是直线型的。在他们完全理解事情 A 之前,他们是不会开始处理事情 D 的,而且在事情 B 被完全理解之前,他们也不会想着开始处理事情 C。所以,结构化的思考表现出收敛性思维模式,而非结构化的思考更偏向于发散性思维模式。

二、管理风格的分类

(一)创新型管理者的特征

创新型管理者,在沟通过程中性格比较外放,当他们不同意某种主张时,他们总是形于声色；如果赞成，他们也会表现出来。创新型管理者凑在一起时喜欢争论，好像彼此都不赞同，但实际上他们却是在强化彼此的观点；一旦他们听了某个观点后保持沉默，很有可能是他们已经同意了该观点。在创新型管理者的字典里，对"是"和"不"的含义有他们自己的解释。"是"往往意味着也许，说"不"则表明了他们明确的态度。从处事风格看，创新型管理者具有全局性的思维，动作很快但却是非结构化的。这类人往往是急性子，他们总是先从自己的立场出发，关注的是"如何告诉对方我为什么要这样做"，而不是"他会怎么想"。这类人在跟他人会面前，往往会边走边考虑问题，可能在他们迈步进入会场的那一刻，脑子里都还在飞速思考。

创新型管理者不喜欢约定时间，他们一有主张就想尽快处理。他们可能会事先不打招呼就往他人办公室里跑，而官僚型管理者最讨厌这种行为。在他人看来，创新型管理者没有时间概念，或者说，他们的时间概念与众不同。

创新型管理者有很强的感受力，他们一天到晚都在思考新的点子，把很多注意力都集中到机会的发掘上。

小阅读：乔布斯不安分的创造力

> "对我个人而言，成为墓地中的富翁并不重要……每晚睡觉前能够对自己说，今天我们开发了很有意思的产品……才是最重要的。"
>
> ——史蒂夫·乔布斯

乔布斯的一生似乎永远处于一种不安的状态中，几乎从未找到一个稳定如一的现实与精神的家园。或许正是这样的一种"不安"造就了他的与众不同，让他保持着天才般的创造力。

据苹果早期的员工丹尼尔·卡特基回忆：一天，乔布斯走进拉里·凯尼恩的办公隔间，他是负责Mac(苹果电脑)操作系统的工程师。乔布斯抱怨开机启动时间太长了。凯尼恩开始解释，但乔布斯打断了他，问道："如果能救人一命的话，你愿意想办法让启动时间缩短10秒钟吗？"凯尼恩说也许可以。乔布斯走到一块白板前开始演算，如果有500万人使用Mac，而每天的开机时间都要多花10秒，加起来每年就要浪费大约3亿分钟，相当于至少100个人的终身寿命。这番话让凯尼恩十分震惊。

几周过后，乔布斯再来看的时候，Mac的启动时间已经缩短了28秒。

乔布斯擅长的创新之道致力于把复杂的技术转化为简单好用的产品，让复杂的技术为普罗大众所理解。让产品的操作更简单，让产品的设计更有品位，一切都以满足消费者的需求为出发点，这成了苹果公司创新的源泉。同时，乔布斯对产品精雕细琢，精益求精，注重细节，追求完美和极致并持之以恒，这也是他永不言败的工匠精神。

资料来源：作者根据公开资料整理。

(二) 官僚型管理者的特征

从图10-1可以看出，官僚型管理者无论是在管理上还是在与他人相互沟通的过程中，都强调结构化的模式和风格。如在与他人会面时，官僚型管理者会在每次会面(不管是否正式)前就打电话预约,并很守时。在交谈时,他们会喋喋不休地谈论问题的来龙去脉,好像不知道其背景对方就不能理解这个问题一样,等到切入问题的主旨时才发现时间已经过去很久了。之后,他们才会对问题可能带来的结果做全面剖析,最后的结论往往是"太困难了!这件事简直没法干"。

正因为官僚型管理者强调结构化的风格,所以会非常注重整个过程。在面临某件事情时,无论是常规的还是偶发的,他们都会细心规划整件事情的处理过程,认真考虑可能出现的各种问题,然后分析如何去解决问题。因此,可能的结果是,等官僚型管理者找到最佳的解决途径时,事情已经过去了。

官僚型管理者在决策时不会轻易就某件事情做出决定,他们往往会这样告诉你:"你的想法不错,但能否实施、如何实施还有待我们研究。"因此,官僚型管理者制定决策比较慢,瞻前顾后,反应也比较慢。

官僚型管理者的慢性子不是因为他们笨,而是因为他们正在考虑对方会说的话,在思考他们所主张的是什么。由于要把每一个主张都条理化需要花点时间,因此,当他们与具有创新精神的人发生冲突时,那情形就如雪崩一样,处理起来确实会比较困难。对于创新型管理者的每一个主张,官僚型管理者都会觉得很重要且需要时间去做出反应,因此会觉得不堪重负,于是,他们会很快放弃思考和倾听,让这些主张成为耳旁风,心里却在嘀咕:这个人怎么这样头脑发热、异想天开,还不快点走开。

📖 小阅读:关于官僚主义者的笑话

关于官僚主义者有一个笑话:"你最好不要在星期五对官僚主义者讲笑话,因为他们有可能要到星期天吃午饭时才笑得出来。"

资料来源:作者根据公开资料整理。

(三)整合型管理者的特征

整合型管理者处事灵活,没有结构化程序的限制,能够根据不同的情形采取相应的沟通方式,而且他们在说出某句话后,又可以从不同的角度解释这句话的含义。整合型管理者对人的感觉比较敏感,但对于现实的需求并不敏感。他们一般不会轻易地说出"是"或"不",如果说了,则可能是压力使然。今天说了"是",可能明天他就能将其解释为"也许"。

整合型管理者很看重沟通的过程,他们会在沟通的过程中取得平衡,结果对他们来说并不重要。由于整合型管理者要考虑各种关系的平衡,所以他们的全局观念很强,在没有弄清一件事情的全局影响之前,他们是不会轻易发表自己的意见的,但等到他们发表意见时,这些意见可能也显得不那么重要了。

与整合型管理者沟通,内外部政治关系的处理非常重要。整合型管理者习惯于考虑他人(尤其是自己的领导)是怎么想的,而不愿意自己做主,他们总是设法圆滑地摆平各方面的关系,因此,这类人往往被称为"老狐狸""跟屁虫"。

小阅读：圆滑的上司

假使你是总经理办公室的秘书，要就公司的一项决定去征求各位副总经理的意见，于是，你去请示王副总经理这位具有整合型特征的管理者。你来到王副总经理的办公室，进门后告诉他："王总，问题是这样的……解决方案是那样的……我们想征得您的同意。"他会这样回答："还没到时候，我们还没有准备好。"接着，他会问："你跟甲谈过了吗？跟乙呢？跟丙有没有谈过？"这时，你就得巩固你的论述基础，你可以这样回答："我们已经和甲、乙、丙都谈过了，并且就解决问题的方案取得了一致意见，现在想听听您的意见。"这时，他又会问："那么，丁的意见又如何呢？"如果你没有跟丁谈过，他就会说："嗯，我认为我们还没有准备好，还要进一步研究研究。"但如果你说："我们跟丁也谈过了，他完全赞成。"这时，他就会说："那我们还等什么呢？干！"

资料来源：改编自魏江、严进等编著，《管理沟通——成功管理的基石》，北京：机械工业出版社，2006年。

（四）实干型管理者的特征

从图10-1可以看出，实干型管理者的思考过程具有结构化的特点，他们习惯于直线型的思维方式。实干型管理者就像铁路工程师，他们会说：你只用知道轨道往哪儿走，别的就不用管了。

实干型管理者的一个主要特点是追求快速反应。他们往往是快速决策者，总是希望马上有个结果。他们最见不得他人办事拖拖拉拉、拖泥带水。在工作现场他们最喜欢说："少说话，多干事，其他的先不用管。"也正因为实干型管理者的结构化风格和快速反应的作风，他们没有多少时间去考虑事情的结果是什么，在他们心目中，"只要把过程老老实实地做好了，结果是不会错的"。所以他们会把每个细节都做得很好，有很高的效率，而对效益则不太关心。

小阅读：李云龙的亮剑精神

电视剧《亮剑》中的李云龙有着敢于拼杀的不要命的劲头，是个敢打硬仗、打恶仗、打大仗的好手，让敌人闻风丧胆。不论遇到多么厉害的对手、多么精锐的敌人，李云龙都敢于亮剑，凭着"狭路相逢勇者胜"的亮剑精神，取得了最后的胜利。

剧中李云龙有很多经典台词，像"赔本的买卖咱不干""老子就不信这个邪，都是两个肩膀扛一个脑袋谁怕谁啊""我跟你们说过，狭路相逢，勇者胜""天下没有打不破的包围圈，对我们独立团来说，老子就不把它当成是突围战，当成什么？当成进攻。向我们正面的敌人发起进攻，记住，全团哪怕只剩一个人，也要继续进攻，死也要死在冲锋的路上。"

正是他的这种实干精神让他被搭档信任、部下爱戴，也正是他的这种使命担当，不怕牺牲、英勇斗争，对党忠诚、不负人民的伟大精神使得他的部队在战场上就像一把利剑，所向披靡。

资料来源：改编自《以李云龙亮剑精神抓落实》，http://www.dezhoudaily.com/pinglun/p/1442421.html（访问日期：2023年3月22日）。

由于不同类型的管理者的不同风格,我们在沟通时,要能够正确地选择与他们沟通的语言表达方式。这里特别就不同类型的管理者说"是"和"不"时的差别做出解释。对于创新型管理者来说,"是"意味着也许,而"不"意味着肯定。相反,对于官僚型管理者来说,说"不"的时候,只是意味着也许,可能还有被说服的机会,而一旦他们说"是",就表明已经下定决心了。对于实干型管理者来说,"是"就是是,"不"就是不。然而,对于整合型管理者来说,无论说"是"还是"不",都只能理解为"也许",所以,这类人往往被称为"政治动物"。表10-1为四类不同管理者的特征及沟通策略。

表10-1 不同管理风格的管理者的特征及沟通策略

类型	特征	"是"和"不"的含义	较适合的部门	沟通策略
创新型	有全局眼光、动作快、非结构化风格(无预约、新主张多)	是:也许 不:不	市场营销部门 高层管理部门	让其参与到问题中来,不要带着最后的答案去见他们,采用"非肯定"模式
官僚型	结构化风格、动作慢、关注过程与细节、思考非常缜密	是:是 不:也许	办公室 会计部门	方法比内容重要,重视细节、过程与形式
实干型	动作快、结构化风格、关注细节和结果	是:是 不:不	生产部门 技术开发部门	将所有相关背景资料都准备好,将有可能要他们承担的责任先预估好
整合型	动作慢、非结构化风格、关注过程、有全局眼光、适应变革	是:也许 不:也许	党政职能部门	提出问题要直接从问题的结果出发,注意发挥你的主动性,引起他们对问题及其压力的关注

 互动话题:知名公司管理者的风格

任正非

2005年,任正非被美国《时代周刊》评为"年度全球最具影响力的100人";2012年和2013年,任正非在《财富》杂志"中国最具影响力的商界领袖"榜单中蝉联第一。之所以能够获得这些荣誉,并不是单纯因为任正非的财富,更多的是因为他身为一位成功的企业家,积极担负自己和华为的社会责任,从不懈怠。

在华为内部管理上,任正非的领导风格是强硬的、务实的、低调的。任正非强调,华为要想获得持续成功,必须要坚持的三个要素是:必须有一个坚强、有力的领导集团,这个核心领导集团必须听得进去批评;必须有一个严格有序的规则、制度,同时,这个规则、制度要是进取的;必须拥有一个庞大的、勤劳的、勇敢的奋斗群体,这个群体的特征是善于学习。

郭台铭

郭台铭在2010年美国《福布斯》杂志"全球亿万富翁"排行榜上位列第136名;2002

年入选美国《商业周刊》评选的"亚洲之星"。不爱名牌、不开豪车、不注重打扮的郭台铭,作为一位商界强人,每天至少工作15个小时,中国大陆和台湾地区、美国、欧洲各地跑,即使晚上下飞机,他也会马上赶到公司开会,经常一开就是12个小时,好像永远也不知疲倦。自1974年以生产黑白电视零件起家后,他不曾休过三天以上的假。郭台铭认为,领导者的睡眠时间不应该多于属下,他应该是第一个上班、最后一个下班的人。对共同奋斗的兄弟,郭台铭有福同享,但对竞争对手,他则一律以敌人视之,难怪中国台湾地区的科技界都称他为"枭雄"。

他是一位站在最前线冲锋陷阵的领导者,他说:"在快速成长的公司中,领袖应该要多一点霸气。"

李嘉诚

外国财经杂志每年在列举世界级首富名单时,李嘉诚一定榜上有名。他成功售出Orange(移动电信公司"橙"),举世瞩目,所获得的收益,惹来无限艳羡。贵为首富的李嘉诚的成功之道是:肯用心思去思考,抓到重大趋势,赚得巨利,便成大赢家。不过每一个白手起家的富豪都不是靠运气,李嘉诚亦不例外。他创业时,每天工作十多个小时。虽然他没有机会接受高等教育,但他认为汲取知识非常重要,因此从未放过任何学习的机会,读书习惯至今未改。李嘉诚以儒家的"仁、义、礼、智、信"为道德准则,一方面修炼自身的"仁德"精神,另一方面修炼自身的"智慧"才能,遵循古人"内圣外王"之道,创建了他独具风格的个人品牌管理模式。

资料来源:作者根据公开资料整理。

思考·讨论·分析

结合任正非、郭台铭以及李嘉诚的案例,探讨不同的管理风格。

任务二 选择和"管理者"沟通的策略

工作任务:分析唐骏与比尔·盖茨的沟通策略

唐骏在微软任职期间,在一次发布会上做出了一个细节安排:在舞台上画好一排脚印,比尔·盖茨上台时只要沿着脚印就可以准确无误地走到离观众更近、显得更亲切的某个位置。发布会结束后,比尔·盖茨问这是谁的想法,唐骏说是他的主意,因为他之前曾多次在美国加利福尼亚州看过老布什参加总统竞选的演讲,老布什的随行助理都是按照这种方式对演讲进行非常细致的安排的。比尔·盖茨听后说:"这种方式的确很好,定好位置确实可以达到良好的效果。你这件事做得很专业。"唐骏在这次发布会上给比尔·盖茨留下了极深的印象。

1995年,在做出Windows操作系统的开发模式方案,并获得实验模块的测试成功之后,唐骏非常兴奋,他带着想一鸣惊人的念头,给比尔·盖茨写了一封电子邮件。

比尔·盖茨给唐骏回了一封邮件,他说:"我没有时间看你描述的具体的东西,我建议你和你的直接领导沟通一下。如果能证明这是一个很好的想法,我相信你的领导会很感兴趣。"这是唐骏第一次用邮件和比尔·盖茨沟通。唐骏后来回忆道:"坦白地说,当时我有点心高气傲的感觉,以至于想直接得到比尔·盖茨的认可。但我这样越级报告的行为本身,从管理的角度来看是非常错误的。这种动不动就找老板,并认为这是职场制胜法宝的心理,在中国不少公司的员工身上并不罕见。"

比尔·盖茨当时的回复其实是很有技巧的。他既没有表扬唐骏,更没有批评唐骏,也没有把邮件转发给唐骏的顶头上司,而是通过这种方式教育唐骏要用正确和规范的方法与上级沟通。

资料来源:改编自《与上司沟通的案例》,https://www.qinxue365.com/kczx/123256.html(访问日期:2023年3月22日)。

任务分析

诚然,走近管理者是一个敏感的话题,但几乎每个人都有上司,你总要与他沟通,畏缩或逃避不能解决问题,所以还是以积极的心态应对为好。那么怎样和管理者沟通,才能"水"到"渠"成呢?这就需要了解与不同管理者沟通的策略,掌握沟通中的客体、主体、渠道、信息及环境的策略。

知识解析

了解了不同管理者的特征,就可以采取相应的策略以实现与不同管理者的有效沟通。

在与创新型管理者沟通时,由于他们很希望在每件事情的处理过程中留下自己的痕迹,并且对各种机会有其独到的见解,因此应该让他们参与到问题的解决中来。在沟通时,不要带着"最后"的答案去见他们,而应该让他们感觉到"问题还处于未决状态",因此,在信息组织上,可以这样说:"建议……""我一直在想……""您怎么认为?"这些表达方式不但对你的管理者有用,对同级、下属一样有效。

与官僚型管理者沟通时,应记住"方法比内容重要"的原则,你必须让自己适应他们的风格。具体地说,你要十分注重形式。比如,与他们有事情要商量时,应打电话预约,千万不要做不速之客。同时,沟通时要放慢语速,控制自己的情绪。在沟通过程中,如果你是创新型的人,要注意不要把不成熟的观点一股脑儿地倒给对方,否则,你会什么答案都得不到。

与整合型管理者沟通时,要注意的是应事先把所有相关的背景资料都准备好,把有可能要他们承担责任的问题先处理好。当你就某个问题请教他们时,他们会告诉你,要注意影响,要关注他人的看法,然后会告诉你,要重点关注哪些人的看法。而请教问题的过程和方式如何,他们并不太关心。

与实干型管理者沟通时,你要注意主动性。由于他们一般不会授权于你,因此你要主动采取行动。而且在提问的方式上,应直接从问题可能引发的后果出发,让他们感觉到压力,甚至让他们觉得问题不解决是一种潜在的危机,因此事情确实非办不可。

需要特别说明的是,以上对管理者管理风格的分析也适合应对你的下属,所建议的策略对不同的下属也有对应性。而要想获得"言而有功,劳而有获"的最佳效果,就不仅要注重沟通的内容,更要讲究技巧的运用。

一、沟通客体策略

对沟通客体的具体分析,关键在于充分掌握管理者的背景。分析他们各自的心理特征、价值观、思维方式、管理风格、偏好和知识背景(包括学历和文化层次、专业背景)等。

小阅读:电梯间的"偶遇"

小王、小李、小赵三个人是一起到目前的合资公司就职的。小王觉得自己满腔抱负却没有得到上级的赏识,总是期待有一天能见到老总,有机会展示一下自己的才干。小李也抱有同样的想法,不过他比小王更进一步,他打听好了老总上下班的时间,然后计划在老总进电梯,他也去乘坐电梯,创造与老总"偶遇"的机会。小赵更进一步,他事先详细了解了老总的奋斗历程、毕业学校、处事风格、关心的问题,然后精心设计了几句简单却有分量的"电梯偶遇"开场白。结果,小赵真的给老总留下了深刻的印象,赢得了面谈的机会。面谈时,小赵详细说明了自己对公司业务的想法,甚至提到战略改进的意见,很受老总的赏识。三个月后,小赵获取了晋升的机会。

资料来源:改编自丁宁主编,《管理沟通——理论、技巧与案例分析》,北京:人民邮电出版社,2016年。

思考:

小赵成功的原因是什么?他采取的是什么策略?

二、沟通主体策略

对于自身地位和特点的认知,在与上级的沟通中非常重要。对自我的认知,重点在于分析三个问题。

(一)"我是谁"和"我在什么地方"

对自己在公司里的身份和地位有合理的认知,身为下属,切勿以为自己的管理者很随和,即便对方和你年龄相当,也切忌在和他说话时无所顾忌、不分职位高低。其实,即使性格再随和、年纪再轻的管理者,也会有一种强烈的自我意识:我是管理者。所以你要在言语中表达出这种职位的高低之分。在和管理者说话时,认清双方的角色是非常重要的,让管理者产生你更像是管理者或管理者不如你的感觉,你的日子可能就不好过了。

小阅读：错过的机会

乔郁新记得自己刚做记者那会儿，非常喜欢看一些小资的文章和书，也因此特别向往有自己的私人空间。上班的第一个月，他感觉过得还不错，基本上不用加班，觉得很快乐。

但到了第二个月，发生了很多新闻事件，领导经常叫乔郁新去现场采访。一开始他还觉得很新鲜，后来就感到疲惫了。在连加了三天班后，某天他正准备下班回家，领导进来了："小乔，你先别走，报社有一个非常重要的客户来了，你帮忙接待一下。"乔郁新还年轻，根本没想到报社的重要客户由他接待其实是器重他的举动。他感到疲惫和委屈，所以就没好气地说："凭什么叫我接待呀？我已经下班了，当时招我进来的时候，你们也没有说过要干这么多事啊！"这时，旁边的一位同事赶紧对领导说："我去接待吧，小乔可能有事。"那天走在回家的路上，乔郁新的心里一点都不好受，隐约感觉自己说错话了，但还在为自己辩解：我已经加了三天班，很疲惫了，领导应该知道呀！

两个月后，那位替乔郁新接待客户的同事升为主管，这时，他才醒悟：原来机会被自己错过了！有时候，领导多给你安排一些工作任务，也许真实的意图是要考验你，或是从心底里希望与你走得更近些，也可能是领导觉得你更好说话一些，但无论如何，这对你来说都是一次很好的机会，如何去把握就要看你的行动了。

资料来源：作者根据公开资料整理。

（二）自身的可信度

研究显示，在说服别人时，多数人都高估了自己的信用。在工作上，个人的信用来自两方面：专业信用度以及人际关系信用度。专业信用度即在某个领域所具备的专业知识及技能，所取得的成绩，所表现出的对问题的深入了解及有预见性的完整分析。人际关系信用度指在团队中的合群度，其中既包含上级是否认为你是一个容易沟通、诚实、稳重、能够控制自己情绪的人，也就是上司对你的认同程度，同时也包括你本人在公司里的地位和影响力。如果你在公司里口碑并不好，在同事心目中的印象是负面的，可能也会影响你的沟通效果。

（三）对问题看法的客观程度

这里指对目标问题考虑的深入程度和系统程度。如果你提出的只有问题，没有对策，那最好不要提，管理者更感兴趣的是如何解决这些问题。

小阅读：抱怨与思考

小王和小张是大学同班同学，毕业后都在同一家公司上班。工作一段时间以后，小王和小张都发现了公司的一些问题。小王情绪激动，常常抱怨；小张则默不作声，只是认真与同事合作，做自己应该做的事情。不久之后，经理找他们两个谈话，小王只是一个劲儿地发泄平时的积怨，小张却从公司的利益出发，系统地指出了公司存在的一些问题，同时提供了三套建设性方案供上级参考。谈话后,公司管理层经过讨论,汇总了几个方案,采纳了小张的部分建议并加以实施,取得了很好的效果。之后不久,小张被提拔为总经理助理,小王却愤然离开了公司。

资料来源:改编自朱彤、罗炜主编,《管理沟通》,重庆:重庆大学出版社,2015年。

思考:
你从这个事件中学到了什么?

三、沟通渠道策略

在沟通渠道的选择上,有直接面对面沟通、间接沟通、口头沟通、书面沟通、电子沟通、正式渠道沟通或非正式渠道沟通。一般来说,如果能够做到审时度势,在适当的时机向管理者提出建议,被采纳的概率还是比较高的。同时,也要了解管理者习惯以什么样的方式接收下属提供的信息。不同的管理者接收信息的方式不同。有的管理者喜欢书面材料;有的管理者喜欢数据分析;有的管理者喜欢面对一块书写板,让下属不停地在上面书写,因为他喜欢这种视觉效果。只有事先了解管理者喜欢用什么方式接收信息,你才能投其所好,将自己想要表达的观点更好地传达给他们。

小阅读:断断续续的电话

李明是某公司销售分公司的经理。很长一段时间以来,李明领导的分公司总是达不到计划的要求,销售人员人均销售收入低于公司平均水平,而且李明每月的报告总是迟交。在得到年度中期报告后,总经理决定找他谈谈,并约定了时间。因为分公司离总公司很远,所以李明为了节约时间,选择了电话沟通。

在双方约定好的电话沟通时间,总经理打来了电话,然而电话沟通持续了没多久,李明的下属就来找他去处理销售部的紧急事务,他不得不挂断了电话。等他回来时已经是两个小时以后了,他给总经理再打去电话,之前的谈话内容已经接不上了,沟通的效果很不好。

案例中李明与总经理有沟通的意愿,然而却因为沟通渠道中的障碍影响了沟通的效果。各种渠道又有各自的优缺点,如果不考虑实际情况和具体要求,随意选择沟通渠道,就会造成沟通障碍。

资料来源:改编自丁宁主编,《管理沟通——理论、技巧与案例分析》,北京:人民邮电出版社,2016年。

四、沟通信息策略

对于沟通信息策略的分析,关键在于要站在管理者和组织的立场上来分析问题,具体策略包括:

(一)就事论事,对事不对人

根据个人感受,立足于公司的利益去确定内容;不对管理者个人进行评论,不对他人评头论足。

小阅读：元丰的结局

有一天，元丰在办公室里和同事聊天，他们聊起了"当领导好还是做员工好"的话题。元丰说："要我选，我还是选择做员工，当领导也太累了。比如我们的顶头上司吧，他的上头还有领导，别看他在我们面前威风凛凛的样子，在他的领导面前，他还不是要点头哈腰。我觉得，一个人每天都要装出两副面孔，怎么活都别扭！"

同事笑着说："但是，人家的薪酬福利比咱们好呀；人家还有权，能指挥咱们！这些咱们都没有！"

元丰不屑地说："那都是一时的，要我说呀，要是哪天公司不行了，第一个该辞退的就是他！为啥？他比咱们拿的工资多，但是技术上的东西却一点也不懂！你说哪天公司不行了，公司是要他还是要咱们？"

元丰以为同事会哄堂大笑，但是却没有，而且他看了看周围，发现大家都在低头干活。这时，他还没有发现领导正站在他的身后，便又接着说："你们还别不信，我叔叔开的公司就是这样，前期做领导的一个个都威风得不行，最后怎么样？公司陷入低谷，第一个倒霉的就是那些做领导的！"元丰说得手舞足蹈，手一挥正好打在他身后的领导身上。他一转头，发现领导正怒气冲冲地看着自己。元丰忙说："对不起！"然后就不知道该说什么了。

领导不动声色地宣布："我是来向大家宣布一个消息的，刚才总经理开会时说我们要在两个月内裁员两名，我一直在想，大家都挺努力的，裁谁好呢？"元丰发现大家的目光竟然一起对准了自己，他就什么话也说不出来了。很快，元丰就被辞退了。这时他才明白，不管在哪里，攻击领导的软肋，谈论领导的缺点，都是致命的错误。

资料来源：作者根据公开资料整理。

（二）安排好信息结构

在信息结构的安排上，要从客观情况描述入手，引出一般性看法；然后再就问题提出自己的具体意见；同时，要事先收集整理好有关数据和资料，做成书面材料，借助视觉力量，征求管理者的意见。在恰当的时机以适当的方式提出相应的建议能增强说服力。

小阅读：你会选择哪个主管的方案

A主管：关于在通州地区设立灌装分厂的方案，我们已经详细论证了可行性，3—5年就可以收回成本，然后就可以盈利了。请董事长一定要考虑我们的方案。

B主管：关于在通州地区设立灌装分厂的方案，我们已经会同财务、销售、后勤部门详细论证了可行性。财务评价报告显示，该方案在投资后的第28个月财务净现金流由负值转为正值，这预示着该项投资将从第三年开始盈利。经测算，该方案的投资回收期是4—6年。社会经济评价报告显示，该方案还可以拉动与我们相关的下游产业的发展。这有可能为我们公司将来的前向、后向一体化方案提供有益的借鉴。与该方案有关的可行性分析报告我已经带来了，请董事长审阅。

资料来源：改编自朱彤、罗炜主编，《管理沟通》，重庆：重庆大学出版社，2015年。

(三) 选择恰当的语言表达方式

在工作中,你总是非常出色地完成任务,总是满怀欣喜地盼望着评优、加薪、升迁,可为何总是眼睁睁地干看着,好事偏偏离你那么遥远?回头想一想,自己平时是怎么和管理者沟通的?是不是经常口无遮拦地诉说自己的成功,贬低他人?是不是信口开河、滔滔不绝地抱怨周围的人呢?

在语言的表达上,言辞不能过激,应当表情平静、态度谦虚,切忌用词不当。同时,在与领导交谈时,一定要简单明了,对于领导关心的问题要重点突出,言简意赅。

 小阅读:致命又愚蠢的错误

小赵在一家网络公司做美术编辑。他在该公司工作快一年了,工资却一直没有涨。他打听到同行都会逐渐涨工资,于是沉不住气,开始在上司面前隐晦地提到这个问题,对方却一直装傻。小赵有点急了,那天办公室就剩下他和上司两个人,小赵故意提到,这个月的房租又涨了,餐费也涨了……言外之意是,我的工资什么时候涨呀?

上司笑着说:"别抱怨了,好好工作吧,大家的工资都是一样的!"

"是吗?真的一样吗?"小赵生气了,但还是一直忍着。小赵心想:他说大家的工资都是一样的,怎么可能呢?我好像比同事少了好几百块呢。关于上司的工资,我不知道具体是多少,但是我知道,他的工资不知道比我高多少倍呢。所以那句"真的一样吗"就这么脱口而出了。

话说出口之后,小赵长久以来的怨气都宣泄出来了:"不要以为别人不知道,大家做的工作都是一样的,凭什么拿的工资不一样呢?要说工作经验,我也已经在这里一年了,什么经验没有呀?"

上司看了小赵半天,就像在看一头怪物。可小赵觉得自己理由充分,所以一点也不心虚。但是他错了!

第二天,办公室里的同事相继对小赵说:"我们刚来的时候比你的工资还低呢,到现在才一点点涨上去。"小赵心里一惊,心想肯定是上司找同事们谈话了!于是,小赵更生气了,他跑进上司的办公室,直接问上司:"我想知道这里的每个员工都是干了多长时间才开始加薪的。"上司不动声色地问他:"你有什么权力知道?"小赵说:"因为我想知道自己什么时候可以加薪。还有,你对我有什么意见可以直接说,不要让同事们来告诉我,我觉得这样做未免太卑鄙了!"

上司瞪了小赵一眼,说:"如果你来上班就是为了将来拿高工资,那么我可以告诉你,只有你的业绩做到了一定程度,工资才会涨。但是目前你还没有做到。我说过,每个人的工资都是一样的,并不是说你们拿到的金额是一样的,而是说标准是一样的。在这里,大家都是平等的,没有工作能力一味谈高工资,我想哪个老板都不会欢迎的。"

小赵无话可说了。没过多久,公司就把小赵给辞退了。

工作中和上司说偏激的话是愚蠢的做法,小赵就是犯了这个致命又愚蠢的错误。别说上司没有什么大错,即便他犯了什么错,对你不公平,也不能用这么直接和偏激的方式说出来，毕竟那是你的上司。你可以以别人的待遇为参考，恰到好处地向上司提出你的要求。

资料来源：改编自《与上司沟通失败的案例》，https://www.qinxue365.com/kczx/161528.html（访问日期：2023年3月22日）。

五、沟通环境策略

在沟通环境策略制定上，应选择合适的时机、合适的场合，以咨询的方式提出，如以"表面上的不刻意，实际上的精心准备"为策略，营造轻松的氛围，向管理者提出建议。

小阅读：巧妙降低业绩指标

会议室里，按照惯例正在召开部门月度工作布置会议。经理下达了这个月要实现业绩增长30%的命令，可是身处市场一线的小组主管刘辉认为目标太高了，根本不可能达成。刘辉心里盘算着："小冯经验尚浅，小赵马上又要离职了，最近还听说经理要提高部门的业绩指标，如果真的提高任务指标，自己肯定完不成。"当天已经是1号了，再过两天就要分配业绩指标了，刘辉觉得必须给经理提点建议，要不然等到指标公布了再想修改就困难了。但是，他并没有在会上提出来，而是在会后写了一份《关于申请增派业务员的报告》。写好后，刘辉来到经理办公室，敲门进去发现有人在和经理谈话，便说了声"我在外面等"就退了出来。不一会儿，里面的人出来了，刘辉便走进办公室，关上门坐到了椅子上。

"经理，我这里有一份申请报告，麻烦您审批。"说着，便将写好的报告递了上去。

经理拿了过去，看了一眼标题便明白是刘辉想要增派人手。报告的开始，是目前刘辉所负责业务组的情况分析。几个表格很清晰地反映出目前该业务组人手不足的实际情况，同时几张业绩报表也反映出近几个月的业绩增长情况。看过报告，经理在批示处写道："再议，请负责人尽力挽留小赵，并请人力部门着手进行相关人员的招聘和筛选准备工作。"接过报告，刘辉又和经理说了几句话，然后便回自己的办公室了。

刘辉走后，经理拿出已经做好的业绩分配表，想了想刘辉刚才的报告，觉得这个月给刘辉制定的"业绩增长30%"的目标似乎很难达成，于是又斟酌了一下。

3号那天，经理在部门月度工作布置会议上宣布："刘辉主管的业务组这个月的业绩增长目标是10%。"经理接着又解释道："刘辉这组的目标比其他组要低一些，是因为他们组里的小赵18号就要离职了，而小冯现在还需要锻炼和学习，所以这个月就酌情少给一些任务。不过人力部门已经开始招聘新人了，等人手配齐后，就不会出现这种情况了。"

刘辉笑着说好的好的。

在职场上，为了把工作做得更好，与领导沟通、给领导提意见是非常有必要的，但要掌握一定的技巧，否则就可能引火烧身。如果刘辉在听到经理下达的任务指标后当场指出其困难程度，很可能会被对方回绝，从而达不到自己希望降低任务指标的目的。

资料来源：作者根据公开资料整理。

互动话题:如何进行上下级关系测评

上下级关系测评

1. 能够自始至终保持自信的笑容,并且音量适中。
2. 善于选择良好的谈话时机。
3. 已经准备好了详细的资料和数据以佐证你的方案。
4. 对管理者将会提出的问题胸有成竹。
5. 语言简明扼要,重点突出。
6. 和管理者交谈时亲切友好,能充分尊重对方的权威。

评分标准

一贯如此,3分;经常如此,2分;很少如此,1分。

14—18分:能在工作中自如地运用沟通技巧。你是一个非常受欢迎的人,你的管理者很赏识你。

7—13分:你已经掌握了很多沟通技巧,并已经尝试着在工作中运用。你的管理者认为你是一个很有潜力的人,但仍需努力。

0—6分:你应该抓紧时间学习一下和管理者沟通的技巧了。因为你现在和管理者的关系很不融洽,适当地提高沟通技巧,有助于你充分发挥自己的才能,争取更为广阔的发展空间。

思考·讨论·分析

如何与管理者进行沟通,是中国文化背景下每一个下属都会思考的问题。有不少人谈到,在实际工作中,管理者的沟通能力很差,与这样的管理者沟通往往会很"郁闷",但无论如何还是要想办法做好与管理者的沟通工作。在这种"备受煎熬"的过程中,出现了两类不同的情形。情形一:有的人习惯于关注管理者的心理,却在无意识中忽略了下属的心理,结果招来他人的非议。情形二:有的人抱怨说,应该先把管理者的沟通能力好好培训一下,否则,我们做下属的,学得越多就会越痛苦。请问:你如何看待以上两类人的心态?如果你无法改变管理者的沟通习惯,那么学习管理沟通还有用吗?

任务三 把握与同事沟通的原则

工作任务:了解与同事的相处之道

汤姆和乔治原来是很好的同事和朋友,可最近关系紧张,大有"割袍断义"之势。不明真相的人以为他们之间肯定产生了天大的矛盾,否则之前形影不离的两个人绝不至于变成现在这个样子。可事实上情况远没有那么严重,他们的矛盾仅仅是因一颗纽扣而起,并且是一颗最多价值几分钱的纽扣。乔治新近买了一套自己非常满意的高档西服,却刚穿不到一周就丢了一颗关键部位的纽扣,怅惜之余他偶然发现整日挂在洗手间的那件不知是哪个清洁工的工作服上的扣子与自己丢失的纽扣简直一模一样,遂乘人不备悄悄地扯下了一颗,打算缝到自己的衣服上滥竽充数,并得意地将此"妙计"告诉了汤姆。

不料未出数日,多位同事都知道了乔治的这个笑料——汤姆竟然在大庭广众之下拿这件事跟乔治开玩笑,弄得当时在场的人都笑作一团,乔治也终因太没面子而恼羞成怒,反唇相讥,大揭汤姆的许多很令其丢面子的"底牌",于是乎后果也就可想而知了。

资料来源:改编自朱彤、罗炜主编,《管理沟通》,重庆:重庆大学出版社,2015年。

思考:

汤姆和乔治之间的沟通出了什么问题?应该如何处理?

任务分析

善于处理同事关系,巧妙赢得同事的支持会让你在职场中游刃有余;反之,不屑或不善于和同事交往沟通的人则免不了处处被动,举步维艰。如果想在事业上取得成功、在工作中得心应手,同事间相处的学问定是一门必修课。

像案例中这样的同事纠纷在每家公司里都会出现,只是具体情况会有所不同而已。同事既是你的朋友,也是你的竞争对手,大家都站在同一条起跑线上。俗话说:同行是冤家,同事是对头。平时大家在一起谈天说地,看起来关系很好,可是有时也有一种看不见的竞争与矛盾。同事是与自己一起工作的人,与同事相处得如何,直接关系到自己工作、事业的进步与发展。那么,如何与同事相处,才能"左""右"逢源呢?

知识解析

在工作中,平级沟通对每个人来说都是非常重要的,因为每一项工作的顺利推进都离不开与同事的合作,平级之间的沟通畅通了,工作效率自然就提高了。

在和平级同事的沟通中,应该注意八个原则。

一、君子之交淡如水

有人把人际交往的距离准则比作"刺猬理论":两个互相取暖的刺猬,靠得太近则被各自身上的刺扎伤,离得太远又不会获得温暖。同事之间保持适当的距离,各自拥有私人空间,沟通才是对双方有益的。

现代社会那种若即若离、不远不近的同事关系,被认为是最难得和最理想的应酬哲学。与同事相处,太严肃、太客气都不好,人家会认为你不合群、孤僻、不易交往;但靠得太近,"知无不言,言无不尽"也不好,容易让别人说闲话,也容易让管理者误解,认为你是在搞小团体,动机不良。说来说去,还是君子之交淡如水最好。

小阅读:与同事保持合适的距离

杰克是一家大汽车公司的雇员,由于工作勤奋努力,成绩斐然,在短短的几年间步步高升,事业可以说是一帆风顺。而有几位跟他一同起步的同事,限于能力和机会,至今仍保持着多年前的状态。因此,在大家相处之时,杰克总觉得不太自然,甚至还有些战战兢兢的。起初,他为了避免老同事们指责他过于高傲,招致"一朝得志便不可一世"的批评,便频频请他们吃饭,而且说话也比过去更加小心、客气了,饭菜档次更是极显尊重。不料同事们不仅没领他的情,反倒认为他简直得意忘形、太"招摇"了,甚至越发不平衡起来,认为杰克原本就是个"草包",完全是凭着这些"卑劣"手段爬上去的。杰克最终落了个"赔了夫人又折兵"的下场。痛定思痛之后,杰克决定卸掉包袱,轻装上阵,仅以平常心淡然面对平常事,一切竟然又应付自如了。

公事上,杰克谨记"大公无私"的原则,若是自己直接管理的下属,就采取冷静的态度,奖罚分明,说一不二,绝不再抱有"大家都共事这么多年了,算了吧"的想法。他认为,只要态度诚恳,就不怕对方误解生气。私底下,他仍然与他们保持一定的距离,投契的就当作朋友一般相处,不合拍的也不再刻意去改善与对方的关系了。若不属于自己的直接下属,公事上很少有交集,就简单好办多了,平日见面,大可表现出"友善"的一面,却绝不会再额外"升温"了。

杰克的经验告诉我们,只有和同事们保持合适的距离,才能成为一个真正受对方欢迎的人。

资料来源:作者根据公开资料整理。

二、高调做事,低调做人

日常工作中不难发现这样的同事:其人虽然思维敏捷、口若悬河,但一说话就令人感到狂妄,因此别人很难接受他的观点和建议。这种人多数都是因为太爱表现自己,总想让别人知道自己很有能力,处处显示出自己的优越感,期望能获得他人的钦佩和认可,结果却往往适得其反,失掉了在同事中的威信。

人与人之间的交往理应是平等和互惠的,正所谓"投之以桃,报之以李"。那些谦让而豁达的人总能赢得更多的朋友;相反,那些妄自尊大的人总会引起别人的反感,最终使自己走到孤立无援的地步。

在交往中,每个人都希望能得到别人肯定的评价,都在不自觉地强烈维护着自己的形象和尊严,如果其谈话对手过分地显示出高人一等的优越感,那么排斥心理也就不自觉地产生了。

一位法国哲学家曾经说过:如果你要得到仇人,就表现得比你的朋友优越吧;如果你要得到朋友,就要让你的朋友表现得比你优越。因为当我们的朋友表现得比我们优越时,他们就有了一种自己是重要人物的感觉,但是一旦我们表现得比他们还优越,他们可能就会产生一种自卑感,产生羡慕甚至嫉妒。

小阅读:吹嘘的后果

我的一个好朋友是某地区人事局调配科一位相当得人缘儿的骨干。按说从事人事调配工作是很难不得罪人的,可他却是个例外。当然,这也是吃了一番苦头后才获得的。在他刚到人事局的那段日子里,几乎没有一个同事愿意与他做朋友。因为当时他正春风得意,对自己的才能满意得不得了,因此每天都使劲吹嘘他在工作中的成绩,每天有多少人请他帮忙,哪个几乎记不清名字的人前一天又硬给他送了礼,等等。但同事们听了之后不仅不欣赏他的"成就",反而很不高兴。后来,还是被当了多年领导的老父亲一语点破,他才意识到自己的症结到底在哪里。自那以后,他便很少谈论自己的事,而是多听同事说话。每当他有时间与同事闲聊时,他总是先请对方分享自己的欢乐和成绩,并且只是在对方问他时,才谦虚地简单说一下自己的成绩。

资料来源:作者根据公开资料整理。

三、闲谈莫论人非

在人际交往中,自己待人的态度往往决定了别人对自己的态度,因此若想获得他人的好感和尊重,必须首先尊重他人。

研究表明,每个人都有强烈的友爱和受尊敬的欲望。由此可知,爱面子的确是人们的一大共性。在工作上,如果你不小心说出令同事尴尬的话,你以为他只是脸面上有些过不去,但其心里可能已受到严重的伤害,以后对方也许就会因感到自尊受伤而拒绝与你交往。

因此,与平级同事沟通时,一定要大睁双眼慢张嘴。千万不要在不适宜的场合随便议论同事。只有这样,才能与同事之间形成相互信任、彼此友好的和谐气氛。有的同事的生活方式和思想观念比较前卫,许多私事不愿意与他人分享,哪怕是他们最要好的朋友。他们比其他的群体更注意捍卫自己的隐私权,所以要注意不要轻易侵入对方的私人"领地",除非对方自己主动向你说起。在他们看来,过分关心别人的隐私是没有修养的低素质行为。这就意味着你与这类同事相处时,得把握交友的尺度。工作或信息上的交流、生活上的互助,或者一起游玩都是让双方感到高兴的事,但是千万别干涉他们的隐私。

发现别人在背后说自己的坏话时,也要有"有则改之,无则加勉"的气量。自我反省,多征求别人的意见,接受批评才能不断完善自我。"金无足赤,人无完人",得饶人处且饶人是最明智的选择。更何况扪心自问,我们自己难道就没有过错吗?多一点反省,予人快乐,予己方便。

📖 小阅读:打小报告的后果

乔凯和鲍冰同在一家公司工作。鲍冰在公司里人缘极好,不仅技能精湛,而且总是笑脸迎人,和同事和谐相处,乐于帮助别人,同事对他的评价很高。

一天晚上,乔凯有事找经理,到了经理办公室门口时,听到里面有人正在说话,并且依稀分辨出是鲍冰的声音。乔凯听到鲍冰正向经理抱怨同事,还添油加醋地说了很多平时不起眼的小事,并且还说了自己的坏话,借机抬高他本人。乔凯不由心生厌恶。

从那以后,乔凯对于鲍冰的一举一动、每一个表情、每一句话都充满了厌恶和排斥心理,无论他表演得多好,说多好听的话,乔凯都对他存有戒心。而经理对鲍冰的态度也变得冷淡起来,因为他发现有些事并非像鲍冰所说的那样严重,他觉得鲍冰的人品有问题,所以在内心里已生厌恶之感。可见,正直的上级并不喜欢下属向他打小报告。

资料来源:改编自朱彤、罗炜主编,《管理沟通》,重庆:重庆大学出版社,2015年。

四、敢于承担

人无完人,没有人会不犯错,有时甚至还会一错再错。既然错误是不可避免的,那么可怕的就不是错误本身,而是知错不改,错了也不悔过。

其实如果能坦诚面对自己的缺点和错误,再拿出足够的勇气去承认它、改正它,不仅能弥补错误所带来的不良后果,在今后的工作中更加谨慎,而且能加深领导和同事对你的良好印象,使他们很痛快地原谅你。

> **小阅读:勇于认错的小李**
>
> 某公司财务处的小李一时粗心,错误地给一个请病假的员工发了全薪。他发现这个错误之后,首先想到的是最好想办法蒙混过去,千万别让老板知道,否则老板肯定会对自己的办事能力有所怀疑。之后他匆匆找到那个员工,说必须纠正这个错误,求他悄悄退回多发的薪金,但遭到断然拒绝,理由是:"公司给我发多少薪金我就领多少,是你们愿意给的,又不是我要的,白给谁不要?"小李很气愤,他明白该员工是故意在为难他,因为对方认为他肯定不敢公开声张,否则老板必然会知道。真是乘人之危!怒气平息后,小李平静地对那个员工说:"那好,既然这样,我只能请示老板了。我知道这样做一定会使老板大为不满,但这一切都是我的错,我必须在老板面前承认。"就在那个员工站在原地发呆时,小李已大步走进了老板的办公室,告诉他自己犯了一个错误,然后把前因后果和盘托出,请他原谅并给予处罚。老板听后大发脾气,并且认为这应该是人事部门的错误,但小李反复地说这是他的错误。老板于是又大声地指责会计部门的疏忽,小李又解释说不怪他们,实在是他的错。然后老板又责怪起与小李同办公室的另外两个同事来,可小李还是固执地一再说是他的错,并请求处罚。最后老板看着他说:"好吧,是你的错,可×××(那位错领全薪的员工)那小子也太差劲了!"自那以后,老板更加看重小李了,认为他能够知错认错,并且有勇气不寻找借口推脱责任。
>
> 资料来源:作者根据公开资料整理。

事实上,一个人勇于承认自己的错误,可以获得某种程度的满足感。这不仅可以减轻罪恶感,而且有助于解决这个错误所带来的问题。卡耐基告诉我们,即使是傻瓜也会为自己的错误辩解,但能承认自己错误的人会赢得他人的尊重。

喜欢听赞美——哪怕明知是虚伪的赞美——是每个人的天性。忠言逆耳,当有人尤其是和自己平起平坐的同事对着自己狠狠数落一番时,不管那些批评正确与否,大多数人都会感到不舒服,有些人更可能会拂袖而去,连表面上的礼貌也做不到,实在令提意见的同事尴尬万分。下一次就算你犯天大的错误,相信也没有人敢劝诫你了,这岂不是你最大的损失?

如果你总是害怕向别人承认自己曾经犯错,那么,请接受以下建议:

(1)即便错了,也不要自责太深,更无须自怨自艾、轻看自己。你应当把这次犯错看作一种新的经验,从中吸取教训、获得智慧,正所谓"吃一堑,长一智"。

(2)假如你的错误必须向别人交代,与其替自己找借口逃避责难,不如勇于认错,对自己的行为负起一切责任。

（3）如果你在工作中出错，要立即向上司汇报自己的失误，这样做当然有可能会受到严厉批评，可是上司却会认为你是一个诚实的人，将来或许会更加器重你。你所得到的可能比你失去的还多。

（4）如果你所犯的错误可能会影响到其他同事的工作成绩或进度，无论这些同事是否已经发现这些不利影响，都要赶在他们找你"兴师问罪"之前主动向其说明情况并道歉，千万不要自我辩护、推卸责任，否则只会火上浇油，令对方更感愤怒。

如果你总是觉得听到人家指出自己的错误是一种耻辱，令你面红耳赤、无地自容，以下建议或许能帮你克服这种心理障碍，慢慢懂得从批评中吸取教训：

（1）要明白，别人对你的批评并无损你的价值，无须一概以敌视的态度对待意见与你相左的人。

（2）如果别人对你的工作表现颇有微词，你要知道对方只是针对事情提出意见，而不是故意与你作对，或者瞧不起你。

（3）切勿把"我的工作不被接受"理解为"我不被接受"。

每个人都会犯错，尤其是当你精力不足、任务过重、承受太沉重的生活压力时，偶尔不小心犯错是很常见的事情。在犯错后能以正确的态度面对它，知错即改，犯错便不算什么罪大恶极的事情，反而对于你日后的成长、进步大有裨益。

五、赞美是惠人悦己的"开心果"

一百多年前，在美国，由于"渴望被重视""渴望获得赞美"，一个从未受过任何高等教育、极度贫困的杂货店店员，争分夺秒地研究他花费五角钱买来的法律书，后来在经过近20年、共计17次惨痛失败后，他终于成为一名律师，之后更是成为总统，他的名字就是亚伯拉罕·林肯。后来他解释说："我之所以能够取得这些成绩，是因为人人都喜欢赞扬。这一点成为我不懈努力的动力。"在职场中工作的人可能都经历过在一番刻意地自我表现之后却不见丝毫赞扬时的沮丧。因此，在工作中，我们应该永远不要忘记，我们的同事也像我们自己一样渴望别人的欣赏和赞扬。欣赏和赞扬是每个人都渴望得到的。

但需要注意的一点就是，我们的赞扬必须真实可信，如果一个人的赞扬明摆着不是出自真心，那就无异于对他人的侮辱。一位叫作富尔顿·希恩的大主教曾经说过："赞扬就像薄薄的腊肠片，清爽可口，恰到好处，而阿谀则又肥又厚，令人无法接受。"这正是赞美和恭维之间最明显的区别：一个是真诚的，另一个是不真诚的；一个发自内心，另一个流于表面；一个为天下人所喜欢，另一个为天下人所不齿。

职业生涯中学会真诚、善意地赞美同事，当然是必修的专业课，而学会分清赞美与恭维的不同也极其重要。正如那句谚语所说的："别担心攻击你的那些敌人，要担心恭维你的那些朋友。"因为恭维只是廉价的赞美，如果仅凭恭维就能达到目的，大家就会争相恭维起来，那么我们岂不都成了为人处世的专家？

有人是这样给恭维下定义的：恭维，是对另一个人说出他对自己的想法。的确，当我们没有思考一些确定的问题时，我们通常会把95%的时间用来考虑我们自己。现在，如果我们停止想自己一会儿，开始想想别人的优点，我们就不会诉诸那些廉价的、还没有说出来就知道是虚情假意的恭维了。

虽然我们可能无法给予他人汽车、金钱、地位，但是却能够给予别人我们力所能及的东西，那就是"真诚的赞美"。赞美是促人向上的催化剂，它能使人朝气蓬勃，是挖掘人们内在的善和美最好的工具。所以，对重视、鼓舞的渴望影响着人们的心灵，懂得满足这种渴望的人，应该能够和别人友好相处。

一位著名的企业家说过："促使人们自身能力发展到极限的最好办法，就是赞赏和鼓励……我喜欢的就是真诚、慷慨地赞美别人。"如果我们真心诚意地想搞好与同事们的关系，就不要光想着自己的成就、功劳；而是要去发现别人的优点、长处、成绩，然后真诚地、慷慨地去赞美。

从明天起，如果你发现中午的工作餐有一道好菜，不要忘记说这道菜做得不错，并且把这句话转告给厨师；如果你发现一位同事的项目进展得很顺利，不要忘记赞美他雷厉风行的工作态度。虽然这些话语并不能令他们加薪或受到提拔，但至少你是诚心诚意地向他们奉上了一颗"开心果"。

 小阅读：赞美的魔力

一个漂亮又颇有些才气的女孩大学毕业后被分配到了家乡一个很不错的单位任党委秘书。她小小年纪便担当重任，整日出入单位各重要领导的办公室，参加大大小小的"实质性"会议，因此掌握了不少"内幕消息"，竟颇得许多年长同事的恭维与羡慕，加之工作环境异于校园环境，遂浮华了许多，逢人总能不露声色又虚情假意地"赞美"一番，以博取他人的欢心，换个"好人缘儿"。某日，她在楼梯上遇到了单位电话员小潘。小潘是个不幸的女人，天生的小儿麻痹使她身体瘦弱，行动不便，30岁时才被父母廉价"托付"给一个在外地打工的农民，从此不仅备受其轻视，还常常被榨取钱财。出于同情和敷衍，她与小潘搭上了话（平日单位里很少有人主动同小潘交谈），夸奖小潘的衣服漂亮，称赞其穿的裤子显得个子高。几句原本是应酬敷衍之语，竟让小潘激动得满脸红晕、眼放异彩，先是摇头，接着是笑，然后便是热泪盈眶。从那以后，小潘竟然真的变得漂亮起来，原来枯草般的头发被修剪成了整齐的短发，还烫了卷，平日苍白干燥的嘴唇也被细心地涂上了唇膏，穿的衣服也不像以前那样俗气了。而且每次有了"新造型"之后，小潘总要跑到她那里展示一番。她也总是真心赞美，再也不像第一次那样虚情假意、言不由衷了。

资料来源：作者根据公开资料整理。

我们要知道，有些人对别人的赞赏是非常渴望的，任何赞美之词都可以接受，哪怕明知是假意恭维。但我们不得不承认的是，许多人正是凭借着自己所得到的赞美而获得了希望和自信，重新鼓起了生活的勇气，乃至改变了自己的一生。因此，我们每天在与他人接触时，不妨多说几句赞美的话，留下一些友善的小火花。正如前面的故事中提到的那个女孩一样，这些小火花或许将意外点燃友善、温情的火焰，而无论日后你走到哪里，这种火焰都会照亮你的心灵。

六、学会宽容

长时间的工作过程中,难免会与同事产生意见分歧或矛盾,此时我们要学会宽容,用心去化解,不能过分争论是非对错。宽容是甘露,是美德,能化干戈为玉帛。如果同事之间多一些宽容和理解,同事关系也就不会那么难处了。

📖 小阅读:宽容的力量

竞选总统前夕,林肯在参议院演说时,遭到一个参议员的羞辱:"林肯先生,在你开始演讲之前,我希望你记住自己是个鞋匠的儿子。"演说现场顿时陷入了一片沉默。过了一会儿,林肯却转过头来对那个傲慢的议员说:"据我所知,我的父亲以前也为你的家人做过鞋子,如果你的鞋子不合脚,我可以帮你重新做。虽然我不是伟大的鞋匠,但我从小就跟我的父亲学会了做鞋子的技术。"然后,他又对所有的参议员说:"对参议院的任何人都一样,如果你们穿的那双鞋是我父亲做的,而它们需要修理或改善,我一定尽可能地帮忙,不过,有一点可以肯定,他的手艺是无人能比的。"说到这里,所有的嘲笑都化为真诚的掌声。

林肯对政敌素以宽容著称,一些对此不满的议员曾说道:"你不应该试图和那些人交朋友,而应该消灭他们。"林肯微笑着回答:"把他们变成我的朋友,我难道不正是在消灭我的敌人吗?"一语中的,多一些宽容,公开的对手或许就是我们潜在的朋友。

资料来源:作者根据公开资料整理。

办公室中的相处也有高深的学问,为一时的小恩小怨斤斤计较、难以释怀,必将因小失大、得不偿失。而这时如果能够让人一步,调整心态,也许就是另一番景象了,不仅能获得他人的尊重和敬佩,更有可能为日后成就大事做好铺垫。

七、帮人即帮己

日常的工作和生活中,同事之间免不了互相帮帮忙。平常我们总说"助人为乐",但是在办公室这个没有硝烟的战场上,怎样助人为乐才能真正既帮了别人又帮了自己呢?

如果一个同事请你提意见,你会如何应对呢?比如,他问你:"你认为我的工作态度不端正吗?""是不是我不该以那种方式处理同老安的矛盾?"这些问题当然都不易回答,却也给了你一个帮助对方进步和表现气度的机会。最不明智的回答就是直接答"是"或"不是"。你的回答应有一些建设性,也就是说,你应该提一个可行的办法,且不会被误认为是在批评对方。因为要是你的答案不能令对方满意,他肯定不会接受你的建议,甚至认为你是在敷衍他,白白辜负了他对你的信任。正确的做法是,告诉对方,如果换作是你,你会怎样处理这件事,为什么要这样处理。例如,如果他因为未能及时准备开会用的文件而遭到领导责备,就应委婉地开导他:"大家都知道李主任那人认真得很,所以我帮他做事永远都是以最快的速度去完成,并且十分认真,让他知道我的确已经尽力去满足他的要求了。"千万不要跟着附和指责对方或指出其他领导的错处。比如:"李主任真是过分,不过你也只能听他的摆布了。"这样无异于火上浇油,对同事、对他的领导甚至对你自己肯定都没有好处,那又何苦为之呢?

当然，回答中也要表示你的关切，这跟处理其他人际关系一样，必须是诚挚的。这不仅使得付出关切的人有收获，得到接收这种关切的人也是一样。关切是条双行道，当事人双方都会受益。努力学会为别人付出，做那些不惜花时间、精力的事情，让对方觉得"和我打交道一定不吃亏"，提升他人对自己的信任感，这样才能获得真正的帮助。中国有句古话："有心栽花花不开，无心插柳柳成荫。"一些原本并不图回报的帮助，往往能带给你意想不到的惊喜和幸运。

📖 小阅读：帮人终帮己

在职场上，在我们的人生旅途中，都会遇到许多令人为难的事。有些人总是只顾自己，对别人的难处幸灾乐祸，导致他们自己在前进的道路上也不会很顺畅。人们称之为"作茧自缚""搬起石头砸了自己的脚"。其实，在前进的道路上，为别人下绊脚石，也会堵住自己的路；如果搬开别人脚下的石头，自己的路也会越走越宽。

一个商人在一条漆黑的路上小心翼翼地走着，心里懊悔自己出门时为什么不带上照明的工具。忽然前面出现了一点光亮，在渐渐靠近光亮时，他才发现提灯的是一个双目失明的人。商人很奇怪地问那个盲人："你双目失明，灯对你来说一点用处也没有，为什么还提着它呢？不怕浪费灯油吗？"盲人听了他的话，慢条斯理地答道："我提着灯并不是为了给自己照明，而是因为在黑暗中行走时，别人往往看不见我，我便很容易被撞到。而我提着灯走路，灯光虽然无法让我看清前面的路，却能让别人看见我，这样，我就不会被别人撞到了。"

这个盲人用灯光为别人照亮了原本漆黑的路，为他人提供了方便，同时也保护了自己。

谚语有云："赠人玫瑰，手留余香。"所以说帮助别人也就是帮助自己。

资料来源：作者根据公开资料整理。

八、换位思考

同事之间的合作是唇齿相依、必不可少的，因此要学会换位思考，多站在对方的立场上考虑问题。作为同事，你没有理由苛求别人。在发生误解和争执时，一定要换个角度，站在对方的立场上为他着想，理解一下对方的处境，千万不要情绪化。一心一意为自己打算，本位主义浓厚，怎么能达成有效沟通呢？大家都想把工作做好，如果能设身处地地站在沟通对象的立场上进行交流，即便有困难，大家也能找到很好的解决办法。

 互动话题：肖经理的回答

财务部经理为了保证提前统计出老总指示的月度财务报表，找到销售部的肖经理，请他拿出销售收入汇总表。肖经理以下几种回答会带来哪些不同的结果？

➢ 我现在实在没有空。嗯，不过，我可以想想办法，加个班，没关系。

➢ 什么？我这里的正经工作还没有忙完呢，哪有工夫管报表这些杂事。

➢ 你们是怎么搞的，平时我们闲下来时你们不要表，现在我们忙起来了却给我们添乱。什么表？是表重要,还是完成销售额重要？
> 我希望我能把销售汇总表按时交给你,但我们以前交报表都没有这么急,恐怕各个办事处都没有准备,我们试一下,然后再答复你,可以吗？
> 没有人事先通知我们部门,能否准许我们的销售汇总表晚些时候交？

资料来源:改编自朱彤、罗炜主编,《管理沟通》,重庆:重庆大学出版社,2015年。

小阅读:与同事沟通要注意的禁区

1. 不要乱传话

传话,就是在同事面前说你听到的关于不利于他的话。职场上,难免会有闲言碎语。有时,你可能不小心成为"传话"的人;有时,你也可能是别人"攻击"的对象。传的话都是是非,比如领导喜欢谁、谁最吃得开、谁又有绯闻等,就像噪声一样,会影响人的情绪。聪明的你要懂得,该说的话就勇敢地说,不该说的话绝对不要乱说一通。人们常说的"祸从口出",往往就是因为传话传出的问题。

2. 不要谈论隐私

有许多爱说话、性子直的人,喜欢向同事倒苦水。尽管这样的交谈富有人情味,能使你们之间的关系变得更好,但调查指出,只有不到1%的人能够严守秘密。所以当你出现危机或陷入困难中时,最好不要到处诉苦,不要把同事的"友善"和"友谊"混为一谈,以免成为问题之源。

3. 不要辩论

有些人比较喜欢争论,必须胜过别人才肯罢休。假如你实在爱好并擅长辩论,那么建议你最好把此项才华留到办公室外去发挥。否则,即使你口头上胜过对方,也伤了对方的面子,对方可能会从此记恨在心。

4. 不要炫耀

有些人喜欢与人分享快乐,但涉及工作上的信息时(比如,即将争取到一位重要的客户,老板暗地里给你发了奖金,等等),最好不要拿出来向别人炫耀。不应与别人讨论收入,若你的收入比其他人高,对方心里可能会不舒服;若你发觉自己的收入比别人低,你会感到不满。

5. 不要议论他人是非

每个人都有自己的问题,都有局限性,因此千万不要在人前人后议论他人的是非,比如个人身体状况、财富、婚姻等,一旦这些话反馈回来,你就会失去同事的尊重,也会失去友谊,严重的还会导致纠纷和事故。

6. 不要抢风头

为什么同事之间关系搞不好,往往就是因为很多人喜欢抢风头,以为自己比别人都重要,因此就有了分别心,有了分别心就容易产生矛盾。因此,同事之间一定要以对方为核心,这样才能形成共赢局面。

另外,在和同事说话时,还要避免不经意的暗示语言,不该说的话千万不要说,例如:
(1) 在所有大学同学中,我找的工作最好。

(2) 在这里工作真是悲哀!
(3) 这是我的个性,任何人都无法改变!
(4) 我们的"头儿"说应该这么做,我才……
(5) 如果我到了你们这个年龄……你们在我这么大的时候……
(6) 这么多年,你们是怎么忍过来的?
(7) 真后悔,当初怎么会选了这里!
(8) 我的工作没有完成,其实有很多原因,第一,……
(9) 这些东西我在学校里全学过了。
(10) 我的工作环境很恶劣,大家素质高点就好了!
资料来源:作者根据公开资料整理。

思考·讨论·分析

在工作的过程中,你发现过下面这些现象吗?如果发现了,你该怎么办?
1. 周末同事们约好一起去郊游,却没有告诉你。
2. 办公室里的同事常在一起窃窃私语,但你一走近他们就什么也不说了。
3. 你的同事都在背后诋毁你,你却没发现自己有什么过错,上司还常常表扬你。
4. 同事常向你倾诉个人隐私和对上司的不满。

任务四 明确自己的沟通风格

工作任务:测试沟通风格

一共18道题,先准备纸笔把自己选择的答案写下来,再对照答案,看自己偏向哪种沟通风格。

1. 当我与他人说话时,我喜欢_____
   A. 一针见血　　　　　　　　B. 只告知我想要别人知道的部分
   C. 侃侃而谈　　　　　　　　D. 事无巨细,面面俱到

2. 有时我可能会_____
   A. 粗心　　　　　　　　　　B. 过快地做出决断
   C. 延迟不进行判断　　　　　D. 对事情的判断很主观

3. 我说话的内容的导向大部分为_____
   A. 友善性　　B. 精确性　　C. 合作性　　D. 结论性

4. 有时我被指责_____
   A. 过于假设性　　　　　　　B. 没有倾听他人谈话
   C. 拖延　　　　　　　　　　D. 多嘴

5. 当我与他人讨论时,他们_____
   A. 知道我渴望事实真相　　　B. 知道我不喜欢意外惊喜
   C. 知道我的立场　　　　　　D. 知道我的热忱

6. 我喜欢的沟通方式是_____
   A. 正面性的　　B. 逻辑性的　　C. 直接性的　　D. 冷静性的

7. 我倾向的沟通风格是_____
A. 启发性的   B. 乐观性的   C. 诚恳性的   D. 主控性的

8. 我不喜欢的谈话方式是_____
A. 制造压力   B. 不合作的   C. 不接受我的观点   D. 我无法控制场面的

9. 当我_____时,我感觉最好
A. 倾听他人说话   B. 遵照规定行事   C. 指挥他人   D. 顺畅及平静

10. 在与他人沟通时,我最大的弱点是_____
A. 要求细节   B. 反应太快
C. 渴望成为焦点人物   D. 说话前未做充分的准备

11. 大多数与我共事的人认为我是_____
A. 友善的   B. 谨慎的   C. 接受改变的   D. 诚恳的

12. 我最大的希望是_____
A. 与他人相处   B. 预留时间调整变化的环境
C. 被激励   D. 得到清楚的指示及评估

13. 沟通的基本观念是_____
A. 与他人合作   B. 从他人身上获得力量
C. 说服他人   D. 事事在控制之下

14. 当我与人面对面沟通时,我希望_____
A. 沟通尽量简短甚至不需要沟通   B. 夸大本意
C. 照本宣科   D. 长篇大论

15. 在什么样的环境下工作更能凸显我的作用_____
A. 自由的   B. 有工作伙伴的   C. 有组织性的   D. 愉快的

16. 给予我最大激励的谈话带给我的是_____
A. 挑战   B. 安慰   C. 友谊   D. 肯定

17. 当我四周的朋友遇到压力时,我告诉他们_____
A. 正面的信息   B. 如何面对压力
C. 根据情况而改变   D. 保持冷静

18. 与他人交谈时我最大的特点是_____
A. 有良知的   B. 外向的   C. 果断的   D. 愿意倾听他人

题目: 1 2 3 4 5 6 7 8 9 10 11 12 13 14 15 16 17 18
驾驭型:A A D B C C A C D B C D A A A B C
表现型:B D A D D A B C D D A A C B B A B
平易型:C B C C B D C B A C A D B A C D C D D
分析型:D C B A A B D A B A B C D C B C A

统计看看:
你选择哪种类型的题项最多,即你偏向于哪种类型的沟通风格?
资料来源:作者根据公开资料整理。

 **任务分析**

当今管理工作的发展要求管理者不仅要明确自己的沟通风格,更要有意识地采用不同的沟通风格。也就是说,管理者必须学会停下来思考在某一特定情境下应采用哪种沟通风格,同时还要明白为什么要选择这种风格,选定的方法应符合形势的要求。现在越来越多的人认识到一个重要的事实,即应在对待"人的问题"上足够重视、认真考虑。正如米开朗琪罗在雕塑大卫像之前,花了很长时间挑选大理石一样。因为他知道,他可以改变石头的外形,但无法改变石头本身的质地和纹理。沟通之前,你在了解对方的沟通风格的同时也要了解自己的沟通风格。也许,我们每个人都是雕塑师,只有了解了自己的沟通风格,才能更好地了解他人,与他人沟通。

知识解析

一、沟通风格的差异

在一个团队乃至整个组织中,个性和沟通风格对于团队合作和激励成员努力提升绩效至关重要。

根据人们在工作与生活中的个性特点,管理沟通主要涉及构成行为的两个基本要素,即控制性与敏感性。控制性与敏感性是一个人行为中最重要的两个因素,两者结合在一起,就确定了这个人的沟通风格。其中,控制性反映了个人的行为在他人眼中坚强有力与始终如一的程度,而敏感性则反映了个人在他人眼中显示个人情感或关心他人的程度。可以将控制性、敏感性程度不同的个体划分为如图10-2所示的四种类型的沟通风格。

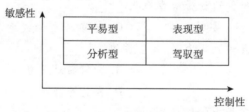

图 10-2 四种类型的沟通风格

驾驭型的人(老虎)的个性特点就是需要迅速做出抉择,他们必须尽快完成任务,要求在其领域内有很强的控制力、很高的权威,善于管理且主动积极,缺点就是缺乏耐心、反应迟钝。此类型的人反感优柔寡断,追求工作效率及支配地位,总是担心被驱动、被强迫,他们的动机就是获胜、成功。

表现型的人(孔雀)的个性特点是热情待人,热切表达自己的想法,容易吸引别人的注意。此类型的人的优点就是善于劝导、看重别人,缺点是缺乏条理、粗心大意。他们反感循规蹈矩,追求广受欢迎与得到喝彩,担心失去声望,他们的动机就是获得别人的认同。

平易型的人(无尾熊)的个性特点是恪尽职守、善于倾听,扮演调解和团结他人的角色,是平息一场风暴的最佳人选,但是往往过于敏感、缺乏主见。此类型的人反感感觉迟钝,追求被人接受、生活稳定,总是担心突然的变革,他们的动机就是团结及归属感。

分析型的人(猫头鹰)的个性特点是留意细节,思考深刻,擅长记录、作图、制表,以及分析别人弄不清的问题。他们做事讲求条理、善于分析,缺点就是过于苛刻和追求完美。此类型的人反感盲目行事,特别追求精细准确和一丝不苟。他们时常担心受到批评及遭到非议,动机就是要不断进步。

二、沟通风格的策略

当不同风格的管理者与员工相遇时,对应的沟通策略如表10-2所示。

表10-2 不同风格的管理者与员工的沟通策略

员工	管理者			
	驾驭型	表现型	平易型	分析型
驾驭型	确定沟通目标 提供心理空间	勿过于情绪化 显示出专业性	导入商业意识 制订严密计划	展示创意简报 让员工做决策
表现型	导入情感因素 放宽时间限制	导入规范程序 沟通是为绩效	提出独到见解 公开赞赏成就	忌讳过于冷漠 认同交友需要
平易型	加强个人关注 适度放慢速度	适度放慢节奏 专注关心关怀	需要坚定支持 适时软硬兼施	利用数理分析 协助达成目标
分析型	列出详细数据 研判决策期限	注重事实细节 善用权威力量	需要适度冷静 讲究数据事实	设立最后期限 勿太追求完美

研究表明,没有一种沟通风格在引导人们走向成功的过程中占据主导地位。也就是说,人们无须为自己的沟通风格感到担忧,任何一种沟通风格都有助于成功。人们需要做的就是了解每种沟通风格的优劣势,并识别沟通对象的沟通风格,然后扬长避短地与其进行沟通。进一步的研究发现,沟通风格与人们的个性、价值观、认知水平、文化背景、社会阶层等因素紧密相关,并且在长期的社会生活过程中沉淀为一种习惯性行为。

事实上,每一种沟通风格都有其潜在的动力,若要持续保持并不断发展,需要精心培育;反之,每一种沟通风格也有其潜在的阻力,若想获得成功,就必须减轻或消除这些阻力。实践表明,有效的做法是在沟通的过程中适度调整自己的沟通风格,向你的沟通对象靠拢。

小阅读:每一种沟通风格都是必不可少的

世界需要孔雀

他们会在你遇到麻烦时带来微笑,在你身心疲惫时让你放松。绝妙的主意令你卸下重负,幽默的话语使你心情舒畅。希望之星驱散愁云,热情和精力无穷无尽,创意和魅力为平凡涂上色彩,童真帮你摆脱困境。

想与孔雀一起快乐,需要表现出对他们个人有兴趣,对他们的观点和看法甚至梦想表示支持和理解。他们说话不会三思,因此需要你容忍他们的离经叛道。对他们展现出的新奇的行为要热情,还可以潇洒大方一些协助他们提升形象。细节琐事不要让他们过多参与,要懂得他们的善意。

世界需要猫头鹰

他们有洞悉人类心灵的敏锐目光,欣赏世界之美善的艺术品位,创作前无古人之惊世之作的才华。他们思维缜密,有始终如一的处事目标,只要事情值得做,必定有做好的决心。他们对任何事都有做得有条不紊、圆满成功的愿望。亚里士多德曾说:"所有天才都有猫头鹰的特点。"猫头鹰的信条是:质量比数量重要。

想与猫头鹰一起统筹,需要做事周到精细、准备充分,要知道他们敏感而容易受到伤害。要提出周到且有条不紊的办法,并具体践行诺言。要更细致、准确和理智地列出任何计划的长处和短处,务实,不要越轨,遵循规章制度。

世界需要老虎

当别人失去控制时,他们有坚定的控制力;当别人正在迷惘时,他们有决断力;他们的领导才能会带领我们走向美好。

在充满未知的前景下,他们仍愿意去把握每一个机会。面对嘲笑,他们会满怀信心地坚持真理。面对批评,他们仍会坚持自己的立场。当别人陷入迷茫时,他们会指明生活的航向。面对困难,他们必定顽强对抗,不胜不休。他们是天生的领袖。

想与老虎一起行动,需要讲究效率和积极务实,承认他们是天生的领导者,对他们表示支持,并从务实的角度坚持双向沟通;要训练有素、提高效率;方案分析要简洁明确,便于选择;要开门见山、直切主题;重结果与机会,不要拘泥于过程与形式。

世界需要无尾熊

他们总是稳定地保持原则,耐心地忍受惹事者,平静地聆听别人说话。他们天生的协调能力可以把相反的力量融合起来。他们为达到和平而不惜付出任何代价;他们有安慰受伤者的同情心;在周围所有人都惶恐不安时,他们仍能保持头脑冷静。他们秉持中庸之道,最接近中国传统文化"和为贵"的低调、随和、镇定、忍耐、乐天知命,具备行动力。

想与无尾熊一起轻松,需要使自己成为一个热心真诚的人,要懂得他们需要直接的推动,帮助他们订立目标并争取回报;迫使他们做决定;主动给予他们情感上的关注并促使他们做出决定;不要急于获得信任,有异议时,多角度、慢节奏地去谈,积极倾听并鼓励他们表达自己的想法。

资料来源:作者根据公开资料整理。

 互动话题:李开复与比尔·盖茨沟通的故事

几乎在所有人心目中,比尔·盖茨都是成功的典范,是神一样的商人。有很多人期待能与比尔·盖茨会晤,进行良好的沟通,以帮助自己的事业发展,但与此同时,也有更多的人,因为害怕在比尔·盖茨面前说话而错失机会。

李开复也曾经怀着期待又忐忑的心情进入微软。凭着自己的能力，他与公司任何同事沟通都没问题，可唯独到了比尔·盖茨面前，他每次都因为不敢开口说话或者害怕说错话而白白浪费了见面之后的交流机会。所以在进入微软很长一段时间里，李开复都没有与比尔·盖茨直接交谈过。

直到有一次，比尔·盖茨召开公司改组会议，要求到会的所有人都必须发言。此时，李开复再也不能回避说话了。当时，他心里想：管他呢，哪怕是说错话又怎么样，反正是一定要说的，干脆就放开胆子说好了。

轮到李开复发言时，他在心底给自己反复打气，然后鼓足了勇气，义无反顾地说："我们公司员工的智商普遍都会比其他公司高一些，但现实是，我们的效率却是最低的。这是因为我们每天都在忙着改组，员工内心总有不安全、不踏实的感觉。在其他公司，员工智商是相加的关系，唯有我们，却因为改组而不得不相互'斗争'，这让我们所有人的智商变成相减的关系……"

李开复滔滔不绝地说着，将自己的意见和想法全都讲了出来，整个会议室里安静无比。

会议一结束，李开复就收到了其他同事的电子邮件。同事们都说："你说得太好了！可惜，我没有胆量说出这些……"

结果，比尔·盖茨不但接受了李开复的意见，调整了公司的改组方案，而且还把他的话转述给公司高管层，并告诉大家："不断地改变只会让公司陷入'斗争'，造成公司员工智商的相减。"

资料来源：改编自《与沟通有关的例子》，https://www.qinxue365.com/kczx/308507.html（访问日期：2023年3月22日）。

思考·讨论·分析

正是经历了这一次"破釜沉舟"式的交流，李开复才突然明白，沟通对人太重要了。后来，他不但不惧怕在比尔·盖茨面前讲话，更不惧怕在其他任何人面前讲话。因为他明白，只有坚定自信的沟通，才能解决问题。他说："你没有试过，怎么知道不行呢？"

试分析案例中李开复是怎样实现成功的沟通的？李开复的沟通风格是什么？

任务五　了解员工的需求

工作任务：了解员工的真正需求

张浩怀着激动的心情走进了总经理办公室，兴致勃勃地向总经理讲起了自己的构想。但是讲了一会儿之后，张浩发现气氛有些冷，因为总经理好像并没有听他在说什么，他展开的图纸总经理似乎也没有看，而是靠在老板椅上闭目养神。张浩尴尬地收起总经理面前摊开的图纸，起身说了句"告辞"就往外走。

这时总经理才觉得有些不对劲，他连忙站起来，叫了几声"张浩"，但是张浩头也不回地离开了。在大家眼里，总经理是个关心、尊重员工的管理者，但是这次他的态度让张浩十分失望。

第二天，总经理打电话邀请张浩一起喝咖啡并想与他聊聊前一天的事。没想到，张浩见到总经理的第一句话就是："总经理，我已经买好了去上海的机票，谢谢您这几年对我的照顾。""啊！这是为什么？"总经理非常不解。看着总经理惊讶的表情，张浩顿了顿说："我离开的原因是因为您没有听我说话，在我展开图纸之前，我就对您说过我的这个设计很好，投入生产以后肯定能产生很好的效果，我为自己的设计感到非常骄傲。但是您似乎没有任何反应，就好像有没有我的这个设计对您来说都无所谓似的。我仔细想了想，觉得这样的公司不是我真正想要发展的平台。"

不久之后，张浩跳槽去了上海另外一家机械公司，并贡献出了自己的设计图纸，该设计经公司研究后被投入实际生产。产品上市后，广受欢迎，市场反响非常好，为公司带来了不少利润。而张浩之前的那家公司却因为他的新设计而使市场份额下降了不少，受到了强烈的冲击。

资料来源：改编自《善于倾听，了解下属的真正需求》，https://www.guayunfan.com/baike/279672.html(访问日期：2023 年 3 月 22 日)。

任务分析

这个故事虽然短小，却意味深长。一位优秀的管理者在与员工沟通时，首先要明确员工的需求是什么，是对工作环境的需求还是对工作本身的需求。只有了解员工内心的真实想法，才能激励员工，员工受到激励才会全力以赴。而满足员工的不同需求涉及管理者对员工心理的把握，同时也涉及管理艺术和技巧，其也是考核每一位组织管理者管理能力和领导艺术最基本的能力指数之一。

知识解析

一、需求的分类

从人类的行为中我们了解到，一位管理者唯有掌握员工的真正需求，才能激发员工的工作意愿。那么，员工的需求又包括哪些呢？

我们主要从对工作环境及对工作本身两方面的需求来考虑员工的需求，如表 10-3 所示。

表 10-3　员工的需求

对工作环境的需求	对工作本身的需求
• 希望有好的薪资 • 希望有职位保障 • 希望管理层对员工有诚意 • 希望有严明的纪律 • 希望管理者能了解他们的个人问题	• 希望能与公司共同成长 • 希望能做有趣的工作 • 希望他们的工作能得到赏识 • 希望他们对工作能产生成就感

工作环境包含薪资、职位、工作保障、工作场所的布置、公司政策、上司的督导、人际

关系等事项。对大部分员工而言,对工作环境的需求是较基础的需求,如果得不到满足,很容易造成士气下降,生产力降低。但是仅仅满足这些需求,也不足以激发出额外的生产力,因为员工喜欢这个环境,并不意味着就喜欢他的工作。

对工作本身的需求则是指工作带给个人的挑战感、责任感、成就感、成长的喜悦、受赞赏的喜悦,唯有具备这些因素才能激发出员工额外的生产力,而这些因素也正是马斯洛需求层次理论中受尊重及自我实现的需要。

小阅读:《亮剑》中李云龙的做法

在李云龙接手的独立团和日本关东军拼刺刀后,李云龙有了提高士兵身体素质的想法,并计划挑选身体素质好、枪法准的士兵组成加强排。他的做法也很简单,就是集结全团,让炊事班当着所有士兵的面杀了一头猪,炖了一大锅猪肉,并表示谁能打赢自己,谁就有肉吃。根据马斯洛需求层次理论,人第一层的需求就是物质需求。当时的军需补给都是靠自己争取的,伙食绝大部分是粗粮窝窝头,就这样也只是刚刚管饱,基本没有荤腥。如果能吃上猪肉,而且是刚出锅就放在面前的,吸引力不可谓不大。人的需求还包括第三层次的归属感和荣誉感,这锅猪肉代表的不仅仅是肉,按李云龙的话来说:"这肉是给有能耐的人吃的!"这句话让士兵们的荣誉感得到了最大限度的激发。仅凭一顿猪肉和一句话,李云龙就把整个部队参与竞赛的积极性调动起来了,甚至连他的警卫员都跃跃欲试,这种能力可不是人人都有的。

资料来源:作者根据公开资料整理。

二、员工最需要的是什么

员工到底最需要什么,每一位管理者都想知道答案。根据国外的一份研究报告的数据,似乎管理者的看法与员工自己的想法风马牛不相及,见表10-4。

表10-4 员工最需要什么

员工的需求	排序 管理者的看法	排序 员工自己的想法
希望有好的薪资	1	5
希望有职位保障	2	4
希望能与公司共同成长	3	7
希望能有良好的工作环境	4	9
希望能做有兴趣的工作	5	6
希望管理层对员工有诚意	6	8
希望有严明的纪律	7	10
希望他们的工作能得到赏识	8	1
希望管理者能了解他们的个人问题	9	3
希望他们对工作能产生成就感	10	2

这份研究报告的结论引发了诸多争议,但我们可以肯定的一点是,可以通过许多人性共通的特点来激励员工。

 小阅读:员工和管理者的不同理解

关于工资

员工:我没有迟到、没有早退,领导让我干的我都干了,我是如此辛苦!我也干了一年了,我应该涨工资!不然我就跳槽!

管理者:干的活还是这些活,水平还是这个水平,让我怎么给你涨工资?生意那么难做,也不见你多操一点心,如果你真能干,我能不给你涨工资吗?

关于公平

员工:这件事的起因是,某甲……我……所以我是对的,某甲是错的!

管理者:我就是希望有人把这活儿干了,你跟某甲谁对谁错对我一点意义也没有。

关于公司的未来

员工:领导就会画大饼,我消化不良!

管理者:我真心希望这个目标公司能达成,我怎么才能让他们和我一样努力?

关于同事关系

员工:有的人真可耻,就会在领导面前卖乖,活还不都是我干的!

管理者:我希望有人能勇于承担重任,只要完成了就好,是自己干还是协调组织别人干,这个不重要。能组织别人干说明此人有能力。

关于成长

员工:我已经是成熟员工了,为什么不给我相应的工资?我要跳槽!

管理者:人员成本太高了,我当年培养你花费的成本又怎么算?唉,现在的年轻人啊。

关于稳定

员工:我也想稳定,可是你看看你给我的这仨瓜俩枣的待遇,没有培训只知道往死里用人,小破公司风雨飘摇,我不能不替自己打算!

管理者:我希望人员稳定,现在的年轻人啊……

关于学习

员工:我要学英语,我要考证,我要读硕士,我要出国……

管理者:老师傅教你们,你们都没耐心学,这是要做什么啊……以前我们跟师傅学点东西难着呢,你们怎么不懂得珍惜?

关于发展

员工:工作绝对不是我的全部,我希望能够在五年内成为中层管理人员,我的理想是40岁退休!

管理者:现在的年轻人真是太浮躁了!

关于理解

员工:如果我当了领导我一定……

管理者:等你当了领导就知道我的难处了……
资料来源:作者根据公开资料整理。

员工都喜欢被人肯定自己在某些方面比别人优秀,而且员工通常会在这些方面加倍努力,以证实自己的优秀。每个员工都喜欢管理者赞扬其"绩效优异"。虽然有些员工或许会对公开的赞扬感到害羞,但如果他的工作绩效未获赞扬,他一定会感到失望。有关工作上的成长、发展以及更佳的绩效等,员工均希望自己是自我命运的主宰;因此,员工或许不一定希望成长,但会厌恶公司指派(与自己的能力相比)太简单的工作。员工喜欢回味自己的工作成果,也就是说,员工希望回味自我成就感。

如果一项职责含有正面的鼓励,员工会乐于承担这项职责;相反,如果一项职责只是增大了工作范畴,而且会使工作任务更为繁重,员工会厌恶这项职责。就员工的工作动机而言,诸如公司政策、工作条件、福利甚至薪资等事项对员工的影响均不会持久,而只有足以影响员工每天工作动机的事项,才是最重要的。例如,恶劣的工作条件是员工工作动机的障碍,可是即便恶劣的条件不存在,仍不足以激励员工。管理者的赞赏、地位的提高以及成就的获得等,对员工有迅速且强有力的影响,但尚不足以发挥持久的激励作用。责任及工作的本质虽不是强有力的影响因素,却可持续发挥激励作用。

员工都希望达到管理者的期望,如果管理者认为员工会失败,员工大概率会失败;如果管理者认为员工会成功,员工很可能会创造佳绩。

 互动话题:陈经理的"恩惠"

财务部陈经理结算了上个月部门的招待费,发现有一千多元没有用完。按照惯例,他会用这笔钱请手下的员工吃一顿,于是他走到休息室叫员工小马通知其他人晚上聚餐。快到休息室时,陈经理听到休息室里有人在交谈,他从门缝看过去,原来是小马和销售部员工小李两人在里面。

小李对小马说:"你们部门陈经理对你们很关心嘛,我看见他经常用招待费请你们吃饭。"

"得了吧,"小马不屑地说道,"他就这么点本事来笼络人心,遇到我们真正需要他关心、帮助的事情,他没一件办成的。就拿上次公司办培训班的事来说吧,谁都知道如果能参加这个培训班,工作能力一定会得到很大提高,升职的机会也会大大增加。我们部门几个人都很想去,但陈经理却一点都没察觉到,也没积极为我们争取,结果让别的部门抢了先。我真的怀疑他有没有真正关心过我们。"

"别不高兴了,"小李说,"走,吃饭去吧。"

陈经理只好满腹委屈地躲进了自己的办公室。

资料来源:改编自《如何与下属沟通案例》,http://www.xuexila.com/koucai/shejiao/2069222.html(访问日期:2023年3月22日)。

思考·讨论·分析

试从员工需求的角度分析,陈经理的"小恩小惠"为什么反而受到员工的抱怨?

任务六 选择与员工的沟通策略

工作任务：分析沟通失败的原因

今年，小王刚刚从某知名大学人力资源管理专业毕业，步入社会。他觉得自己已经掌握了人力资源管理的专业知识，并且学生会的工作也让他在与人沟通方面得到了历练，此时正是他施展拳脚、大展宏图的时候，他憧憬着未来，向各心仪的公司投递了个人简历。不久之后，他看上了一家正处于发展壮大期的公司，该公司的人力资源管理工作即将由原来的粗犷管理向专业化管理转变，小王觉得可以在此发挥自己的强项，实现自己的价值。

但是入职后不久，小王就发现了问题。该公司是典型的作坊型公司，裙带关系十分严重，虽然目前在逐步壮大，但是很多工作也因此开展得比较缓慢、效率低下，小王觉得长此以往肯定会影响公司的发展，他要想办法解决这个问题。因此小王直接找到了他的直属领导张总。

"张总，我来公司工作时间也不短了，我有一些想法想跟您谈谈，您有时间吗？"小王走到张总的办公桌前说。

"小王啊，我最近也正要跟你谈谈你入职后的工作情况，最近太忙一直没抽出身。"

"张总，咱们公司目前正处在发展壮大的关键时期，要想让公司保持现在的发展势头，必须在管理上下大功夫。一个月来，据我对公司的了解，我认为公司在管理上存在一些问题，比如：各部门职责不清，经常相互推诿扯皮；职工之间同工不同酬，导致员工内驱力低下；职工在公司的职业发展方向不明确；等等。"小王按照自己的提纲向张总汇报。

张总听完脸色悄然发生了变化，说："公司确实存在你说的这些问题，但是公司目前的发展都是建立在这些基础之上的，而且公司的利润逐年增长，发展态势很好，你要明白存在即合理。"

"但是现在不代表未来，公司以后如果想保持高速增长状态，势必要在管理上下功夫，很多公司最后都会因为管理跟不上而逐渐被同业淘汰。"

"那你有可行的方案吗？"

"暂时还没有，这只是我的想法，如果能得到您的支持，我会尽快拿出方案的。"

"那你先回去做方案吧，有时间我再答复你。"张总说完继续忙起了自己的工作。

小王觉得张总就是在敷衍自己，根本没有重视自己的建议。后来，这件事果然随着时间的推移不了了之。小王感到困惑，他不知道自己应该择时继续和张总沟通，还是彻底放弃换一份工作。

资料来源：作者根据公开资料整理。

思考：
张总和小王沟通失败的原因是什么？

任务分析

很明显,张总需要小王拿出方案再具体谈一下可行性及实施方法,却被小王认为领导不重视新员工的建议,因此产生了不满,影响了心情,甚至有辞职跳槽的想法。上级可以通过选择与下属的沟通策略,在适当的时机选择合适的沟通方式,充分发挥激励的作用,达到最终的目的。

一位成功的老板这样说过:"我的员工的确在适应我,但我为了适应他们而做出的努力要多得多。"松下幸之助被称为日本的"经营之神",在他的管理理念里,倾听和沟通占有重要的地位。他经常询问员工:"说说看,你对这件事是怎么考虑的?"他还经常到工厂里去,一方面便于发现问题,另一方面有利于听取工人的意见和建议。通用电气前董事长兼 CEO 杰克·韦尔奇也是沟通理论的忠实执行者,为了充分了解员工的看法,他喜欢进行"深潜"。可见,掌握与员工沟通的技巧和艺术,对管理者来说无疑具有重要意义。

知识解析

一、与员工沟通中存在的障碍

(一)对下行沟通不重视,缺乏反馈

管理者平时往往注重如何与上级领导沟通,而忽视了与员工的沟通。管理者为了取得上级领导的重视与信任,会非常用心地去设计沟通的策略和技巧,但往往忽略了与员工沟通的策略和技巧。在现实情况下,管理者往往采用单向的、由上而下命令式的沟通方式,习惯于发号施令,员工则无条件执行,很少进行反馈。除非工作中出现了问题,或者任务完成后需要管理者总结,否则,很多管理者是不会主动去了解员工的需求以及任务完成情况的。现实生活中,类似"鸭子只有一条腿"的故事之所以时有发生,就是因为管理者平时不关注与员工的沟通,也不关注员工的心理状态。

小阅读:鸭子只有一条腿

有个很有名的厨师,他的拿手好菜是烤鸭,深受顾客喜爱。可是他的老板从来不给他任何鼓励,这使得他整天闷闷不乐。

有一次,老板有贵客来访,在家设宴招待贵宾,便招呼厨师露一手。酒席上,老板夹了一条鸭腿给客人后,却怎么也找不到另一条腿了,便问厨师:"另一条鸭腿哪里去了?"

厨师说:"老板,你们家里养的鸭子都只有一条腿!"

老板很诧异,却也没有多说什么。

饭后,老板跟着厨师到鸭笼那里看个究竟。时值夜晚,鸭子们正在睡觉,每只鸭子都只露出了一条腿。

厨师指着鸭子说:"老板,你看,你们家的鸭子是不是都只有一条腿?"

老板举手拍掌,吵醒了鸭子,鸭子被惊醒后,都站了起来。

老板说:"鸭子不全是两条腿的吗?"

厨师说:"对!不过,只有鼓掌拍手,鸭子才有两条腿啊!"

资料来源:作者根据公开资料整理。

(二)上下级之间信息不对称

信息不对称最主要的表现是信息封锁和信息失真。信息封锁主要表现为管理者不愿意向员工传递信息,他们会认为"向下级讲这些东西没用,因为下级是不会关心公司的事情的",或者"信息就是权力,封锁这些信息就等于掌握了自己所处的地位",或者"客观上不应该把信息传递给员工"等。信息失真主要是由于信息沟通渠道的多层次性,以及沟通双方立场、价值观、经历和地位等的差异性。此外,作为沟通途径的信息传输渠道会在某种程度上受到其他因素的干扰,导致信息失真。这种影响可能来自信息的发送者或传输者,也可能来自沟通媒介和渠道。

(三)具体沟通方式、方法不恰当

可以从三个层面来看待管理者与员工沟通的方式、方法:

一是向员工传达指令的方式有问题。不少管理者经常用直接命令的方式要求员工做好这个、完成那个,也许部门运转看起来非常有效率,但是这种直接命令的方式剥夺了员工自我支配的权力,压抑了员工的创造性思维和积极负责的心理,同时也让员工失去了参与决策的机会。

二是管理者对员工的赞扬方式不恰当。具体表现为:管理者往往很吝惜自己的赞扬,不愿意表扬员工,以为表扬了别人就等于失去了什么;平时没有关注员工的优点,或者关注了却没有表达出来;言而无实的表扬让员工没有感觉到表扬者的真诚,笼统地说"你很棒""你表现得很不错",没有结合具体问题,削弱了表扬的力度。

三是没有有效地运用批评的艺术。有些管理者从不当面指责员工,因为他们不知道如何处理指责员工后他们彼此之间的关系,因此造成员工的不当行为一直没有得到纠正。而有些管理者指责员工后,不但没有达到改善员工行为的目的,反而使员工产生了更多的不满。事实上,之所以会造成这样的后果,恐怕还在于管理者在批评员工时缺乏技巧。

二、与员工沟通的策略

(一)根据员工的"能力—意愿"特征选择沟通策略

完成任务的条件叫作能力,愿意投入工作的态度叫作意愿。按照能力和意愿的差异,可以把员工分为高能力低意愿、高能力高意愿、低能力高意愿和低能力低意愿四种类型。与员工沟通的过程中,准确识别员工的"能力—意愿"特征,采取有针对性的沟通策略,有助于提高沟通效率。

对于高能力高意愿的员工,沟通过程中不要过多指导或干涉,员工会尽自己的努力去解决问题,只要授权给他就可以了。对于高能力低意愿的员工(主要是老员工),可以和他一起规划其职业生涯,给予充分激励,时刻关注对方的工作积极性,既要关注结果,也要关注过程。对于低能力低意愿的员工,只要告诉他要干什么、不要干什么,告诉他应该每天按时上班、按时下班,以及如果没有完成好工作就要扣工资、扣奖金就可以了。对于低能力高意愿的员工,要关注对方工作的过程,采用事先指导、事中询问、事后检查的方式,尽量多提供一些指导。

 互动话题:李三的问题所在

李三来公司两年了,经理交代什么事情他就去做,没有出过什么问题,但也只是按部就班地完成而已。与自身职责相关度较低的事情,他总是表现得不那么积极,只是听从别人的意见。一天,经理让李三负责一个部件开发项目的前期准备工作,要求他在三天之内与供应商联系,并安排下周的会谈。李三联系了几次都没有找到供应商,就把这件事放下了。三天之后,经理询问事情的进展,才发现李三还未安排好下周的会谈。经理赶忙亲自联系,才没有延误会谈。除此之外,创造性的工作李三也不想多做,甚至连做的能力也没有。对此,经理感到很头疼。

资料来源:作者根据公开资料整理。

问题

李三属于哪种类型的员工?如果你是经理,该怎样与李三进行沟通?

(二)主动有效地与员工沟通

管理者之所以主动与员工沟通,是因为一方面组织的上层管理者是组织各种政策、信息的发送者,另一方面,组织的沟通网络无论怎样建立,管理者都是重要的沟通中枢,对各种下行信息、反馈信息进行加工处理和再传送。在一个组织中,上下级之间的垂直沟通往往很重要但又比较容易受干扰。因此,管理者从自己管理的组织中获得比较有效的信息,恰当地整理和反馈后,传达给员工准确的反馈信息,并做出有效激励,是其管理好员工的关键。

特别要强调的是,主动与员工沟通时要注意了解员工的需求,以达到良好的沟通效果。管理者在主动与员工沟通的过程中,要了解员工的内部需求特点,并通过一定的方法满足这种需求,以达到员工满意并激励其努力工作的效果。因为沟通本身就是一种激励手段,使员工在沟通过程中体会到备受尊重的感觉,满足了其社交、受到尊重和自我实现的需求。

小阅读:尊重激励法

作为管理者,对于自己的员工,如果能够处处以礼相待,就能够充分调动员工的积极性。孟子曰:"君之视臣如土芥,则臣视君如寇仇。"《论语》中有一段鲁国君主定公与孔子的对话。定公问:"身为君主的我,如何对待臣下呢?臣又如何事君呢?"孔子称:"君以礼仪待臣下,臣下事君尽忠诚,如此而已!"

人人都有受尊重的需求。礼遇部下,可收到比投资项目珍贵许多的回报。刘邦被困巴蜀之时,筑台拜将,极大地满足了韩信的自尊心。后来终于在韩信的辅助下,杀出蜀中,夺取天下。孔明能为刘备和阿斗鞠躬尽瘁,死而后已,正是报刘备屈尊枉驾,三顾茅庐的知遇之恩吧。

因此,作为管理者,应该尊重你的员工,让他感觉到他在公司中是有所作为的,是能得到上司肯定的,如果你这样做了,那么他就会回报给你更多的东西。尊重激励法就是这样一种人性化、有效的激励方法。

资料来源:作者根据公开资料整理。

(三) 运用赞扬与批评的技巧

1. 赞扬的技巧

作为一种沟通技巧,赞扬员工也不是随意说几句好听的话就可以奏效的。赞扬员工时有一些技巧及注意事项:

赞扬的态度要真诚　在赞扬员工时,如果只是蜻蜓点水式地稍加赞美,员工可能会认为只是客套话;而对具体某一件事的赞扬,则能提高可信度,让员工觉得你是真心实意地赞扬他。

赞扬的内容要具体　赞扬要依据具体的事实,自始至终委婉、诚恳。例如,"你处理这次客户投诉的态度非常好,你的做法正是我们期望员工做到的标准典范"。

注意赞扬的场合　在众人面前赞扬员工,对被赞扬的员工而言受到的鼓励当然是最大的,这确实是赞扬员工的一种好方式;但如果被赞扬的员工的表现得不到大家的认同,其他员工难免就会产生不满情绪,因此,公开赞扬的最好是能被大家认同及公正评价的人。

适当运用间接赞扬的技巧　所谓间接赞扬,就是借第三方的话来赞扬对方,这样往往比直接赞扬对方的效果要好,比如,"前两天我和刘总经理谈起你,他很欣赏你接待客户的方法,你对客户的热心与细致值得大家学习。好好努力,别辜负他对你的期望"。间接赞扬的另一种方式就是在当事人不在场时赞扬,这种方式有时比当面赞扬所起的作用更大。一般来说,背后的赞扬都能传达给本人,这除了能起到赞扬的激励作用,还能让被赞扬者感到你对他的称赞是诚挚的,因此更能增强赞扬的效果。

2. 批评的技巧

除了赞扬员工要注意技巧,批评员工也有讲究。高水平的批评,不仅有助于纠正员工的错误行为,而且能建立良好的人际关系,甚至批评有时也会成为最有效的激励。下面是一些批评员工时的技巧与注意事项:

要尊重客观事实　批评他人一定要客观具体,就事论事,我们批评他人并不是批评对方本人,而是批评他的错误行为,千万不要把对员工错误行为的批评扩大到对员工本人的批评上。

批评时不要伤害员工的自尊与自信　我们在针对不同的人采取不同的批评技巧时

要注意一个原则:批评别人但不损对方的面子,不伤对方的自尊。如用这样的批评方式:"我以前也犯过这种错……""每个人都有处于低潮的时候,重要的是如何缩短处于低潮的时间。"

友好地结束批评 每次批评都应尽量在友好的氛围中结束。在会见结束时,应该对对方表示鼓励,并提出充满感情的希望,比如说"我想你以后会做得更好"或者"我相信你",同时报以微笑。

选择适当的场所 不要当着众人的面指责对方,提出意见或批评最好选在单独的场合,如独立的办公室、安静的会议室、餐后的休息室或者楼下的咖啡厅。

小阅读:冷主任和牛经理的积怨

冷主任——公司大客户中心主任,男,36岁,工作认真,性格内向。

牛经理——公司大客户中心资深客户经理,男,38岁,业务能力强,脾气倔强。

中午快下班的时候,公司老板打电话向冷主任布置了一项紧急任务,并特别强调一定要在中午两点以前办好。于是,冷主任拦住了正收拾东西,准备去吃午饭的牛经理,请他把吃午饭的时间变动一下,要么在工位上吃一份盒饭,要么推迟一会儿再回家吃饭,以便把这项加急任务突击出来。其实,这项工作并不复杂,冷主任知道,这件事对于牛经理这样一个业务熟练的老手来说,根本不费吹灰之力,只不过需要一点时间而已。可是牛经理表现出了明显的不情愿。他说:"对不起,我还要到银行去一下。而且,我还要趁午休时间干点私事,恐怕不能遵命。"冷主任非常不满地说:"你怎么总是这样,每次让你干点活,你就有事。你的事可以挪到下午办嘛。""午休是所有职工都应享有的权利,你无权占用。"牛经理也气冲冲地顶了回去,两人就这样争执了起来。

其实,冷主任和牛经理的矛盾由来已久。两年前大客户中心的前任主任调离,有小道消息传来,说牛经理是新任主任的候选人,他也认为凭自己的业务能力和工作经验当之无愧。但是公司管理层却从别的部门调来了这个姓冷的当主任。冷主任对中心的业务不算了解,性格也不像前任主任那样热情开朗,总是冷冰冰地、一本正经、严肃认真,从来不开玩笑,也不善于跟部门里的人来往,一副公事公办的样子。牛经理觉得冷主任一点也不喜欢他,他推测冷主任多半是提防着他这样一个经验丰富的人。而冷主任觉得牛经理没有当上主任,因此会对他充满敌意;像牛经理这样一个业务能力强的人准会讨厌一个外行来领导自己。前段时间发生的一件事,更加深了他们之间的猜疑和隔阂。事情是这样的,牛经理突然得了流行性感冒,高烧不退,病得不轻,遵医嘱病休在家。他休息的第四天,接到冷主任的电话,问他病好了没有,能不能尽快回来上班,因为人手不够,工作都积压起来了。牛经理回答说,他的病还没好,还在发烧,医生给他开了一周的病假,还需要休息几天才能上班。碰巧第五天天气特别好,牛经理感到自己的病好了不少,想出去活动活动,就骑上自行车,去超市买点东西。超市距他家只不过十分钟的路程。可是,就在他买好东西要离开的时候,一抬头看见冷主任正走过来。他敢肯定,冷主任也看见了他。下一周他回到公司上班时,觉得应该向冷主任解释一下。"冷主任,上周我去买东西,是……"牛经理结结巴巴地开口了,但一看到冷主任冷若冰霜的脸,就不知道该不该说下去了。"好了,不用说了,我都知道。病好了就上班吧。"冷主任不等他说完就走开了。牛经理不知道冷主任都知道了些什么,反正他知道冷主任是不会相信他的。

又过了几周,大客户中心需要提拔一个业务能力强的副主任。牛经理认定自己完全可以胜任这个职位。于是,他向冷主任提出了申请,但对方告诉他:"你还需要提升自己,这个岗位除了能够体现一个人的工作能力,也能够体现一个人的责任感。你的确是中心最懂业务的人之一,但这个岗位要求个人具有高度的责任心,而你工作了这么久,在这方面表现得太一般了。"大客户中心的人都为牛经理打抱不平,让他去找老板理论,不能就此罢休。牛经理生性倔强,因为自己的要求被置之不理,感到非常丢人,就什么也不想说了。相反,他只希望冷主任在这里待不长,否则,他就会要求调离,反正他是不能与冷主任共事了。

现在冷主任要求他午饭时间加班,他就存心与冷主任过不去了。他在想,既然你说我没有责任心,那我就真的表现给你看,看你到底能把我怎么样。冷主任也非常生气,他想,上次拒绝牛经理晋升为副主任的请求是做对了,牛经理这个人也太不负责任了,出勤记录一向平平,又不服从工作安排,这样的人怎么能够得到晋升呢?

此后,这两人的关系越来越僵。

资料来源:作者根据公开资料整理。

思考·讨论·分析

1. 冷主任与牛经理之间有过沟通吗?造成两人隔阂的原因有哪些?
2. 你认为冷主任应如何利用上任之初这个时机与包括牛经理在内的员工进行有效沟通?
3. 面对目前的僵局,冷主任该怎么办?
4. 你有何感想并获得了哪些启发?

项目小结

1. 对沟通客体的具体分析,关键在于充分掌握管理者的背景。分析他们各自的心理特征、价值观、思维方式、管理风格、偏好和知识背景(包括学历和文化层次、专业背景)等。

2. 对于自身地位和特点的认知,在与上级的沟通中非常重要。对自我的认知,重点在于分析三个问题:"我是谁"和"我在什么地方";自身的可信度;对问题看法的客观程度。

3. 在沟通渠道的选择上,能够做到审时度势;在沟通信息策略的分析中,关键在于要站在管理者和组织的立场上来分析问题;在沟通环境策略的制定上,应选择合适的时机、合适的场合,以咨询的方式提出,如以"表面上的不刻意,实际上的精心准备"为策略。

4. 根据不同管理者思考过程的结构化程度差别、过程和结果之间的优先级不同(目标导向)、注意力视角的不同和沟通速度的快慢四个维度,可以把不同个体管理者的风格分为四种类型:整合型、创新型、实干型和官僚型。了解了不同管理者的特征,就可以采取相应的策略以实现与不同管理者的有效沟通。

5. 同事间有效沟通的原则有:君子之交淡如水;高调做事,低调做人;闲谈莫论人非;敢于承担;赞美是惠人悦己的"开心果";学会宽容;帮人即帮己;换位思考。

6. 与员工沟通中存在的障碍主要包括以下几种:对下行沟通不重视,缺乏反馈;上下级之间信息不对称;具体沟通方式、方法不恰当。

7. 与员工沟通的策略有:根据员工的"能力—意愿"特征选择沟通策略;主动有效地与员工沟通;运用赞扬与批评的技巧。

项目十一　与组织"融合"

知识目标

1. 了解沟通是怎样影响工作绩效的。
2. 了解如何改进团队工作。
3. 了解如何管理冲突。
4. 了解谈判中的沟通,并建立谈判思维。
5. 了解怎样组织会议沟通。
6. 了解突发事件沟通的概念。
7. 了解客户服务以及客户服务沟通的基本内容。

能力目标

1. 把握激励沟通的原则,熟悉激励沟通模式,并能合理匹配。
2. 能够识别团队的发展阶段,并能进行有效管理。
3. 熟悉冲突的过程,掌握解决冲突的技术方法。
4. 熟悉谈判策略,掌握谈判的技巧。
5. 能够进行会议沟通,掌握必备的开会技巧。
6. 掌握突发事件发生时的沟通原则。
7. 灵活运用突发事件沟通技巧。
8. 掌握基本客户服务沟通的技巧。

思政目标

1. 领悟中国古代道家文化之共赢思想。
2. 弘扬以人为本的核心价值观,培养文明和谐、共赢发展的思维方式。
3. 培养诚实守信的服务意识及服务精神。

引例

百安居的沟通式管理

百安居(B&Q)曾是欧洲最大、世界第三大的仓储式家居装饰建材连锁超市,曾获"英国最佳雇主"称号。百安居认为管理重在沟通,并通过各种渠道倾听员工的心声,员工的想法和建议充分受到尊重。

百安居的沟通传统强调上下级之间的双向沟通和一对一沟通,员工遇到问题可以直接找上级反映,不存在戒备森严的等级制度。

百安居还制定了完善的沟通反馈制度。例如,每月召开一次的"草根会议",实际上是各家分店和总部的各个部门一起定期召开的基层会议。任何一名员工都可以在会议上提出问题和建议,而公司高层领导都很重视这种倾听员工心声的机会,他们会分别参加各个会议,面对面地了解员工的想法,并与其公开对话。对于会上提出的问题,管理层和相关部门会制订行动计划,然后跟进解决,并在下一次会议上向员工通报相应的情况。如果员工觉得有些问题当面谈比较尴尬,或者离总部比较远,不方便专门前往,那么可以选择发电子邮件到专门的电子邮箱或者打电话。百安居设立了一个对员工免费的24小时录音电话,叫作 Easy Talk,员工可以向总裁或总经理反映任何问题。Easy Talk 每天由专人接听整理,然后汇报给高层领导,并及时对来电做出反馈。另外,百安居还通过员工调查的形式了解他们的真实想法。

资料来源:改编自杨英编著,《管理沟通》,北京:北京大学出版社,2020年。

从百安居的沟通式管理可以看出,有效沟通不仅能提高工作效率,提升工作绩效,还能使组织决策更加科学合理。在公司的经营管理过程中,无论是激励员工、建设团队、召开会议,还是谈判、解决冲突,抑或是应对突发事件、与客户交流,如果能做好沟通,与组织充分"融合",那么,对促进组织目标的达成将起到积极的作用。

任务一　激励沟通

工作任务:明确激励方式

在高度竞争的知识经济时代,员工激励是公司管理的核心要素和永恒主题。2021年《财富》世界500强榜单中,华为排名第44位,是中国排名最高的民营公司。目前华为约有19.5万名员工,业务遍及170多个国家和地区,服务全球30多亿用户。

华为的崛起除了与国家经济社会发展的形势有关,也与其人力资源管理,特别是员工激励的作用密不可分。

华为提供优于行业平均水平的薪酬待遇,并且还执行每年平均超过10%的工资薪酬提升。特别值得一提的就是华为股权激励的实施。华为的创始人任正非仅仅持有公司1.4%的股权,其余股权由8.4万名华为员工持有。员工与华为之间的关系由简单的雇佣关系变为合作伙伴关系,华为的效益与每一名员工的薪酬都密切相关。据报道,华为用于支付员工工资和奖金的数额约占其当年收入额的23.6%,而同行业的平均水平仅为12%。

华为技术研发工程师的人数占其员工的1/2。华为坚持将不低于年收入10%的资金用于高精尖领域的研发。同时,为了避免研发失败打压工程师的研发热情和研发创造力,华为规定,用于基础科学研究的30%的研发投入中,允许有50%的失败率,也就是说,在研发项目论证中,只要有一半的机会是可以成功的,这一项目就可以继续开展下去。

此外，在精神激励方面，华为各种各样的奖励可谓琳琅满目，由荣誉部门专门对员工进行考核、评奖。

作为一家民族公司，华为很好地吸收了中国传统文化的精华，同时积极借鉴国外著名公司的现代管理经验，在结合华为企业家创业思维的基础上形成了华为自身的管理理念、管理思想和管理文化。华为的核心文化有两种，一种是作为华为文化之魂的"狼"文化，其核心是互助、团结协作、集体奋斗，这是华为文化之魂。另一种是"家"文化，即营造家的氛围，华为一直强调公司就是家的理念，让员工感觉自己是在为家服务。华为成立了各种俱乐部，旨在丰富员工的生活，提升员工的生活品质。俱乐部为华为员工提供了互相交流的机会，有利于形成和谐的同事关系，满足了员工的社会需求和归属需求。

资料来源：作者根据公开资料整理。

思考：
华为从哪些方面对员工进行激励？你认为哪种激励是有效的？

任务分析

我们知道，管理涉及各个部门、各个层级之间的沟通，华为通过不断寻找员工的需求，了解员工对公司的意见，让员工知道公司正在进行哪些活动，并让他们参与管理决策活动。这实质上就是激励。激励是一种特殊类型的沟通，通常发生在组织内部，并与组织目标相关。然而，人们的动机具有多样性和复杂性，而激励是内在的，因此并不存在什么最好的方法。真正的激励取决于管理者营造的氛围。

华为正是致力于营造这种氛围，满足了员工多个层面的需求，实现有效激励，从而促进其工作绩效的提升。

员工持股满足了员工的生理需求和安全需求，体面工作和可观的经济收入保证了员工社会需求的满足，宽松的科学研究工作环境保证了尊重需求的满足，"狼"文化的理念和"家"氛围的营造有利于员工自我实现需求的最大化满足。

 知识链接：马斯洛需求层次理论

马斯洛需求层次理论把人的需求分成生理需求（Physiological Needs）、安全需求（Safety Needs）、爱与归属需求（Love and Belongingness Needs）、尊重需求（Esteem Needs）和自我实现需求（Self-actualization Needs）五类，依次由较低层次到较高层次排列（如图11-1所示）。在自我实现需求之后，还有超越需求（Transcendence Needs），但通常不作为马斯洛需求层次理论中必要的层次，大多数情况下超越需求包含在自我实现需求当中。

通俗的理解：假如一个人同时缺乏食物、安全、爱与归属和尊重，他对食物的需求通常是最强烈的，其他需求则显得不那么重要。此时人的意识几乎全被饥饿占据，所有能量都被用来获取食物。在这种极端情况下，人生的全部意义就是生存，其他任何事都不重要。只有当人从生理需求的控制下被解放出来时，才可能出现更高级的、社会化程度更高的需求。

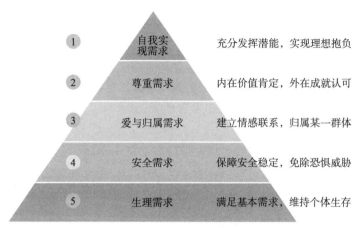

图 11-1 马斯洛需求层次理论

资料来源:作者根据公开资料整理。

 知识解析

一、有效激励

有效激励是指某一组织实施的能够达到预期效果,有效提升员工队伍凝聚力、向心力和整体战斗力的激励行为。员工激励的目标必须和公司的发展战略紧密联系,激励员工的动机就是要设法使员工看到自己的需求与公司目标之间的联系,使他们处于一种被驱动的状态。他们在这种状态的驱动下所付出的努力不仅能满足其个人需求,同时也通过完成一定的工作绩效而达成公司目标。

小阅读:因人而异的激励

某团队的管理者吉姆采取了许多激发团队成员工作动力的方法,他使用过口头赞扬、颁发奖状、为团队成员提供更多的休息时间、举行比萨派对等方法,甚至用现金作为奖励。虽然吉姆煞费苦心,但是团队成员们并不买他的账,并没有因为他的奖励而增强工作动力。为什么会这样呢?因为他犯了激励管理中的一个通病:没有因人而异地激发团队成员的动力。

最后,吉姆不得不与团队的所有四名成员面对面地沟通,询问每名团队成员希望从工作中获得什么。他非常认真仔细地调查研究,最后确定了每名团队成员在工作中的动力源泉。

他与四名团队成员沟通交流后,得到了三种答案。

一名团队成员希望自己在工作中不断地提高服务水平,成为服务水平最高的员工,这是她辛勤工作的最大动力;另外两名团队成员说,如果有自主决定工作方式的权力,他们才会感觉到自己在工作中的地位与作用;最后一名团队成员不仅喜欢自己从事的工作,还喜欢与工作有关的社交活动。吉姆在收集了各种信息后,就对症下药地针对不同的团队成员制订不同的激励计划,采取不同的激励手段。现在,他所领导的团队具有非常强的工作动力。

资料来源:改编自朱世杰编著,《向华为学团队管理》,北京:中国电影出版社,2018年。

即便是同一名员工,在不同的时间或环境下,也会有不同的需求。也许这段时间他意志消沉,需要得到别人的认可,那么作为管理者,就要不失时机地对他加以表扬,使他获得工作上被认可的喜悦。

了解需求是应用马斯洛需求层次理论进行激励的一个重要前提。不同的组织、不同时期的员工以及组织中不同员工的需求充满差异性,而且经常变化。因此,管理者应该经常性地用各种方式进行调研,弄清员工未得到满足的需求是什么,然后有针对性地进行激励。

二、激励沟通原则

1. 要了解沟通客体的需求

激励,要因人而异。由于不同的人有不同的需求,因此相同的激励政策起到的激励效果也会不尽相同。激励取决于内因,是人的主观感受,因此,在进行激励时,首先要清楚每个人的需求,然后再制定激励政策,满足其需求。

小阅读:李开复的"午餐会"沟通法

李开复曾经担任微软全球副总裁,管理着一个拥有600名员工的部门。他选择了"午餐会"沟通法:每周选出10名员工,与他们共进午餐。在用餐时,他会详细了解每个人的姓名、履历、工作情况以及他们对部门工作的建议。

另外,他还会要求每个人说出自己在工作中遇到的最令人兴奋的一件事情和最苦恼的一件事情。午餐后李开复会立即发一封电子邮件给大家,总结"我听到了什么""哪些是我现在就可以解决的问题""何时可以看到成效"等。

资料来源:改编自杨英编著,《管理沟通》,北京:北京大学出版社,2020年。

2. 要明确沟通客体的类型

由于每个人的个性特点不一样,因此管理者一定要做到因人而异地进行沟通。对于不同类型的人应当采用不同的沟通方式,具体如图11-2所示,图中通过二维坐标对人的沟通风格和思维方式分别进行了划分。

沟通风格可划分为四种类型。第一种是主动式风格,又可称为攻击型的沟通风格,这种风格的沟通者在处理人际关系时喜欢采取主动和外显型方式,以表明自己的控制地位。第二种是被动式风格,这种类型的沟通者更多属于依从状态,在任何时候都不喜欢做领导者,表现出一种依赖性,性格比较稳重,自己的想法不太愿意公开表达出来。第三种是从主动到被动连续过程的一种风格,但以被动为主。在大部分情况下,这种风格的沟通者都是一种依从的状态,而有时又会表现出主动攻击的行为。例如,平常对待员工很温和,但有时也会横眉怒目。第四种是富于表达式风格,这种风格的沟通者相对而言更懂得怎样去沟通,懂得因地制宜地表达自己的想法,明白何时主动、何时依从,很容易相处和共事。

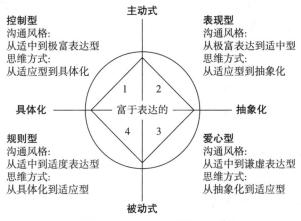

图 11-2 因人而异的沟通风格

思维方式可以分为两种:一种是具体化的思维,一种是抽象化的思维。具体化的思维是指人在思考问题时会具体到目标;而抽象化的思维则是跳跃式的,不一定落实到某个具体目标上去。

小阅读:思维方式

具有抽象思维和具体思维的人的语言表达方式有很大的区别。某一办公室有两个职员 A 和 B,A 一直工作到中午十二点左右,不知道外面的天气怎样。这时 B 从外面回来,A 就问他外面的天气怎样,因为早上外面在下雨,这会儿到午饭时间了,自己要出去的话不知道是否需要带伞,就想着问 B 一下。由此可以看出 A 是个具有具体思维的人,他就只想知道是否下雨了这个简单的答案。而刚进来的 B 是一个具有抽象思维的人,本来很简单的问题,他却答道:"天晴了。真是奇怪,今天早上来上班时还下着好大的雨,衣服都被淋湿了,怎么突然天就晴了,太阳还出来了,一片晴空万里。这么蓝的天,在北京好久没见了。去年我到夏威夷旅游时的天气就是这样的。"接下来 B 就把自己去夏威夷的事情讲了一遍,最后又问道:"你去过夏威夷吗?"还想和 A 再聊聊。而 A 其实已经知道了答案,所以就用简单的一句话应付了:"没有。"A 说完就准备往外走,B 却又说道:"夏威夷挺好的,你应该去看看。"他就这样喋喋不休起来,A 却只是"嗯""没有"地简单应付。B 发现无趣就懒得问了,而急着出门的 A 也觉得 B 太啰唆了。其实,之所以出现这种局面,只是因为两人的思维方式不同而已。

资料来源:作者根据公开资料整理。

在沟通过程中,人们的思维方式会有所不同,有的人思维比较抽象,而有的人思维可能比较具体。在图 11-2 中,根据不同的思维方式和沟通风格,我们还可以把人划分为四种类型:

控制型 这种类型的沟通者在工作中非常强调目标的达成,工作上积极进取,自我中心意识强，思维方式也比较具体。

表现型 这种类型的沟通者同控制型的沟通者很接近，都比较外向，自我中心意识很强，通过目标达成来达到自我心理满足。这种人一生都为掌声而活，非常渴望别人的赞扬。而且这种沟通者一般也很聪明，懂得如何让自己出彩，也懂得自我激励，通过不断努力去赢得持久的掌声。同控制型的沟通者一样，表现型的沟通者的亲近能力比较弱。

爱心型 这种类型的沟通者在工作中更注重关系的和谐，是和事佬型的人物。

规则型 这种类型的沟通者的思维方式比较具体化，行为方式和沟通风格都比较被动，在工作中做事踏踏实实，会按照步骤将工作顺利完成，但是不适合做那些有创意性的工作。

在公司里，管理者应当根据每个人的不同特点分配工作，例如，规则型的沟通者就比较适合做那些内部管理类的工作。

3. 要注重沟通的评价和反馈

就沟通而言，管理者的评价不同于员工的评价。与其他沟通过程一样，沟通协调成为影响管理者激励员工的重要因素。为了加大激励的力度，反馈也是重要的沟通要素。组织需要建立以正式考核为基础的评估体系来跟踪长期的工作绩效。但员工需要更频繁的反馈而不只是一年一次甚至多年一次的考核，而且反馈应该是多方面的，不应仅仅局限于某个非常具体的任务，换句话说，反馈应针对个体的各个方面而非某个方面。这种方法承认了个体激励的特性，即管理者不能单方面地依靠激励因素，还必须对员工做出反馈。

📖 小阅读：拿破仑和他继母的故事

当我还是一个小孩时，我被认为是应该下地狱的。无论何时出了什么事，诸如母牛从牧场上跑了，或堤坝破裂了，或一棵树被砍倒了，人们都会怀疑是我干的。而且，所有的怀疑竟然都还有证据！我母亲死了，我父亲和兄弟们都认为是我的顽劣导致的，所以我便真的变得顽劣起来。

有一天，我的父亲宣布他即将再婚。大家都在猜测我们的继母是哪一种人。我断定继母是完全不会同情我的。这个陌生的妇女进入我们家的那一天，我父亲站在她后面，让她自行应对这个场面。她走遍各个房间，很高兴地问候我们每一个人，直到走到我面前为止。我站在那里，双手交叉叠放在胸前，凝视着她，眼中没有丝毫欢迎的意思。我的父亲说："这就是拿破仑，是兄弟中最坏的一个。"我绝不会忘记我的继母是怎样对我说出那句话的。她把双手放在我的两肩上，两眼散发出母性的光辉，直视着我的眼睛，她使我意识到我将永远有一个疼爱我的人。她说："这是最坏的孩子吗？完全不是。他恰好是这些孩子中最伶俐的一个，而我们要做的，无非是把他所具有的伶俐品质发挥出来。"

我的继母总是鼓励我依靠自身的力量，制订大胆的计划，并坚毅地前行。后来证明这种计划就是我事业的支柱。

资料来源：改编自张其金编著，《激励员工12策略》，北京：中国商业出版社，2016年。

三、激励沟通的语言模式

1. 语言模式

管理者在工作当中使用的语言,从语言模式上来说可以细分为三种模式和五种类型,它们分别是:

P(Parent)模式 又称父母模式,就是用父母式的交谈语言进行沟通,对应两种沟通类型,第一种是指家长式作风的权威式的语言,以控制和命令的口吻展开,称为家长式沟通类型。第二种是长辈对孩子的教诲和关怀式的语言,称为关怀教诲式沟通类型。

A(Adult)模式 又称成人模式,就是在对话的过程中运用理性的、有逻辑的和礼貌性的语言,这种语言体现的是平等和逻辑性。对应此模式的就是逻辑化的沟通类型。

C(Child)模式 又称儿童模式,就是用儿童式的交流语言进行沟通。对应此模式的有两种沟通类型,第一种是需要关怀的类型:由于小孩的特性是弱小,因此语言中表现得更多的是需要关怀和宠爱的语气,比较天真可爱。第二种是任性、冲动的沟通类型。由于小孩的另一个特性是比较任性和易于冲动,因此语言中表现得更多的是情绪化的情感。

 知识链接:常见的 PAC 模式的特点与表现

常见的 PAC 模式的特点及举例如表 11-1 所示。

表 11-1 常见的 PAC 模式的特点及举例

语言模式	特点	举例
PP 模式	双方均表现出居高临下、命令训诫的"家长"式交流方式	客人说:"服务员,马上给我拿杯啤酒来!"服务员很忙,随口就答:"你看不见我正忙着吗?你叫其他人拿给你!"
AA 模式	双方都以理智的态度对待	客人说:"能否麻烦你帮我拿个杯子来?"服务员说:"没问题,我马上去拿。"
PC 模式	一方表现出权威和命令的行为及口吻,说话就像家长对孩子一样,另一方则用孩子对家长的态度按照要求去做	客人说:"你们怎么搞的?还不快上菜?快去厨房催一下。"服务员回答:"真不好意思,我马上去催。"
CP 模式	一方表现为孩子脾气,另一方则表现为关怀和慈爱的行为	客人说:"我不想要这道菜了,不管怎样,我就是不要了。"服务员回答:"哦,这样呀,那就退掉,换一个您喜欢的菜如何?"

资料来源:作者根据公开资料整理。

2. 语言模式的匹配

对应于语言的三种模式和五种类型,在沟通过程中,管理者应当注意各种语言沟通类型的匹配,这样才能保证沟通的顺畅进行。如果语言模式不匹配,则会出现话不投机半句多的情况,导致话题中断。

互应性沟通模式

该模式的沟通过程如图 11-3 所示。在图的左边,是一个用 A 模式语言进行沟通的过程,对应的语言模式也相对理性、礼貌和有逻辑性。双方对话采用的是 A 模式对 A 模式,模式匹配,双方的心情都不错,则可以顺利进行下一轮沟通。在图的右边,是 PC 模式的沟通类型。在员工和管理者的沟通中,员工是以 C 模式和管理者沟通,而管理者也对应以 P 模式回应,即员工是用一种需要关怀的口吻,而管理者对应以关怀和教诲的方式答复。这种 PC 沟通的模式体现的是一种长幼关系,也是一种能使沟通进入下一轮的模式。这种互应性的沟通模式是一种平行沟通模式,适用于上下级关系或者长幼辈关系的沟通过程。

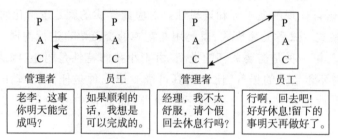

图 11-3　互应性沟通模式

交叉性沟通模式

在沟通过程中,常常出现的问题就是交叉式的语言模式过多。这种交叉模式的沟通过程如图 11-4 所示。

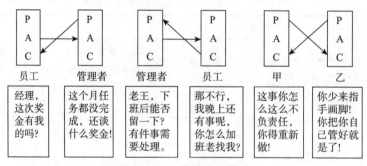

图 11-4　交叉性沟通模式

在图中,左边的沟通模式图反映的是,员工以 A 模式和管理者沟通,询问管理者这个月是否有他的奖金,如果管理者以 A 模式的语言应答,例如"我到财务部看过了,这个月有你的奖金,没问题,好好干",那么就是一个模式匹配的回答,但是管理者却以 P 模式直接训了回来:"这个月任务都没完成,还谈什么奖金!"此时,沟通就会中断,员工要么会和管理者吵起来,要么会在私下嘀咕,心里既不痛快也不服气。这种矛盾主要源于管理者应用的语言模式不对。

中间的沟通模式图反映了管理者采取 A 模式和员工沟通,要求员工加班,作为员工无论能否加班,如果以 A 模式的语言加以应对,也会是一次愉快的沟通,例如"行,没问题"或者"经理,今天不行,刚好和朋友约好吃饭,人家在等着,要不您找小李看看他有空没,如果不行,我们再说,好不好",而该员工却采用了 C 模式加以应对,带着明显的冲动和情绪化的语气:"那不行,我晚上还有事呢,你怎么加班老找我。"双方的心里都不痛快了,沟通自然会中断,而且员工给管理者也留下了不好的印象。

右边的沟通模式图反映的是同事之间的沟通问题,在合作过程中,由于出现了问题,双方开始埋怨对方,这种情况下,沟通必然会中断,除非在沟通之初,双方就能同时采用 A 模式进行沟通。

互动话题:匹配沟通模式

生产部经理要求老王带领班组成员晚上加班,他与老王的沟通内容如下。

经理:老王,今天有批关键配件要在晚上十点前交货,估计要加班,你先通知一下班组的同事吧!大家辛苦一下。

老王:没问题,这个月效益好,大家多干些活也愿意。

资料来源:作者根据公开资料整理。

问题

经理与老王的沟通属于哪种沟通模式?(　　　)

A. PC 模式　　　　B. PA 模式　　　　C. AA 模式　　　　D. PP 模式

3. 语言模式的调整

修正语言模式

在我们的日常工作中,你会发现很多沟通就像图 11-4 中所描绘的那样,没有办法进行下去,员工听不进去,管理者也不痛快。其实,主要的问题就在于双方在沟通过程中所采用的语言模式不匹配,使用了不恰当的类型,而当事人可能都没有意识到这个问题。这就需要我们在日常工作中有意识地修正自己的语言模式,通过沟通来不断调整自己的语言风格。

综合运用语言模式

在日常工作中,作为管理者,既需要鼓励和关怀员工——以德服人,同样还要能够选择适当、合理的方式教育员工——以威服人,这就需要在沟通过程中学会综合运用各种语言模式。在管理实践中,更多的时候应当以互应式的语言模式为主、交叉式的语言模式为辅。千万不能以交叉式的语言模式为主,因为当管理者教育员工时,即使道理是正确的,假如员工天天处在这种被教育的环境中,心里肯定也不痛快,心情会十分压抑。

其实,在沟通过程中,人们往往不会首先理解你沟通的内容,而是看你的沟通方式是否合理,只有接受了你的沟通方式和态度,才会接受你讲述的内容;如果沟通方式不被接受,那么即使内容再有道理、再有说服力,也不会引起他的兴趣。如果管理者一味采取批评教育的方式对待员工,教育完后,管理者的心里可能舒服了,但是员工可能并没有接受管理者的说辞,因为管理者的这种沟通方式让他无法接受,即使管理者所说的道理都是对的,他也可能根本就没有用心理解管理者所说的话,这样也就不会有好的沟通效果。

小阅读：清洁工为何勇斗歹徒

某银行城区支行遭到匪徒的抢劫，一个清洁工为了保全银行的利益，与持械匪徒进行了一场殊死搏斗，在身体多处受伤流血的情况下，一直坚持到警察赶来。银行领导为有这样的好员工而感到震惊：她只是个没有地位，收入也不高的清洁工，为什么能挺身而出？带着这些疑问，一位负责人前往医院慰问。结果聊天时，清洁工问这位负责人，分行行长今天怎么没来。该负责人告诉他，分行行长去公安局了。清洁工"哦"了一声，然后对该负责人说："他是一位真正的好行长，特别好的行长，每次从我身旁经过时，都夸我'你扫的地真干净'。有时我都不好意思了，我就想，人家这么看好我，我有啥理由不好好干呢？所以，我要求自己一定要把地扫干净，让来我们行办事的人都感到身心愉悦……"

资料来源：改编自谢玉华、李亚伯编著，《管理沟通》，大连：东北财经大学出版社，2010年。

管理者要善于发现员工的优点，并慷慨地赞扬员工。

在实际管理工作中，如果管理者使员工一直处于高压的状态下，那么，时间长了，双方都会特别累。但是也不能只鼓励，如果员工很容易就能得到管理者的鼓励，那么时间一长他也就不当一回事了，在员工面前管理者也最多是一个老好人罢了。所以作为管理者，应当善于综合运用沟通模式，以鼓励为主、批评教育为辅，以此来指导自己的日常沟通和管理工作。

思考·讨论·分析

根据自己的个性特点，在图11-2中选择自己的沟通类型，并对自身的沟通特点做简要归纳。

任务二　建设团队

工作任务：分析团队成功的原因

在非洲大草原上，三只瘦弱的鬣狗正与一匹高大的斑马进行一场殊死搏斗。乍一看，你一定会为弱小的鬣狗担心，三只弱小的鬣狗怎么可能是斑马的对手。再仔细一看，你就不会担心了。因为实际情况是：一只鬣狗咬住斑马的尾巴，任凭斑马如何甩动，也死死咬住不放；一只鬣狗咬住斑马的耳朵，任凭斑马如何摇头，也绝不松口；一只稍显强壮一些的鬣狗咬住斑马的一条腿，任凭斑马如何踢腾，也一点不松口。

不一会儿，在三只鬣狗的齐心攻击下，"庞然大物"斑马终于体力不支瘫倒在地，成为三只鬣狗的盘中餐。

资料来源：改编自《向上向善的共振！》，https://www.sohu.com/a/471472207_556388（访问日期：2023年3月22日）。

思考：

你认为团队协作的意义是什么？团队成功的原因又是什么？

任务分析

虽然每只鬣狗的力量看似微不足道,但三只鬣狗的"齐心攻击",也会创造让"庞然大物"倒下的辉煌战绩。在当代动态的全球化环境中,单靠一个人创造的业绩是有限的,只有通过团队协作才能实现组织的可持续发展。对团队的管理已经成为一种现实,同时也意味着一种挑战。

知识解析

一、团队普及的原因

团队在组织中十分普及,由团队研究中心进行的一项研究发现,在 80% 的规模超过百人的组织中,半数以上的员工报告说他们至少曾在一个团队中工作过。团队的普及可能还会持续下去。为什么?图 11-5 总结了一些原因。

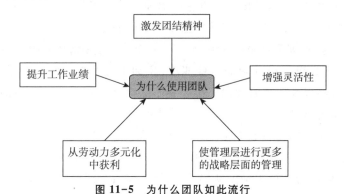

图 11-5 为什么团队如此流行

真正意义上的团队强调一群人以任务为中心,互相合作,每个人都能够将自己的聪明才智贡献给团队。

二、团队的基本类型

根据每个团队存在的目的不同,我们可以将团队分为四种类型:问题解决型团队、自我管理型团队、多功能型团队和虚拟型团队。

1. 问题解决型团队

团队的概念开始普及时,团队大都属于问题解决型的。来自同一部门的若干名志同道合的员工因为某一项任务临时聚集在一起,就如何扩大产品知名度、提高生产线产出率、改进工作流程、改善工作环境等问题展开讨论,相互交换意见,吸收彼此的观点,形成集体决策,达成工作共识,我们把这种团队称为问题解决型团队。但是,这种类型的团队却不具备执行力,即这些团队形成的意见和建议专门由具有执行力的部门负责采取行动,贯彻决策或达成目标。

知识链接：" 质量管理小组" 或" 质量圈"

20世纪80年代，问题解决型团队的典型代表为"质量管理小组"或"质量圈"。这种工作团队的组成结构为：职责范围近似或重叠的部分员工、主管，人数一般为5—12人。他们会定期举行会议，在现场讨论质量问题，调查原因，提出解决问题的建议，并监督相关部门采取有效的行动。但有证据表明，"质量管理组"或"质量圈"对生产力能产生积极影响，对员工满意度的影响则不大。

资料来源：作者根据公开资料整理。

2. 自我管理型团队

随着团队素质的不断提高，缺乏贯彻力、执行力，难以调动员工积极性和参与性等问题使问题解决型团队渐渐面临权力不足、功能欠缺等状况。要想弥补这些缺陷，就要求团队具有自主解决问题的能力，能够独立承担所有责任，而具备了这两种特征的团队被称为"自我管理型团队"。这种团队是真正能够独立承担责任的团队，团队中的成员不仅能提出问题的解决方案，而且具备了执行这些方案的能力。

通常来说，自我管理型团队一般由5—30人组成，团队成员的构成呈现多样化的特征。团队成员需要分担上级领导的一些职责，比如人员招聘、绩效评估、工作任务的分配、工作强度的分布以及工作时间的安排等。团队内部实行自我管理、自我负责、自我领导、自我学习的运行机制。

当然，并不是所有的自我管理型团队都能获得团队成员的支持。比如，美国道格拉斯飞行器公司的员工在面临大规模的解雇形势时，就曾联合起来反对公司采用自我管理型团队模式。他们认为实行这种团队模式，并不一定能为公司注入新鲜的血液，也不一定能提高公司的管理效率。

因此，应正视自我管理型团队的功效，理智地弄清楚这并不是培养团队制胜能力的万能技巧和方法，事实上，很多时候，我们需要将自我管理型团队限于一定的范围内。

 小阅读：自我管理型团队的兴起

自我管理型团队模式最早起源于20世纪50年代的英国和瑞典，比如沃尔沃的管理模式非常先进，其位于瑞典乌德瓦拉的生产基地，完全由自我管理型团队进行整辆轿车的装配；在美国，金佰利、宝洁等少数几家具有前瞻意识的公司在20世纪60年代初就开始采用自我管理型团队模式，并取得了良好的效果；之后，日本引入该模式并将其发展成为强调质量、安全和生产力的质量圈运动，到80年代后期该模式又为美国所借鉴，后者创造性地把团队模式发展到一个新阶段。在这20年里，公司所采用的团队模式在不断发生变化，以求得最佳效果，很多公司已逐渐从关注工作团队，转变为强调员工参与决策和控制决策的实施，其中以团队成员自我管理、自我负责、自我领导、自我学习为特点的自我管理型团队越来越显示出其优越性，也逐渐被主流所接受。根据国外团队的研究，1993年，68%的《财富》美国1 000强公司使用了自我管理型团队。施乐、通用汽车、百事、惠普等都是推行自我管理型团队的代表,据估计,大约30%的美国公司采用了这种团队模式。

资料来源:作者根据公开资料整理。

3. 多功能型团队

多功能型团队也叫跨职能团队,通常是由来自同一等级、不同工作领域,跨越横向部门界限的员工组合而成的。将这些人才聚合起来的唯一目的就是完成一项特殊的、特定的任务或达成目标。

📖 小阅读:"铱星计划"团队

摩托罗拉公司在实施"铱星计划"时论证了为什么如此多的公司采用多功能团队模式。这项计划就是要开发一个能够容纳66颗卫星的大型网络。项目总经理说:"一开始我们就意识到,要以传统形式来完成规模如此巨大、工程如此复杂的项目,并按时交付成果是不可能的。"在计划执行的第一年一直到计划进行到一半时,由20名摩托罗拉员工组成的多功能型团队坚持每天开一次晨会。后来,这个团队的成员扩展到包括其他十几家公司的专家,如通用电气公司的专家、美国亚特兰大的科技公司的专家、俄罗斯的科技公司的专家,等等。

资料来源:改编自牧之,《把人心凝聚成一股绳,抱团打天下》,知乎专栏,https://zhuanlan.zhihu.com/p/356877300(访问日期:2023年3月22日)。

但是,多功能型团队并不是简单的人员组合,其管理模式也不是简单的管理荟萃,而是在团队建立的早期就需要花费大量的时间和精力来搭建组织内部、组织之间不同领域员工的信息交流平台,此外还要调和团队成员间因地域、部门、能力不同而造成的矛盾。因此,将那些背景不同、经历和观点不同的成员聚合在一起,再建立起相互信任并能真正合作的平台需要花费大量的时间。但不管怎么说,多功能型团队总是一种有效的方式,它能让组织内(甚至组织之间)不同领域的员工之间交换信息,激发出新的观点,解决面临的问题,从而做好复杂的项目。

4. 虚拟型团队

虚拟型团队是随着通信技术的发展和网络服务的完善而逐渐兴起的,这是数字时代下一种新的团队形式。通常而言,虚拟型团队中,工作人员的组织模式是虚拟化的,一群具有共同理想、共同目标、共同利益的人组合在一起,通过电话、网络、传真或者可视化图文来进行沟通、协调、讨论,相互交换意见,形成电子文档,从而完成一项事先拟定好的工作。这个"虚拟"指的就是团队环境的虚拟,但每个成员所开展的工作以及所体验的经历等都是真实的,相互之间通过虚拟世界进行的沟通和协作也是真实存在的。

相对于传统的实体型团队而言,虚拟型团队具有许多优点。例如,虚拟型团队由于不受地域、时间的限制,可以在任何一个地方,跨越空间发布指令,能对资源进行最优整合;虚拟型团队采取的是数字或电子通信的工作方式,因此,从一定程度上来说能降低经营成本;由于虚拟型团队的工作方式各有不同,因此,如果虚拟型团队的成员都具有较强的专业优势,那么协作精神在最出色的人才之间能得到更充分的发挥。

总的来说,这种俱乐部式的虚拟型团队以灵活多变为特点,以共同的工作项目为基础,在使团队的工作效率大大提高的同时,建立了成员之间相互信任和配合的氛围。

建立团队之初,我们就应该确定我们的团队类型。当然,团队类型并不是一成不变的,可以根据我们的需要做出相应的调整。

 知识链接:虚拟型团队"大展拳脚"的 E 时代

互联网的日益普及使得以信息、创意和智慧为代表的虚拟型团队正以"随风潜入夜,润物细无声"的姿态成为公司组织发展的新趋势。我们身边就活跃着无数的虚拟型团队,他们可能是咨询顾问,可能是公司营销活动的策划师,也可能是网页制作人员。他们不是每天都能与你见面、坐在同一间办公室并肩作战的同事,而是通过网络、电话、传真或者视频来与你进行沟通。总而言之,他们既是"虚拟"的,同时又是实实在在地存在的。

虚拟型团队具有以下几个明显优势:

竞争优势。虚拟型团队可以在最少成本、最低风险的情况下为公司或组织创造出更高的价值与利润。

杠杆优势。现代通信与信息技术的应用使得"地球村"成为现实,区位不再成为直接影响人们工作与生活的因素,这就使得组织可以动态地集聚和利用世界各地的优秀人才,能够充分获取世界各地的技术、知识、产品信息资源,收集各地顾客的相应信息。同时,通过知识共享、信息共享、技术手段共享等,优秀成员的宝贵经验、灵感能够很快在数字化管理网络内得以推广,实现优势互补和有效合作。

效率优势。虚拟型团队利用网络、电子邮件、移动电话、可视电话会议等技术实现基本的沟通。团队成员之间可以及时地进行信息交流,可以防止信息滞留,从而缩短了信息沟通和交流所用的时间,能够确保及时做出相对正确的决策。

虚拟型团队依赖信息技术实现远程沟通,能够在相当大的程度上实现"运筹帷幄,决胜千里",但也使得团队管理与协调问题更加复杂,稍有不慎,就会造成管理失控。对虚拟型团队的管理要依靠有形的管理,做到"形散而神聚"。

管理虚拟型团队,首先,要创建信任的氛围。虚拟型团队管理的核心问题实质上是信任的建立和维系,要围绕"信任"展开管理。其次,要调整成员的角色定位。在虚拟型团队中,需要把成员从"劳动者"角色转为"会员"角色,使其享有相应的权力和责任,参与管理。再次,要建立有效的激励与约束机制。要调动成员的积极性,规避成员的道德风险,在给予信任的同时,保证个体与团队目标的一致性,通过把个人利益和团队业绩结合起来,建立有效的激励与约束机制,促使成员更加努力地工作。最后,要注意跨文化管理与协调。出现文化冲突不可避免,要组建虚拟型团队,特别是全球化的跨组织虚拟型团队,需要通过文化敏感性培训,加强团队文化建设,形成与整体目标一致的团队文化,在一定范围内达成统一性。

资料来源:作者根据公开资料整理。

三、团队的发展与建设

团队的发展是一个动态过程,大多数团队都处于不断变化的状态下。虽然团队可能永远也达不到完全稳定的状态,但我们依然可以用一个一般模式来描述团队的发展历程。研究表明,团队的发展要经过四个阶段,如图11-6所示。

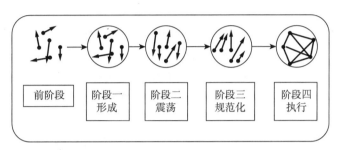

图11-6 团队的发展阶段

（一）团队的发展阶段

1. 形成阶段（成立期）

新组建的团队往往表现出高度的不稳定性,因此其成员只是名义上在为团队工作。这样的团队没有统一的愿景,缺乏运作规范,通常也没有明确的领导职责。从本质上讲,新组建的团队缺乏组织文化,所以成员缺乏对团队的认同。团队成员通过评价其他成员的态度和能力,来决定自己怎样做比较合适。他们对团队的归属感属于暂时性的,成员之间需要时间相互适应,这个阶段的工作效率很低。

（1）这个阶段团队组建的两个工作重点一个是对内,即在内部建立什么样的框架；一个是对外,即怎样与团队之外的管理者或其他的团队保持联系。在团队的内部框架建立中需要考虑的问题包括组建团队的必要性、团队的规模、团队的任务、团队的成员、成员角色的分配以及团队的行为准则等,在团队的外部联络中需要注意的问题包括团队与组织的联系、团队权限、团队考评与激励体系以及团队与外部的关系等。

（2）如何帮助团队度过第一阶段。首先,表明你对团队的期望是什么,也就是通过团队建设,希望在若干时间后取得什么样的成就,达到什么样的规模。其次,明确愿景。告诉团队成员,团队的愿景目标是什么,向何处去。再次,帮助团队树立明确的目标。在与团队成员分享这个目标时,要展现出自信心,因为如果连自己都觉得这个目标高不可攀,那么团队成员怎么会有信心？同时,为团队提供其所需要的一些资讯、信息。比如要一个小组的成员到东北成立一家分公司,就必须为他们提供足够的资讯,包括竞争对手在这个商圈中的分布,他们的市场占有率分别是多少,我方计划在这个区域投入多少,等等。最后,帮助团队成员彼此了解。第一阶段是初识阶段,大家还不知道你是谁,自己有一些特长,也可能不好意思展示出来,所以这个时候有必要让团队成员彼此了解,以便为以后的团队合作奠定良好的基础。

互动话题：认识你真好

在组建团队的初期不妨开展一个活动，名字就叫作"认识你真好"。如果每一个团队成员都能够通过此次活动，形成一种良好的印象和感觉，那么就已经初步建立了一种比较融洽的氛围，为后面团队精神的培养、合作气氛的营造奠定了基础。这个活动分成五步：

第一步，团队成员组合在一起，交叉进行分组练习，每组的成员最多不要超过五个。

第二步，每个成员介绍对自己有重大意义的三段经历，其中有两段是真的，一段是假的。比如，"我曾经做过两年的培训经理，那段经历对我的历练很大""我13岁以前一直生活贫困，那段经历对我以后的工作很有帮助"，等等，随后请大家猜测一下这些经历是不是真的。

第三步，其他成员来猜测，到底哪一段是真的，哪一段是假的，并说出理由。

第四步，由陈述者依次进行解释和讲述。

第五步，提供足够的时间，让大家相互认识。除了这三段经历，还可以就更广泛的问题进行沟通，以加深彼此的了解。

资料来源：作者根据公开资料整理。

2. 震荡阶段（动荡期）

随着时间的推移，一系列问题开始暴露出来，比如团队的领导朝令夕改，对团队成员的培训进度落后，刚开始承诺有很多很好的培训机会，却一遇到问题就耽误了……

团队成员对团队的目标也开始产生怀疑，当初管理者很有信心地要达成某个目标，但经过一两个月的检验，发现难度相当大。而人际关系方面，冲突开始加剧，人际关系变得紧张，成员间互相猜疑、对峙、不满，并开始把这些问题归结到管理者身上，对管理权产生不满，尤其在问题出现时，个别有野心的成员甚至会想到挑战管理者。这个阶段人们更多地把注意力和焦点放在人际关系上，无暇顾及工作目标，生产力在这一段遭到持续性的打击，甚至一些团队无法超越这个阶段，长期陷入冲突中，缺乏士气和动力，处于功能失调的状态。

度过震荡阶段最重要的方法是安抚人心。首先，要认识并处理各种矛盾和冲突，比方说某一派或某一个人的力量绝对强大，那么管理者就要适时化解这种权威和权力，绝对不允许以一个人的权力打压其他人的贡献；同时要鼓励团队成员就有争议的问题发表自己的看法。其次，准备建立工作规范。没有工作规范、工作标准的约束，就会造成一种不均衡，这种不均衡也是冲突源。管理者在规范管理的过程中，要以身作则。最后，需要调整领导决策，鼓励团队成员参与决策。

3. 规范化阶段（稳定期）

在规范化阶段，紧张的人际关系开始得到缓和，由敌对情绪转向相互合作，人们开始互相沟通，寻求解决问题的办法。团队这时也形成了自己的合作方式，形成了新的规则，团队各成员基本接受团队的运作程序。无论是在团队运作还是在任务完成方面，成员之间的合作比竞争显得更为重要,尽管仍会有分歧,但是这一阶段的成员会把不一致视为观点不同的表现,并开始将注意力转向任务和目标。通过第二个阶段的磨合,团队运作进入规范化阶段,人们的工作技能开始慢慢提升,新的技术慢慢被掌握。工作规范和流程也已经建立,并且具有团队特色。

团队要顺利地度过第三个阶段,最重要的是形成团队的文化和氛围。团队精神、凝聚力、合作意识能不能形成,关键就在这一阶段。团队文化不可能通过移植形成,但可以通过借鉴、参考,最终形成自己的文化。

4. 执行阶段(高产期)

成熟的团队能紧密合作,是因为团队成员已将团队文化完全吸收进而融为自我意识的一部分。他们了解团队对每个成员的期望,因此会将时间和精力花在实质性问题而非程序性问题上。成员为自己的团队以及自己能为团队的成功做出贡献而感到自豪。

通常我们把它归为执行阶段一,这时,团队不会因为关键成员的离开或新成员的加入而发生变化,依然保持高效能运转。但是如果这个团队出现工作方法与流程长期不做调整,工作趋于常规化,拒绝接受外部新观点等情况,团队运转效能下降,则我们把它归为执行阶段二,也就是呆滞状态。

表 11-2 显示了团队发展的各个阶段对应的工作关系。

表 11-2　团队发展的各个阶段对应的工作关系

阶段	效率	工作关系
1. 形成阶段	低	戒备的、谨慎的、不承担责任的
2. 震荡阶段	低—中	好争辩的、定位的
震荡阶段(功能失调)	无—低	团队在这一阶段陷入困境
3. 规范化阶段	中—高	合作的、相互支持的、善于沟通的
4. 执行阶段一	高	协作的、整体化的、高标准的
执行阶段二(呆滞状态)	中	常规的、不接受外部观点的

(二) 如何建设高绩效的团队

1. 高绩效团队的特征

清晰的目标　高绩效的团队对于要达成的目标要有清晰的了解,并坚信这一目标所包含的重大意义和价值。而且这种目标的重要性还激励着团队成员把个人目标融入团体目标中去。在高绩效的团队中,成员愿意为团队目标做出承诺,清楚地知道团队希望他们做什么工作,以及他们怎样共同工作才能最终完成任务。

相关的技能　高绩效的团队由一群有能力的成员组成。他们具备达成理想目标所必需的技术和能力,而且相互之间有能够良好合作的个性品质,从而能出色地完成任务。

相互的信任　成员间的相互信任是高绩效团队的显著特征,也就是说,每个成员对其他成员的行为和能力都深信不疑。

统一的承诺 高绩效团队的成员对团队表现出高度的忠诚和承诺，为了使团队取得成功，他们愿意去做任何事情。我们把这种忠诚度和奉献精神称为统一的承诺。

良好的沟通 这是一个高绩效团队必不可少的特点。团队成员通过畅通的渠道交换信息，包括各种语言和非语言信息。此外，管理者与团队成员之间健康的信息反馈也是良好沟通的重要特征，有助于管理者指导团队成员的行动，消除误解。

谈判的技能 对高绩效团队来说，成员的分工和所扮演的角色具有很大的灵活性。这种灵活性就需要团队成员具备谈判技能，团队中的问题和沟通随时在发生，成员必须能够应对和处理这些情况。

恰当的领导 有效的管理者能够激励团队成员跟随自己共渡难关。他们能够帮助团队明确前进的目标，向成员解释通过克服惰性可以实施变革，鼓励每个成员自信，帮助成员了解自己的潜力所在。目前，越来越多的高绩效团队的管理者扮演着教练和后盾的角色，他们为团队提供指导和帮助，但并不控制团队。

内部的支持和外部的支持 高绩效团队的最后一个必要条件是它的支持环境。从内部条件看，团队应拥有一个合理的基础结构，包括：一套清晰而精准的测量系统用以评估总体绩效水平，一个合理的报酬分配方案以认可和奖励团队的活动，一个具有支持作用的人力资源管理系统。恰当的基础结构应能支持团队成员，并强化那些获得高绩效的行为。从外部条件看，管理者应该为团队提供完成工作所必需的各种资源。

 互动话题：三种团队

螃蟹团队：拉不完的后腿

捉过螃蟹的人或许都知道，竹篓里放了一群螃蟹，不必盖上盖子，因为螃蟹是爬不出去的，因为只要有一只想往上爬，其他螃蟹便会纷纷攀附在它的身上，把它往下拉，最后没有一只能够爬出去。

野牛团队：王强则强，王弱则弱

野牛有尖锐的角，身材高大强壮，但本能上没有集体作战的意识和本领，只会各自为战，遇到体型比自己小很多的狮子、老虎、豹、狼等动物攻击时，多半会丢掉性命。另外，野牛团队迁徙时，"头牛"起着关键性的作用，其他牛是绝对跟从"头牛"的，如果"头牛"出现了问题，则整个野牛团队可能会不知所措。

大雁团队：没有英雄，大家都是英雄

大雁常常本能地呈"人"字形飞行，前面的大雁在飞行过程中为后面的大雁创造有利的上升气流，提升整个团队的飞行效率。

资料来源：改编自《世界上有三种团队，螃蟹、野牛、大雁》，https://m.sohu.com/a/163856847_99963065（访问日期：2023年3月22日）。

问题：

哪个团队是高绩效团队？

2. 如何维持一个高绩效团队

随时更新工作方法和流程　并不是过去制定的方法和流程是对的,我们就不需要改变它,随着时间的推移,工作方法也需要调整,所以要保持团队不断学习的一种劲头。

团队的管理者形如团队的成员而不是领袖　管理者要把自己当作团队的一分子去工作,不要把自己当成团队的资深人士、长官。

通过承诺而不是管制来追求更佳的结果　在一个成熟的团队中,应该鼓励团队成员,给他们一些承诺,而不是命令。有时资深的团队成员会反感自上而下的命令式方法。

要为团队成员设定具有挑战性的目标　通常情况下,团队成员往往会因为达成了某个具有挑战性的目标而感到自豪,会为了获得这种自豪感而更加积极地工作,从而使团队高效率地运作。

监督工作的进展　比如看一看团队在时间过半的情况下任务的完成情况,是超额还是不足。在进行监督反馈的过程中既要承认个人的贡献,也要重视团队整体的成就。

成熟的团队也有变得僵滞的危险,团队中的成员关系束缚了团队自身,使其无法为组织创新和提高组织效率发挥应有的作用。俗话说,天下没有不散的宴席。任何一个团队都有其寿命,团队运行到一定阶段,达成了自身的目标后,可能会出现三种结果：

第一种——团队的任务完成了,先解散。伴随着团队任务的完成,团队的使命也就达成了,面临解散。这个时候成员的反应差异很大,有的人很悲观,好不容易大家组合在一起,彼此间形成了很好的印象,但时间过得这么快,刚实现团结的时候又面临解散；也有一些人持乐观的态度,他们觉得没有白来一趟,达成了既定的目标,新的目标还在等待着自己。人们的反应差异很大,团队的士气可能提高,也可能下降。

第二种——团队的这一项任务完成了,第二项任务又来了,所以进入了休整时期。经过短暂的总结、休整等,即将进入下一个工作周期,这个时候新的团队又宣告成立,可能原来的一部分成员要离开,新成员要进入,因为人员的选择与团队的目标是有关联的。

第三种——对于表现不太好的团队,将勒令整顿,整顿的一项重要内容就是优化团队规范。团队达不成目标通常就是因为规范建立得不够,流程完善得不够,没有形成一套系统的方式和方法。

四、识别团队的发展阶段

领导团队的过程就像医生看病的过程一样,先诊断,后开方。如何识别团队的发展阶段呢？

1. 识别团队发展阶段的两个尺度

怎样判定团队处于哪个阶段？除团队的特征外,还可以从另外两个提炼出的因素中得到启示：一个是生产力。这个团队的生产力是高还是低,反映出这个团队的成员会不会做事情、能不能做事情、是否拥有相关的技能。另一个是团队成员的士气。士气体现的是团队成员愿不愿意做事情。

2. 不同阶段团队的士气与生产力表现

根据士气和生产力的高低,我们可以判断团队所处的不同阶段,如图11-7所示。

在第一阶段,团队成员刚刚组合在一起,对新技术、新观念、新知识掌握得可能不多,这时生产力相对还比较低,但成员们刚刚加入这个团队,都有很高的期待,士气比较高。

团队发展进入第二个阶段,伴随着培训、产品知识的介绍等,生产力有所提升,但这个时候的士气很低,因为矛盾比较集中,冲突不断出现。

随着培训的开展、技能的切磋和交流,团队发展到第三个阶段,这时生产力不断攀升,达到一个较高的水平,但士气则呈现出一种波动的状态,或高或低。当团队的技能比较成熟、能够完成任务时,人们表现出很强的自信心,这时士气就高;而当团队要完成一项具有挑战性的任务,团队成员的技能还不足以与之匹配时,团队的士气就低。举个例子,小孩学游泳时,如果有教练或家长在旁边看着,他或许可以从游泳池的一端游到另一端,但如果教练、家长都不在身边了,他自己可能就不敢游了。

进入第四个阶段,这时生产力和士气都会进入相对稳定的阶段,即双高阶段。但与第一阶段相比,还是那时的士气更高,团队成员很难找回刚开始加入团队时的热忱和兴奋感了。因此,团队发展到第四个阶段,士气的高是相对稳定的,不是那种超现实的状态。

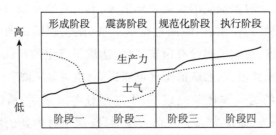

图11-7 不同阶段团队的士气与生产力表现

五、怎样管理团队

管理一个团队包括哪些工作?我们分别从四种管理职能来分析管理团队的工作:计划、组织、领导和控制。

1. 计划

确立目标是计划过程中的重要组成部分。正如我们前面所指出的,高绩效团队都有着清晰的目标。团队成员能理解并接受团队的目标十分重要。不论这个目标是分派给团队的,还是团队自发提出的,每个团队成员都应该了解这个目标是什么。

用一个简单的办法就可以检测出团队成员对目标的理解情况:让每个成员写出团队目标,然后看一看他们各自的描述。如果成员们对团队目标的理解存在分歧,管理者就需要予以澄清和明确。

2. 组织

在管理工作团队时,有关组织方面的任务包括明确权限范围和结构框架。有关这方面的一个关键问题是:团队拥有多大的权限?一个团队所拥有的权限范围受到两方面的影响:一是组织文化,二是组织对成员参与性和自主权的支持程度。另外,还应该确定团队内部的结构框架。管理者是受命担任的还是由成员选举出来的?如何有效且高效地完成任务?面对各项任务,分派谁去承担?任务的分派程序是怎样的?

3. 领导

有关领导方面的重要工作是,团队必须确定:管理者要扮演什么角色?对不一致的意见应如何处理?使用什么样的程序?在这方面最困难的一部分工作是调动成员的积极性。

4. 控制

在控制方面有两个重要问题:团队的工作业绩如何评估?使用什么样的奖励机制?由于团队的普遍存在,组织的绩效管理体制不得不做出一定的调整,但应如何调整?

组织要调整绩效指标,使得员工在团队中的工作行为被纳入考核,也就是说,不仅要评估员工的个体绩效,还应该考察其在团队中的作用。

对评估过程进行调整以纳入团队的努力只是管理工作的一部分,管理者还需要思考,如何针对努力水平和绩效水平对团队进行奖励。

思考·讨论·分析

回想一次你被指派加入团队的经历(在学校或在单位中),列出你最初对团队的期望,以及你对团队其他成员最初的印象,说说团队的经历在多大程度上满足了你最初的期望。

任务三 管理冲突

工作任务:如何进行冲突沟通

进入以纪律严明著称的美国半导体产业霸主英特尔,第一门要学习的课程是什么?不是"服从",而是"学习如何吵架"。更严谨地说,是如何构建建设性冲突(Constructive Confrontation)。可别小看了这门学问,这正是英特尔能兼具纪律与创意两种极端特质,每年在美国申请的专利达上千个,30年来在半导体产业稳居垄断地位的原因。"有冲突,才有沟通。"这是英特尔的独特文化。

"处理器的缺货问题,要到何时才能解决?原因到底是什么?您认为这可以说服客户吗?"2006年3月,英特尔中国台北办公室的会议室里,挤满了300多人,发问的是刚进英特尔才3个月的基层工程师,被问的是CEO欧德宁。他满脸笑容,一一应答。这样的场景在英特尔常常出现,连前台工作人员都可以直接挑战欧德宁这样的高层领导。

直来直往,甚至有点火药味儿的跨阶层交谈,是建设性冲突展现的风貌之一。一位高层领导这样说道:"我们反而担心组织意见太一致,容易僵化,没有创新的能力。英特尔鼓励对事不对人,将建设性摆在前面的'对抗'。"

资料来源:作者根据公开资料整理。

 任务分析

毫无疑问,处理冲突的能力是管理者需要掌握的重要技能之一。美国管理协会进行的一项对中层和高层管理人员的调查表明,管理者平均花费20%的时间处理冲突;对于管理者认为在管理发展中什么方面最为重要的一项调查发现,冲突管理排在决策、领导或沟通技能之前,这进一步佐证了冲突管理的重要性。另外,一名研究者还调查了一组管理者,以了解在25项技能和人格因素中,哪些与管理的成功(以上级评估、加薪和升职来定义)关系最为密切。结果只有一项,即处理冲突的能力,与管理的成功呈正相关关系。

 知识解析

一、冲突的基本概念

1. 什么是冲突

当使用冲突一词时,我们指的是由于某种抵触或对立状况而感知到的差异。差异是否真实存在并不重要。只要人们感觉到差异的存在,则冲突状态也就存在。另外,在此定义中还包含了极端的情况,一端是微妙、间接、高度控制的抵触状况,另一端则是明显、公开的活动,如罢工、骚乱和战争。

2. 冲突观念的变迁

多年来,在冲突领域逐渐发展出三种不同的观点。第一种观点认为应该避免冲突,冲突本身表明了组织内部的机能失调。我们称之为冲突的传统观点。第二种观点是冲突的人际关系观点,即认为冲突是任何组织都无可避免的必然产物,但它并不一定会导致不幸,反而可能成为有利于组织工作的积极动力。第三种也是新近发展的观点,认为冲突不仅可以成为组织中的积极动力,而且其中一些冲突对于组织或组织单元的有效运作是绝对必要的。我们称之为冲突的相互作用观点。

传统观点 早期的观点认为冲突是不利的,并且常常会对组织造成消极影响,冲突成为暴力、破坏和非理性的同义词。由于冲突是有害的,因此应该尽可能避免。管理者有责任在组织中消除冲突。从19世纪末至20世纪40年代中期,这一观点一直在管理学的文献中占据统治地位。

人际关系观点 人际关系观点认为冲突必须而不可避免地存在于所有组织之中。冲突不可能被消除,有时它甚至会为组织带来好处。由于冲突是不可避免的,因此应该接纳它。这一观点使冲突的存在合理化。20世纪40年代中期至70年代中期,人际关系观点在冲突理论中占据统治地位。

相互作用观点 当今的冲突观点为相互作用观点。人际关系观点接纳冲突,而相互作用观点则鼓励冲突。这一理论观点认为,融洽、和平、安宁、合作的组织容易对变革和革新的需要表现出平静、冷漠和迟钝。因此,冲突的主要贡献在于:鼓励管理者维持一种冲突的最低水平,这能够使组织单元保持旺盛的生命力,善于自我批评和不断创新。

3. 冲突的类型

相互作用观点并不是说所有的冲突都是好的。一些冲突支持组织目标的达成,能够提高其业绩水平,属于功能正常的冲突类型,可以被称为建设性冲突。而一些冲突则阻碍了组织目标的达成,它们是功能失调的,属于破坏性冲突。

小阅读:激发良性冲突

管理者要在组织中大力倡导良性冲突,引入良性冲突机制,对那些敢于向现状挑战、倡议新观念、提出不同看法和进行独立思考的个体给予大力奖励,如晋升、加薪或采用其他手段。良性冲突在通用电气公司新建立的价值观中相当受重视,该公司经常安排员工与公司高层领导进行对话,通用电气公司前 CEO 韦尔奇本人也经常参加这样的面对面沟通,与员工进行辩论。通过真诚的沟通直接引发与员工的良性冲突,从而为改进公司的管理做出贡献。

在运用沟通激发冲突时要特别注意运用非正式沟通来引发良性冲突。索尼公司前总裁盛田昭夫就是在与员工的非正式沟通中引发良性冲突的。在一次与下级主管共进晚餐时,他发现一个小伙子心神不宁,于是鼓励他说出心里话。几杯酒下肚后,小伙子诉说了公司人力资源管理中存在的诸多问题。盛田昭夫听后马上在公司内部进行了相应的改革,使公司的人力资源管理步入良性轨道。

资料来源:改编自谢玉华、李亚伯编著,《管理沟通》,大连:东北财经大学出版社,2010年。

二、冲突的一般过程

冲突的一般过程分为五个阶段:潜在的对立(或不一致)、认知和个性化、行为意向、行为、结果。图 11-8 描绘了这一过程。

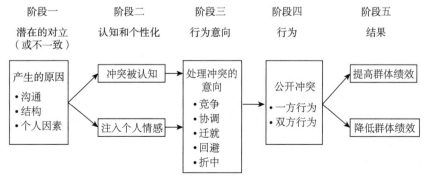

图 11-8 冲突的一般过程

阶段一：潜在的对立（或不一致）

这一阶段存在可能产生冲突的条件，这些条件并不一定导致冲突，但它们是冲突产生的必要条件。冲突的根源可概括为三类：沟通、结构和个人因素。

（1）沟通。沟通失效的因素来自误解、语义理解的困难以及沟通渠道中的"噪声"。研究指出，语义理解的困难、信息交流的不充分以及沟通渠道中的"噪声"等因素构成了沟通障碍，并成为冲突产生的潜在条件。大量证据表明，培训的不同、选择性知觉以及其他信息的缺乏，都会造成语义理解方面的困难。研究进一步指出，沟通过多或过少（引发信息过多或过少）也会增加冲突产生的可能性。显然，沟通的增加在达到一定程度之前是功能性的，超过一定程度就可能是过度沟通，将导致冲突产生的可能性增大。另外，沟通渠道也影响到冲突的产生。人们之间传递信息时会进行过滤，来自正式的或已有的渠道中的沟通偏差会提供冲突产生的潜在可能性。

（2）结构。这里使用的"结构"概念，包括这样一些变量：规模、分配给群体成员的任务的专业化程度、管辖范围的清晰度、员工与目标之间的匹配性、领导风格、奖酬体系、群体间相互依赖的程度。研究表明，群体规模和任务的专业化程度可能成为引发冲突的动力。群体规模越大，任务越专业化，则越可能产生冲突。另外，长期工作与冲突呈负相关关系，如果群体成员都很年轻，并且群体的离职率又很高，产生冲突的可能性最大。负责活动的主体模糊性程度越高，冲突产生的可能性就越大。管辖范围的模糊性也增加了群体之间为控制资源和领域而产生的冲突，组织内不同群体有着不同的目标，群体之间目标的差异是冲突产生的主要原因之一。就领导风格来说，严格控制员工行为的领导风格也增大了冲突产生的可能性。研究表明，参与风格与冲突高度相关，这是因为参与这种方式鼓励人们提出不同意见；如果一个人获得利益是以另一个人损失利益为代价的，这种奖酬体系也会产生冲突；如果一个群体依赖于另一个群体（而不是二者相互独立）或群体之间的依赖关系表现为一方的利益是以另一方的牺牲为代价的，也会成为引发冲突的力量。

（3）个人因素。个人因素包括价值系统和个性特征，它们构成了一个人的风格，使得他不同于其他人。有证据表明，具有特定个性特征的人，例如具有较高权威、武断和缺乏自尊的人容易引发冲突，而价值系统的差异，例如对自由、幸福、勤奋、工作、自尊、诚实、服从和平等的看法不同，也是导致冲突产生的一个重要原因。

阶段二：认知和个性化

如果在阶段一产生挫折，那么在阶段二潜在的敌对会转变为现实，先前的条件（将在一方或多方受冲突影响和认知到冲突的情况下）会导致冲突产生。

正如我们对冲突所下的定义，感知是冲突的必要条件，因此，冲突的一方或多方必须意识到上述条件的存在。然而，冲突被觉察到并不会使你紧张和焦虑，也不会影响你对其他人的行为，只有进一步引起情感上的冲突，即当个体有了情感上的投入，双方都感受到焦虑和紧张、挫折或敌对时，潜在冲突才可能成为现实。

阶段三：行为意向

行为意向介于一个人的认知、情感及其外显行为之间，指的是以某种特定形式从事活动的决策。行为意向之所以作为独立阶段被划分出来,是因为其会导致行为产生。那么行为意向会导致什么行为,是竞争、协调,还是迁就、回避、折中呢?答案取决于两个维度:一个是与他人合作的程度,即一方愿意满足另一方愿望的程度;一个是自我肯定的程度,即一方愿意满足自己愿望的程度。

竞争:冲突双方在冲突中寻求自我利益的满足而不考虑冲突对另一方的影响。在组织中,这些输赢的斗争经常通过正式的权威进行,双方利用各自的权力去赢得胜利。

协调:冲突双方均希望满足双方的利益,并寻求相互受益的结果。在协调中,双方的意图是坦率接受差异并找到解决问题的办法,而不是迁就不同的观点。参与者会考虑所有的方案,各种观点的异同将成为焦点,各种依据将被充分讨论。因为寻求解决办法是双方的当务之急,所以协调通常被认为是双赢的解决办法。行为科学家大力宣传用协调的方式解决冲突。

迁就:如果一方为安抚对方,则可能愿意把对方的利益放在自己的利益之前;换句话说,迁就指的是为了维持相互之间的关系,一方愿意做出自我牺牲。

回避:指的是一个人意识到冲突可能存在,但希望逃避或抑制它。漠不关心或希望避免公开表示异议就是回避。冲突双方都认识到事实上的差距,各方都各自为界。如果回避是不可能或被动的,则表现为压抑。当群体成员由于工作上的相互依赖而需要相互作用时,很可能产生压抑而不是回避。

折中:当冲突双方都寻求放弃某些东西,从而共同分享利益时,则会带来折中的结果。折中没有明显的赢者或输者。他们愿意共同解决冲突问题,并接受一种双方都无法彻底满足的解决办法。因此,折中的明显特点是,双方都倾向于放弃一些东西。在工会和管理层之间进行谈判时,双方必须妥协以达成劳动合同。

阶段四:行为

当一个人采取行动去阻止别人达成目标或损害他人的利益时,就处在冲突过程的阶段四。这种行为必须是有企图的和为对方所知的。在这一阶段,冲突会公开化。这一阶段是一个动态的相互作用过程。公开的冲突包括行为的整个过程,从微妙、间接、节制,发展到直接、粗暴、不可控的斗争。

阶段五:结果

冲突双方的行为反映了相互作用导致的最后结果。如果冲突能提高决策的质量,激发变革与创新,调动群体成员的兴趣与好奇,并提供一种渠道使问题公开化、消除紧张情绪,营造鼓励自我评估和变革的氛围,那么这种冲突就具有建设性。如果冲突带来了沟通的迟滞、组织凝聚力的降低,组织成员之间的明争暗斗成为首位而组织目标的达成降到次位,那么这种冲突就是破坏性的,在极端的情况下甚至会威胁到组织的生存。

三、冲突的层面

从沟通的角度考察冲突,我们必须认识到冲突的层面与沟通的层面是相互平行的,也是个体的、组织的和社会的。

以民间的违抗或者消极的抵抗为基础的各种运动,都是从某个单独的个体开始的,该个体认识到了不协调的处境并且拒绝屈服于更广泛的文化。当个体必须执行各种与其不协调的命令时,他经常体验到内心世界的冲突或者认知上的不和谐。在这个简单的层面上,不和谐也许来自员工所接受的不恰当的培训、被下达用词不当的命令或者管理者所犯的某个方面的错误。

然而,不和谐也可能来自组织本身。个体会试着运用他所喜欢的方式写出一份既包括领导的意见,也包括某位客户要求的报告。当员工在执行专业标准或组织明确的政策,却不得不接受产品或服务质量低劣甚至不合格的事实时,就会引发个体与其组织相对抗。最后,也许会导致个体与社会产生冲突。表11-3描述了冲突的各层面。

表 11-3　冲突的各层面

层面	冲突的类型
个体	内心的(认知不和谐) 个体与组织 个体与社会
组织	代表组织的个体与其他个体 代表组织的个体与其他组织 代表组织的个体与社会 集体行为与个体或群体行为(投票选举、暴动)
社会	社会与个体或群体(偏执、偏见) 社会与社会(政治、经济、环境冲突、战争)

四、有效解决冲突的技术方法

工作中难免有冲突,直面冲突,正确解决冲突,可以使组织发现问题,进而改正问题,获得更好的发展。美国管理协会的一项调查显示,经理人员平均花在处理冲突上的时间占工作时间的20%。处理冲突的能力成为很多组织考察管理者管理能力的重要指标。

  互动话题:李总的上任沟通

宏图酒业是大连兴旺集团投资一千多万元在A市成立的一家全资子公司。公司从事元生真龙酒的生产和销售。出于保健酒市场整体大环境不好等方面的原因,公司近年来经营状况不佳。为扭转局面,集团决定更换公司总经理。当时任职总经理的张总,40多岁,是个专业军人,曾任某陆军学院教官部主任,团级干部。集团决定让其改任公司下属营销公司的总经理。公司选中的新的总经理李总,50多岁,以前一直在党政部门任职,曾担任过Y市市委秘书长,省工商局办公室主任、财务部长等职,没有在公司里工作的经验。集团对换总经理的事非常重视,并做了精心的安排。集团董事长、总经理都从大连赶到了A市,宣布董事会决定:由集团副总经理王总(曾担任过集团所属足球俱乐部总经理、乙市某大学经济学院副院长等职,工作业绩及在集团内的声誉颇佳)接任公司总经理、张总为公司常务副总经理兼营销公司总经理,公司由集团副总经理亲自来抓,以显重视。同时，宣布李总为董事长助理。不久又借故让李总接替王总，正式接管公司。李总上任后，面临的首要问题是要取得员工们的信任和增强公司的凝聚力。因为效益不佳，公司内部早就有点人心涣散。加上公司已换了几任老总，都不熟悉酒业市场的情况，公司业绩也一直没有多大的起色，而这次新的总经理能不能让公司走出困境，员工们肯定心存疑虑。还有一个棘手的问题是，张总是公司举足轻重的人物，公司效益虽不是很好，但他为人正直，对员工也不错，大部分员工对他还是很有感情的。现在他被降了职，担任公司一家最核心的子公司——某营销公司——的总经理，他能否欣然接受这样的安排，并带领员工服从和跟随新的领导？以上这些是李总上任后能否迅速控制局面的关键。

在集团董事长、总经理都参加的公司全体员工大会上，李总充分发挥了他演说能力强的优势，他的讲话成了会场上最大的亮点，吸引了所有与会者极大的关注。虽然他很谦虚地说自己对做酒的业务不熟，以后要多依靠大家，但他对公司存在的问题却把握得非常到位，这对于很多在公司干了很长时间还弄不明白为什么做不好酒的人来说是一个很大的触动。大家对李总敏锐的观察力和清晰的思路都暗自佩服，对于他领导能力的怀疑大大地减少了。同时，李总在他的讲话里针对大多数员工的心理状态，提出要让公司员工都成为"高尚的人、富有的人、快乐的人"，这样的口号也引起了很多员工的共鸣，大家又重新燃起了对公司的希望。

李总正式上任后，又与各部门经理及业务骨干分别进行了单独的沟通。他凭借年长、阅历丰富的优势，一般以拉家常的方式打开话匣子，以亲切、诙谐的语言制造良好的气氛，这很容易让人觉得他是一个值得信赖的人。很快，李总就对公司里的人和事有了更深入的了解。

不久后，李总以全员竞聘的方式对全公司的人员做了一次大的调整，公司的凝聚力和战斗力有了明显提高。

资料来源：改编自谢玉华、李亚伯编著，《管理沟通》，大连：东北财经大学出版社，2010年。

问题

李总是怎样成功进行上任沟通、化解冲突的？

冲突管理的主要任务在于制止和防范破坏性冲突的发生，限制和消除冲突的破坏作用，充分利用冲突带来的创新机会和建设性冲突的有效能量。冲突管理的唯一选择就是以权变的观点，对具体问题进行具体分析。

（一）解决破坏性冲突的方法

对于破坏性冲突，管理者应如何处理？需要知道冲突双方基本的冲突处理风格，了解冲突产生的情境并考虑自己的最佳选择。

1. 了解自己基本的冲突处理风格

尽管大多数人都会根据不同的情境改变对冲突的反应，但每个人都有自己偏好的冲突处理风格。下面的自我评估练习有助于你了解自己基本的冲突处理风格是什么样的。当某一具体冲突出现时，你可能会改变你偏好的风格以适应当时的情境，但是你的基本风格表明了你最有可能如何行动，以及你最经常使用的冲突处理方法是什么。

冲突处理风格自我评估

当你与其他人意见不一致时,你是否经常用下列方式来表示:

1. 我会进一步了解我们之间的不一致,而不是立刻改变自己的看法或把我的看法强加给他人。
2. 我坦诚地表明自己的不同意见,并欢迎有关这一方面的进一步讨论。
3. 我寻求一种双方共同满意的解决办法。
4. 我要确保自己的意见被倾听,而不能让别人不听我的意见就下结论。当然,我也会认真听取别人的意见。
5. 我采用折中的办法,而没有必要非得去寻求完全令人满意的解决办法。
6. 我承认自己错了而不去深究我们之间的差异。
7. 我总是迁就别人。
8. 我希望自己只说出了真正想说的一部分。
9. 我完全放弃了自己的看法,而不是改变别人的观点。
10. 我把有关这一问题的所有矛盾搁置在一旁暂不考虑。
11. 我很快就会同意别人的观点而不去争论。
12. 一旦对方对某一争论感情用事,我很快就会放弃。
13. 我试图战胜其他人。
14. 我要不惜一切代价取得成功。
15. 对于一项好的建议,我从不退缩。
16. 我更愿意取胜,而不是妥协。

说明:先给全部选择打分,经常——5分,有时——3分,很少——1分,然后计算每组的总分,分组如下:

① 13—16题　　② 9—12题　　③ 5—8题　　④ 1—4题

分别对每组进行分析。任何一组得分在17分或以上的,属于高程度;得分在12—16分的属于较高;得分在8—11分的,属于较低;得分在7分或以下的,属于低程度。

A、B、C 和 D 组分别代表不同的冲突解决策略。

A——强迫/支配:我赢,你输。

B——和解:我输,你赢。

C——妥协:双方都有所赢、有所输。

D——合作:我赢,你也赢。

虽然我们中的大多数人都有因地制宜改变自己应对冲突的态度的能力,但每个人都有自己处理冲突的习惯风格。此问卷能够帮助你认识自己处理问题的基本风格。

你也许能够改变自己的基本风格以适应某种冲突环境,但是你的基本风格表明了你最可能采取的行为和最经常采用的冲突处理方式。

2. 审慎地选择自己想要处理的冲突

我们不应该对所有的冲突一视同仁。一些冲突可能不值得花费精力,还有一些冲突则可能极难处理。不是每一项冲突都值得你花费时间和精力去解决。回避可能显得是在"逃避",但有时却是最恰当的做法。通过回避琐碎的冲突,可以提高总体的管理成效,尤其是冲突管理技能。你最好审慎地进行选择,把精力留给那些有价值、有意义的事件。

无论我们的意愿如何,现实告诉我们某些冲突是难以处理的。当对抗的根源很深,且冲突中的一方或双方想延长冲突时间,或双方的情绪过于激动以至于建设性的相互作用已不可能时,你在冲突处理上所付出的努力很可能不会取得明显的回报。不要天真地以为优秀的管理者可以解决每一次冲突。一些冲突根本不值得花费精力去解决,还有一些冲突则在你的影响力之外。剩余的冲突才是功能正常的,你最好把这样的冲突挑选出来予以解决。

3. 评估冲突当事人

如果你选择了某一冲突进行处理,那么花时间仔细了解当事人是十分重要的。什么人卷入了冲突?冲突双方各自的兴趣是什么?双方各自的价值观、人格特点以及情感、资源因素如何?如果你能站在冲突双方的立场上看待冲突情境,则成功处理冲突的可能性会大幅提高。

4. 评估冲突源

冲突不会在真空中形成,它的出现总是有理由的。解决冲突的方法在很大程度上取决于冲突产生的原因,因此你需要了解冲突源。研究表明,产生冲突的原因多种多样,但总体上可分为三类:沟通差异、结构差异和人格差异。

第一类冲突源是沟通差异,即由于语义差异、误解以及沟通渠道中的噪声而造成的意见不一致。人们常常轻易地认为大多数冲突是由缺乏沟通造成的,但事实上,许多冲突中常常包含着大量的沟通。很多人都将良好的沟通与别人同意自己的观点错误地等同起来。初看起来,人际冲突似乎是由沟通不畅导致的,进一步分析则发现,不一致的意见是由不同的角色要求、组织目标、人格因素、价值系统以及其他类似因素造成的。在冲突源方面,管理者常常过于注意不良的沟通因素而忽视了其他因素。

我们知道,组织中存在水平和垂直方向的分化,这种结构上的分化导致了整合的困难,其经常造成的结果就是冲突。不同个体在目标、决策变化、绩效标准和资源分配上的意见不一致并非由不良沟通或个人恩怨所造成,而是植根于组织结构本身,这就是第二类冲突源——结构差异。

第三类冲突源是人格差异。冲突可由个体的特性和价值观系统而引发,一些人的性格特点使得别人很难与他们合作。背景、教育、经历、培训等因素塑造了每个人具体而独特的个性特点和价值观,其结果是有的人可能令人感到刻薄、不可信任或陌生,这些人格上的差异也会导致冲突。

5. 进行最佳选择

当冲突过于激烈时,管理者应该采用什么手段或技术来减弱冲突呢?可以从五种冲突解决办法中进行选择,它们是:回避、迁就、强制、妥协和合作。每一种方法都有其长处和短处,没有一种办法是放之四海而皆准的。需要考虑冲突管理"工具箱"中的每一种

"工具"。也许你会倾向于使用其中某一些工具,但高技能的管理者应该知道每一种工具能够做什么,以及在何时使用效果最好。

前面已经提到,并不是每一项冲突都需要花费精力去处理。有时回避,即从冲突中退出,才是最好的解决办法。那么什么时候回避策略最为得当?当冲突微不足道,或冲突双方情绪极为激动而需要时间使他们恢复平静,或付诸行动所带来的潜在破坏性会超过冲突解决后获得的利益时,这一策略十分有利。

迁就是把别人的需要和考虑放在高于自己的位置上,从而维持和谐关系。比如,你顺从了其他人对某一事件的看法就是迁就。当争执的问题不是很重要或你希望为今后的工作树立信誉时,这一选择十分有价值。

强制就是试图以牺牲对方为代价而满足自己的需要。在组织中,这种方式通常被描述为管理者运用职权解决争端。当需要对重大事件做出迅速处理,或需要采取不同寻常的活动,或认为你的处理方式其他人赞成与否无关紧要时,这种方式会取得很好的效果。

妥协要求每一方都做出一定的有价值的让步。在劳资双方协商新的劳工合同时常常采用这种方法。当冲突双方势均力敌,或希望对一项复杂问题取得暂行的解决方法,或时间要求过紧需要一个权宜之计时,妥协是最佳策略。

合作完全是一种双赢的解决方式,此时冲突双方都满足了自己的利益。它的典型特点是:双方之间开诚布公地讨论,积极倾听并理解双方之间的差异,对利于双方的所有可能的解决办法进行仔细考察。什么时候合作是最好的冲突处理办法呢?当没有什么时间压力,或冲突双方都希望双赢的解决方式,或问题十分重要不可能妥协折中时,合作是最佳策略。

(二)激发建设性冲突的方法

冲突管理的另一面,即要求管理者激发冲突,指的又是什么呢?激发冲突这一概念常常很难被人们接受。在绝大多数人心目中"冲突"一词带有明显的消极含义,有意制造冲突似乎正好与优秀的管理背道而驰。几乎没有人愿意让自己处于冲突情境之中。但是有证据表明,在一些情境中增加冲突是具有建设性的,虽然很难在功能正常与功能失调的冲突之间明确划清界限。尽管没有一种明确的方法来评估是否需要增加冲突,但表 11-4 中列出的一系列问题或许会对你有所帮助。如果你对其中的一个或多个问题做出肯定的回答,便表明需要激发冲突。

表 11-4 是否需要激发冲突

1. 你是否被"点头称'是'的人们"包围?
2. 你的员工是否承认自己的无知?
3. 你是否过于偏重折中方案以至于忽略了价值观、长远目标或组织福利?
4. 你是否认为,管理的最大乐趣是不惜代价维持组织中的和平与合作?
5. 你是否过于注重不伤害他人的感情?
6. 你是否认为在奖励方面,得众望比有能力和高绩效更重要?
7. 你是否过分注重获得决策意见的一致?

(续表)

8. 你的员工是否对变革表现出异乎寻常的抑制？
9. 你是否缺乏新思想？
10. 你的员工的离职率是否异常低？

肯定地回答其中一个或多个问题表明需要激发冲突。我们对解决冲突的了解比对激发冲突的了解多得多，这很自然。人们对减少冲突这一主题的关注已有几百年甚至上千年的历史了，而对激发冲突的技巧却缺乏深入思考，直至最近我们才开始对该主题感兴趣。下面的一些初步建议可能会对管理者有所启发。

1. 改变组织文化

激发功能正常的冲突的首要一步是，管理者应向员工传递这样的信息，即冲突有其合理依据，并以自己的行动加以支持。应该对那些敢于向现状挑战、倡议革新观念、提出不同看法和进行独立思考的个体给予大力奖励，如晋升、加薪或运用其他手段。

2. 运用沟通

从富兰克林·罗斯福执政时期开始，甚至可能更早，白宫就一直运用沟通手段激发冲突。高级官员把待定的决策通过"名声不好的"可靠信息源渠道透露给媒体。比如，把高级法院可能任命的大法官的名字"泄露出去"。如果该候选人能够经得起公众的挑剔和考察，则将正式被任命为大法官。但是，如果发现该候选人缺乏新闻、媒体及公众的关注，那么总统的新闻秘书或其他高级官员不久之后将发表诸如"此人从未在考虑之列"的正式讲话。白宫的任职者们不论何种党派归属，都一直采用这种方法作为激发冲突的手段，它易于逃脱的特点使其十分流行。如果激发的冲突水平过高，则可以否认或消除信息源。模棱两可或具有威胁性的信息同样可以促成冲突。有关工厂可能会倒闭、部门可能会被取消或个体可能会被解雇这些危急信息会减少漠然态度，激发新思想，促进重新评估，而所有这些积极结果都源于增加了冲突。

3. 引入外人

改变组织或单位的停滞迟钝状态所普遍采用的方法是，通过从外界招聘或内部调动引入背景、价值观、态度或管理风格与当前群体成员不同的个体。在过去的十年中，很多大公司采用这一方法来填补他们董事会的空缺。妇女、少数种族成员、消费者中的积极分子以及其他背景、兴趣与原董事会成员极不相同的人员会被有意地选入董事会以增加新见解。

4. 改变组织结构

我们知道，结构变量也是冲突源之一，因此把结构作为冲突激发机制是符合逻辑的。使决策集中化、重新组合工作群体、提高规范化水平和增加组织单位之间的相互依赖关系都是结构机制的变化，这样做有助于打破现状并提高冲突水平。

5. 鼓励竞争

对竞争的适当鼓励能够帮助组织维持适当的冲突水平，避免凝聚力的负效应。

思考·讨论·分析

1. 回忆你所亲身经历的冲突。找出导致冲突的主要原因,然后站在对方的立场上,找出解决冲突的可行办法。

2. 考察生活中你不曾卷入过的人际冲突以及部门间的冲突。确定争论的要点。大致描述一下作为第三方你将如何帮助解决冲突。

任务四　建立谈判思维

工作任务:比较三个场景

场景一:

"妈妈,今天我在学校里看到有人穿一款皮夹克,看上去非常帅,你也给我买一件好吗?"孩子向母亲提出要求。

"可以,但是你必须好好读书,这次考试如果每门课都在80分以上,我就给你买。"母亲也向孩子提出要求。

"妈妈,现在的天气正好适合穿皮夹克!考试以后天气变了,今年就没法穿了。"

"孩子,你知道这种皮夹克有多贵吗?"

"我知道,妈妈,你会给我买的,我读书一直很用功,这次一定考好,让你满意!"

最后,母亲同意星期天带孩子上街去买。

场景二:

"这个东西卖多少钱?"顾客问。

"这是一件艺术品,却只卖215元。"

"215元?太贵了,我看100元差不多!"

"啊呀!"店员叫起来,"我们的成本都不止100元呢!如果你真想买,我把零头去掉,算200元吧。"

"150元,大家都不吃亏,怎么样?"

"小姐,你杀价实在太凶了,你总得让我赚一点钱吧,180元如何?"

"165元,这是最高价了,不卖就算了!"

"小姐,你真会买东西!"店员同意了。

场景三:

某移动通信器材公司向银行融资贷款,双方代表已接触过几次,这次是在银行的办公室内做最后的洽谈。

公司代表:为了引进设备,我公司以公司大厦作为抵押,要求以4%的利息贷款1亿元,3年后一次性清偿本息。

银行代表提出异议:据我方估计,这栋大厦不足以抵押贷款1亿元。

公司代表:我公司是您行的老客户,信誉一向很好,前几次贷款不是都如期偿还了吗?这一次因为要引进设备,资金不足,还请您能给予照顾。

银行代表不再坚持:只是这次贷款利率太低、时间太长,能否每年偿还一次,3年还清,利率按 8% 计算?

公司代表:就按 3 次偿还,那么利率折中,按 6% 计算,好吗?

又经过一番具体的讨论,双方终于达成了协议。

资料来源:改编自韦宏,《社交礼仪与沟通艺术》,南昌:江西人民出版社,2013 年。

思考:
以上三个场景是否属于谈判?在谈判中怎样满足自己和对方的需求?

任务分析

大多数人认为,谈判发生在外交和商务领域,涉及的往往是"大事",例如巨额交易、武装冲突等。事实上,美国谈判学家杰勒德·尼伦伯格早在 1986 年就在他的书中指出:"只要人们是为了取得一致而进行磋商,他们就是在进行谈判。"因此,我们在生活中经常在进行谈判,只不过我们自己没有意识到而已。罗杰·费希尔和布鲁斯·巴顿等在《谈判力》一书中也提到"谈判是你从别人那里得到东西的基本手段"。由此可见,谈判无处不在、无时不有,已然是我们现代生活的重要组成部分了,那究竟什么是谈判呢?

知识解析

谈判是由"谈"和"判"两个字组成的,"谈"就是双方或多方之间的沟通与交流,"判"就是决定一件事,双方只有在沟通和交流的基础之上,了解对方的需求与意图,才能够做出相应的决定。简单来讲,就是因为别人手里有你想要的东西,你手里可能也有别人想要的,这时才有谈判的可能。截至目前,国内外并没有建立起对"谈判"的统一认知,都是仁者见仁,智者见智,但是他们的观点具有一定的共性。谈判是有关组织或个人为协调关系、化解冲突,满足各自利益需求,通过沟通协商以争取达到一致的行为。要知道,管理也是如此,管理者需要与新员工协商薪水,与上级领导讨论政策,与同事处理意见分歧,解决各种冲突和矛盾,因此,我们把谈判定义为,双方或多方互换商品或服务并试图对他们的交换比率达成协议的过程。

一、谈判策略

谈判有两种基本策略:分配谈判和综合谈判。

1. 分配谈判

分配谈判最明显的特点是在零和条件下运作,双方在谈判时做出大体相等的让步,即每一方所得与所失的代数和大致为零时,谈判便可成功,也就是我所获得的任何收益都恰恰是你所付出的代价。这类谈判更具竞争倾向。以旧车买卖为例,你从卖主那里讲价降下来的每一分钱都节省了你的开支;相反,卖主多得的每一分钱都来自你的花费。因此,分配谈判的本质是,对一份固定的利益谁应分得多少进行协商。

在分配谈判中最常引用的例子是劳资双方对工资的谈判。一般情况下,员工代表在谈判桌前总是想从资方那里尽可能多地得到钱。由于在谈判中员工每一分工资的增加都增加了资方的开销,因此谈判双方都表现出攻击性,并把对方视为必须击败的对手。进行分配谈判时,你的战术主要是试图使对手同意你的目标或尽可能接近它。

 小阅读:要求涨薪

小赵在过去的八年间一直担任一个营销团队的领导。她受聘两年后,曾经涨过一次薪,但是在那之后她的薪水就再没有涨过。有一天,她和一个朋友谈起薪水的事。听说了小赵的工资后,朋友告诉她,如果是在他们公司,同样的工作岗位的工资至少要高20%,而且在这个城市里的任何一家公司,相同的工作都会挣得比她现在多。但小赵还是喜欢自己现在的公司,希望公司能给自己涨薪,把自己留下。于是她约了经理谈这件事。

见面后,小赵告诉经理,自己的来意是要求涨薪。她说:"过去五六年间,我一直拿的是四万元的年薪,实在是太少了。我想我们两个人都清楚我的薪水应该更高一些。"经理听完她的话,说道:"小赵,你看,你是一名很优秀、很努力的员工,我也希望你在我们公司心情愉快。但是,你也知道,现在公司运营得并不好,我觉得公司今年是不会给任何人涨薪的。不过,话说回来,你想涨多少?"小赵听了这些话,虽然有些沮丧,但同时也有一丝欣慰,因为经理并没有全然拒绝她。于是她说:"我想涨15%,即涨6 000元以上。"经理看看天花板,非常生气地说:"小赵,我刚刚告诉你,我们根本没有钱给员工涨薪,而你一张口,就要每年涨6 000元?你当真吗?我想要帮你,但这确实不是我力所能及的事情!"小赵意识到这样行不通,看来自己真的需要再找一份工作了。于是她说:"好吧,涨4 500元也行,也就是说,年薪变成44 500元。其他公司里,相同岗位的薪水都比我现在高,而且高很多呢。"经理听后,思考了一会儿,然后回答道:"听着,我不可能给你涨那么多,但是我确实想帮你。我可以给你涨1 500元。我知道那达不到你的预期,但它仍然是一笔钱,是一个信号,表明公司非常重视你。而且可以肯定的是,这是公司今年给出的最高涨薪。"小赵很失望,但是决定再最后试一下,她问:"43 000元怎么样?"经理沉默了一会儿,看上去脑子里在算账。最后,他叹了一口气,说道:"你看,我已经给你很多了,我们之间的差距只有1 500元而已。我们折中一下吧。42 250元,怎么样?"

资料来源:改编自康蓉、埃布纳、王晨佳,《谈判学》,杭州:浙江教育出版社,2019年。

在分配谈判中,双方都有各自的立场,例如自己需要什么,哪些条件可以放弃,大家都是为各自的立场而争执并做出让步,最终达成妥协。但是,分配谈判有很高的风险和成本,谈判效果并不好,因为谈判双方将彼此看成对手或敌人,过程中往往会得出不明智的结论,敌对的思维定式也可能会让双方的关系面临挑战,因此,我们应该更多采用另一种谈判方式来弥补这种缺陷。

2. 综合谈判

与分配谈判相比,综合谈判的目的是整合并满足双方需求,将谈判双方团结在一起,并使每个人在离开谈判桌时都感到自己获得了胜利。综合谈判更具有合作倾向。相反,分配谈判则是所有谈判方将谈判看作分割利益的场合,要么分给这一方,要么分给那一方,每一方都聚焦在尽可能获得更多的资源上。那么,为什么在组织中我们看不到太多的综合谈判呢？答案在于这种谈判要取得成功必须具备一些条件。这些条件包括：信息的公开和双方的坦诚，各方对另一方需求的敏感性，信任别人的能力，双方维持灵活性的愿望。由于许多组织文化和组织内环境并不以开放、信任、灵活为特点，因此，谈判常常建立在为赢而不惜付出任何代价的动力基础上也就不足为奇了。

📖 小阅读：双赢谈判

有一天，甲和乙在为分一个橙子而争执。

甲说：我来切。

乙说：你会切成一大一小两块，从而对你自己有利。

甲说：你切也会有同样的问题，我也没办法信任你。

两人一直争执不下。最后，为了公平起见，甲获得了"切权"，乙获得了"选权"，即由甲来切橙子，由乙先选择切好的橙子。分完后，甲却只要了他那一块的橙皮而将橙肉丢掉，乙则只要了他那一块的橙肉而将橙皮丢掉，都造成了资源浪费。之所以会出现这种资源浪费的现象，是因为谈判双方在谈判中并未表明自己真正的需求期望。结果表面上虽然皆大欢喜，事实上却不太理想。只解决了表面上的公平，并未达到真正的双赢。

改善：甲表明自己真正需要的是橙肉，好用来制作橙汁。乙表明自己真正需要的是橙皮，好用来制作香料。结果，甲得到全部的橙肉而乙得到全部的橙皮。以这种分法，会使整个橙子不被浪费，使两人真正实现双赢。

新状况：如果甲、乙两个人都想喝橙汁，而没有人要橙皮该如何处理呢？这时可使用"谈判议题整合法"，即不要只谈这个橙子，可以把其他问题一起拿出来谈。

甲可以对乙说：如果你把整个橙子给我，你上次欠我的糖就不用还了。（其实，甲的牙齿被蛀得很严重，已经不能吃糖了。）

乙想了想，很快就答应了，因为乙刚刚得到五块钱，本来打算买糖还给甲，现在就可以省下来玩电动游戏了。"比起打电动游戏，谁在乎这酸溜溜的橙汁呢？"乙心想。

于是乙决定把整个橙子让给甲，省下五块钱去打电动游戏。

资料来源：作者根据公开资料整理。

分配谈判就是有输有赢的谈判，一方所得就是另一方所失。谈判之所以能够成功，就在于双方的目标都有弹性并有重叠区存在，重叠区就是双方和解并达成协议的基础。综合谈判就是谈判要找到一种双方共赢的方案。这种谈判要求双方对另一方的需求十分敏感，各自都比较开放和灵活，并且双方都对另一方有足够的了解和信任。在此基础上，通过开诚布公的谈判，双方就可能找到双赢的方案，从而建立起牢固的、长期的合作关系。

二、阻碍有效谈判的决策偏见

最近的研究表明，有七种决策偏见阻碍了个体从谈判中获得最大可能的效益。

1. 承诺的非理性增加

人们倾向于按照过去所选择的活动程度继续工作，而不是采用理性分析的方式。这种不当的坚持浪费了大量时间、精力和金钱。过去已付出的时间、精力和金钱是沉没成本，它们不可能再重新获得，并且在对未来的活动进行选择时也不应被考虑在内。

2. 虚构的固定效益观念

谈判双方常常以为他们的效益必定来自另一方的代价。而在综合谈判中我们看到情况并不一定如此，经常可以找到双赢的解决办法。但是，零和的观念（输—赢）则意味着丧失了双方均可能获益的谈判机会。

3. 固定与调整

人们常有一种倾向，即将自己的判断停留在无关信息，如最初的报价上。事实上，很多因素影响着人们进行谈判时最初所持的看法，这些因素常常是无意义的。有效的谈判者不会使自己受到固有看法的限制，从而使自己的信息量及评估环境的思考深度降低，在谈判中也不会因对手较高的报价而给予过多的重视。

小阅读：校内图书馆的争论

校内图书馆里，一个人要把窗户打开，而另一个人则要把窗户关上。他们吵来吵去，最后把窗户开多大呢？开一条缝，一半，还是3/4？找不到两个人都满意的办法。

这时，图书管理员走了进来，问那个坚持要把窗户打开的人为什么要那样做，那个人回答说："想要呼吸新鲜空气。"接着，图书管理员又问另一个人为什么要把窗户关上，那个人回答说："想要避免穿堂风。"管理员思索了片刻，打开了隔壁房间的一扇窗户。这样，新鲜空气进来了，同时又没有穿堂风。

发生在图书馆里的这个故事在谈判中很典型，双方的争论聚焦于是否开窗、开多大上，而这实际上并不是问题的本质，因此对谈判而言毫无意义，双方受此限制使谈判陷入僵局。而管理员明智的解决办法，是对双方利益给予更多关注，统一双方的利害关系。

资料来源：作者根据公开资料整理。

4. 构建谈判

人们很容易受到信息提供方式的影响。比如，在劳资合同谈判中，假设你的员工目前每小时可得30元，工会希望再提高4元，而你则打算只提高2元。那么，如果你能成功地在谈判中阐述每小时提高2元的益处（与当前的工资相比），达到谋求双方共同利益的目的，而非造成损失，工会的反应会截然不同。

5. 信息的可得性

谈判者常常过于依赖已有的信息，却忽视了更为相关的资料。人们经历过的事实或事件常常很容易被记住，在他们的记忆中这些是更"易于得到的"。另外，越生动的事件也越容易被记住或想象。那些由于其熟悉性或生动性而被记住的信息，可能常常被理解为是值得信赖的东西，即使它们不具备这样的条件。因此，成功的谈判者要学会区分哪些是他们在情绪和情感上熟悉的信息，哪些是可靠且相关的信息。

6. 成功者的苦恼

在很多谈判中，一方（通常是卖方）比另一方拥有更多的信息。但在谈判中人们总是倾向于认为自己的对手很迟钝,对有价值的信息表现得无知。成功者的苦恼反映出了谈判结束之后一方常感到的遗憾。你的对手很快接受了你的报价,这表明你的报价应该更高。你可以通过尽可能多地获取信息并将自己置身于对方的位置上来减少这种"苦恼"。

7. 过于自信

前面的许多偏见可以综合在一起而使一个人对自己的判断与选择过于自信。当人们拥有某种信念和期望时,倾向于忽视与之相矛盾的其他信息,其结果导致谈判者过于自信,这反过来又降低了折中的可能性。缓和这种倾向有两种办法:一是认真细致地考虑合格顾问的建议,二是从中立者那里了解自己客观的位置。

三、谈判技巧

1. 倾听

谈判沟通中存在多重利益,谈判者要理解、识别对方的真实意图和利益,以免激怒对方导致其进行防卫。要做到这一点有一个重要手段就是倾听。我们在本书项目六中已经对倾听进行过分析。在这里,我们要强调的是倾听对于谈判沟通来说是影响到双方利益的行为,需要加以重视。

首先,双方在沟通的过程中要耐心地倾听对方的阐述,不要随意打断对方发言,否则会不利于完整充分地了解其意图。同时,不要猜测对方的意图,在对方说完之后自然就能了解了。其次,要对发言做出积极回应。谈判沟通的目的是要达成理解,不仅要有耐心,更要做理解对方的听众。最后,结合从其他渠道获得的信息,综合起来进行理解,辨清真伪,判断对方的真实意图。

2. 提问

提问是谈判中获得信息的基本方式,提出好的问题可以使谈判者获得关于对方观点、支持性论据和真实需求的大量信息。

提升提问效果的关键是要解决三个问题,即问什么、何时问及怎样问。一是把握提问的时机,注意提问的速度。在对方对一个问题的回答未结束前,不急于问下一个问题。谈判者受情绪的影响在所难免。谈判中,要随时关注对手的情绪,在你认为适当的时候提出相应的问题。例如,对方心情好时,常常会轻易地满足你所提出的要求,而且会放松戒备心理,透露一些相关的信息。此时,抓住机会,提出问题,通常会有所收获。二是有准备地提问和随机提问相结合,提问后,给对方以足够的答复时间。在正式开始会谈前,应进行提问设计,列出自己在谈判中需要提出的主要问题,并对提问时机、人选、方式等进行预先筹划;在谈判过程中,要根据自己对对方的观察,总结对方已有的表现,调整提问的内容和方式。三是合理进行提问的人员分工。在一个谈判小组内,如果总是由一个人提问,有可能让提问者成为对方攻击的目标。因此,应根据谈判小组各成员的知识结构、性格特点进行合理分工。四是善于追问。对对方回答不完整或故意避而不答的问题,要有耐心追问,或交换角度继续提问。五是要以诚恳的态度来提问。当直接提出某一个问题,而对方或是不感兴趣或是态度谨慎而不愿展开回答时,用诚恳的态度来提问会激发对方回答问题的兴趣。六是在谈判中一般不应提出下列问题：带有敌意的问题，涉及个人隐私以及敏感性的问题，直接质疑对方人品和信誉方面的问题（这方面可以采用其他途径获取信息）。

 小阅读：恰当提问获取信息

　　男孩与女孩要结婚了，女孩想要办一场豪华婚礼，男孩持不同意见，但直接表达出来又怕引起对方不满。于是，男孩给女孩算了一笔账："完全按照你的意愿，酒席 32 万元，新房装潢和家具等 12 万元，蜜月旅行、婚车、喜展鞭炮、礼品等 20 多万元，加起来要 60 万—70 万元。"然后他告诉女孩："现在我有 12 万元的存款，每月工资结余 1 万多元，一年大概存 14 万元。"接着，男孩提问："你看咱们是不是 5 年后，等到 35 岁攒够这笔钱再结婚？"女孩沉默了，男孩又问："要不先贷款，然后再用 5 年的时间还贷？"女孩也不满意，这时男孩趁势说道："35 岁结婚太晚了，背着贷款也不舒服，你看咱们是不是哪里可以节省点？"就这样，女孩很轻易地就同意了。

　　资料来源：改编自寒斌编著，《高效谈判口才与技巧》，北京：中国纺织出版社有限公司，2021 年。

3. 回答

　　谈判中回答不当，容易出现两种不利局面：一是对方将你的回答视为缺乏诚意，不值得信赖的；二是你的回答令对方误认为是你的承诺，从而使你在后面的谈判中负担过重，处于不利的地位。要避免以上局面就要了解回答的基本技巧。一是正面直接回答。对对方询问的某些问题，在不涉及商业机密或会陷于被动的情况下，可以采用这种方式。但由于谈判可能出现复杂的情况，因此不能对所有问题都直截了当地回答。二是不完整回答，即对提出的问题，在回答时只答其中的某一方面或某几个方面，而不作完整回答。三是不确切回答。不做完全肯定或完全否定的答复。答复宽泛，弹性大，不直接回绝，同时也不会使自己承受过多约束。四是不回答。如果对对方提问的答复超出了谈判者的权力范围，或是对方的问题很难回答，可以采用转移话题和寻找其他借口的方式不予回答，如尚需讨论、需请示等，应表明自己目前不能对对方的提问做出答复。

4. 辩论

　　辩论的过程就是通过摆事实、讲道理，说明自己的观点和立场。为了能更清晰地论证自己的观点和立场，要运用客观材料以及所有能够支持己方论点的证据，以提升自己的辩论效果，反驳对方的观点。

　　辩论要机敏、严密，逻辑性要强。谈判中辩论往往是双方进行磋商时遇到难解的问题时才发生的，任何一场成功的辩论，都具有辩路机敏、逻辑性强的特点，为此，谈判者要培养自己的逻辑思维能力，以便在谈判中以不变应万变。在辩论过程中，要有战略眼光，把握大的方向、大的前提以及大的原则，不在细枝末节问题上与对方纠缠不休，但在主要问题上一定要集中精力，把握主动权。此外还要注意文明谈判，不论辩论双方如何针锋相对，争论多么激烈，都切忌用侮辱诽谤、尖酸刻薄的语言进行人身攻击。

知识链接：共赢思维

最好的谈判思维是共赢思维，共赢能让各方获得的收益比任何一方单独获得的收益都要大，这正是资源共享和合作带来的优势。共赢思维是人与人、人与物之间更和谐、更持久的共处方式，万物互联、相得益彰，互惠互利、共同发展。中国古代的道家思想体系里面就体现着共赢的思想，《道德经》有云："天长地久。天地之所以能长且久者，以其不自生，故能长生。是以圣人后其身而身先，外其身而身存。非以其无私邪？故能成其私。"大致意思是，天地是长久存在的，之所以长久是因为它们的运行、存在不是为了自己。因此，圣人把自己摆在后面，结果反而能保全自己，反倒达到了他自己的目的。《道德经》用朴素的辩证法阐明了利他能够转化为利己，从而达到共赢的局面。

和谐共赢也是中华民族传承和追求的关系理念，"和"是相互关系中比较满意的状态，"谐"是妥协共处的状态，所以谈判双方在谈判中应该建立起信任关系，秉持共赢原则进行沟通，让谈判符合各方利益和未来发展。在谈判过程中，谈判双方实现共赢大致有四个途径：

第一，坚持共赢的理念与对方进行有效沟通。在进行谈判之前，谈判者应当获取有关对方尽可能多的信息，并且对这些信息进行筛选分析。在谈判过程中，谈判双方就彼此的利益需求进行有效的沟通是十分必要的。当双方都达成共赢的理念时，谈判就不会很盲目，双方可以根据彼此利益的侧重点寻找共赢的方案，共同解决影响双方利益的因素，使双方的利益都能达到最大化。

第二，替对方着想。谈判者在提出交易条件时，也得为对方考虑。如果某种商品包装不同时，销路也不一样，卖方可以主动为买方提供销路好的包装。如果成本相差不大，卖方可以不提高价格；如果成本较高，卖方可以向买方做出解释，提出加价要求。这样买方会更容易接受，而且对卖方也会产生好感。

第三，适当地让步。谈判中产生利益冲突是很常见的，解决冲突的方法之一就是让步。在做出让步时，既可以让对方产生满足感，又对双方的长远发展有重要的作用。当然，让步也是要讲究技巧的，不要做无谓的让步，而要让对方感觉自己做出的让步已经很艰难了。而且让步是有底线的，如果己方利益很少，那么这场谈判或许就没有多大意义了，实现共赢的可能性就很小了。

第四，进行利益交换，从而达到互惠互利的目的。在商务谈判中，价格往往是双方争论的焦点。当双方在价格上不肯让步时，很容易导致僵局。这时可以引入新的谈判条件，如付款方式、付款期限、交货期限、交货方式、风险保证等。当买方坚持不肯提高价格时，卖方可以让买方采用远期付款的形式，尽早交货。这些条件对买方来说也有很大的利益，因此买方会更容易接受卖方的价格。

谈判不仅是商务谈判桌上的较量，生活中意见不一致的沟通，也可以看作一场小型谈判，所以，任何一个想和上司、合作伙伴、同事、家人、朋友、孩子处好关系的人，都可以借鉴商务谈判中实现共赢的途径，在谈判过程中处理好各种关系，把共赢理念落到实处，实现双方的互惠互利。

资料来源：作者根据公开资料整理。

思考·讨论·分析

1. 回忆你最近参与的一场谈判,采用的是哪种策略?你认为哪种策略更容易?

2. 阅读下面的材料后,根据本章的内容,把自己代入经理的角色中与满腹牢骚的被解雇员工进行谈判。

"我简直不敢相信,你竟然坐在这儿说'这与私人恩怨无关'。10年了,我已经在这家公司工作10年了!我夜以继日地努力工作,不仅完成了本职工作,还做了许多额外工作!10年来,我每年的业绩考核分数都是很高的。怎么突然间我就一无是处了?我只收到了一封电子邮件,告诉我下周一不用来上班了!还要清空办公室的桌子和柜子?这公平吗?我为公司奉献了10年,而你们却要像丢垃圾一样丢掉我?我从没有迟到早退过;我是一个模范员工,在代表公司的许多时刻我都表现优异。我跟你说,你必须收回对我所做的一切。"

任务五　进行会议沟通

工作任务:准备会议沟通

大学刚毕业的小李应聘到一家公司做行政秘书。有一次,公司准备召开"管理培训会议",会议的组织安排工作自然就落在小李身上。小李一时傻了眼,虽然毕业于名牌大学的中文系,但是她对会议策划组织方面的知识却不甚了解,感到无从下手。于是,小李到办公室虚心向一位经验丰富的秘书求教。该秘书听后耐心地告诉小李:秘书工作主要是"三办",即办文、办会、办事,所以,根据会议不同的要求、目的,搞好会务工作是秘书的一项常规性而又重要的工作。一般来说,遇到公司要开会,秘书主要是要搞清楚开什么会,确定怎么开会,选择开会时间和地点,此外还要考虑参会人员名单等。会议对于公司更好地开展工作起着相当大的作用。会议具有多样性,不同的会议目的,就会有不同的会议组织工作,即使是摆放桌子,不同的会议要求也不一样。像小型日常办公会议,桌子就可以摆放成椭圆形或"回"字形;如果是一些茶话会、宴会等,一般可摆放成"星点形"。一些大型会议还需要做好会前的策划准备工作、会中的服务工作和会议的善后工作,环节较多,也比较复杂,所以就要求秘书尽量策划周密、服务到位……小李听后茅塞顿开,积极地去筹备会议了。

资料来源:改编自杨英编著,《管理沟通》,北京:北京大学出版社,2020年。

思考:

你认为小李该为这次会议准备些什么?

任务分析

会议作为管理者相互沟通的一种手段,在现代管理中的作用举足轻重。英特尔原首席执行官安德鲁·格罗夫(Andrew Grove)曾说过:"会议是管理工作得以贯彻实施的中介手段。"万科前总裁王石也曾说过:"我如果不是在开会,就是在去往下一个会议的路上。"因此,小李要在会议召开之前明确会议类型,根据会议目标来确定会议议题等,并且学习如何进行会议沟通和掌握开会的技巧。

 知识解析

一、会议的含义

人们通常把会议简称为会。严格来说,聚而不议(不讨论、不交换意见或看法)者谓之"会",聚而又议(讨论、协商、交换意见)者称为"会议"。分析上述关于会议的定义,可以看出它包含下述五层含义:

第一,会议是人类社会发展的产物。会议同人类社会的其他社会现象一样,是人类历史发展的产物,也是人类群居生活习性的产物,普遍存在于人类各种社会形态之中。早在人类原始氏族社会时会议就已经存在了。随着社会的发展、人类文明的进步,会议在现代社会中的地位不断提高,作用不断增强,已经成为不可缺少、不可取代的一种活动形式,这是人类所共知的事实。

第二,会议是人类社会的一种集体活动形式。会议的定义中明确指出,会议必须是至少两个人的活动。在这样的集体活动中,大家就某个问题充分地发表自己的意见并进行讨论,然后根据讨论的情况进行进一步的决策。

第三,会议是有组织的集体活动。单独几个人的聚会,不讨论问题,不叫会议;为了解决某个或某些特定的问题,但却是某个人的单独思考也不叫会议,必须是二者皆有才叫会议。

第四,会议是有目的的集体活动。任何会议的进行都是有目的的,而不是漫无边际的。开会通常是为了解决一个或多个特定的问题。

第五,会议是短时间聚集的集体活动形式。会议的召开一般有一个时间限制,在日常生活中,除了特殊情况,一般的会议时间是以小时来计算的,充其量是以天来计算的。所以,从总体上说,会议是一种短时间的集体活动。

二、会议的种类

会议依照目的及性质的不同大致可分为五大类:

1. 宣达会议

此类会议的目的主要是将重大的决策、规定或情报告知有关人员,由于没有文书转达的误解,并能立即解答疑问,因此是管理者最常采用的一种会议方式,这类会议中主席扮演着信息提供者的角色。

2. 检讨会议

此类会议的目的是控制各部门的工作进度及质量,同时让与会者了解其他单位的现状,主席的主要职责在于检核进度、发觉异常。

3. 协调会议

此类会议之所以召开主要是因为部门间发生冲突，或者需要众多单位配合实施，主席的主要职责是控制发言顺序。

4. 解决问题会议

此类会议的主要目的是集思广益，共商可行办法，主席的主要职责是鼓励参与、确认对策。

5. 搜集意见会议

此类会议的主要目的是获得与会者的意见，因此主席只扮演触媒的角色，尽量创造热烈的发言气氛。

三、哪些情境适宜会议沟通

如下的几种情境宜采用会议的方式进行沟通：

（1）需要统一思想或行动时（如项目建设思路的讨论、项目计划的讨论等）；

（2）需要当事人清楚、认可和接受时（如项目考核制度发布前的讨论、项目考勤制度发布前的讨论等）；

（3）传达重要信息时（如项目里程碑总结活动、项目总结活动等）；

（4）澄清一些谣传信息，而这些谣传信息将对团队产生较大影响时；

（5）讨论复杂问题的解决方案时（如针对复杂的技术问题，讨论已收集到的解决方案等）。

四、如何进行会议沟通

1. 选择会议沟通模式

会议沟通模式的选择对会议效果有很大的影响。适当、有效的沟通模式，不仅可以使会议取得好的效果，也能给与会者创造一份好的心情。这些沟通模式，就是与"谁发言？历时多久？""他对谁讲话？与谁交谈？"以及"其后是谁发言？有几位？"等有关的问题，这些问题都是会前应该事先明确的。

2. 明确会议目的

任何会议都是有目的的，主席在筹备会议时应问问自己"举行会议要达到什么目的"，是信息共享、动员激励、信息传播还是问题解决或决策制定？这一目的应是具体的、明确的。有人认为，会议中应使有关主题的各种意见都得到充分阐述。在确定主题、目标时，也应考虑各种不同意见及客观制约因素，可能的话，还应对目标进行分类、分解。

3. 确定与会者构成

确定与会者的首要原则是少而精。若是信息型会议，应该通知所有需要了解该信息的相关人士都参加。若是决策型会议，则需要邀请能对问题的解决有所贡献、对决策有影响的权威,以及能对执行决策做出承诺的人参加;同时,需要向某些未在会议邀请之列的关键人士说明原因。表 11-5 列出了参考会议规模。

表 11-5 参考会议规模

会议目的	参考与会人数
决策制定和关键问题解决	5
问题识别或头脑风暴	10
研讨会和培训班	15
信息研讨会	30
正式报告会	不限

4. 做好会议的筹备工作

(1) 确定会议主题和目标。会议的筹备是从分析会议的主题与必要性开始的。一般来说,一种可能的原因是工作中出现了问题,通过开会研究解决问题的方案;另一种可能的原因就是前瞻性的会议,为了解决将来工作中可能出现的问题。会议的主题一般就是解决这两类问题。围绕着会议的主题,应当设置一个比较具体的并且经过努力能够达成的目标,如统一认识、达成协议等。应对会议的必要性进行评估,只有当大量的信息需要在短时间内扩散到较大范围并且需要多方协商时,才有必要召开会议。

(2) 制订会议活动计划。会议活动计划中可列出会议主题、目标、与会者、会议时间、会议地点等。计划中,还应确定详细的会议筹备工作程序与安排。一般的会议筹备工作有三个方面:一是人员的筹备,包括主席、参加者、列席会议者以及服务人员等;二是会议的物资准备,如食宿、交通、器材设备、会场布置等;三是会议内容的准备,包括会议的形式、宗旨、文件、宣传材料等。另外,在会议计划中,还应详细地提出一系列有助于达成会议目标的措施。

(3) 制定会议议程。确定了会议的必要性和主题之后,要制定会议的议程。会议的议程即会议中所讨论问题的先后顺序。后面对此有详细论述。

(4) 发送会议通知。会议通知原则上要以文字形式呈现。发送通知时,要把请对方答复是否出席的邀请函一并发出。在会议通知上,要写明以下事项:会议名称、会议召开以及结束的预定时间、会议目标、会议议题、会议场所(附导向图)、对方答复是否出席的期限、主办方及联络方式、会场有无停车场和其他事项(如有无会议资料、有无就餐安排等)。会议通知要及时发出。

(5) 会场布置安排。会场布置安排包括以下三个方面:

会场的选定 确定会议地点一般应遵循交通方便的原则,可能的话,应选择离与会者工作或居住地较近的地方,以保证与会者能方便及时地赶到。会场应该能够适应会议的级别和与会者的身份,不能太简陋,当然也不必太奢华,应符合经济实用的原则。会场应大小适宜,有良好的通风设施。会场的照明状况同样很重要,光线明亮会使人精神振奋,提高会议效率。

会场内设施的准备 会场内应配备与会议有关的设施,包括黑板、粉笔,以便与会者板书;电源、银幕、投影仪、幻灯设备,用以展示会议的背景资料及议程大纲;扩音设备,这一点在较大型的会议中尤为重要,倘若与会者听不清会场上其他人的发言,那将是一次非常失败的会议;录音设备,可记录会议的实况。此外,还有其他一些基本的条件,如桌椅、茶水等。

会场的布置 举行会议,必须根据会议的目标、人数、会场的大小等情况恰当地布置会场。会场布置包括两个问题:一是座位的布置,二是与会者的位置安排。会场座位布置应符合会议的整体风格和气氛。而对于与会者的位置安排,一般应在最容易看到会议主席和黑板的区域,最好能在会议主席面对的墙壁上挂一个醒目的挂钟,以便其掌握会议进程。另外,在与会者彼此不熟悉的情况下,应在每个与会者面前的桌子上摆放其姓名牌,以便互相结识或了解。

5. 明确会议议程

"议程"一词来源于拉丁文,意为"必须做的事",因此人们一般也就把会议议程定义为"在会议期间要考虑的事务"。

美国通用汽车公司前总裁托马斯·墨菲是一位成功的公司管理者,他说:"会议的议程必须事先准备妥当,并分发给与会者,这样可以使他们心中有数,做好倾听、发言的准备。必要时还可以向与讨论议题有关的部门收集信息,以便会上提出准确的数据和资料。"确实,会议议程具有重要作用。你会发现,花些时间准备一份议程,有利于达成会议目标、提高会议效率,使每一个与会者聚精会神。

制定会议议程是主席的职责,在会议举行前就要决定好要讨论事务的内容和顺序。在发放议程时,必须有要讨论事务所需要的支撑材料。会议议程上应标明:会议时间(开始时间、结束时间)和地点,会议目的,会议议题的顺序。会议议题所需的支撑材料往往会影响会议议程与实际开会的间隔时间。例如,若支撑材料庞大、内容复杂,那么一周的间隔时间也就够了;支撑材料不多或没有那么多议程,开会前两三天发出即可。当然,会议议程发放过早与保证出席会议并无必然关联,因为有的与会者会丢失或忘记会议议程。而会议目的也有必要在此强调,以促使与会者对此加以重视。会议议题的顺序对会议的顺利举行也有重要影响。表11-6是一份会议议程实例。

表11-6 会议议程实例

M 计算机公司一号项目第六次检查会议

日期:2023年12月1日,星期五
时间:下午2:30—3:45
地点:B大厦第二会议室
会议目的:检查一号项目进展情况

(续表)

议程
1. 了解公司第四季度的销售情况；
2. 回顾上次会议记录；
3. 解决上次会议记录中提出的问题；
4. 听取××关于 CPU 进展的报告；
5. 听取××关于 Case 设计进展的报告；
6. 听取××关于软件进展的报告；
7. 确定下次会议的日期、时间、地点。

附件
1. 软件进展报告，第七号；
2. Case 设计进展报告，第二号；
3. 关于软件问题的短文。

6. 做好会议记录

对于一些正规的会议，如法庭审讯、国家有关行政部门召开的办公会议、公司股东大会或董事大会等，详细、准确地记录会上的发言以及讲话者是谁是非常重要的，可以在将来发生争端或是有参照请求时使用。对这类会议的程序和内容都应进行记录、录音、出版或收藏。一般地，主管级会议极少要求那么正式的录音记录，仅限于记录达成了什么协议、谁对某项行动负责、重要的时间节点等。

会议记录应包括显示内容的信息：哪些人出席了会议，哪些人受邀但没有出席，会议何时在何地举行。在做会议记录时，上述内容应按段落章节编目，以便将来查找；使用简洁的标题；以短句概括性记录讲话的核心内容，谁讲的话，做出了什么决定等。表 11-7 是一个比较典型的会议记录形式实例。会议记录应及时地发送给主席和与会者，必要时也可以发送给新闻宣传机构。

表 11-7　会议记录形式实例

M 计算机公司一号项目第六次检查会议记录

时间：2023 年 12 月 4 日（星期一）下午 2:30
地点：B 大厦第二会议室
主持人：庄子期
记录人：钟楚义
参加人员：庄子期(主席)、周亦梅、周敏、唐婉、钟楚义
缺席人员：李杰、张明、吴倩
会议议题：
1. 上次会议情况回顾以及问题梳理情况；
2. 本月进展以及要求。
记录内容：
庄子期(主持人)：上次会议记录中提出的问题一是……二是……三是……
周亦梅：有关客户仍在度假，所以没能邀请到他们来参加会议。在有关客户度假归来后将邀请他们参加下次会议。

(续表)

庄子期(主持人):下面汇报本月进展情况……
周敏:软件发展已在目标之列,有望在三月底前完成第二版。然而,仍存在吴倩对制图程序可行性不予协作的问题。
庄子期(主持人):周敏与吴倩会谈,由唐婉解决问题。完成的时限定为2023年12月21日。下次会议的时间、地点拟定于2024年1月8日(星期一)下午2:30在B大厦第二会议室。
本次会议结束。

五、有效开会的技巧

1. 会议开始的技巧

好的开端等于成功的一半。会议顺利开始,则为会议的成功举行打下了良好的基础。会议开始时,主席应尽力吸引与会者的兴趣,满足与会者的需求。有时与会者之间并不相识,需要做些必要的介绍。常用的介绍方法有:

(1) 自我介绍。与会者分别做一下简短的自我介绍,说明自己的姓名、身份、背景情况等。这种介绍可以是按一定次序进行的,也可以是随意的、无序的,介绍时,通常应起立、脱帽。

(2) 互相介绍。这种介绍将自我介绍与他人介绍结合起来,通常按照座位次序或事先编排好的次序进行。

(3) 主席介绍。由会议主席一一介绍参加会议的人员情况,这一方法适用于主席对与会者的姓名、身份比较熟悉时。介绍到哪一位与会者时,被介绍的人应起立(戴帽者须脱帽)向大家点头示意。

(4) 名片介绍。通过与会者相互递交名片进行。名片通常印有姓名、身份等内容,呈长方形,长9—10厘米,宽5—6厘米,男子的可略大些,女子的可略小些。名片的颜色可以是白色、米黄色、浅灰色或浅蓝色等,在左上角常用较小的字体写明身份、职务,名片正中用较大的字体印出姓名,左下角和右下角可印上地址、邮编、电话等。

在介绍了与会者的情况之后,应设法使会议进入正题,具体方式有两种:一种是比较正式的会议,可以由会议主席或其他重要人物的正式讲话开始;另一种是非正规的、非正式的场合,可由会议主席用一个与会议主题有关的故事或玩笑引入。

2. 会议进行中的技巧

表11-8列出了不同类型问题的特点,并列出了相应的处理技巧。

表11-8 不同类型问题的特点及处理技巧

问题类型	问题特点
棱镜型问题	把别人提出的问题反问给所有与会者。例如,与会者问:"我们应该怎么做呢?"这时可以说:"好吧,大家都来谈谈。"
环型问题	向全体与会者提出问题,然后每个人轮流回答。例如:"让我们听听每个人的工作计划,小王,由你开始。"

(续表)

问题类型	问题特点
广播型问题	向全体与会者提出一个问题,然后等待一个人回答。例如:"这份财务报表中有三个错误,谁能够纠正一下?"这是一种具有鼓励性而没有压力的提问方式,因为没有指定人回答,所以大家不会有压力。
定向型问题	向全体与会者提出问题,然后指定一个人回答。例如:"这份财务报表存在三个错误,谁来纠正一下? 小王,你说说看。"提问后可以给被问及的对象一定的准备时间。

3. 会议结束的技巧

(1)总结主要的决定和行动方案以及会议的其他主要结果。

(2)回顾会议的议程,表明已经完成的事项以及有待完成的事项;说明下次会议可能的议程。

(3)给每位与会者一点时间做总结发言。

(4)就下次会议的日期、时间和地点达成一致意见。

(5)对会议进行评估,在一种积极的气氛中结束会议。可以向每位与会者表示感谢和赞赏,最后大声地说"谢谢各位"来结束会议。

六、会议主席的沟通技巧

会议主席处于会议控制的核心位置,因此,会议主席对会议控制的技巧、对会议的结果具有重要影响。会议是多人进行沟通的场合,在开始时即营造出良好的或适宜的会议氛围对其顺利开展十分重要,这就需要会议主席具有较熟练的沟通技巧和丰富的会议主持经验。

 互动话题:会议中的争论

某高校科学馆会议厅内正在召开"中国 21 世纪的管理教学发展趋向"研讨会。会议进行期间,就 MBA 教育的发展方向问题,与会者提出了不同的看法:有的人认为 MBA 教学应以案例教学为主;有的人认为应以理论修养的培养为主;也有的人主张像哈佛商学院那样采用大量的案例教学,甚至可以取消传统的教师讲解的形式……这些不同的观点针锋相对,眼看讨论时间将近尾声,会议主席却很难把控会议局面。

资料来源:作者根据公开资料整理。

问题

现在如果你是这次研讨会的主席,面对这种不同主张分立的局面,你该如何应对?你又该如何就研讨的问题做出总结?

1. 议程的控制

如果会议中设有司仪,那么议程由司仪宣布,但是议程转换的决定权却在会议主席手中。一般会议的议程应包括主席宣布会议开始、报告出席人数、报告会议议程、宣读上次会议记录、报告上次决议案执行情况、宣布本次会议预定讨论事项、临时动议、宣读决议事项、宣布会议结束等程序。

2. 时间的掌握

马拉松式的会议通常达不到良好的效果，一般的会议最好不要超过两个小时，否则与会者会身心俱疲，根本无心参会。因此会议主席必须有时间观念，在会议前就宣布此次会议的预定持续时间，并在计划时间内达成会议目标。

3. 问题的澄清

会议中所讨论的问题往往不够明确，例如："目前工厂交货不顺利的问题该如何解决？""是所有的货都不顺利还是少数几样？""所谓的交货不顺利不是指生产落后抑或品质发生问题吗？"这些问题如果能以明确的数据或事实加以描述，将可以使问题具体化，避免牛头不对马嘴的讨论。

4. 争论的解决

会议中难免出现争论，如果争论得不到及时解决，将会影响后续的议程，因此会议主席如果发现争论过于冗长无法解决，应适时介入，或者做出表决，或者延后至下次的议题中继续讨论。

5. 避免讨论离题

会议中讨论离题是常有的事，有的人借着会议大吐苦水，有的人则在鸡毛蒜皮的事件上大做文章，此时会议主席应委婉制止，将讨论拉回正题。

6. 防止少数垄断

会议中难免有些人态度较为专横，气势凌人，频频要求发言，此时会议主席应让其他人有发表意见的机会。

7. 决议的确认

会议中决议若未经最终确认，经常会船过水无痕，只被当成意见而不被视为决议来认真执行，甚至发生混淆，与当初的决议大相径庭，因此会议主席有必要对决议予以确认。

8. 吸引注意力

一般的会议并不如头脑风暴会议那样热烈有趣，因此并非人人都有参与的兴趣，所以如何吸引与会者的注意力、避免有人打瞌睡或私下聊天也是会议主席的工作。

9. 鼓励参与

会场开放而热烈的讨论气氛是会议成功的基础，如此才能充分收集各方的意见，因此会议主席应创造一个民主、开放、自由的讨论空间，让每个人都畅所欲言。

10. 维持会场秩序

开会最怕有人不遵守规定，例如随意走动、私下聊天、任意发言等，因此会议主席必须随时制止任何破坏会议进行的行为。

自我评价：会议主席自我评估表（见表11-9）。

表11-9　会议主席自我评估表

我知道这次会议要达到的目的	1 2 3 4 5 6 7	我不知道为什么举行会议
我至少在会前两天发出会议议程	1 2 3 4 5 6 7	我在会上发放会议议程
我选定与会者或影响对与会者的选择	1 2 3 4 5 6 7	我让与会者所在的各部门代表决定
我检查会议室及其布置情况	1 2 3 4 5 6 7	开会时我才去查看会议室及其布置情况
讨论中我概括总结相关要点	1 2 3 4 5 6 7	我让与会者自己做出总结
我不打断会议进程	1 2 3 4 5 6 7	我经常打断会议进程
我提相关的、公开的问题	1 2 3 4 5 6 7	我提无关的、保密的问题
我感到轻松且精力集中	1 2 3 4 5 6 7	我感到紧张且难以放松

评分

如果你的得分为27分或以下，说明你的会议主持得很好，如果得分在36分以上，则预示着你在会议主席角色方面可能存在某些问题。

七、如何参加会议

要以积极的态度做好参加会议的准备。

1. 参加会议前的准备

当你接到会议通知时，首先要考虑以下几个问题：

（1）与会者有哪些人？不同的与会者将会影响会议的进行及结果，从与会者名单亦可预测会议中将会有哪些意见被提出，如果阻力大于助力则应尽早安排对策。

（2）会议的目的是什么？会议有各种不同的召开目的，有的是老调重弹，有的是为了集体分担责任，也有的是为了找到最佳的创意，根据不同的会议目的应早做准备。

（3）应准备哪些资料？会议中如果需要报告，或者可能被问及相关事项，就必须在事前准备，才能给人留下专业的印象。有时如果预知会议中将产生争议，亦要在事前搜集佐证的资料，这样才有可能说服对方。

2. 会议中应注意的事项

（1）提早到达会场。开会迟到是一种极不礼貌的行为，同时也会给人留下不好的印象，开会时如果提早到场，不仅可以选择较佳的座位，同时也可以和其他与会者先行交换意见，搜集必要的情报。

（2）不要中途离席。除非万不得已，否则，不要随意中途离席。中途离席不仅失礼，同时也等于宣布放弃表达意见的权利。

（3）仪容要整洁。一个人的魅力不仅可以从谈吐中表现出来，也可以经由仪容仪表显露出来,因此参加会议一定要特别注意自己的仪表。

（4）发言要简明扼要、切中主题。所谓"行家一出手,便知有没有",过于冗长拖沓的发言往往令人不知所云。

自我评价：与会者自我评估表(见表11-10)。

表11-10　与会者自我评估表

我清楚召开会议是要达到什么目的	1 2 3 4 5 6 7	我不知道为什么要召开会议
我在会前已浏览了议程和附件	1 2 3 4 5 6 7	我开会时才看会议议程
我与其他与会者交流了对主要议程的看法	1 2 3 4 5 6 7	我在会上了解与会者的看法
我已告诉会议主席我支持议程上的某个议题	1 2 3 4 5 6 7	我在会上告诉会议主席我的观点
我讲话清楚简洁、有逻辑	1 2 3 4 5 6 7	我随意漫谈并进行无谓评论
我不打断会议进程	1 2 3 4 5 6 7	我经常打断会议进程
我提相关的、公开的问题	1 2 3 4 5 6 7	我提无关的、保密的问题
我提出解决问题的新方法	1 2 3 4 5 6 7	我只关心自己的事
我感到轻松且精力集中	1 2 3 4 5 6 7	我感到厌烦、紧张且难以放松

评分

如果你的得分为30分或以下,看来你的参会状态良好;若得分在40分以上,可能预示着你对会议本身及你在其中的角色认知存在某些问题。

思考·讨论·分析

1. 回想你认为无效的会议,找出对会议效果产生负面影响的主要因素,说明无效的计划和不合适的会议控制是怎样影响会议进程的。

2. 选择一次你必须定期出席并与工作有关的会议,设计具体的会议主持流程,说明在会议主持中,你所设计的流程如何克服会议主持中的困难。

任务六　应对突发事件沟通

工作任务:分析突发事件的沟通技巧

2008年,我国南方地区遭遇了50年一遇的水灾,而湖南是这次水灾的重灾区。但让大家感到温暖的是,时任总理温家宝连夜从北京赶抵长沙,带去了中共中央、国务院的亲切关怀。

1月29日,温家宝总理来到长沙火车站看望滞留人员。候车大厅里,温家宝与候车的旅客亲切握手、交谈。

"春节快到了,我给大家拜个早年。你们被困在火车站,没能提早回家,我表示深深的歉意。现在我们正在想尽一切办法抢修,一定把大家送回家过春节。"站在候车大厅走廊上,温家宝总理拿着扩音器向所有滞留的候车人员深情地说。

这一幕让在长沙火车站焦急等待多日的陈先生深深感动。"没有想到,总理亲自来看我们了!"陈先生原本打算乘坐的开往广州方向的客车因电网故障已经停运,抱着一丝希望,他从1月27日起就在火车站等待。

令他没有想到的是,这份坚守让他得到了一份意外的惊喜。"今天竟然亲眼看到了咱们的亲民总理,他说的话虽然不多,但我相信,国家一定正在全力解决我们的问题。"尤其得知温总理是先乘坐飞机降落湖北,深夜再转乘火车到达长沙时,许多滞留在火车站的旅客感动不已。他们纷纷表示,要全力配合和理解铁路部门的工作,共同抗击天灾。

资料来源:作者根据公开资料整理。

思考:
请从温家宝总理与旅客交谈的过程以及旅客的反应,分析突发事件的沟通技巧。

任务分析

进入21世纪,科学技术和社会经济快速地朝全球化的方向发展。人类在充分享受科学技术进步带来的成果的同时,也因破坏生态环境而遭受了惩罚,各类突发事件伴随着现代化的脚步接踵而至。

突发事件发生后,由于事件本身的模糊性与发展走向的不确定性,人们对事件的信息需求瞬间增大,在这种情况下,及时有效的沟通,可以避免或降低突发事件带来的负面影响及后果,就像上述案例一样。

通常情况下,应对突发事件应采用"过去+现在+未来"的沟通模式,如图11-9所示。

```
过去(表明态度):刚发生了什么(痛心+歉意)
现在(严肃处理):调查进展如何(公开+限期)
未来(提出希望):民众该做什么(合法+合理)
```

图11-9 "过去+现在+未来"的沟通模式

知识解析

一、突发事件沟通的概念

突发事件沟通是指在突发事件发生时,个体或组织以化解危机为目的、以沟通为手段所采取的连续的行为和过程的总和。

根据《中华人民共和国突发事件应对法》的界定,突发事件是指突然发生,造成或者可能造成严重社会危害,需要采取应急处置措施予以应对的自然灾害、事故灾难、公共卫生事件和社会安全事件。

自然灾害: 主要有气象灾害、地震地质灾害、海洋灾害、森林草原火灾、生物灾害五个类别。

📖 小阅读：气象灾害

2008年年初，中国的上海、江苏、浙江、安徽、江西、河南、湖北、湖南等20个省（自治区、直辖市）均不同程度受到低温、雨雪、冰冻灾害影响，森林面积受损，农作物受灾，房屋损坏，人员伤亡，野生动物在雪灾中冻死或冻伤。这就是典型的气象灾害。

资料来源：作者根据公开资料整理。

事故灾难：主要包括交通运输事故、工矿商贸等企业的安全生产事故、城市公共设施设备事故、环境污染与生态破坏事件等。

📖 小阅读：事故灾难

2012年1月15日，广西龙江河段检测出重金属镉含量超标，使得沿岸及下游居民饮水安全遭到严重威胁。这是自2011年8月云南曲靖重金属污染水库水体被曝光以来，第二起由网络民意全程关注并推动解决的水源污染事件。

2015年8月12日，天津港发生了一起重大安全事故，滨海新区瑞海公司危险品仓库先后发生2次剧烈爆炸。爆炸区仓库里有7大类危险品，40种左右，共2 500吨。爆炸事故造成165人遇难，8人失踪，798人受伤。港口区域大面积损毁，建筑物、基础设施、港口设施以及存放货物受损严重，数千辆汽车在事故中烧毁和损坏。

资料来源：作者根据公开资料整理。

公共卫生事件：主要包括传染病疫情、食物与职业中毒、动物疫情及其他严重影响公众健康和生命安全的事件。

📖 小阅读：公共卫生事件

2003年春夏，突如其来的SARS（非典）疫情对人民的身体健康和生命安全造成了严重威胁，我国内地累计报告SARS临床诊断病例5 327例，死亡349例。在党中央、国务院的坚强领导下，全国人民万众一心，众志成城，防治疫情斗争最终取得胜利。

2020年年初，新冠肺炎疫情暴发，在党中央的坚强领导下，无论是全国各地火速调配物资支持武汉，争分夺秒修建火神山和雷神山医院、方舱医院的"中国速度""中国效率"，还是全国各族人民万众一心、众志成城、全力抗击疫情的"中国规模""中国力量"，都是爱国主义硬核力量的体现，都是中国特色社会主义制度显著优势的体现。

资料来源：作者根据公开资料整理。

社会安全事件：主要包括恐怖袭击事件、经济安全事件、民族宗教事件、涉外突发事件、群体性事件等。

📖 小阅读：社会安全事件

2001年9月11日，"9·11"事件在美国发生，自杀式炸弹袭击者劫持民航客机撞向纽约的世贸中心和华盛顿的五角大楼，造成约2 996人死亡。

巴基斯坦当地时间2017年2月16日晚,南部一清真寺发生自杀式爆炸,一名自杀式炸弹袭击者进入清真寺,引爆了身上的炸药。在这场袭击中,有大约100人死亡,死者包括妇女和儿童,极端组织"伊斯兰国"(IS)承认对此次袭击负责。

资料来源:作者根据公开资料整理。

"新媒体""自媒体"的出现,在畅通人们诉求表达渠道的同时,也加快了信息的传播速度,特别是突发事件敏感度高,新闻性强,受关注度大,容易在微博、微信等社交媒体上发酵扩散,使突发事件在舆论场上变得扑朔迷离,甚至扭曲放大,因此应对突发事件的良好的沟通技能可以有效化解管理中的各类冲突,将冲突控制在"可控""有益"的范围内。

 知识链接:突发事件沟通八大原则——8F

事实(Factual):向公众传达事情的真相。

第一(First):率先对问题做出反应,最好是第一时间就做出应对。

迅速(Fast):处理危机要果断迅速。

坦率(Frank):沟通情况时不要躲躲闪闪,要体现出真诚。

感觉(Feeling):与公众分享你的感受。

论坛(Forum):组织内部要建立一个最可靠和准确的信息来源,获取尽可能全面的信息,以便分析判断。

灵活性(Flexibility):对外沟通的内容不是一成不变的,应关注事态的变化,并酌情应变。

反馈(Feedback):对外界有关危机的信息及时做出反馈。

资料来源:作者根据公开资料整理。

二、突发事件沟通内容及步骤

(一)沟通内容

突发事件沟通不仅涉及事件中组织内部的沟通,要求事件相关各方动员组织、制订方案、分工协调、指挥行动等,而且涉及组织外部社会公众和利益相关者之间的沟通,要求事件受害者、媒体、社会公众、其他政府职能部门、国际社会等各方,能够安抚、互动、合作、理解、协调、配合、支持、帮助等。只有各区域、各部门统一协作、有效沟通,才能共同应对突发事件。

小阅读:美国强生公司"泰诺"中毒事件

"泰诺"是强生公司生产的用于治疗头痛的止痛胶囊,作为强生公司的主打产品之一,年销售额达5.4亿美元。

1982年9月29日至30日,芝加哥地区有人因服用"泰诺"止痛胶囊而死于氰化物中毒。死亡人数开始时是3人，后增至7人，随后又出现大量模仿作案，对强生公司造成了巨大影响。

面对这一危急局面，强生公司时任CEO詹姆斯·伯克召集由公司董事长等七人组成的危机管理委员会果断地提出了四条解决方案：

第一，召回市场上所有的"泰诺"，尽管相信自己的产品没问题，但是不能让消费者有任何的风险；

第二，让全国所有的销售经理全部到总部开会，目的是让他们之后到各地的医院和药店去，告诉对方"泰诺"不能再销售了，并收集近期买过"泰诺"的消费者的信息，由公司给他们出钱去医院检查；

第三，配合有关部门进行调查；

第四，开发更安全的产品包装（我们现在吃的西药大多是用锡箔纸把药瓶口封好的，这就是"泰诺"率先开发出来的，强生公司因为该事件为全世界食品药品安全做出了重要贡献）。

后来，联邦调查局调查发现，"泰诺"总共只有75粒受到了污染（但是强生公司花了1亿美元回收），而这75粒药之所以会受污染是因为有人在里面注射了氰化钾。

正是由于强生公司在"泰诺"事件发生后采取了一系列有条不紊的危机公关措施，才赢得了公众和舆论的支持与理解。在一年的时间内，"泰诺"止痛药又重振河山，占据市场领先地位，再次赢得了公众的信任，树立了强生公司为社会和公众负责的公司形象。

资料来源：作者根据公开资料整理。

 知识链接：突发事件中沟通的态度定位——4R

4R是指在收集正确的信息以后，为组织设定一个应对这场危机的基本态度：遗憾（Regret）、改革（Reform）、赔偿（Restitution）、恢复（Recovery）。

突发事件必然会造成一定的损失甚至严重的后果，所以要表达遗憾、保证解决措施到位、防止未来相同事件的发生，并且提供赔偿，直到安全度过这场危机。很显然，"4R"并不意味着简单的声明或者行动，而是一个具体的执行过程。

资料来源：作者根据公开资料整理。

（二）沟通步骤

（1）成立沟通小组：突发事件发生后，要成立沟通小组并迅速启动工作机制，根据专家咨询组的建议制订沟通方案，确定沟通方式、对象、内容和时间等，及时有效地进行有关突发事件的沟通，引导舆论，消除公众的恐慌心理，提高公众的应对意识和能力。

（2）选定发言人：选定发言人是突发事件沟通取得成功的关键。选择在目标受众中有良好声誉的发言人，加强公众对公司、政府的信任。

（3）培训发言人：在这个危机频发的时代，一个合格的发言人必须经过专业的培训。

发言人的发言不是以其本人的意志为本位的,而必须与决策者进行深入沟通,吃透政策,正确把握立场,端正态度,准确解释政策。

📖 小阅读:说真话的技巧

"说真话的技巧就是不需要技巧",这句话从理论上说是真理,但在实践中却会遇到麻烦,尤其是对新闻发言人来说,说真话确实需要有技巧。

曾任美国国务院发言人的理查德·鲍彻曾说过这样的话:"我作为发言人站在那里并不是在谈我个人的立场、想法和看法,我所说的都是美国总统和国务卿想要说的话,我的工作就是公布和解释美国的政策。我是国务卿的发言人,实际上是在替国务卿讲话,而不是在替理查德·鲍彻讲话。"

对新闻发言人而言,说真话包含两个层面的意思:一是新闻发言人要把其所代言的政府或有关部门、决策者的真实态度和意思表达出来,做到不截流、不篡改、不夹带私货;二是新闻发言人的态度要真诚,向媒体坦陈观点,你可以说不知道,但是至少不能说谎。

资料来源:改编自《新闻发言人:技巧决定成败》,http://www.scio.gov.cn/xwfbh/fyrpx/document/319875/319875.htm(访问日期:2023年3月22日)。

(4)建立信息沟通规则:①及时客观,准确把握。第一时间深入现场,准确掌握事件信息,及时客观对外发布,稳定情绪,尽可能降低事件的负面影响。②重报事实,慎报原因。在事件原因尚未调查清楚的情况下,适度对外发布简要信息,并根据事态发展与处置过程,及时做好后续信息发布。③以人为本,公开透明。尊重社会民众对事件的知情权,坚持公开透明的原则,客观、真实报道事件动态及处置进程。④分工协作,统一口径。要把新闻媒体纳入突发事件处置的整体安排,并予以高度重视,坚持事件处置与新闻应对同步安排、同步推进,口径一致,统一对外发布,让新闻媒体充分发挥澄清事实、平息谣言、引导公众情绪、鼓舞人心的作用。

(5)确认和了解公众:公司员工、潜在顾客、现有顾客、供应商、分销商、新闻媒体等都是公司所面对的公众。在突发事件中,为了沟通的有效性,需要对社会公众进行细分,通过这种细分便可确定对每一种类型的社会公众进行沟通的主要信息。对不同的社会公众,其沟通目标会有所差异。有了目标,才有针对性,表达才会更准确,从而确保每一种类型的公众得到相应的信息。例如,与股东进行沟通时应该谈维持股价稳定;与顾客进行沟通时应避免谈相关产品的负面影响,维持其对产品的信任感;与执法机构进行沟通时应避免谈受到处罚。

📖 小阅读:中美史克在突发事件中的内部沟通

2000年11月16日,中美史克成为被中国国家药监局公布的暂停销售PPA药品的公司之一,并遭到了媒体的同声讨伐。同日,中美史克收到天津市卫生局的传真,被要求立即停止生产和销售康泰克。17日上午,针对员工因康泰克产品的危机而产生的波动和担忧,公司高层召开了全体员工大会,总经理亲自出面解释,并书面承诺在此期间决不裁减员工。公司针对员工这个特定的公众,以消除员工对生产及公司前景的担忧为目标,并以"致员工公开信"的方式做出了解释性沟通:公司已经有相应的危机处理策略,替代产品的生产线也将投入生产。

资料来源:作者根据公开资料整理。

(6)确定信息沟通方式:有多种沟通方式可以选择。①新闻稿。发布新闻稿能让新闻媒体知道具体情况和公司所做出的决策,有助于澄清事实真相。②记者招待会。记者招待会是公司向公众传达信息的有效手段,有利于确保新闻媒体从发言人那里得到口径一致的信息。③互联网。现代公司必须重视互联网的作用,并充分利用网络这个工具来正确引导信息流、管理公众和进行国际沟通,进而加强突发事件管理。此外,电话、传真等也是重要的沟通方式。公司在突发事件处理过程中应综合发挥各种信息沟通方式的优势,以渡过难关。

知识链接:突发事件中的3W战术

3W是指在任何一场突发事件危机中,沟通者需要尽快知道三件事:我们知道了什么(What did we know),我们什么时候知道的(When did we know about it),我们对此做了什么(What did we do about it)。寻求这些问题的答案和一个组织做出反应之间的时间,将决定这一反应是成功还是失败。如果一个组织对于它面临的危机认识得太晚,或是反应得太慢,那它就处在一个滑坡上,掌控全局会变得极为困难;如果不能迅速地完成3W,它将会无力回天。对于沟通者来说,信息真空是你最大的敌人,因为总有人会去填充它,尤其是竞争对手。

资料来源:作者根据公开资料整理。

三、突发事件沟通对策

(一)把握"第一时间"

当社会公众迫切想要得到真实信息的意愿与少量有限的信息公布之间产生矛盾时,就会出现舆情危机。有研究表明,突发事件舆情处置讲求"黄金4小时"原则,事件发生4小时内消息可能被大量转发,24小时内就能成为舆论焦点。

小阅读:中国抗击新冠肺炎疫情

中国政府一直秉承"以人为本""发展为了人民""人民的利益高于一切"的理念,在这次战胜新冠肺炎疫情的阻击战中,这种理念表现得更加突出。

危机发生后,能否首先控制住事态,使其不扩大、不升级、不蔓延,是处理危机的关键,否则就会扩大突发危机的波及范围,甚至可能失去对全局的控制。以新冠肺炎疫情的防治为例,武汉市监测发现不明原因肺炎病例,中国第一时间报告疫情,迅速采取行动,开展病因学和流行病学调查,阻断疫情蔓延。第一时间组织疾控中心、医学科学院、中国科学院等单位对病例样本进行实验室平行检测。初步确认了新冠病毒为此次疫情的病原。随即,国家卫生健康委员会进一步加强部门联动,研究共同加强疫情防控工作的具体举措。召开全国卫生健康系统电视电话会议,对全国疫情防控工作进行全面部署。全力救治患者,及时发布确诊病例及疫情防控信息。全国爱国卫生运动委员会部署开展以加强市场环境卫生整治工作为主题的冬春季爱国卫生运动。

2020年1月20日,中共中央总书记、国家主席、中央军委主席习近平就疫情做出重要批示,指出必须高度重视疫情,全力做好防控工作。自2020年1月23日10时起,武汉全市城市公交、地铁、轮渡、长途客运暂停运营;无特殊原因,市民不要离开武汉,机场、火车站等离汉通道暂时关闭,以全力做好疫情防控工作,有效切断病毒传播途径,坚决遏制疫情蔓延势头,确保人民群众生命安全和身体健康。

资料来源:作者根据公开资料整理。

(二) 实事求是

实事求是就是把公众想知道的内容核实清楚,公开透明、准确清晰、科学严谨地告诉他们。在突发事件开始阶段,确定的时间地点、被困人数、死亡人数,清楚的事故形式、现场状态,客观清晰的救援情况、善后处理,科学、准确、有效的专业解读、名词解释都可以发布。但是,那些经不起考验的、模棱两可的信息绝对不能贸然发布。

小阅读:日本核电站爆炸事件

2011年3月11日,日本福岛第一核电站反应堆所在建筑物爆炸,导致大量被放射性物质污染的水流入海洋,我国延边海域受到了影响。由于当地政府没有及时发布对于海域水质和空气的检测结果,关于水和空气问题的传言愈演愈烈,导致食用盐、瓶装水被哄抢,造成民众大面积的恐慌,政府丧失了控制危机的主动权和最佳时机。

2015年8月12日,位于天津滨海新区的瑞海公司所属危险品仓库发生爆炸,网络媒体上第一时间出现了消防队员全部阵亡、有毒气体大面积扩散等夸大的消息,一时人心惶惶。天津市政府之后迅速公布实时伤亡人数统计及空气质量情况,为接下来的工作赢得了主动权。

资料来源:作者根据公开资料整理。

(三) 善用新媒体

现在是全民记者时代,越来越多的人通过网络获知信息,表达诉求。在媒体报道前的"第一时间",相关机构一定要用好新媒体,利用官方网站、官方微博、官方邮箱等第一时间发布信息,通过公众参与的力量,更快、更广、更细、更碎地传递信息。

(四) 持续发布信息

突发事件发生之后的不同阶段,公众对于信息的需求也有所不同。对于突发事件的舆论引导,很难通过一次回应就完成。因此,就需要与媒体或公众连续对话,持续发布相关信息。

四、突发事件中的沟通技巧

(一) 与媒体的沟通技巧

美国危机管理大师罗伯特·希斯认为与媒体沟通时应坚持以下原则:

(1) 控制媒体的活动范围。公司需要尽可能地明确禁止媒体涉及的范围。大规模且可预测的危机情景一般会引起当地和外界媒体的关注,如果没有做好控制媒体的准备,就会引发混乱。如果现场太过混乱而无法控制或媒体并未得知自己的活动领域,那么另外一种方法就是把相关人员与媒体隔离开。隔离突发事件当事人可以保护其隐私权,也给他们留出了稳定情绪的时间。该方法也将信息流纳入危机管理,成功的危机管理意味着危机管理者找到了合适的被采访对象。

(2) 拟定好维护被采访对象或公司利益的答案,被采访对象应知道自己的谈话内容,要把采访引到自己圈定的话题上。

(3) 在接受采访时,要表现得坦率、真诚,要谈论具体事实而非想当然的看法。

(4) 在接受口头采访时,要在10—30秒的时间内简洁明了地阐明重要立场。

(5) 对问题保持冷静。在与公司政策和危机管理目标不相违背的情况下,需要心平气和、开诚布公,避免情绪化和离题万里。

(6) 采访中,应采取乐于助人、实事求是、不予谴责的方式,避免与新闻记者产生冲突,不要说"无可奉告";不做失实报道,要报告目前所知的事实,即突发事件管理者明确的事实;不要夸大或缩小突发事件的情形,被采访对象要诚实,可以承认当前信息和以前信息报道的不一致(只要这种变化有利于改善情景),不要臆测;当被问及对可能出现的情况的看法和下一步的做法时,不做主观臆断,不要责备其他单位和个人,不要同媒体发生冲突。

(二) 与顾客的沟通技巧

1. 首先要确定顾客关注的问题

要发现顾客关心的问题,并把顾客关心问题的核心内容告诉他们。如公司已经出现的问题是什么,危害性有多大,对顾客的影响如何?问题是如何出现的,到底发生了什么,事情有多严重?突发事件的发生对公司的影响有多大,是否会影响到公司对顾客的服务承诺,是否能够采取措施避免问题的恶化?公司是否愿意坦诚地告诉顾客事实真相,是否愿意接受顾客的质疑,并提供可能的帮助,顾客如何与公司的有关人士沟通?

2. 建立与顾客沟通的渠道

在突发事件中,可以有效利用的渠道包括:个别座谈会,适用于突发事件的受害者和重要顾客;电话与信件;(问题与回答)文件,在公司陷入危机之前,推测顾客可能提出的问题,确定标准答案,作为顾客危机沟通的指南;记者采访;公司声明、公告与新闻稿;消费者热线。其中,消费者热线是接受顾客投诉、沟通信息和对外树立公司形象的重要环节,是顾客危机沟通的第一道门户,如果处理得当,往往能把由投诉引起的危机消灭在萌芽状态。在危机发生初期,公众会对公司产生种种猜疑和批评,投诉与咨询的电话会骤然增加,使得公司消费热线成为协助危机管理者答复问询的一个渠道。

3. 对待顾客与受害者的策略

突发事件管理者要以同情的态度,谨慎地处理好与顾客、受害者的关系,这是关系到危机能否顺利化解的大问题。

对顾客及其团体可以采取如下策略:

(1) 疏通销售渠道。通过销售渠道向顾客口头解释或发布说明事件梗概的书面材料,利用公司自身的能量化解顾客疑虑。

(2) 疏通新闻媒体渠道。通过记者采访,把信息发布出去,如有必要,还应通过报刊登载公司声明、公告或者以广告的形式来公布事件经过及公司对策。热情接待顾客团体及其代表——他们是顾客的领袖。

(3) 安抚顾客。如果顾客对公司的产品或服务存在异议,公司可以在力所能及的范围内予以解决,不能解决的要给予说明,争取谅解。

对受害者可以采取如下策略:

(1) 了解情况,并承担责任。直接与受害者接触,认真了解受害者的情况,冷静地倾听受害者的意见,并表示歉意和承担相应责任。

(2) 赔偿损失。了解和确认受害者的有关赔偿要求,向受害者及家属公布公司的赔偿办法与标准,并尽快落实。如果受害者或家属提出过分要求,则要提供善后服务,要大度、忍让,尽量避免在事故现场与受害者发生口角,努力做好解释工作。

(3) 提供善后服务。给受害者以安慰和同情,安排公司管理者慰问看望,并尽可能提供其所需要的服务和帮助,尽最大努力做好善后工作。

高效的沟通是有效应对突发事件的基本前提。及时、准确、有效的沟通能够帮助管理者对每一次的突发事件做出科学合理的决策。

 互动话题:南京冠生园月饼"陈馅"事件

2001年中秋节前,南京冠生园用陈馅翻炒后再制成月饼出售的事件被媒体披露曝光。一时举国哗然,各界齐声痛斥其无信之举。

老字号的南京冠生园月饼顿时无人问津,很快被各地商家撤下柜台。时值月饼销售旺季,其销售却一下子跌入冰点。许多商家甚至向顾客承诺:已经售出的冠生园月饼无条件退货。

面对危机,南京冠生园还是没有表现出应有的诚信。先是辩称这种做法在行业内"非常普遍",绝不是南京冠生园一家这样做;卫生管理法规对月饼有保质期的要求,但对馅料并没有保质时间要求,意即用陈馅做新月饼并不违规。随后,又匆忙发出了一份苍白无力的公开信继续狡辩,却始终没有向顾客表达任何歉意。其所作所为不仅令顾客更加寒心,也进一步使自身的信誉丧失殆尽。

信誉的丧失使多年来一直以月饼为主要产品的南京冠生园被逐出了月饼市场,该公司的其他产品如元宵、糕点等也很快受到"株连",无人问津。

不久,江苏省和南京市卫生防疫部门、技术监督部门组成调查组进驻南京冠生园食品厂调查,该工厂的成品库、馅料库全部被查封,各类月饼2.6万个及馅料500多桶被封存,工厂全面停产整顿。

尽管有关部门后来通知商家南京冠生园的月饼经检测"合格",可以重新上架,但心存疑虑的顾客对其产品避之不及,冠生园月饼再也卖不动了。

资料来源:作者根据公开资料整理。

问题:
请分析南京冠生园在突发事件中沟通失败的原因。

任务七 掌握客户服务沟通技巧

◉ 工作任务:了解客户服务

美国陆军某部队在修建水利工程时,客户服务人员给施工区附近的居民逐一打电话沟通。有一段电话录音是这样的:

"您好吗?夫人。抱歉打扰您。我们在炸掉这座水坝让河改道的过程中,不可避免地会产生一点尘土和噪声,敬请谅解。"

"我们准备在我们施工区的外围栽种一些花草树木,您不反对吧?很高兴为您服务。"

"如果您能顺便填写这份市民满意度调查表,我们会非常感激。我们非常希望成为您做决定时的帮手,祝您生活愉快。"

资料来源:作者根据公开资料整理。

◉ 任务分析

从美国陆军某部队的这通电话中你会发现一个有趣的现象,难道说军队施工和建筑行业也需要做好客户服务?的确,他们专门设有一个客户服务部门,而且是经过专业培训的客户服务部门,专门负责给客户打电话。

在市场经济快速发展的今天,客户服务已经渗透到社会的各个行业,除了传统的商业公司重视客户服务,电信、银行、电力、航空等行业也越来越重视客户服务,连军队施工也需要做好客户服务。那究竟什么是客户服务呢?

知识解析

一、客户服务的定义及类型

（一）客户服务的定义

客户服务就是所有与客户接触或与客户相互作用的活动,其接触方式可能是面对面的,也可能是非面对面的,而其活动包括为客户介绍及说明产品或服务、提供相关资讯、接受客户的询问、接受订单或预订、运送商品给客户、商品的安装及使用说明、接受并处理客户的抱怨及改进意见、商品的退货或修理、服务的补救、客户资料的建档及追踪服务、客户的满意度调查及分析等。

就最广泛的意义而言,任何能提高客户满意度的因素,都属于客户服务的范畴。客户服务意味着"客户"认为服务方应当做什么或没做什么,而不是服务方实际上做了什么或没做什么。客户关注的不仅是产品和服务,还有服务方服务的态度和良好效果。所以,服务的质量,通常会决定客户会不会与服务方再次合作。

客户服务要由服务人员来做,客户服务人员不单纯指客户服务部或客户服务中心的工作人员,公司里的每一个人都是客户服务人员,区别在于有些负责外部客户服务,有些负责内部客户服务。

小阅读：客户服务的重要性

1988 年,刚刚担任 EMC 公司业务与客户服务部副总裁的迈克尔·鲁特格斯第一次为到 EMC 公司工作感到后悔。他不得不一次又一次地向客户道歉。

当时 EMC 公司正濒临破产,原因是该公司送交客户手中的磁盘驱动器出了问题。自从设备出了问题,EMC 公司客户手中所有造价高昂的计算机都无法继续使用了,因为存储的数据无法被读取。鲁特格斯决定想个办法终止这场悲剧,他为客户提供了两种选择:接受 EMC 公司新的存储系统或接受老对手 IBM 的系统——由 EMC 公司付费。很多客户选择了后者。于是,在 1989 年的那个季度,EMC 公司运送的绝大多数都是其最大的竞争对手 IBM 的存储系统。虽然公司内部开始有人对公司的命运感到担忧,但客户已经认识到 EMC 公司是家诚实守信且有担当的公司,在鲁特格斯制定了严格的质量控制体系后,很多老客户又开始购买他们的产品了。

鲁特格斯说:"这件事使我认识到客户服务的力量。"1992 年,凭借在客户服务方面的执着努力,EMC 公司的销售额开始直线上升,鲁特格斯也因处理此事得力而出任公司 CEO。

一旦客户对你产生了信任,而你又努力维持这种关系的话,不管发生了什么事,他们都会追随在你左右,这就是客户服务的力量。

资料来源:改编自李先国、曹献存主编,《客户服务实务》(第 2 版),北京:清华大学出版社,2011 年。

从以上案例我们可以看出,EMC公司业务与客户服务部副总裁迈克尔·鲁特格斯诚实守信的客户服务理念最终赢得了客户的信任;可见,诚信是资本,客户服务人员只有真诚且主动全面地为客户解决问题,才能让客户感受到服务,进而产生信任,认可服务。

在客户服务过程中,只有专业且一流的服务才能保证自身发展,进而培养出忠诚于自己的客户,让客户再次惠顾。除此之外,服务还要与客户的需求相吻合,才能让客户有认同感和归属感,最终体现出客户服务意识。

(二)客户服务的分类

客户服务基本可分为人工客服和电子客服,其中人工客服又可细分为文字客服、视频客服和语音客服三类。文字客服是指主要以文字沟通的形式提供客户服务,视频客服是指主要以语音视频的形式提供客户服务,语音客服是指主要以移动电话的形式提供客户服务。

基于腾讯微信的迅猛发展,微信客服作为一种全新的客户服务方式,早已出现在客服市场上。微信客服依托微信精湛的技术条件,综合了文字客服、视频客服和语音客服的全部功能,具有很大的优势,因此备受市场好评。

 知识链接:客户服务电话沟通的技巧

电话沟通在客户服务中所占比重较大,因此,掌握电话沟通的技巧是客户服务人员的必修课。

1. 客户服务电话沟通的步骤

(1)热情问候。

(2)创造和谐的氛围(微笑接听)。

(3)体会客户当下的感受。

(4)引导客户。引导客户按照你的思路向前推进,如果任由他想到什么问什么,那么通话将会无休无止,而且还将大大降低你的效率。

(5)核对客户记录。

(6)礼貌结束。

2. 客户服务电话沟通的技巧

(1)了解客户需要。明白客户的来电意图,提供准确的答复与合适的建议。

(2)让客户知道你在认真地倾听、积极地回应。在客户讲话过程中积极地回应、引导,比如回答"嗯""是的""您说得对",等等。

(3)培养换位思考的习惯。重视客户想了解的内容,不要强调你为客户做了什么,而要强调客户能得到什么。

(4)根据对方的个性类型进行电话沟通。从接听电话开始,客户的语气及说话方式就可以暗示出对方的个性类型,因此,需及时调整与客户沟通的方法。

(5) 掌握职业电话礼仪。了解如何合理询问对方的相关信息,如何应对误打及适时挂断电话等。

(6) 语音、语气的应用。需要掌握的原则是:专业但不生硬、友善但不虚伪、自信但不傲慢、礼貌但不卑微。

客户服务人员在电话沟通中要注意用语规范、音量适中、语调平稳、语气亲切、语速正常、吐字清晰。建议在接听每一个电话前试着面带微笑!

资料来源:作者根据公开资料整理。

二、客户服务的内涵

(一) 客户服务的元素

客户服务的元素包括客户服务的主体、对象和联系沟通方式。

这里所说的客户服务的主体是指提供客户服务的公司;客户服务的对象就是客户;联系沟通方式多种多样,如电话、短信、邮件,等等,但是不论采用什么样的沟通方式与客户联系,都要注意相关的礼仪和沟通技巧,为客户提供满意的服务。

(二) 客户服务的目的

客户服务的目的是提升客户对公司的信心和忠诚度,争取社会公众的理解和支持,为公司的生存、发展创造必要的内部与外部环境。客户服务对公司的长远发展有重要作用。

> **小阅读:客户服务目的的差异**
>
> **资料1**
>
> 2008年6月28日,位于兰州市的解放军第一医院收治了首例患"肾结石"病症的婴幼儿。据家长反映,孩子从出生起就一直食用河北石家庄三鹿集团所生产的三鹿婴幼儿奶粉。7月中旬,甘肃省卫生厅接到医院婴儿泌尿结石病例报告后,随即展开调查,并报告卫计委。随后短短两个多月,该医院收治的患病婴儿人数就迅速增加到14名。此后,全国报道因食用三鹿乳制品而产生副作用的病例一度达数百例,事态之严重,令人震惊!9月13日,党中央、国务院对严肃处理三鹿婴幼儿奶粉事件做出部署,立即启动国家重大食品安全事故一级响应,并成立应急处置领导小组。9月15日,甘肃省政府新闻办召开新闻发布会称,甘谷、临洮两名婴幼儿死亡,确认与三鹿婴幼儿奶粉有关。自2008年8月三鹿集团产品爆发三聚氰胺污染事件后,该公司声誉急剧下降。2009年2月12日,石家庄市中级人民法院正式宣布三鹿集团破产。
>
> **资料2**
>
> 很多人都知道鸿星尔克近几年销售火爆的消息,鸿星尔克为什么能一夜爆火?原因是经营困难的鸿星尔克在河南水灾中不计成本捐款5 000万元,获得了大家的支持。
>
> 捐款5 000万元虽然说不算少,但也并非最多,比起其他捐款上亿元的公司,就有点

相形见绌了。之所以说鸿星尔克是最为特殊的,是因为它在经营困难的情况下仍然勇担社会责任,直接捐助 5 000 万元,因此很多人自发地表示支持,想让鸿星尔克东山再起。

资料来源:作者根据公开资料整理。

资料 1 中三鹿集团为了增加奶制品的蛋白质含量在其中添加了三聚氰胺,这样的做法除了会给婴幼儿的身体造成伤害,还消耗了他们的信任。资料 2 中鸿星尔克在连续 10 年经营亏损的情况下捐出善款,体现了其责任担当,同时也赢得了客户的信任和支持。因此,公司在进行客户服务的过程中要同步考虑到社会责任的履行。

市场经济是法制经济,要靠诚实和信用来约束自己。公司要遵循以担当诠释忠诚,以实干践行使命的时代要求,绝对不能只为自己赚钱而不顾道义,做出对他人、社会有害的行为。作为客户服务人员要具备应变能力,用积极礼貌和诚实守信的服务赢得客户的信任及支持。

(三) 客户服务的原则

"平等互利,共同发展"是客户服务的原则,为客户提供服务时,我们应该清醒地认识到公司的发展是与客户密切相关的。真正能够与客户平等对话、并肩战斗,才是公司或团队未来发展的方向。当今时代,公司与客户之间已经不是简单的买卖关系,而是长期的服务伴随关系,不是跟随,也不是领跑,而是时而前时而后的陪伴,形成稳定平等、"共赢"发展的伙伴关系。

(四) 客户服务的方式

"内外结合,双向沟通"是客户服务的方式。一方面,要听取社会公众的意见,不断完善自身;另一方面,要有效地与外界沟通,使社会公众认识、了解自己,最后赢得社会公众的信任和喜欢。客户服务要做到内外结合,在客户服务实践中,公司首先要完善自身和重视社会公众的利益,然后才是对外沟通与宣传。

三、客户服务沟通的作用

(一) 实现客户满意的基础

根据美国营销协会的研究,不满意的客户有 1/3 是因为产品或服务本身有问题,其余 2/3 的问题出在公司与客户的沟通不良上。

可见,客户沟通是使客户满意的一个重要环节,公司只有加强与客户的联系和沟通,才能了解客户的实际需求,才能理解他们的期望,特别是当公司出现失误时,有效的沟通有助于更多地获得客户的谅解,减少或消除客户的不满。

(二) 维护客户关系的基础

公司经常与客户进行沟通,才能向客户灌输双方长远合作的意义,描绘合作的愿景,才能在沟通中加深与客户的感情,才能稳定客户关系,从而使客户重复购买的次数增多。

如果公司与客户缺少沟通,那么好不容易建立起来的客户关系,可能会因为一些不必要的误会没有及时得到消除而土崩瓦解。

因此,公司要及时、主动地与客户保持沟通,并且要建立顺畅的沟通渠道,这样才能维护好客户关系,赢得一大批稳定的老客户。

四、有效的客户服务沟通及其步骤

沟通创造需求,客户的需求、意见与公司的服务理念、特色之间的传递离不开沟通。客户服务中,没有沟通就没有高质量的服务。持续领先同行的优质服务是现代公司占领市场的核心竞争力,这就要求客户服务人员具备有效的沟通能力。尽管沟通并无定法,也没有固定的模式,个人风格不同、面对的对象不同、场景不同就有不同的方法和技巧,但是在客户服务人员和客户沟通的过程中,由于双方有共同的目标、共同的利益作为基础,沟通过程还是有章可循的。有效的客户服务沟通大体分为六步。

(一)事前准备

事前准备要充分,考虑得越多、越全面越好。在使用反驳处理技巧时要特别注意遣词造句,态度要诚恳,对事不对人,不能伤害客户的自尊心,要让客户感受到专业与敬业精神。事前准备过程如图11-10所示。

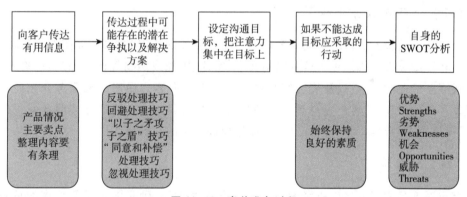

图11-10 事前准备过程

 知识链接:SWOT分析法

所谓SWOT分析,即基于内外部竞争环境和竞争条件下的态势分析,就是将与研究对象密切相关的各种主要内部优势、劣势和外部的机会、威胁等,通过调查列举出来,并依照矩阵形式排列,然后用系统分析的思想,把各种因素相互匹配起来加以分析,从中得出一系列相应的结论,而结论通常带有一定的决策性。

运用这种方法,可以对研究对象所处的情景进行全面、系统、准确的研究,从而根据研究结果制定相应的发展战略、计划以及对策等。

S(Strengths)是优势,W(Weaknesses)是劣势,O(Opportunities)是机会,T(Threats)是

威胁。按照公司竞争战略的完整概念,战略应是一家公司"能够做的"(即组织的优势和劣势)和"可能做的"(即环境的机会和威胁)之间的有机组合,如图11-11所示。

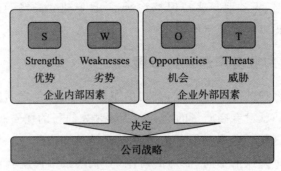

图11-11 SWOT分析

资料来源:作者根据公开资料整理。

(二)确认需求

沟通前准确了解客户需求,才能制订有针对性的方案。在沟通过程中,要善于通过提问、聆听、适时回应确认等方式进一步确认客户的准确需求。这样做一方面表现出对客户的尊重,另一方面是为了让客户确认,保证双方对信息的理解无误。

(三)产品或服务介绍

介绍产品或服务的目的是提高客户对产品或服务的认识和兴趣,促使客户做出购买决定。客户服务人员或销售人员可以用文字、图片、影像或实物等作为辅助,向客户说明产品或服务的性能、优点以及能为客户带来的效益。向客户做产品或服务介绍时,一定要激发客户的兴趣,使客户参与到产品或服务介绍过程中。介绍产品或服务时,必须讲事实、摆道理、有数据,而不要自己推理,使用模棱两可的话敷衍客户。

(四)处理质疑

客户对产品或服务产生质疑的原因一般分为两种:一种是客户需要更多的信息,提出不同意见是希望能得到更多的补充介绍,这是客户对产品有兴趣的表现。另一种是客户对产品或服务没有兴趣,质疑的目的是敷衍销售人员。消除客户质疑的方法有很多种,这里我们只讨论在面对客户质疑时的沟通原则。

在沟通过程中,当听到不同的意见时,首先应对这些意见进行思考和重新评估,然后再做出回应,不要马上反驳客户的意见。要先辨认客户的质疑是"真实反对"还是"烟雾式反对"。

"真实反对"的客户往往需要更多的信息,应根据客户提出的问题,就每个细节再次询问,从而辨别客户的真实想法。

"烟雾式反对"的客户反对的原因不明确,表达笼统,应该通过提问帮助客户找出具体原因。例如:"您能说得再具体一些吗?""您能举个例子吗?""您的建议是什么呢?"

在客户质疑时,要学会引导对方按照原先设计的沟通计划办事,将客户从质疑中带出来。

（五）达成协议

达成协议之时,要对客户的支持表达感激之情,同时也要对同事或其他合作伙伴给予的帮助表示真诚的感谢。与他们分享成功和互相祝贺,有利于推动下一次的合作。

聪明的客户服务人员或销售人员不会急于让客户拍板,而是会让对方主动得出结论。因为每个人都愿意按自己的想法做事,不喜欢听从别人的指挥,在别人的指导下做事,所以要引导对方,让对方得出结论,而这个结论就是你们沟通的目的。

（六）共同实施

达成协议后,仍然要保持积极合作的态度,按照既定的计划执行。发现变化要及时沟通,商讨处理意见并尽快解决。这是沟通的最后一步,也是最难的一步。人们常说的"打江山容易,守江山难"就是这个道理。虽然协议达成,已经按照原计划实施,可是在实施的过程中,很多在达成协议前没有预料到的问题也会随之出现,这就需要我们进行二次沟通,及时修改既定协议,向双方认可的方向发展。

 互动话题：客户服务中的沟通

客户张先生拨打电力公司的客户服务热线,质问家里为什么停电。

客户服务人员查询后告知："对不起,您已连续欠费3个月,根据《电力供应与使用条例》的有关规定,对您实施了停电催费措施,希望您理解。"

客户："跟我讲法？那你们在没有告知我的情况下擅自停电就合法吗？我刚从外地回来,冰箱里的东西都臭了,冰箱也不能用了,你们要怎么赔偿？"

客户服务人员："我们停电前一周已经把停电通知书贴在您的电表箱上了。"

客户："谁知道你们把电表箱安在哪里！我有义务天天跑去电表箱看有没有通知单吗？我跟你讲,马上给我送电,我还要赶着写报告呢。"

客户服务人员："先生,您的电费还没交,我们没法给您送电。"

……（十分钟的争吵后）

客户："像我这样国内国外经常跑的,你们当然要及时告知我缴费的信息,不然我怎么可能会记得准时去缴费？"

客户服务人员："可是,您经常在国内国外跑,难道我们还要跑到国外去把欠费停电通知单发给您吗？"

客户："你说的是什么话？你什么服务态度？我跟你讲不清楚,我要找你的领导。"

客户随即挂机并进行了投诉。

资料来源:作者根据公开资料整理。

问题：

结合案例分析客户服务人员在沟通过程中出现了哪些问题。

项目小结

1. 激励是一种特殊类型的沟通,通常发生在组织内部,并与组织的目标相关。然而,人们的动机具有多样性和复杂性,而激励是内在的,因此并不存在什么最好的方法。真正的激励取决于管理者营造的氛围。

2. 激励沟通原则是:要了解沟通客体的需求,要明确沟通客体的类型,要注重沟通的评价和反馈。

3. 激励沟通的语言模式:管理者在工作当中使用的语言,从语言模式上来说可以细分为P(Parent)模式、A(Adult)模式和C(Child)模式三种,对应不同模式形成了五种沟通类型。在沟通过程中,管理者应当注意各种语言沟通类型的匹配,这样才能保证沟通的顺畅进行。

4. 团队在组织中十分普及,根据每个团队存在的目的不同,我们可以将其划分为四种类型:问题解决型团队、自我管理型团队、多功能型团队和虚拟型团队。

5. 团队的发展是一个动态过程,大多数团队都处于不断变化的状态下。虽然团队可能永远也达不到完全稳定的状态,但我们依然可以用一个一般模式来描述团队的发展历程。研究表明,团队的发展要经过形成、震荡、规范化和执行四个阶段。

6. 我们根据士气和生产力的高低两个尺度来识别团队的发展阶段,分别从四种管理职能来看管理团队的工作:计划、组织、领导和控制。

7. 处理冲突的能力是管理者需要掌握的重要技能之一。冲突的一般过程分为五个阶段:潜在的对立(或不一致)、认知和个性化、行为意向、行为、结果。

8. 解决破坏性冲突的方法有:①了解自己基本的冲突处理风格;②审慎地选择自己想要处理的冲突;③评估冲突当事人;④评估冲突源;⑤进行最佳选择。

9. 激发建设性冲突的方法有:①改变组织文化;②运用沟通;③引入外人;④改变组织结构;⑤鼓励竞争。

10. 谈判有两种基本策略:分配谈判和综合谈判。

11. 阻碍有效谈判的决策偏见在于:①承诺的非理性增加;②虚构的固定效益观念;③固定与调整;④构建谈判;⑤信息的可得性;⑥成功者的苦恼;⑦过于自信。

12. 谈判技巧主要包括:倾听、提问、回答和辩论。

13. 依照目的及性质的不同大致可将会议分为五大类:宣达会议、检讨会议、协调会议、解决问题会议、搜集意见会议。

14. 如何进行会议沟通:①选择会议沟通模式;②明确会议目的;③确定与会者构成;④做好会议的筹备工作;⑤明确会议议程;⑥做好会议记录。

15. 突发事件沟通是指在突发事件发生时,个体或组织以化解危机为目的、以沟通为手段所采取的连续的行为和过程的总和。

16. 突发事件沟通步骤包括:①成立沟通小组;②选定发言人;③培训发言人;④建立信息沟通规则;⑤确认和了解公众;⑥确定信息沟通方式。

17. 突发事件沟通对策有:①把握"第一时间";②实事求是;③善用新媒体;④持续发

布信息。

18. 客户服务基本可分为人工客服和电子客服,其中人工客服又可细分为文字客服、视频客服和语音客服三类。

19. 客户服务的元素包括客户服务的主体、对象和联系沟通方式。

20. 客户服务的目的是提升客户对公司的信心和忠诚度,争取社会公众的理解和支持,为公司的生存、发展创造必要的内部与外部环境。

21. 有效的客户服务沟通及其步骤包括:①事前准备;②确认需求;③介绍产品或服务;④处理质疑、达成协议、共同实施。

参考文献

Engineering Management & Communication,澳方启思蒙学院教材,2007。

埃利特,威廉,2009,《案例学习指南:阅读、分析、讨论案例和撰写案例报告》,刘刚、钱成译,北京:中国人民大学出版社。

贝克,查尔斯·E.,2003,《管理沟通——理论与实践的交融》,康青等译,北京:中国人民大学出版社。

陈奕君,2018,《基于马斯洛需求层次理论分析小米公司管理沟通案例研究》,《商业现代化》,第18期,第124—125页。

承钢,《口才训练教程》,山西师范大学基础教学科研部内部教材。

程铁军,2018,《突发事件应急决策方法研究》,南京:东南大学出版社。

程艳霞,2005,《管理沟通(修订版)》,武汉:武汉理工大学出版社。

崔佳颖,2007,《组织的管理沟通》,北京:中国发展出版社。

丁宁,2016,《管理沟通——理论、技巧与案例分析》,北京:人民邮电出版社。

范云峰、范哲,2013,《沟通创造客户价值》,北京:中华工商联合出版社。

《管理沟通讲义》,http://hexun.com/hktk66,访问日期:2023年3月22日。

国家电网公司农电工作部,2006,《农村供电所人员上岗培训教材》,北京:中国电力出版社。

寒斌,2021,《高效谈判口才与技巧》,北京:中国纺织出版社有限公司。

胡巍,2007,《管理沟通:游戏66》,济南:山东人民出版社。

黄漫宇,2010,《商务沟通》,北京:机械工业出版社。

靳娟,2010,《跨文化商务沟通》,北京:首都经济贸易大学出版社。

康蓉、埃布纳、王晨佳,2019,《谈判学》,杭州:浙江教育出版社。

孔茨,哈罗德;韦里克,海因茨,1998,《管理学(第十版)》,张晓君等译,北京:经济科学出版社。

李先国、曹献存,2011,《客户服务实务》(第2版),北京:清华大学出版社。

刘雪梅、胡建宏,2011,《管理学原理与实务》,北京:清华大学出版社。

柳青、蓝天主讲,时代光华图书编辑部,2003,《有效沟通技巧》,北京:中国社会科学出版社。

卢建昌、牛东晓,2007,《电力企业管理》,北京:中国电力出版社。

罗宾斯,斯蒂芬·P.,2002,《组织行为学精要:全球化的竞争策略(第6版)》,郑晓明译,北京:电子工业出版社。

罗宾斯,斯蒂芬·P.;库尔特,玛丽,2003,《管理学(第7版)》,孙健敏等译,北京:中国人民大学出版社。

马鸿展,2007,《团队领道》,北京:清华大学出版社。

南志珍、董卫民、吕书梅等,2006,《管理沟通》,北京:中国市场出版社。

戚安邦,2003,《项目管理学》,天津:南开大学出版社。

钱佳,2008,《国际商务书面沟通的基本原则》,《中国教育技术装备》,第16期,第77—79页。

孙莉,《同事如何相处》,http://www.eshuba.com,访问日期:2023年3月22日。

韦宏,2013,《社交礼仪与沟通艺术》,南昌:江西人民出版社。

魏江、严进等,2006,《管理沟通——成功管理的基石》,北京:机械工业出版社。

谢玉华、李亚伯,2010,《管理沟通》,大连:东北财经大学出版社。

辛海,2007,《团队为赢——造就卓越团队的第一行为准则》,北京:中华工商联合出版社。

杨英,2020,《管理沟通》,北京:北京大学出版社。

姚裕群,2006,《团队建设与管理》,北京:首都经济贸易大学出版社。

张炳达、陈婧、杨慧,2010,《商务与管理沟通》,上海:上海财经大学出版社。

张其金,2016,《激励员工12策略》,北京:中国商业出版社。

张岩松、陈百君、周宏波,2009,《现代管理学案例教程》,北京:清华大学出版社、北京交通大学出版社。

张玉利,2004,《管理学》(第二版),天津:南开大学出版社。

朱世杰,2018,《向华为学团队管理》,北京:中国电影出版社。

朱彤、罗炜,2015,《管理沟通》,重庆:重庆大学出版社。

宗蕴璋,2000,《现代企业管理》,北京:中央文献出版社。

邹中棠,2010,《要成功先沟通 史上最强的沟通术》,北京:机械工业出版社。

教辅申请说明

北京大学出版社本着"教材优先、学术为本"的出版宗旨，竭诚为广大高等院校师生服务。为更有针对性地提供服务，请您按照以下步骤通过**微信**提交教辅申请，我们会在1~2个工作日内将配套教辅资料发送到您的邮箱。

◎ 扫描下方二维码，或直接微信搜索公众号"北京大学经管书苑"，进行关注；

◎ 点击菜单栏"在线申请"—"教辅申请"，出现如右下界面：

◎ 将表格上的信息填写准确、完整后，点击提交；

◎ 信息核对无误后，教辅资源会及时发送给您；如果填写有问题，工作人员会同您联系。

温馨提示：如果您不使用微信，则可以通过以下联系方式（任选其一），将您的姓名、院校、邮箱及教材使用信息反馈给我们，工作人员会同您进一步联系。

联系方式：

北京大学出版社经济与管理图书事业部

通信地址：北京市海淀区成府路205号，100871

电子邮箱：em@pup.cn

电　　话：010-62767312

微　　信：北京大学经管书苑（pupembook）

网　　址：www.pup.cn